JN436906

파리의 풍경 I

파리의 풍경 I

초판 1쇄 발행 2014년 10월 15일
초판 2쇄 발행 2018년 10월 20일

지은이 루이세바스티앵 메르시에
옮긴이 이영림 외
펴낸이 성낙인
펴낸곳 서울대학교출판문화원

출판등록 제15-3호

주소 08826 서울 관악구 관악로 1
대표전화 02-880-5252 | 팩스 02-888-4148
홍보마케팅팀(주문 상담) 02-889-4424, 02-880-7995
이메일 snubook@snu.ac.kr
홈페이지 www.snupress.com

ISBN 978-89-521-1598-0 04920
978-89-521-1597-3 (세트)

이 저서는 2010년 한국연구재단의 지원을 받아 수행된 연구임(NRF 2010-322-A00006).

파리의 풍경 I

루이세바스티앵 메르시에 지음
이영림 외 옮김

서울대학교출판문화원

일러두기

1. 이 책은 18세기 프랑스의 문인 루이세바스티앵 메르시에(Louis-Sébastien Mercier)가 1781~1788년에 출판한 총 12권의 『파리의 풍경(*Tableau de Paris*)』을 번역한 것이다.

2. 각 장의 순서는 원서의 장(chapter)의 순서와 일치하며 총 1,050장으로 이루어져 있다. 각 장은 1~4쪽 분량으로 내용 또한 자유롭게 전개되고, 이러한 80~100개의 장이 모여 다시 하나의 권을 이루며, 전체 12권으로 구성된다.

3. 이 책은 I(1, 2권), II(3, 4권), III(5, 6권), IV(7, 8권), V(9, 10권), VI(11, 12권) 총 6권으로 구성된다.

4. 이 책에서 역자 서문은 대표 역자인 이영림 교수가, 머리말은 원저자인 루이세바스티앵 메르시에가 각각 작성한 것이다.

5. 각 장의 번역은 7명의 번역자들에 의해 이루어졌다. I권은 송기형 · 최갑수 · 이영림 · 양희영 · 장진영 교수, II권은 장진영 · 이규현 교수, III권은 주명철 · 송기형 교수, IV권은 최갑수 · 장진영 교수, V권은 이영림 · 양희영 · 장진영 · 이규현 교수, VI권은 이규현 · 주명철 교수가 번역하였다.

6. 번역자들은 지금까지 다양하게 사용되어 온 프랑스 역사와 문화 용어와 개념어의 통일을 시도했으며, 원서의 각주 외에 번역서의 이해에 필요한 상세한 주석을 첨부했다. 따라서 본문의 각주는 원서의 각주와 다르며 번역자의 것이다.

7. 사용된 그림들은 원서에는 없는 것이며, 독자들의 이해에 도움을 주고자 첨부하였다.

8. 프랑스어 표기는 외래어 표기 용례에 근거하였다.

9. 참고문헌은 각 권 말미에 넣었다.

10. 찾아보기는 사항별 · 인명별로 작성하여 권별로 각각 넣었다.

Tableau de Paris

Louis-Sébastien Mercier

Trans. by Lee Young-Lim et al.

Seoul National University Press

역자 서문

18세기 말 파리에서의 삶과 역사

『파리의 풍경(*Tableau de Paris*)』은 18세기 프랑스 문인 루이세바스티앵 메르시에(Louis-Sébastien Mercier)가 1781~1788년에 출판한 총 12권의 책이다. 방대한 분량의 이 책은 검열 당국의 준엄한 감시망을 피해 스위스에서 처음 씌어져 파리와 스위스, 네덜란드, 독일에서 비밀리에 출판되었는데, 출판되자마자 경찰의 추적을 받는 동시에 엄청난 인기를 누렸다. 1781년 『파리의 풍경』 첫 2권이 출판되자 도처에서 주문이 쇄도했다. 1781년에만 5종류의 위조본이 유통되고, 1782년에 첫판본의 2쇄 3,500부가 재간행되었다. 이 책은 다시 같은 해 4권짜리 판본으로 확대되어 9,000부가 인쇄되었다. 1789년 12권이 모두 한꺼번에 출판될 때까지 간행된 다양한 판본과 재간행본, 위조본을 합치면 수백만 부가 유통되었다. 출판물의 홍수를 이룬 18세기 출판업계에서 『파리의 풍경』은 볼테르나 루소의 저술보다 훨씬 더 성공을 거둔 초대형 베스트셀러였던 것이다. 이렇듯 『파리의 풍경』의 인기는 오늘날의 기준으로 보더라도 상상을 초월한다. 그 비결은 무엇이었을까?

책 제목이 시사하듯 『파리의 풍경』은 18세기 말 파리의 모든 것, 일상생활과 거리를 오가는 사람들의 모습, 사회풍속과 관행, 제도와 정치, 도시문제, 직업, 건강 등을 구체적이고 생생하게 묘사한 관찰 보고서이다. 실제로 『파리의 풍경』은 심오한 정치철학서도, 사회개혁 의지를 담은 사상서도 아니다. 그럼에도 불구하고 이 책이 커다란 성공을 거둔 이유는 무엇일까?

저자 메르시에는 누구인가?

우선 메르시에가 과연 어떤 인물인지, 그리고 그가 위험을 무릅쓰고 그토록 방대한 양의 책을 출판한 이유는 무엇인지 살펴보자.

루이세바스티앵 메르시에는 파리에서 태어나서 활동한 전형적인 파리인이다. 1740년 칼을 갈고 금속 무기의 광을 내는 숙련공 아버지와 석수장이의 딸인 어머니 사이에서 태어난 그는, 노동자 계층 출신이었지만 명문 콜레주 데 카트르나시옹(Collège des Quatre-Nations)에서 수준 높은 정규교육을 받았다. 1763~1765년에는 수사학을 가르치는 교사생활을 하기도 했다. 그러나 문학의 꿈을 포기하지 못한 그는 20대 초부터 『메르퀴르 드 프랑스(*Mercure de France*)』에 습작을 발표하기 시작했다. 1766년에는 볼테르의 작품을 모방한 『아랍 시인 이제르벤 이야기(*Hisotire d'Izerben, poête arabe*)』를 발표함으로써 문인으로서의 신고식을 치렀다. 이후 그는 소설, 희곡, 연극이론, 어휘연구, 신문기사, 수필 등 다양한 장르의 글을 발표하며 문인으로서의 길을 걸었다.

메르시에의 출세작은 1770년에 발표한 『2440년, 한 번 꾸어봄직한 꿈(*L'an 2440, Rêve s'il en fût jamais*)』이다. 무명의 젊은 문필가였던 메르시에가 익명으로 발표한 이 작품은 파리에서 큰 성공을 거두었다. 전국에서 주문이 쇄도해서 1770년의 첫판본이 25쇄 출판될 정도였다. 1775년부터 2년간 그는 『귀부인들의 신문(*Journal des dames*)』의 편집장을 맡고 정기적으로 글을 올렸다. 이때 쌓인 원고의 상당 부분이 『파리의 풍경』에 활용되었다. 1770년대에 살롱과 연극 비평 모임에 참여하며 본격적으로 글을 발표하기 시작한 그는, 평생 쉴 새 없이 글을 쓴 다작가로 총 73편의 작품을 발표했다.

그에게 문학은 삶이자 생존 수단이었다. 프랑스 혁명 이전에 활약한 수많은 문인들 중 글을 써서 자신의 생계를 해결할 수 있는 사람은 30명에 지나지 않았는데, 메르시에는 그중에서도 윤택한 생활을 누릴 수 있었던 극소수의 인기작가에 속했다. 그러나 메르시에에게 글이 갖는 의미는 경제적 차원에서 국한되지 않았다. 그는 단순히 돈벌이만을 좇아다니던 인기작가가 아니었다. 그에게는 글이 곧 행위였고 미래였다. 그는 글을 통해 끊임없이 사회를 비판하고 변화를 꿈꾸며 미래 사회를 설계했다.

메르시에는 그 누구보다 계몽사상의 세례를 듬뿍 받았다. 계몽사상의 태동기인 1740년 파리에서 태어나고, 계몽사상이 절정에 달한 1750~1760년대에 그곳에서 성장하고 교육을 받았으니 말이다. 1694년생 볼테르와 1712년생 루소는 그의 스승이었고, 1743년생 콩도르세와 엘베시위스는 그의 동료였다. 메르시에는 살롱, 문학 클럽, 카페에 드나들며 그들과 교류하고 지적 토론을 벌였다. 그는 인기작가였을 뿐 아니라, 사회에 대한 비판 의식에 가득 찬 지식인이었던 것이다.

메르시에의 출세작 『2440년』은 그의 사회비판 의식이 잘 드러난 대표작이다. 공상소설의 형식을 띤 『2440년』은 메르시에 자신을 암시하는 익명의 남자가 철학자 친구와 파리의 불공평함과 타락에 대해 열띤 토론을 벌이는 장면으로 시작된다. 그 후 잠이 든 주인공은 꿈속에서 700년 후의 파리를 경험한다. 여기서 메르시에는 그 자신이 꿈꾸는 파리의 모습을 묘사한다. 미래의 파리는 성직자도, 사제도, 매춘부도, 군인도, 노예도 없는 사회이다. 그곳에서 사람들은 편안하고 실용적인 복장으로 자유롭게 공론을 즐긴다. 반면 먼 과거의 모습으로 묘사된 1770년 당시의 파리는 부패와 타락이 만연한 곳이다. 『파리의 풍경』은 바로 이 지점에서 출발한다. 그로부터 10년 후 메르시에는 18세기 말 파리를 신랄하게 비판한 『파리의 풍경』을 발표하기 시작했다.

『2440년』과 『파리의 풍경』은 출판되자마자 금서로 지정되고 당국의 추적을 받았다. 그럴수록 인기는 치솟았다. 이상사회를 꿈꾸며 다른 사람들은 무관심하게 지나치는 주변의 모든 위선과 모순을 고발한 메르시에는, 엘베시위스나 돌바크처럼 금서를 통해 계몽사상을 진파한 세3세대 '계몽사상가'였다.

하지만 메르시에는 사상가에 머무르지 않았다. 1780년대 프랑스인들은 대부분 개혁의 필요성을 절감하고 있었지만, 그는 누구보다 용감했다. 1787년에 발표한 『정부에 관한 명백한 관념들(*Notions claires sur les gouvernements*)』에서 그는 세금 감면, 특권 폐지, 능력 위주의 사회, 교회 재산의 일부 몰수, 영국식 농경, 산업 육성책 등 구체적인 정부 개혁안을 제시했다. 혁명이 일어나자 그는 기다렸다는 듯 적극적으로 혁명에 가담했다. 우선 그는 1789년에 일간지 『프랑스 애국 문학 연보(*Annales patrioques et littéraires de la France*)』를 창간하며 언론인으로 활약했다. 1791년에는 루소를 혁명의 선구자로 찬양한 『프랑스 혁명의 일류 저자로 꼽히는 장자크 루소에 대하여(*De J. J. Rousseau, considéré comme l'un des premiers auteurs de la Révolution*)』를 발표했다. 1792년에는 국민공회 의원에 선출되어 직접 정치활동에 나섰다.

메르시에는 확실한 공화주의자였다. 그러나 정치적 현실주의자였던 그는 루이 16세 처형에 반대했다. 공포정치로 치닫던 숨가쁜 상황에서 그의 판단과 선택은 설 곳이 없었다. 결국 그는 로베스피에르와 다투고 감옥에 갇혔다. 메르시에만이 아니라 그 시대 누구도 혁명 과정을 명확히 이해하지 못했고, 또 혁명의 미래를 예측하지도 못했다. 실제로 혁명은 철학자들이나 혁명의 지도자들이 사유하고 의도했던 것과는 상이한 모습과 방향으로 전개되었다.

테르미도르 반동 후 감옥에서 나온 메르시에는 1797년 에콜 상트랄의 역사 교수가 되었다. 1798년에는 『파리의 풍경』의 후편 격으로 혁명 당시의 파리를 묘사한 『새로운 파리』 6권을 발표하며 문인의 자리로 돌아왔다.

혁명가 메르시에에 관해서는 오늘날까지도 거의 알려진 바가 없다. 메르시에는 마라, 당통, 로베스피에르와 동시대 인물이었지만, 혁명 당시 그의 정치적 행적은 화려한 혁명 지도자들의 그늘에 가려졌기 때문이다. 그러나 시대적 변화를 꿰뚫어 보고 이끌어 간 그의 탁월한 통찰력은 『파리의 풍경』을 통해 오늘날까지 생생하게 전해지며 빛을 발하고 있다.

『파리의 풍경』은 어떤 책인가?

파리의 관찰 보고서이자 역사서

총 73편의 작품을 발표한 메르시에의 최고 걸작이자 18세기 말 최대 베스트셀러 중 하나인 『파리의 풍경』은 일종의 관찰 보고서이다. 메르시에의 인생 자체에서 축적된 엄청난 자산이 그 탄생의 밑거름이 되었다. 퐁뇌프와 루브르 사이에 위치한 파리 중심부에서 태어난 그는 파리의 구석구석을 누비며 자랐고, 센 강가에 있던 학교에 다니며 6년을 보냈다. 또한 신문기자로 활약한 경험과 능력, 그리고 정보력을 지닌 그는 누구보다 예리한 관찰자였다. 이 모든 자산을 토대로 그는 자신이 직접 경험하고 목격하던 파리를 신문 기사처럼 간결하고 명쾌하게 묘사했다.

파리는 중세 이래 오랜 역사가 어린 곳이다. 메르시에는 그런 파리에 대해 강한 자부심을 지니고 있었다. 그러나 그는 정작 파리의 빼어난 건축이나 이름난 명소, 기념 건축물에 대해서는 말을 아낀다. 겉모습에 치중한 그러한 종류의 정보를 제공하는 책들은 이미 수없이 많기 때문이다. 실제로 『파리의 풍경』은 광장이나 거리를 지형학적으로 묘사하지 않았다. 대신 마구 뒤엉킨 파리의 모습을 있는 그대로 묘사하고, 그 안에 감추어진 이면의 역사와 변화한 모습을 말해 준다. 건축물의 역사를 전하며 조상의 삶을 이야기하는 『파리의 풍경』이 진정 하고 싶은 이야기는 바로 "18세기 말 파리가 조상이 살던 파리와 얼마나 달라졌는가, 그리고 사회 풍속이 어떻게 바뀌었는가?"이다. 유구한 전통이 서린 도심과 인근 농촌 지역을 잠식해가는 개발 구역들에 대한 상세한 설명과 다양한 사회구조에 관한 분석을 통해, 우리는 수세기에 걸친 파리의 역사와 사회를 꿰뚫어 볼 수 있다.

『파리의 풍경』이 묘사한 파리의 모습은 만화경처럼 다양하다. 종교생활의 실상 및 결혼과 자살, 카바레의 술주정뱅이, 눈부신 인도산 천, 중국이나 일본산 도자기 등 거리의 다양한 볼거리에 이르기까지 온갖 잡다한 내용의 글을 읽다보면 정치, 사회, 경제, 문화, 종교 면이 총망라된 오늘날의 신문을 읽는 것 같은 느낌을 받는다.

그중에서도 압권은 매일매일 어깨를 부딪히며 살아가던 파리인들의 일상생활에 관한 묘사이다. 18세기 말 당시 파리의 인구는 70만 명에 달했다. 도처에서 몰려든 온갖 부류의 사람들로 들끓는 파리는 거대한 익명의 바다였다. 사람들은 이름도 모르는 채 서로의 팔을 스치거나 혹은 부딪치며 지나갔다. 주인의 심부름으로 온 하인들, 인근 농촌에서 무작정 상경한 어린 소녀들과 아낙들, 머나먼 브르타뉴와 랑그독에서 한밑천 잡으려고 올라온 청년들. 그들은 대부분 파리 성벽에 인접한 변두리 지역에 가까스로 거처를 마련하고, 아침이 되면 중앙시장 근처를 어슬렁거리며 일거리를 찾았다.

파리는 다양한 인종 전시장이기도 했다. 메르시에가 "생각할 줄 아는 사람이라면 파리에서 인류에 관한 모든 것을 알 수 있다"고 언급했듯이, 18세기 말 파리에서는 일본인, 에스키모인, 흑인, 퀘이커교도 등 세계 곳곳에서 온 사람들이 거리를 활보했다.

파리에서는 날마다 한편에서는 사제의 주례하에 한 쌍의 부부가 태어나고, 다른 한편에서는 사제의 종부성사를 받으며 사람들이 죽어갔다. 적어도 외형상으로 보면 파리는 가톨릭 중심지이고, 파리인들은 가톨릭인으로 태어나고 죽었다. 그러나 그들의 일상생활은 신앙심과는 거리가 멀었다. 사람들은 서로 아귀다툼을 벌이고, 거리는 온통 소음과 다툼으로 아수라장이다. 카페에서는 학생들과 글쟁이들이 모여 열띤 토론을 벌이고, 선술집에서는 대낮부터 얼굴이 벌게진 술꾼들이 죽치고 있다. 물장수, 모자장수, 생선 파는 아낙, 서적 행상인들은 손님을 부르기 위해 경쟁하듯 저마다 목청을 높였다. 물건을 팔려는 장사꾼의 찢어지는 목소리 외에도 싸우는 소리, 우는 소리, 사람 찾는 소리로 파리는 하루 종일 소란스러웠다.

시끌벅적한 파리의 모습은 거리의 또 다른 풍경인 사치스런 진열대, 화려한 마차행렬과 기묘한 대조를 이룬다. 마차를 타고 거리를 지나가는 귀족 나리들은 마차 안에서 거만한 눈초리로 거리의 사람들을 내다본다. 이렇듯 『파리의 풍경』에서는 서로 다른 두 세계의 대조적인 모습이 끝없이 펼쳐진다. 위대한 철학자들과 혁명가들의 탄생은 바로 이러한 파리의 양면성에서 비롯된 것이 아닐까?

신랄한 사회 비판서

메르시에는 파리와 살아 숨 쉬는 파리인들의 모습을 묘사했지만, 보이는 것을 글로 표현하는 데 그치지 않았다. 그의 시선에는 철학자의 비판적 시각이 담겨 있다. 실제로 『파리의 풍경』의 진면목은 객관적인 묘사를 하는 동시에, 사회와 풍속에 대한 신랄한 비평을 가하는 중층적이고 복합적인 묘사에 있다.

우선 메르시에가 꿈꾸는 도시는 위생적이고 청결한 근대적 도시이다. 그러나 18세기 말의 파리는 그와는 거리가 멀었다. 그는 센 강으로 온갖 배설물을 쏟아내는 파리의 게걸스러움을 개탄했다. 그가 묘사한 파리에서는 오염과 악취가 진동한다. 도로는 좁고 더러우며 흉측한 건물들로 가득 차 있다. 공중변소와 식수대 주변도 불결하기 짝이 없다. 거리의 공기는 탁하고, 도처에서 온갖 시끄러운 소리들이 울려 퍼진다.

메르시에가 가장 건전한 구역으로 꼽는 곳은 대학가에 인접한, 종교기관과 인쇄소 밀집 지역인 생자크 포부르이다. 반면 가장 불건전한 구역은 파리 한복판의 시테 섬이다. 최고법원이 위치한 시테 섬은 2개의 파리가 압축되어 있는 곳이다. 그곳에서는 사법부의 권위를 뽐내듯 장엄한 건축물이 즐비하고, 정의와 신념을 상징하는 수많은 조상(彫像)들이 늘어서 있다. 경찰의 감시와 염탐도 물샐 틈이 없다. 하지만 그와 동시에 시테 섬은 궁상스런 노점들이 즐비하고, 사기와 협잡, 매춘이 판치는 곳이기도 하다. 거리에는 유랑민들과 거지들이 떼지어 몰려다닌다. 메르시에에 의하면 이들의 수는 10만 명을 넘는다. 『파리의 풍경』에서 그는 권위와 무법, 사치와 빈곤을 대조시키며, 화려한 겉모습에 감추어진 비열한 관습과 폭력, 질병, 매춘, 암거래 등 도시의 온갖 치부를 낱낱이 고발한다.

민중의 삶 자체를 파리의 원천으로 간주한 메르시에는 이 모든 것을 민중의 시선으로 바라보고 묘사했다. 파리 인구의 대다수를 차지하는 민중은 파리의 중앙시장에서 각 구역의 작은 시장으로 연결된 도로망 주변에서 하루 종일 일에 허덕인다. 그러나 파리를 지배하고 있는 사람들은 약 3만 명의 부자 귀족들이다. 파리는 미식가이자 난봉꾼이고 낭비를 일삼는 그들이 판치는 불평등한 세상이다. 부르주아는 그런 가운데서 눈치를 보며 신분상승을 꾀할 뿐이다. 민중을 착취하는 귀족, 기회주의적인 부르주아 외에 경찰의 끄나풀들도 민중의 동요를 감시하고 억압하는 인간 군상으로 자주 등장한다. 『파리의 풍경』이 놀라운 흡입력을 발휘한 비결은 이렇듯 부자와 빈자, 귀족과 평민처럼 계급과 신분의 경계선으로 구분되는 혁명 직전 파리의 사회구조적 모순과 불공평함을 신랄하게 비판한 데 있다.

대중적인 계몽 사상서

메르시에는 어떻게 해서 사회비판자가 되었을까? 그에게 가장 많은 영향을 미친 철학자는 루소이다. 볼테르와 디드로의 영향을 받기도 했지만, 그는 루소의 사상과 문체를 본받으려고 애썼다. 그에게 '루소의 원숭이', '시궁창의 루소'라는 별명이 붙여진 것은 그 때문이다. 그는 특히 루소의 『사회계약론』에 심취했다. '사회계약론'은 홉스와 로크가 주창한 것이지만, 루소에 의해 파리에서 완전히 새로운 어휘로 재탄생했다. 루소의 저술이 인기를 얻으면서 일반의지와 인민주권론은 1780년대 파리에서 정치적 논의의 핵심이 되었다. 그러나 일반 독자들로서는 난해하고 심오한 루소의 『사회계약론』에 접근하기가 결코 쉽지 않았다. 그 징검다리 역할을 한 것이 바로 『파리의 풍경』이다.

18세기 말 파리는 누구나 쉽게 글을 읽고 접할 수 있는 특수한 공간이었다. 17세기 말 유언장에 서명한 파리의 남녀 비율은 이미 각각 85%와 60%로 전국 평균보다 훨씬 높았다. 혁명 직전 프랑스 전체의 문자 해독률이 남녀 각각 48%, 27%인 데 비해, 파리의 문자 해독률은 남녀 각각 90%와 80%로 늘어났다. 더구나 파리인들은 100년 전보다 10배나 더 글을 많이 읽었다. 거리에서는 서적행상인들이 쉽게 눈에 띄었고, 길모퉁이나 노천에서 노점상들이 책을 파는 모습도 파리의 일상적인 풍경 중 하나였다. 파리인들에게 독서는 무료함과 일상의 지루함을 달래줄 수 있는 벗이었다. 독서가 지극히 평범한 일상생활에 자리 잡게 되면서 종교적인 책들은 점차 자취를 감추었다. 사람들이 가장 즐겨 찾는 것은 두껍고 어려운 책보다는 짧은 소책자였으며, 쉽고 재미있는 내용의 글들이었다.

이러한 사회·문화적 변화를 예리하게 간파한 메르시에는 책과 독서를 통해 형성된 공중에 희망을 걸었다. 18세기 중엽에 형성된 여론의 기반이 바로 책과 공중이기 때문이다. 우선 그는 공중이 무엇을 원하는지, 그리고 무엇이 그들에게 호소력을 발휘할 수 있는지를 정확하게 파악했다. 그런 다음 『파리의 풍경』에서 계몽사상가들이 제시한 입헌주의, 공화주의, 대의제 등 추상적 담론을 파리의 실상을 통해 구체적으로 전달하는 동시에, 자신의 비판적 시선과 경험으로 재구성했다. 『백과전서』가 모든 지식을 경험론적인 시각에서 총체적으로 재구성한 지식의 나무라면, 『파리의 풍경』은 파리의 모든 것을 메르시에의 경험과 민중의 시선으로 재구성한 문화의 나무였던 것이다.

일찍이 모르네는 『프랑스 혁명의 지적 지원』(1933)에서 지식사회학의 차원에서 제도와 관습, 종교적 광신에 대한 비판, 관용에 대한 찬양과 같은 계몽사상이 어떻게 전파되어 가는가를 추적한 바 있다. 『파리의 풍경』은 모르네가 추적한 지식의 생산과 소비의 관계를 역동적으로 보여주는 증거이다. 메르시에가 파리의 일상생활을 폭로

하고 비판하는 가운데 계몽사상가들의 사상과 담론을 알기 쉽게 용해시켜 전달했으니 말이다. 『파리의 풍경』이야말로 계몽사상을 굴절시키고 전파시킨 공로자였던 것이다.

혁명의 예언서이자 준비서

앙시앵 레짐의 역사는 늘 프랑스사 최대의 화두인 혁명의 기원 문제로 이어진다. 이런 점에서 혁명의 진원지인 파리의 실상을 낱낱이 고발한 『파리의 풍경』은 혁명의 발발과 무관할 수 없다. 그렇다면 『파리의 풍경』은 과연 혁명에 영향을 미쳤을까?

18세기 중엽 이후 출판물의 홍수 속에서 수많은 책들이 사회적 불만과 긴장, 갈등을 토로했다. 어떤 책들은 혁명적 사고와 평등의식을 자각시키는 데 기여했다. 그런 종류의 책 자체가 혁명적 위기를 예고하는 징조였다. 그러나 어떤 책도 혁명의 직접적인 조건을 형성하지는 않았다. 주지하다시피 프랑스 혁명은 정치·사회·경제적 모순에서 비롯되었다. 파리 민중의 불만을 폭발시키고 바스티유 감옥의 습격을 감행시킨 동력은 계급 갈등이었다.

실제로 앙시앵 레짐 말기 파리는 소수의 부자가 극도의 풍요와 사치를 누리고, 대다수 민중은 빵 문제조차 해결하기 어려운 불평등한 사회였다. 1787년 이후 계속된 이상기후 현상은 상황을 더욱 악화시켰다.

민중의 불만은 이미 18세기 후반부터 도처에서 터져 나왔다. 특히 파리는 그러한 동요의 중심지였다. 17세기의 반란은 농촌에서 일어난 국가 조세를 거부한 농민들의 폭동이었다. 루이 14세 시대의 잠복기를 거친 후 저항의 중심지와 주체 세력이 바뀌었다. 18세기의 저항은 도시 노동자들의 음모와 파업의 형태로 나타났다. 노동자들은 선술집에서 회합을 갖고 더 나은 임금과 작업 조건을 요구했다.

불공평하고 불합리한 사회조건에서 그들은 자신도 모르는 사이에 저항의 심성을 공유하고 실천했던 것이다. 노동자들의 저항은 단순히 과거에 대한 동경이 아니라, 장인들에 맞서는 집단적인 계급 저항의 몸짓으로 발전했다. 『파리의 풍경』은 이러한 노동자들의 불복종을 증명하고 또 그것에 영향을 미쳤다.

오랫동안 민중은 사회·경제적인 측면에서 피동적이고 수동적 존재였다. 구태의연한 권위와 신분질서에 억눌려온 그들은 『파리의 풍경』을 읽으며 자유와 해방감을 느꼈다. 역으로 『파리의 풍경』은 그러한 민중이 자신의 삶의 주체로서, 나아가 정치적 주체로서의 인민으로 다시 태어나는 과정을 보여주는 동시에 그들을 일깨워 주었다. 이렇듯 민중이 '천민'에서 '인민'으로 바뀌는 과정은 이미 혁명 이전 앙시앵 레짐 아래에서 서서히 나타나기 시작했고, 『파리의 풍경』은 그 징검다리 역할을 했다. 1793년 메르시에 자신이 『파리의 풍경』에서 1789년의 혁명을 예언했다고 주장했듯이, 혁명의 도래를 예감케 하는 이 책은 프랑스 혁명이라는 엄청난 사회적 격변 직전 의식적 혹은 무의식적으로 불안감을 느끼고 있던 파리인들의 심리적 탈출구의 역할을 했을 뿐 아니라, 혁명을 준비시켰던 것이다.

오늘 우리의 자화상

18세기 말 파리의 일상생활을 적나라하게 묘사한 『파리의 풍경』은 17세기 말 베르사유의 궁정사회를 세밀하게 묘사한 생시몽 공작의 『회고록』과 무척 대조적이다. 그러나 둘 사이에는 일맥상통하는 부분이 있다. 생시몽 공작은 『회고록』에서 궁정이라는 좁은 무대를 중심으로 펼쳐지는 추잡하고 비열한 권력의 암투와 경쟁을 미시적으로 분석했다. 인간 내면에 도사리고 있는 권력에 대한 욕망과 인간의 허약함을 꿰뚫어 본 생시몽 공작의 통찰력은 17세기만이 아니라 오늘 우리 사회에도 적용할 수 있다. 『파리의 풍경』도 마찬가지이다. 메르시에가 꿰뚫어 본 18세기 말 파리의 다양한 모습은 18세기 파리만이 아니라 모든 도시가 갖는 보편적 속성이기 때문이다. 이런 점에서 『파리의 풍경』 역시 시공을 초월해서 오늘날 우리에게 시사하는 바가 크다.

물론 230년 전 메르시에가 묘사한 파리의 모습은 오늘날 파리와는 거리가 있다. 파리의 거리를 오가는 사람들 중에는 귀족도 민중도 찾아볼 수 없다. 230년 전의 파리는 우리가 사는 도시와는 더더욱 다르다. 그러나 메르시에가 전하는 18세기 말 파리의 모습은 겉모습에서는 달라도 그 본질에서는 분명히 21세기의 파리, 나아가 전 세계 모든 도시와 일맥상통하는 부분이 있다.

21세기 한국의 도시도 마찬가지이다. 개발 붐 속에서 엄청난 속도로 변화하는 도시의 외관, 대로변의 고층 빌딩과 지저분한 이면도로의 옹색하고 초라한 건물들, 화려한 진열대와 초라한 노점들, 부자와 가난한 사람, 노숙자들 그리고 도처에서 몰려드는 온갖 부류의 사람과 다양한 인종들. 이렇듯 다양하고 대조적인 모습은 18세기 말의 파리나 오늘 우리가 사는 도시나 똑같다. 서로 누구인지도 모르고 바쁘게 스쳐 지나가는 익명의 물결 속에서 파리인들이 느꼈던 고통과 기쁨, 분노와 소외 역시 오늘 우리 삶의 이야기이다. 이런 점에서 18세기 말 『파리의 풍경』은 멀지만 가까운 우리의 모습이자 자화상이다.

왜 다시 『파리의 풍경』인가?

『파리의 풍경』은 18세기 말 파리의 출판업계에서 이례적인 성공을 거두며 문단의 주목을 받았음에도 불구하고, 국내에서는 오랫동안 잘 알려지지 않았다. 『파리의 풍경』이 국내에 본격적으로 소개되기 시작한 것은 최근의 일이며, 그나마 프랑스 문학 분야에서는 거의 언급되지 않고 있다. 이러한 궤적은 『파리의 풍경』이 서구학계에서 겪은 풍파와 무관하지 않다.

혁명 직전 수백만 부가 팔린 『파리의 풍경』의 인기는 혁명이 끝나자 하루아침에 사그라들었다. 1815년 왕정이 복고되고 정통성의 원리가 천명되면서 예술계는 신고전주의에 의해 지배되었다. 이런 상황에서 제도권을 신랄하게 공격했던 『파리의 풍경』이 문학계로부터 외면당한 것은 당연한 현상이었다.

『파리의 풍경』에 대한 관심이 되살아난 것은 1830년 7월 혁명 이후이며, 그 가치를 재평가한 것은 문학계가 아니라 역사학계였다. 프랑스 혁명을 지지하며 혁명의 원인 규명에 몰두한 미슐레와 루이 블랑, 텐느와 같은 역사가들은 앙시앵 레짐 사회를 비판한 『파리의 풍경』을 높이 평가했다. 그러나 그들은 『파리의 풍경』의 앙시앵 레짐 비판에 초점을 맞추었을 뿐, 파리의 구체적이고 일상적인 삶을 묘사한 『파리의 풍경』의 진정한 가치를 제대로 인식하지는 못했다.

20세기 초 이후 역사학이 사회경제사 연구에 지배되면서 『파리의 풍경』은 역사가들의 관심에서 더욱 멀어졌다. 사회혁명론을 주장한 역사가들은 『파리의 풍경』이 계급의식과 투쟁의 문제보다는 자질구레한 신변잡기식 묘사에 그쳤다고 비난했다. 또한 구조사가들은 평범한 일상생활의 묘사 자체를 무가치하게 여겼다.

역사가들이 『파리의 풍경』에 다시 주목하고 그 가치를 재평가하게 된 것은 서구학계의 새로운 연구 동향과 더불어서이다. 1970년대 이후 역사가들은 사회사의 '장기 지속의 감옥'에 갇혀버린 인간성을 복원해 내기 위한 학문적 도전과 보완 작업을 시도했다. 그 과정에서 구조와 계급 대신 성, 가족, 죽음, 사랑, 의복, 음식물 등이 새롭게 조명되고, 과거에 살아 숨 쉬던 인간의 구체적인 삶의 모습을 복원하려는 노력이 전개되었다.

『파리의 풍경』이 재평가되고 역사적 사료로서의 가치를 인정받게 된 것은 이러한 맥락에서이다. 특히 일상사와 풍속사의 시각에서 민중문화를 연구한 아를레트 파르주는 『18세기 파리의 거리에서의 삶(*Vivre dans la rue à Paris au xviiie siècle*, 1979)』과 『취약한 삶. 18세기 파리의 폭력, 권력, 사회성(*La Vie fragile. Viloence, pouvoirs et solidarités à Paris au xviiie siècle*, 1986)』에서 메르시에의 시선으로 파리 민중의 삶을 복원시켰다. 다니엘 로슈도 『파리의 민중. 18세기 민중문화 연구(*Le Peuple de Paris. Essai sur la culture populaire au xviiie siècle*, 1981)』에서 『파리의 풍경』을 인용하며 계몽주의 시대의 여론과 민중문화를 연구했다.

『파리의 풍경』과 메르시에가 본격적으로 학문적 관심이 대상이 된 것은 1990년대부터이다. 그것은 1980년대 이후 서구학계에서 유행한 책과 독서의 연구 경향에 힘입은 바 크다. 특히 책과 프랑스 혁명의 관계에 주목하며 18세기 여론과 출판문화를 연구한 로버트 단턴, 로제 샤르티에와 같은 역사가들은 『파리의 풍경』을 18세기 독서 관행의 실제를 증언해주는 귀중한 자료이자, 실제 독서문화 그 자체를 대변하는 문화적 조건으로 간주했다. 예를 들어, 앙시앵 레짐 시기의 책과 프랑스 혁명의 관계를 연구한 단턴은 『책과 혁명』(1995; 주명철 옮김, 2003)에서 다양한 장르의 문학과 결합한 계몽사상의 생산과 보급, 그리고 그 영향을 보여주는 여러 사례 중 하나로 『파리의 풍경』을 들고 있다. 로제 샤르티에가 『프랑스 혁명의 문화적 기원』(1990; 백인호 옮김, 1999)에서 주목한 것은 18세기의 독서 관행이다. 그는 책과 사상 그 자체가 아니라, 앙시앵 레짐 말기 구체적인 일상생활 속에서 이루어진 독서 방식의 변화를 분석했다. 정치적·종교적 권위를 상징하던 책과 경건하고 진지한 독서 방식이 점차 혼자 있는 시간에 자유롭게 즐기는 독서 혹은 함께 모여 비판적 논의를 즐기는 독서로 바뀌면서, 기존의 사고방식과 체제에 비판적인 책이 인기를 끌었음을 강조했다. 샤르티에에 의하면 『파리의 풍경』과 메르시에 자체가 18세기 말 혁명의 문화적 조건을 갖춘 파리의 상황이었다.

국내에서는 현재까지 『파리의 풍경』이 부분적으로 소개되거나 인용되었을 뿐이며, 본격적인 연구가 이루어지거나 번역이 시도된 바 없다. 저자 메르시에에 관한 연구 논문이 발표되기 시작한 것도 최근이다.

『파리의 풍경』은 어떻게 이루어졌는가?

『파리의 풍경』 전체 12권은 총 1,050장으로 이루어져 있다. 메르시에는 각 장마다 구체적인 제목을 붙여 독자의 관심을 끌고 있다. 각 장의 분량은 1~4쪽으로 자유로운 편이며, 내용 또한 자유롭게 전개된다. 이러한 80~100개의 장이 모여 다시 하나의 권을 이루고 있다.

전체 구성을 보면 제1권은 1~104장, 2권은 105~205장, 3권은 206~297장, 4권은 298~357장, 5권은 358~454장, 6권은 455~541장, 7권은 542~603장, 8권은 604~675장, 9권은 676~766장, 10권은 767~849장, 11권은 850~958장, 12권은 959~1,050장까지이다.

방대한 분량의 이 책은 다양한 판본으로 출판되었으나, 가장 정확한 판본은 파리에 위치한 프랑스 국립도서관에 80L3i52c 등록번호로 보관되어 있는 1789년 판본과, 가장 최근 장클로드 보네의 주도하에 메르퀴르 드 프랑스 출판사에서 출판된 1994년 판본이다. 이 책의 번역은 두 판본을 토대로 이루어졌다.

주지하다시피 『파리의 풍경』은 개인적인 작업으로는 번역이 불가능할 정도로 방대한 분량이다. 더구나 정치, 사상, 제도, 문화, 경제, 종교, 풍속 등 다방면에 걸친 내용으로 말미암아 다양하고도 구체적인 지식과 언어적 훈련이 요구된다. 따라서 이 책의 번역은 2010년 이후 앙시앵 레짐 연구자 2명(이영림, 주명철), 프랑스 혁명 연구자 2명(양희영, 최갑수), 프랑스 어문학 연구자 3명(송기형, 이규현, 장진영)의 공동작업을 통해 완성되었다. 그 과정에서 7명의 번역자들은 지금까지 다양하게 사용되어 온 프랑스 역사와 문화 용어와 개념어의 통일을 시도했으며, 번역서의 이해에 필수적인 상세한 주석을 첨부했다. 이 모든 노력에도 불구하고 여전히 번역이 미진하고 부족하다고 느껴지는 것이 솔직한 심정이다. 크고 작은 오역에 대한 두려움도 피할 길이 없다. 독자 여러분의 관심과 지적을 기대하며 앞으로의 수정 작업을 다짐할 뿐이다.

2014년 9월

이영림

머리말

나는 파리에 대한 이야기를 하려고 한다. 건물, 교회, 기념물, 명소 등에 관한 이야기가 아니다. 그런 이야기는 다른 사람들이 이미 충분히 했다. 나는 공석이고 사적인 풍속, 지배적인 사상, 파리인들의 정신의 현재 상황, 요컨대 말도 안 되거나 또는 합리적인, 그러나 항상 변화하는 여러 가지 관습 중에서 나에게 감명을 준 것에 대해 이야기하려고 한다. 또 파리의 무한한 위대함, 지나칠 정도의 풍요로움, 터무니없는 사치에 대해 이야기할 것이다. 파리는 돈과 사람들을 빨아들인다. 또한 다른 도시들을 흡수하고 집어삼킨다. 언제나 파리는 무엇을 집어삼키려고 애쓴다.

나는 모든 시민 계층을 조사했다. 거만한 부로부터 가장 거리가 먼 대상들도 간과하지 않았다. 이러한 대비를 통해 이 거대한 수도의 정신적인 모습을 더 잘 보여주기 위해서이다.

많은 파리 주민들은 자신의 도시 안에서 외국인이나 다름없다. 이 책은 그들에게 무엇인가를 가르쳐 줄 수도 있다. 아니면 그들이 너무 오랫동안 보아왔기에 더 이상 인식하지 못하는 장면들을 더 분명하고 더 정확한 관점에서 보여줄 것이다. 실제로 우리가 매일 보는 사물들을 아주 잘 알고 있는 것은 아니기 때문이다.

만약 이 책에서 광장과 길에 대한 지형학적 묘사나 또는 지난 일들의 역사를 기대한다면 잘못이다. 나는 정신적인 것과 그 일시적인 뉘앙스에 전념했다. 왕비의 인쇄상-서점상인 무타르 가게에는 4권으로 구성된 두꺼운 사전이 있다. 검열관이 승인하고 왕의 특허를 받은 이 사전에는 성, 콜레주 그리고 아주 작은 골목들의 내력이 실려 있다. 만약 어느 날인가 이 수도를 팔아먹을 공상을 한다면, 이 두꺼운 사전이 그에 대한 목록이나 카탈로그 역할을 할 수 있으리라.

그렇다고 목록이나 카탈로그를 만들지는 않았다. 내가 본 것에 따라 그렸고, 가능한 한 내 '풍경'에 변화를 주었으며, 여기저기 색을 칠했다. 내 눈과 이해력으로 조각들을 모아서 펜으로 그려낸 그림이 바로 이 책이다. 작가가 잘못 보거나 잘못 색칠한 것은 독자들이 스스로 교정해야 한다. 독자들에게는 사물을 다시 보고 비교해 보고 싶은 은밀한 욕구가 생길지도 모른다.

내가 한 것보다 훨씬 더 많은 이야기가 남아 있고 내가 관찰한 것보다 훨씬 더 많이 관찰할 수 있지만, 자신이 알고 있거나 배운 것을 모조리 다 쓰려고 하는 사람이 있다면 그는 미치광이가 분명하다.

설사 내가 호메로스와 베르길리우스가 말한 100개의 입과 200개의 혀 그리고 우렁찬 목소리를 갖고 있더라도, 대도시의 대조적인 모습들은 비교에 의해 더욱 두드러지기 때문에 모두 소개할 수는 없을 것이다. "세상의 축약판이다"와 같은 이야기는 아무짝에도 필요가 없다. 세상을 보고 돌아다니며 그 안에 있는 것을 조사해야 한다. 세상 사람들의 재능과 어리석음, 우유부단함과 어찌할 수 없는 허풍을 연구해야 한다. 일반적인 법칙과 끊임없이 충돌하는 개별적인 법칙을 만들어내는 일상적이고 사소한 모든 관습에 대해 주시해야 한다.

1,000명이 똑같은 여행을 한다고 가정해보자. 저마다 관찰자가 되어 여행기를 쓰더라도, 이 사람들 다음에 오는 사람들이 할 또 다

른 재미있는 이야기는 얼마든지 남아 있을 것이다.

나는 여러 가지 악습에 대해 비판했다. 오늘날 그 어느 때보다도 악습을 개혁하기 위해 노력하고 있는 것은 사실이다. 악습을 고발하는 것은 그 철폐를 준비하는 일이다. 이 글을 쓰고 있는 순간에도 몇몇 악습이 없어졌으며, 이러한 사실을 나는 즐겁게 인정하는 바이다. 하지만 이런 악습들은 아주 최근까지 존재했기 때문에 내 이야기가 시의에 맞지 않는다고 볼 수는 없다.

여전히 야만적인 모든 것이 변하고 정화되고 계몽주의의 철늦은 과실인 선이 그토록 많은 오류에 뒤이어 오길 바라는 우리의 간절한 염원에도 불구하고, 이 도시는 무지의 시대 동안 축적된 모든 천박하고 편협한 사상들에 아직도 집착하고 있다. 이 도시는 그런 것들을 단번에 떨쳐낼 수가 없다. 왜냐하면 이 도시는 그 찌꺼기들과 함께 뒤섞여 있기 때문이다. 완성된 정부의 손으로 만들어진 최신 도시는, 불완전하고 뒤얽힌 법과 조롱의 대상이 되는 종교 관습 그리고 지켜지지 않는 민간 풍습으로 알려진 오래된 도시들보다 가다듬고 개선하기가 더 용이하다. 오래된 도시에서는 권력과 부를 장악하고 있는 소수가 건전하고 새로운 사상과 부흥의 원동력인 원칙들을 금지하고 여론의 외침에 귀를 닫기 때문에 없어지지 않는 오류들이 많다.

거짓으로 된 건물은 시멘트로 붙인 것처럼 견고하기 때문에 공격해도 헛일이다. 보수공사를 하길 원하지만, 이런 작업은 새로 다시 짓는 것보다 훨씬 더 어렵다. 몇 군데를 고쳐도 전체와 어울리지 않기 때문에 여전히 문제가 많다. 책에는 그럴듯한 이론들이 얼마든지 있지만, 아주 작은 선이라도 실천하기는 어려운 법이다. 지나친 집착에 의해 완강해진 사소한 개인적 이해관계들이 공익을 저해한다. 공익을 옹호하는 사람은 한두 명에 불과할 때가 많다. 따라서 사람들과 마찬가지로 아직 나이 들지 않은 도시들이 행복한 법이다. 새로운 도시들만이 만인이 동의하고 심오하며 분별력 있는 법을 만들 수 있다.

이 책에서는 화가의 붓만 사용하고 철학자의 성찰은 거의 하지 않았다는 점을 분명히 해야 한다. 풍자를 위주로 했더라면 이 '풍경'이 쉬웠을 테지만, 나는 풍자를 철저하게 삼갔다. 전형화된 풍자는 자극적이고 무감각하게 만들 뿐, 올바른 길로 인도하거나 제대로 바꾸지 못한다는 점에서 잘못된 것이다. 나는 전체적인 그림만을 그렸고, 이것을 넘어서는 일은 공익을 위해서 하지 않았다.

나는 살아 있는 인물들을 보고 이 '풍경'을 그렸다. 지난 시대 이야기를 자랑스럽게 하는 사람들이 많지만, 나는 페니키아와 이집트 사람들의 불확실한 이야기보다는 우리 시대가 훨씬 더 중요하다고 생각하기 때문에 우리 시대의 모습과 현 세대를 다루었다. 내 주위에 있는 것에 각별한 관심이 가는 것은 당연하다. 스파르타, 로마, 아테네 등을 산책하는 것보다는 내 동류들과 함께 살아야 한다. 고대의 인물들은 아주 멋진 그림 소재이지만, 나에게는 단순한 호기심의 대상일 뿐이다. 나와 같은 시대에 같은 나라에 사는 사람을 특히 잘 알아야 한다. 나는 그 사람과 소통해야 하고, 그래서 그 성격의 모든 뉘앙스들이 더없이 소중하게 느껴진다.

분별력 있는 작가가 각 세기말에 자기 주위에 대한 전체적인 그림을 그렸더라면, 풍속과 관습 등 자신이 본 그대로를 묘사했더라면, 이것들이 모여서 오늘날엔 사물들을 비교할 수 있는 진귀한 진열실이 되었을 것이다. 우리가 모르는 수많은 특성들을 발견할 수 있고, 그 덕에 도덕과 입법이 발전했을 것이다. 그러나 사람은 자기 눈에 직접 보이는 것은 대개 무시하게 마련이고, 지난 시대로 거슬러 올라가길 좋아한다. 쓸데없는 사실과 사라진 관습들을 추측하려고 하지만, 결코 만족할 만한 결과를 얻지 못한다. 쓸모없고 공허한 토론 속에 파묻혀 헤맬 뿐이다.

100년 후에는 내 '풍경'을 참고하게 될 것이라고 감히 믿는다. 그림이 뛰어나서가 아니라, 나의 관찰 기록들을 다가올 세기의 관찰 기록들과 연결해야 하기 때문이다. 그래야 후세가 우리의 광기와 이성을 활용할 수 있을 것이다. 현재의 오류를 시정할 수 있는 유익한 진실들을 조금이라도 밝혀보고 싶은 작가에게 가장 필요한 것은, 그가 함께 살고 있는 사람들에 대한 지식이다. 이것이 내가 인정받길 바라는 유일한 공이라고 말할 수 있다.

수도의 성벽 안 사방팔방에서 그림 소재를 찾다가, 적당한 여유보다는 끔찍한 가난을, 그리고 예전에 파리인들이 누린다고 여겨지던 기쁨과 즐거움보다는 슬픔과 불안을 더 자주 만나게 된 것은, 내가 이 슬픈 색깔을 우선시했기 때문이 아니다. 내 붓이 정직해야 했기 때문이다. 내 붓이 참신한 행정가들에게 새로운 열성을 불러일으키고, 몇몇 적극적이고 고귀한 영혼의 동정심을 자극하게 되리라고 믿는다. 나는 이 달콤한 확신이 있어야만 글을 쓴다. 그런 확신이 사라진다면 절필할 것이다.

모든 애국심에는 오랫동안 발에 밟히면서도 차츰 자라서 커지는 식물의 싹과 비교할 수 있는 보이지 않는 싹이 있다고 나는 믿는다.

선이 악에서 나오는 경우도 이따금 있으며, 불가피한 악습이 있고 인구가 많고 타락한 도시에 미덕은 없지만 큰 범죄가 드문 것을 다행으로 여겨야 하고, 억눌린 내면적인 격정의 충돌 속에서는 표면적인 평온만으로도 이미 대단한 것이라는 점을 나도 모르지 않는다. 거듭 말하지만, 나는 심판하려고 하지 않고 그리려고만 했다.

개인적인 관찰에서 나는 인간이 매우 다양하고 놀라운 변신이 가능한 동물이며, 파리인의 삶이 본질에 있어서는 아프리카와 아메리카 미개인들의 유목생활과 마찬가지이고, 200리외* 사냥과 희가극의 아리에타가 똑같이 단순하고 자연스러운 행위이며, 인간은 여기에서

나 거기에서나 자기 지능과 변덕의 힘을 확대하기 때문에 그가 하는 일에는 모순이 없다는 것을 알고 있다. 그래서 장소, 상황, 시간에 따라 개인을 진정으로 변신시키는 무수한 형태들이 나오는 것이다. 크라수스의 궁전이 과시하는 사치나, 미개인들이 사지에 그려 넣은 빨갛고 파란 줄이나, 똑같이 놀랄 필요가 없는 것이다.

하지만 비교라는 것이 행복을 방해하게 마련이라는 점에 비추어, 파리에서는 행복하기가 거의 불가능하다고 실토하지 않을 수 없다. 부자들의 거만한 향락을 극빈자가 너무 가까이에서 볼 수 있기 때문이다. 꿈도 꾸지 못하는 그 엄청난 낭비를 보면서 극빈자가 탄식하는 것은 너무나 당연하다.

당신이 중산층이라면, 다른 곳에서는 괜찮겠지만 파리에서는 가난하다는 생각이 들 것이다. 파리에서는 다른 곳에서는 생기지 않는 욕구가 생긴다. 향락을 보면 누구나 향락을 누리고 싶은 마음이 든다. 이 거대하고 유동적인 극장의 모든 배우들 때문에 당신도 배우가 되지 않을 수 없다. 평온이라는 것은 없다. 욕망은 더욱 강렬해지고 사치품이 필수품이 된다. 자연이 요구하는 필수품보다 여론이 우리에게 강요하는 필수품이 비할 수 없이 더 절실하게 느껴지는 법이다.

빈곤 그리고 이것에 뒤따르는 더욱 끔찍한 굴욕을 느끼고 싶지 않은 사람, 오만한 부자들의 경멸적인 시선에 상처를 받는 사람, 이런 사람은 파리에서 멀리 떠나야 하고, 절대로 가까이 오면 안 된다.

루이세바스티앵 메르시에

* 구체제의 모든 도량형과 화폐 단위는 프랑스어 발음을 그대로 표기한다. 1리외(lieue)는 약 4km(10리).

차례

2권 유용한 진리는 적나라한 것도, 너무 꾸며진 것도 바람직하지 않나니

권외 차례

4권 | 무모함도 두려움도 없이

7권 | 나는 내가 본 것을 그렸다

10권 | 사랑하는 아녜스, 이 세상은 정말 이상한 곳이야!

12권 | 아! 진실은 얼마나 잔인한가! 보지 못하는 자는 할 말도 없는 법이니

1002 라모
1003 역마차
1004 방패꼴 간판
1005 돈 빌리는 사람
1006 초상 그리기
1007 지방의회
1008 식사시간
1009 극장 바닥석
1010 가정교사
1011 폴리냐 추기경
1012 퀴피스 부자
1013 법적 절차
1014 처치 곤란한 작시가
1015 빵 만들기
1016 2리브르를 저자에게 돌려주기
1017 설교용 만능열쇠
1018 루소 신부
1019 장신구
1020 바니외
1021 술꾼
1022 괘종시계
1023 검술사범
1024 박물관
1025 아메트 3세의 딸
1026 에포케
1027 두 부류의 귀족
1028 장님
1029 펀치
1030 아이스크림
1031 1월의 달력과 연감
1032 기묘한 창고
1033 수요일 모임
1034 농촌 여성의 교육
1035 앵무새
1036 기묘한 사기
1037 요리
1038 식전 기도
1039 승리의 기념물
1040 불복종
1041 뜻밖의 발견
1042 아침
1043 뗏목
1044 방부처리
1045 소르본의 방
1046 현자들
1047 비법
1048 유심론자
1049 르그로
1050 초상화

1권

집어삼킬 제물을 찾아다니노라

01 개관

파리에서 사는 사람이 성찰할 줄 안다면, 성 밖으로 나가지 않더라도 다른 환경의 사람들을 알 수 있다. 이 거대한 수도 안에 득실거리는 개인들을 연구함으로써 인류를 완전히 알 수 있게 된다. 파리에는 온종일 방석 더미 위에 누워 있는 아시아인들, 비좁은 오두막에서 식물처럼 살아가는 랩랜드인들, 아주 사소한 말다툼에도 할복을 하는 일본인들, 날씨에 신경을 쓰지 않는 에스키모인들, 검지 않은 흑인들, 칼을 차고 다니는 폭력적인 퀘이커 교도들을 볼 수 있다. 아주 멀리 떨어진 민족들의 풍속, 관습, 성격을 알 수 있다. 불을 숭배하는 연금술사, 조각상들을 구입하는 야릇한 우상숭배자, 매일 성벽을 배회하는[1] 아랍인을 만날 수 있다. 또 호텐토트인과 인도인은 가게, 길, 카페에서 빈둥거린다. 가난한 사람들에게 약을 나눠 주는 인정 많은 페르시아인 바로 옆에 식인종과 다름없는 고리대금업자가 산다. 고통스럽게 수행하는 바라문과 고행자들, 신전도 제단도 없는 그린란드인들도 드물지 않다. 향락적인 고대 바빌론에서나 벌어질 것 같은 일들이 매일 밤 화음의 전당에서 일어난다.

파리의 공기를 마셔야 재능을 꽃 피울 수 있다는 말을 한다. 파리에 가보지 못한 사람들이 탁월한 재능을 발휘하는 경우는 아주 드물다. 파리의 공기는 정말 특별한 공기임에 틀림없다. 얼마나 많은

1 그들은 파리의 옛 성벽 자리에 건설된 신작로들을 떠돌아다닌다. rue는 길, boulevard는 신작로, avenue는 대로라고 번역한다.

물질들이 이렇게 작은 공간 안에서 뒤섞여 있는지! 파리는 고기, 과일, 기름, 포도주, 후추, 계피, 설탕, 커피 등 아주 먼 곳에서 나는 산물들이 서로 섞이는 커다란 도가니라고 볼 수 있다. 그리고 위는 이 성분들을 분해하는 가마솥이다. 제일 핵심적인 부분이 추출되어 우리가 들이마시는 공기와 혼합되어야 한다. 연기와 불꽃이 얼마나 많은지! 김과 증기가 얼마나 나는지! 자연이 사방에 뿌린 모든 소금이 땅으로 아주 깊숙이 스며들어야 한다. 모든 집에서 콸콸 흘러서 롱바르 길[2]과 같은 길 전체를 가득 채우는 액체 속에 농축된 이 모든 즙에서 부드러운 부분이 나와 심금을 울리게 되는 것이다. 파리인의 특징인 강렬하고 가벼운 느낌, 그에게 특유한 총기와 경솔함은 바로 여기서 나오는 것이리라. 이 활기찬 입자들이 파리인의 뇌에 사고를 잉태하는 떨림을 주는 덕에, 그는 무수히 많은 예술, 직업, 작업, 다양한 일거리를 보면서 항상 감명을 받아 일찍 개안하여, 이 시대에 다른 곳에서는 불가능한 관조를 하는 것이다. 매 순간 모든 감각이 일깨워진다. 부수고 줄질하고 연마하고 가공한다. 금속들을 뒤틀어서 온갖 종류의 형태를 부여한다. 지칠 줄 모르는 망치, 항상 활활 타는 도가니, 계속 쓰는 줄이 소재들을 평평하게 만들고 녹이고 찢고 조합하고 혼합한다. 가게 앞을 지나갈 때 자연을 바꾸어 놓는 기술에 의해 자극을 받아 마비에서 깨어나는 정신이 어떻게 요지부동일 수 있겠는가? 도처에서 과학이 당신을 부르면서 "보라"고 말한다. 불, 물, 공기가 대장장이, 무두장이, 빵장수의 작업실에서 일을 한다. 석탄, 유황, 초석이 사물의 이름과 형태를 바꾸어 버린다. 인간 지성

2 롱바르라는 이름은 중세에 이탈리아 출신의 상인들이 이 길에 자리를 잡은 데서 비롯되었다. 17~18세기에는 당과제조상들과 약품판매상들의 거리였으며, 또 고리대금업자와 전당포가 많았다.

의 일시적인 작품인 이 모든 생산물들은 아무리 아둔한 머리도 이치를 따지게 만든다.

실습을 할 만큼 참을성이 없어서 이론을 배우고 싶다고? 외과학 아카데미에서 인체를 해부하는 교수부터 왕립 콜레주[3]에서 베르길리우스의 시구를 분석하는 교수까지 모든 학문 분야의 교수들이 강단에서 기다린다. 윤리를 좋아한다고? 극장들이 모든 인생의 장면들을 보여준다. 화음의 기적을 포착하고 싶다고? 오페라가 없더라도 바람결에 퍼지는 종소리가 음악에 귀를 열게 만든다. 화가라고? 여러 가지 색깔의 복장, 다양한 용모, 여전히 남아 있는 아주 진귀한 모델들이 붓을 들게 만든다. 경박한 것을 좋아한다고? 진지하게 인형을 치장하는 의류점 여상인의 경쾌한 손은 정말 감탄스럽다. 그 인형이 오늘의 패션을 북유럽과 북아메리카까지 전파한다. 상업에 대해 성찰해 보고 싶다고? 보석상인은 오전에만 다이아몬드를 5만 에퀴[4]어치나 파는데, 그 이웃 식료품상은 고작해야 3~4수 하는 소매로 하루에 100에퀴어치를 판다. 두 사람 다 상인이지만 그 유용성은 크게 다르다.

눈이 있는 사람이라면 누구나 깊이 생각하지 않을 수 없다. 세례와 매장이 공존한다. 위독한 사람에게 설교하는 신부가 신혼부부의 주례를 맡는다. 공증인은 같은 날에 결혼과 사망 서류를 만든다. 아무것도 예견하지 못하는 두 연인을 위해 법이 선견지명을 발휘하고,

3 1530년에 프랑수아 1세에 의해 설립된 왕립 콜레주(Collège Royale)는 여러 이름으로 불리다가 1870년에 콜레주 드 프랑스(Collège de France)가 된다.

4 에퀴(écu)는 구체제의 은화로서 시세가 조금씩 변하여 처음에는 3리브르(livre)였으나, 18세기 중반에는 6리브르, 120수(sou)였다. 구체제에서 리브르와 프랑(franc)은 같은 의미로 실제로는 통용되지 않는 명목화폐였다. 동전은 수와 드니에(denier)가 있었다. 1리브르는 20수, 1수는 12드니에이다. 1795년의 화폐개혁에 의해 에퀴 은화(6리브르)는 5프랑짜리 은화로 바뀌었다.

아이가 태어나기도 전부터 생계를 보장해야 하며, 아주 심각한 분위기에서 쾌활하게 즐기고, 모든 것들이 주의 깊은 관찰자의 관심을 끈다.

마차 한 대가 당신을 깔아뭉갤 듯이 지나간다. 누더기를 걸친 가난뱅이가 금박을 입힌 마차 안을 향해 손을 내민다. 마차 안의 뚱뚱한 남자는 창유리 뒤에 몸을 감춘 채 눈 멀고 귀가 먹은 표정이다. 뇌졸중 위험이 있는 그는 10일 후에 매장된다. 떨리는 목소리로 애원하는 거지에게 작은 도움도 거절한 그가 남긴 200~300만 리브르를 물려받은 탐욕스러운 상속인들은 그의 죽음을 즐긴다.

모든 교차로 모퉁이마다 눈길을 끄는 풍경들이 얼마나 많은지! 보고 들을 줄 아는 사람에게는 충격적인 대비로 가득한 이미지들의 전시장!

같은 지점에서 바글거리며 사는 80만 명의 경이적인 소비량과, 그중 20만은 대식가이거나 낭비벽이 있다는 사실을 알면 정치적인 추론을 하지 않을 수 없다. 공작은 짐꾼보다 3배나 더 먹으면서도 식비가 더 들지 않는다. 이토록 큰 혼란 속에서도 믿기지 않는 질서가 존속한다는 것에 대해 어떻게 놀라지 않을 수 있겠는가? 이것은 현명한 법이 있기에 가능한 일이다. 물론 법은 아주 천천히 만들어지지만, 복잡하면서도 단순한 기구인 경찰이 있다. 모든 시민에게 가장 소중한 특권인 자유를 침해하지 않고 질서를 더 완전하게 만들 수단들을 찾을 수 있다.

여행에 취미가 있다면 좋은 집에서 점심을 먹으면서도 상상으로 아주 멀리 산책을 할 수 있다. 중국과 일본은 아시아의 향을 풍기는 차가 끓는 자기를 제공한다. 페루 광산에서 나온 차숟갈로 아프리카에서 실려온 불쌍한 흑인들이 아메리카에서 경작한 설탕을 넣는다. 3개 강대국이 차지하기 위해 길고도 잔인한 전쟁을 벌인 인도의 화려한 천으로 만든 방석 위에 앉아 있다. 토론거리를 찾고 싶으면 세계 방방곡곡의 최근 소식을 전해주는 유인물을 보면 된다. 교황 선거, 전투, 교살당한 대신, 신임 아카데미 회원 이야기가 나온다. 그 집의 원숭이와 앵무새까지 모든 것이 항해와 활발한 산업의 기적을 상기시킨다.

창가를 내다보면 먹고 살기 위해 신발을 만드는 사람, 신발을 사기 위해 옷을 만드는 사람, 옷과 신발이 있으면서도 그림을 살 돈을 마련하기 위해 고민하는 사람들을 볼 수 있다. 빵장수와 약제사, 산파와 매장인을 볼 수 있다. 빵장수, 약제사, 산파, 포도주상의 가게에 가기 위해 일을 하는 대장장이와 보석세공인을 볼 수 있다.

02 지붕밑 방

우선 파리에서 가장 신기한 부분인 지붕밑 방에 대해 이야기하자. 인간이라는 대상의 꼭대기에 가장 숭고한 부위인 생각하는 기관이 존재하는 것처럼, 이 수도에서도 재능, 산업, 근면, 미덕은 제일 높은 지역에 있다. 그곳에서 소리 없이 화가가 수련을 쌓고, 시인이 최초의 시구를 짓는다. 그곳에서 가난하지만 부지런한 예술의 자식들이 자연의 기적들을 열심히 지켜보면서 세상에 유익한 발명과 교훈을 제공한다. 그곳에서 모든 걸작들이 구상된다. 그곳에서 주교의 교서, 검찰총장의 연설문, 대신의 저서, 교회의 면모를 바꾸게 될 계획, 사람들을 사로잡을 희곡이 태어나는 것이다.

디드로에게 자기 숙소를 떠나 루브르 궁에 가서 살고 싶어 하는지 물어보고 그 대답을 들어보라. 지붕밑 방에서 살기 시작하지 않은 유명인은 거의 없다. 『에밀』을 쓴 루소도 가난하지만 자신만만하고 만족해하면서 그곳에서 살았다. 그곳에서 내려온 작가들이 자신의 모든 열정을 잃어버리는 경우가 종종 있다. 그들은 굴뚝밖에 보이지 않는 그곳에서 자신을 사로잡던 영감들을 그리워한다. 그뢰즈, 프라고나르, 베르네[5] 역시 지붕밑 방에서 성장했으며, 그 사실을 조금도 부끄러워하지 않는다. 그것은 가장 명예로운 자랑거리이다.

5 Greuze(1725~1805), Fragonard(1732~1806), Vernet(1714~1789)는 당대의 유명 화가들이다. 메르시에는 자신을 그뢰즈와 비교하곤 했다. "그뢰즈와 나는 2명의 대가이다. 그는 그림 속에 드라마를 넣었고, 나는 드라마 속에 그림을 넣었다."

부자가 그 높은 집들에 기어올라가 금 조각을 몇 개 주고, 아직 무명이라서 먹고 살기에 급급한 젊은 예술가의 작품들에서 상당한 이윤을 남길 수 있을 것이다. 부자는 탐욕에 이끌려 노동자를 고생시키는 궁핍에서 이득을 취하려고 함에도 불구하고 유익할 수가 있다. 부자는 이왕 큰 맘 먹고 여기까지 올라왔으니 문을 두드려야 한다. 그가 감히 들어갈 수 있을까? 빈곤의 참화가 그를 엄습하여 모든 감각을 사로잡는다. 그는 벌거벗은 아이들에게 빵이 부족하다는 것을 보게 될 것이다. 한 여인이 모정에도 불구하고 아이들과 먹을 것을 두고 다툰다. 불행한 남편의 노동은 가혹하기 짝이 없는 세금이 부과되는 식료품을 사기에 부족하다. 가난한 사람이 먹는 음식은 변질되어 자연의 손에서 나온 그대로의 것을 먹는 경우가 거의 없다. 반쯤 열린 지붕 밑에서 울려 퍼지는 가난뱅이의 절규는, 근처에서 공기를 진동시키다가 사라지는 공허한 종소리와 비슷하다. 그는 쇠약해져 병원으로 실려가 결국 죽고 만다.

이 가난뱅이가 아침에 일어나 힘들고 벌이가 시원치 않은 일을 다시 시작할 때, 귀가하면서 집을 뒤흔드는 것 같은 부자의 마차 소리가 들린다. 부유하고 방탕한 사람은 공간적으로는 가난뱅이의 이웃이지만, 심정적으로는 1,000리의 떨어져 있다. 부자가 쾌락에 지쳐서 잠자리에 들 때, 가난뱅이는 간신히 일어난다. 부자는 가난뱅이의 가족 전체를 먹여 살리기에 충분한 돈을 카드놀이에서 잃거나 따면서도, 자기 동류의 고통을 덜어주어야겠다는 생각을 하는 경우는 없다.

작가는 이 충격적인 양극단 사이에 위치한다. 그렇기 때문에 작가는 격렬해지고 예민해지는 것이다. 부유하고 화려하다는 도시의 다수가 겪고 있는 가난을 바로 옆에서 지켜본 그는 마음속 깊이 그것을 간직하게 된다. 그가 행복했더라면 감동적이고 애국적인 수많은 생각들을 하지 못했을 것이다. 그는 대다수의 사람들, 따라서 가난뱅이들의 대변자로서 그들의 입장을 옹호해야 한다. 하지만 타인의 불행을 느끼지 못하는, 다시 말해서 공유하지 못하는 사람이 어떻게 타인의 입장을 옹호할 수 있겠는가?

03 과도하게 큰 파리

정치적으로 보았을 때 파리는 너무 크다. 파리는 나라라는 몸에 비해 과도하게 큰 머리 같다. 하지만 이제는 이 혹을 잘라내기보다는 내버려두지 않을 수 없게 되었다. 한 번 뿌리가 내리면 근절이 불가능한 잘못된 일들이 있는 법이다.

대도시는 전제적인 정부의 취향에 딱 들어맞는다. 이런 정부는 대도시에 사람들을 몰아넣기 위해 모든 수를 다 쓴다. 사치와 향락이라는 미끼로 대지주들을 끌어들인다. 군중을 목장 속의 양떼처럼 몰아넣어서, 양떼를 지키는 개들의 역할을 하는 공통의 법이 더 쉽게 다스리도록 한다. 마지막으로 파리는 인류를 집어삼키는 구렁텅이라고 볼 수 있다. 파리인들은 갇혀 있고 아르고스의 눈들[6]이 지키고 있는 쪽문을 통해서만 드나들 수 있다. 대포가 늘어선 성벽보다 더 철통같은 전나무 방책[7]이 생활필수품들을 정지시켜서 세금을 부과한다. 하지만 가난뱅이만 세금을 낸다. 가난뱅이에게는 모든 즐거움이 면제되지만, 먹고 살아야 하는 의무는 면제되지 않는다. 군주는 마음만 먹으면 도시를 굶게 만들 수 있다. 그는 선량하고 충성스러운 신하들을 새장에 가두어 놓고, 화가 나면 그들에게 먹이를 주지

6 그리스 신화에 나오는 거인으로 눈이 100개 달렸다고 한다. 반반씩 잠을 자기 때문에 언제나 50개는 눈이 떠 있어 그 감시를 피하기가 불가능하다.

7 상품 관세를 징수하기 위해 파리를 둘러싸고 있는 입시세(入市稅) 방책(barrières)으로, 방책의 쪽문은 입시세 징수관들이 지킨다.

않을 수 있다. 신하들이 창살을 부수기 전에 4분의 3은 잡아먹히거나 굶어 죽을 것이다.

모든 사람이 살아가야 한다. 생명보존이 최우선 법칙이다. 이 도시는 번창하고 있지만, 그것은 국가 전체를 희생시킨 덕이다. 사람들로 가득 찬 이 7층짜리 집들은 50리외 떨어진 포도밭과 밀밭에서 나오는 수확물들을 집어삼킨다. 하인들, 어릿광대들, 신부들, 부랑자들은 국가나 사회에 도움이 되지 않는다. 하지만 '인간의 소화기관에 관해'라는 제목이 붙은 법률에 관한 내 글이 강조하는 것처럼, 이 모든 것이 존속해야 한다. 확실하게 고칠 수 없을 때에는 용인해야 할 정치적 오류들이 있는 법이다. 그중 하나가 수도의 크기이다. 여관방과 지붕밑 방에서 살고 있는 사람들을 농촌으로 돌려보낼 수는 없다. 그들에겐 아무것도 없고 노동력조차 없다. 그들은 무기력하지만, 파리로 들어오는 것을 막을 수는 없다. 따라서 그 거대한 혹을 놔두는 수밖에 없다. 도려낸다면 나라 전체가 위태로워질 것이다. 그러나 이 도시에 대한 느낌을 먼저 말할 필요는 없다. 파리를 언제나 소중히 여길 이 정부의 우두머리는 수도가 왕국에 비해 어울리지 않게 큰 것처럼 가분수이다.

04 파리의 외관

파리를 외관으로 평가해보고 싶다면 노트르담 성당의 탑 위로 올라가면 된다. 도시는 호박처럼 둥그렇다. 하얀 동시에 시꺼먼 석고가 도시 건물 자재의 3분의 2를 차지하고 있는데, 이는 파리가 백악으로 지어졌고 백악층 위에 있다는 것을 알려준다. 많은 굴뚝에서 끊임없이 솟아오르는 연기 때문에 뾰족한 종탑 꼭대기가 잘 보이지 않는다. 수많은 집들 위로 구름이 형성되는 것 같고, 도시가 땀을 흘리는 것이 보이는 셈이다.

파리를 가로지르는 강은 거의 정확하게 2개의 균등한 부분으로 나눈다. 하지만 건물들은 몇 년 전부터는 주로 강북 쪽[8]에 들어서고 있다.

파리의 지형적 위치 그리고 모든 종류의 건물, 기념물, 명소에 대한 설명은 하지 않겠다. 주민들의 정신과 성격을 보여주는 데 주력하고 싶기 때문이다. 건물 등의 목록은 『귀여운 새해 선물』을 보면 된다. 나는 정신적인 것에 집중했다. 나머지는 눈만 있으면 볼 수 있다.

다만, 전체적으로 날씨가 변화무쌍하고 춥기보다는 훨씬 더 습하

8 18세기에 파리는 마레에서 현재의 보주 광장과 생탕투안 포부르에 이르는 우안이 개발되고 있었다. 중앙시장 서쪽에 위치하며 여전히 농촌 같은 생토노레 포부르, 루이 15세 광장, 샹젤리제 쪽으로 많은 동네들이 생기고 있었다. 이 지역들은 루이 15세 치하에서 가장 부유한 귀족과 자본가 부류의 거주지가 되었다. faubourg는 포부르, quartier는 구역이라고 옮긴다. 구체제에서 파리의 구역은 행정책임자인 구역장(quarteniet, quartinier)과 경찰책임자인 파출소장(commissaire)이 관리했다. 1701년 12월 칙령 등에 의해 파리는 20개 구역으로 구분되었다.

다는 점은 지적해야 하겠다. 센 강의 물은 약간은 정화 작용을 한다. 그래서 격언을 빌려 센 강은 천사의 허벅지에서 나온다고 말하기도 한다. 강물은 질감이 연하다. 짙은 대기가 물의 색조를 약화시켜 수면이 강렬한 색깔인 경우는 드물다.

가장 건전한 구역은 서민들이 사는 생자크 포부르이고, 시테 구역이 가장 불건전하다.

이 멋진 도시가 투르 지역에 위치했더라면 왕국의 정중앙이 되었을 것이다. 투렌 지방[9]의 좋은 날씨가 주민들에게 더 맞았을 것이다. 루아르 강변에 있었더라면, 파리에 없고 부와 노동으로도 얻을 수 없는 무수한 장점들이 생겼을 것이다.

파리 주변은 다양하고 매력적이며 감미롭다. 자연을 가꾸었지만 인공적인 느낌이 들지 않는다. 전국적으로 유일하게 수도 근처에는 정원, 가로수길, 산책로가 많다. 부유한 사람들이 주위 4리외의 모든 것들을 치장해 놓았다. 여기서 땅을 경작하는 농부들은 완전히 불행하지는 않다.

그러나 주변 8~10리외에서는 총을 쏠 수 없다. '국왕 전용 사냥터'와 왕족들의 토지가 모든 사냥권을 밀어내 버렸다. 이에 관해 만들어진 법은 왕국의 다른 법들과는 대조적으로, 잔인하다고는 말하지 않더라도 가혹하다. 자고새 한 마리 죽이면 중노동형에 처해진다. 밀렵감시인들은 헌병대[10]가 도둑과 살인자들을 뒤쫓는 것보다 더 재

9 구체제의 프랑스에는 전통적으로 내려오는 지역구분이 있었는데, 이를 지방(province)이라고 불렀다. 18세기에는 58개의 지방이 있었다고 보는 것이 일반적이다. 이것들이 오늘날 본토 22개 광역도(région)의 토대가 된다. 투렌(Touraine)은 파리 남서부에 위치한 지방으로, 루아르 강이 관통하고 투르(Tours)가 중심 도시이다.

10 헌병대(maréchaussée)는 중세에 조직된 프랑스 특유의 기구로서, 헌병과 경찰 업무를 같이 수행했다. 혁명 후인 1791년에 gendarmerie nationale로 명칭이 바뀌었다.

빠르고 열성적으로 밀렵꾼들을 추격한다. 더구나 밀렵감시인들은 사람을 죽여도 처벌받지 않으니, 이 얼마나 무시무시한 일인가! 인간적이라고 알려진 왕족이 그들에게 보상을 내리기도 한다는 것을 감히 말해도 될까?

왕족들은 사냥 문제에 대해서는 무자비하고 용서가 없는데, 이는 진짜 폭정이다.

05 채석장

처음에 파리를 건설할 때는 부근에서 돌을 가져다가 사용했는데, 그 소비량이 적지 않았다. 파리가 확대되면서 옛 채석장 터들이 포부르가 되었다. 외부로 보이는 모든 것은 도시의 토대를 파서 나온 것이다. 그래서 오늘날 여러 구역의 집들 밑에는 무시무시한 구멍이 나 있다. 이런 집들은 깊은 구렁 위에 서 있는 셈이다. 조금만 충격이 있어도 그렇게 애써서 파낸 돌들이 제자리로 되돌아갈 수 있을 정도이다. 150피에[11]나 되는 깊이의 구렁텅이에 8명이 매몰된 것을 비롯해, 덜 알려진 여러 건의 사고 이후에 마침내 경찰과 정부가 나서게 되었다. 그 결과 여러 구역의 건물들을 지주로 떠받치는 작업이 비밀리에 이루어졌다. 어두운 지하에서 건물에 없는 지주를 설치한 것이다.

생자크 포부르 전체와 라아르프 길 그리고 투르농 길도 옛날 채석장 터라서 집들의 무게를 지탱하는 기둥을 세웠다. 완전히 상반되는 수단들에 의해 건설되고 지탱되는 이 대도시는 정말 많은 것을 생각하게 만든다. 이 탑과 종루들, 교회의 둥근 천장들은 눈에 잘 보이지만, 하늘에서 보이는 것은 발밑에는 없다.

11 1피에(pied)는 약 32.4cm.

06 봉건정부는 어디에?

200년 전에는 성에서 살던 귀족들이 대도시로 나오는 것을 꺼려했다. 그래서 그들이 시골에서 거주하던 성채를 떠나게 만들려고 온갖 수를 다 썼다. 귀족들은 때때로 자의적인 명령을 무시하기도 했다. 그들은 지체가 높은 집단이었다. 그러나 베르사유에서만 군주가 하사하는 은급을 받을 수 있고, 주위의 모든 것을 끌어당기는 가운데 점 하나가 정해지면서 귀족들은 오래된 성을 떠나지 않을 수 없었다. 성들은 폐허가 되고 영주들의 힘도 사라졌다. 궁정을 호화찬란하게 치장하여 그들의 얼을 빼놓고 축제로 그들을 나약하게 만들었다.

가정 경제의 의무 속에서 외롭게 살아가던 여인들은 시선을 끌게 된 것을 자랑스럽게 여겼다. 그녀들의 교태와 타고난 야심이 빛을 발하기 시작했다. 그녀들은 자기 매력에 의지하여 왕의 눈에 띄려고 했다. 그러려면 그녀들의 노예나 다름없는 남편들이 권력의 장소에서 멀어지지 말아야 했다. 그녀들은 사교계의 여왕이 되어 취향과 환락을 좌우했다. 그녀들이 궁정의 소용돌이 속에 낄 수만 있다면 아버지, 남편, 아들이 모욕을 당해도 상관없었다. 그녀들은 순전한 연애놀음을 중대사로 변모시켰다. 그녀들은 의상, 에티켓, 패션, 장신구, 특혜, 유치한 관습을 만들어냈다. 또 그녀들 때문에 노예근성이 강화되었다. 자기들도 모르는 사이에 그녀들에게 끌려다니게 된 남자들은 총애와 은급을 나누어 주는 분 주위에서 탐욕스럽게 손을 내미는 수밖에 없었다.

재산을 모으는 기술은 조신(朝臣)의 기술이었다. 군주는 자기 권력 확대에 아주 유용한 귀족들의 이런 성향을 이용했다. 군주는 백성들에게 금을 빼앗아 주의 깊은 하인으로 변신한 조신들에게 주었다.

옛날 귀족층의 유산은 파리로 와서 다이아몬드나 사치스런 레이스로 치장된 옷, 은쟁반, 호화로운 마차로 바뀌었다. 농업의 쇠퇴가 두드러졌다. 왕권은 더욱 빛나게 되었지만, 이로 인해 국가의 재산은 축이 났다. 대도시들이 형성됨으로써 나라는 상당한 손해를 입었지만, 몇몇 개인은 엄청난 특혜를 보았다. 그들은 모든 기술과 모든 자원, 안락하기 짝이 없는 모든 편의시설들을 향유했다. 인생을 아름답게 만들고, 자연의 재난을 줄이며, 기쁨과 건강, 행복을 가져다 줄 수 있는 모든 것을 누렸다. 몇몇 개인들만. 하지만 대부분의 백성은….

07 진정한 철학자의 조국

철학자는 대도시들을 비난하면서도 정작 자신은 마음에 들어 한다. 자기가 재산이 별로 없다는 것을 다른 곳에서보다 잘 감출 수 있기 때문이다. 대도시에서는 재산 문제로 창피해할 필요가 없다. 군중 속에 파묻혀 더 자유롭게 살 수 있으며, 여러 신분들이 섞여 있는 것이 더 평등하다고 생각되기 때문이다. 좁은 지역에서는 피하기 어려운 멍청이들과 성가신 사람들로부터 벗어나 골라서 교제를 할 수 있다.

또 대도시에는 성찰할 소재가 더 많다. 일상적인 장면들이 경험을 더욱 풍부하게 만들고, 다양한 사물들이 재능에 적합한 양식을 제공해 준다. 철학자는 시골생활의 즐거움을 무시하는 사람들의 광기를 비난하면서도 공유한다.

나는 18세[12] 때 힘, 건강, 용기로 충만해 있었다. 아주 건장하였고, 장자크 루소의 이론에 심취해 있었다. 주인도 하인도 없이 필요한 모든 것을 혼자 힘으로 해결하면서 숲속을 거니는 나를 공상하곤 했다. 떡갈나무 열매, 나무뿌리와 풀들이 나쁜 음식이라고 여겨지지 않았다. 엄청난 식욕 덕에 모든 식물이 똑같이 맛있었다. 차가운 안개도 두렵지 않았다. 캐나다와 그린란드의 강추위에도 굴하지 않았을 것이다. 피가 끓어서 이불도 걷어찰 정도였다. 격식, 소송, 하찮은

12 메르시에는 1740년생이므로 1758년에 18세, 1767년에 27세였다.

일, 세련되고 변덕스러운 정치의 틀 속에 갇히지 않을 것이라고 다짐했다. 나는 기질적으로 자유롭지만, 법을 위반하지 않고 준수하며, 그 누구의 탐욕이나 자존심을 건드리지 않고 행복할 것이라고 생각했었다.

그러나 이러한 첫 번째 혈기가 가라앉고 27세에 병과 사람들 그리고 책들과 친숙해져 여러 종류의 사상, 즐거움, 고통을 알게 되었다. 또 궁핍과 쾌락도 경험하게 되었다. 그러자 예술에 의해 풍요하게 만들었던 상상력이 빈곤해지고, 루소의 이론도 시들해졌다. 사냥거리를 잡기 위해 100리외를 헤매기보다는, 은화로 빵을 사는 것이 더 편안하다는 것을 알게 되었다. 나에게 옷을 만들어 주는 사람, 마차에 태워서 시골에 데려다 주는 사람, 조금 과식하게 만들어 주는 요리사, 눈물을 흘리게 만드는 희곡을 쓴 작가, 겨울에 따뜻하고 편안한 집을 지어준 건축가, 내가 몰랐던 수많은 일을 가르쳐 준 친절한 사람들이 고맙다고 생각하게 되었다.

나는 사회를 다른 시각으로 보게 된 것이다. 예술의 혜택을 누릴 수 있는 가난뱅이들에게도, 야성적인 상태보다는 파리가 더 자유롭고 풍요하다는 생각이 들었다. 숲속에서 방황하든지, 아니면 나처럼 파리에서 사교계를 드나들든지 둘 중 하나를 선택해야지 중간은 없다. … 나는 이렇게 생각했다. 독자여, 내가 아직도 그렇게 생각하는지는 이 책의 끝까지 읽어보면 알게 될 것이다.

08 대화에 대해

파리에서는 여론이 얼마나 가볍게 바뀌는지 모른다. 밤참을 먹는 동안에도 수많은 판결들이 내려질 정도이다. 형이상학, 도덕, 문학, 철학의 가장 중요한 진리에 대한 대담한 발언이 나온다. 한 사람에 대해 같은 식탁의 오른쪽에서는 그가 천재라고 말하고, 왼쪽에서는 얼간이라고 말한다. 하나의 원칙에 대해 한쪽에서는 이론의 여지가 없다고 하고, 다른 쪽에서는 말도 안 된다고 한다. 양극단이 서로 만나고, 똑같은 단어가 입에 따라서 의미가 달라진다.

특히 두드러진 점은 한 주제에서 다른 주제로 너무 쉽게 넘어간다는 것이다. 아주 짧은 시간에 무수한 주제들을 다루고 논하게 된다. 파리에서의 대화는 세상 어느 곳에서도 찾아보기 힘들 만큼 완성되어 있다는 것을 인정해야 한다. 말 한 마디 한 마디가 경쾌한 동시에, 심오한 노젓기와 비슷하다. 한 대상에 대해 오래 이야기하지 않는다. 하지만 모든 의견들이 주제에 포함되게 만드는 전체적인 분위기가 있다. 찬반을 놀라울 정도로 빨리 논한다. 이것은 세밀한 규칙을 제정하고 언제나 준수하는 극도로 문명화된 사회에서나 가능한 일이다. 재능이 있지만 이런 요령이 없는 사람은 귀먹은 벙어리와 다름없다.

희극 이야기에서 식민지군[13] 사건 토론으로 얼마나 빨리 넘어가

13 영국에 저항하는 미국인들. 미국혁명은 1773년 12월 매사추세츠 보스턴에서 시작되었다. 파리조약(1783) 직전에 프랑스 여론은 미국인들의 저항에 열광했다.

는지 모른다. 유행 그리고 보스턴, 데뤼,[14] 프랭클린[15] 이야기를 동시에 한다. 이야기의 연결고리는 미세하지만 주의 깊은 관찰자의 눈에는 보이게 마련이다. 이야기들 사이에는 멀지만 실제적인 관계가 존재한다. 생각을 할 능력이 있다면 모든 것이 연결되어 있고, 모든 것이 서로 통한다는 것을 보지 못할 수가 없다. 아주 많은 생각을 해야 좋은 생각이 하나 떠오른다는 것을 알 수 있다. 물리학에서와 마찬가지로 도덕에서도 반사는 서로 빛을 빌려 주는 것이다.

자기 이웃의 다양한 생각 속을 거니는 것보다 더 기분 좋은 것은 없다. 사람보다 옷이 더 웅변적이라는 것을 알게 된다. 자기 혼자 생각에 답을 하는 사람이 더 잘 대답을 한다. 담론 대신에 손짓 몸짓이 더 눈에 띈다. 많은 개별적인 사실들이 기억과 독서의 결함을 채워준다. 사람과 사물에 대한 지식은 최고의 책들보다는 모임에서 더 잘 배울 수 있다.

14 Desrues: 사업적으로 관계를 맺고 있던 왕의 시종 들라모트의 부인과 아들을 연이어 살해한 인물. 결국 범행이 밝혀져서 그는 1777년 5월 6일 그레브 광장에서 산 채로 차형에 처해진 다음 화장되었고 재는 뿌려졌다. 그의 극악무도한 범행은 당시에 엄청난 반향을 일으켰으며, 19세기 초에도 기억이 생생하여 1828년에 파리 극장가에서 상연된 연극의 주제가 되기도 했다.

15 미국 독립전쟁의 주요 지도자의 한 사람인 벤저민 프랭클린은 프랑스의 지원을 요청하러 1776년에 파리로 파견되었다. 프랑스와의 조약을 협상하기 위한 사절의 일원인 그는 전권공사가 된다. 1785년에 파리를 떠날 때까지 그는 외교관직을 수행하면서 정치선전자 재능을 유감없이 발휘하여 궁정과 파리 사교계에서 폭발적인 인기를 끌었다.

09 새로운 아테네

파리는 옛 아테네를 재현한다. 예전에 아테네인들에게 칭찬받길 원한 것처럼, 오늘날엔 프랑스 수도의 동의를 갈망한다. 알렉산드로스는 포루스[16]와 싸울 때 "아테네인들이여, 그대들에게 칭찬받는 것은 얼마나 힘든 일이가!"라고 외쳤다. 도대체 아테네인들이 어떤 사람들이기에 아시아의 오지에서도 그들의 관심을 끌어야 하는가? 알렉산드로스가 과도한 허영심으로 가득 찬 미치광이이거나, 아니면 아테네가 세계 제1의 도시였다는 이야기이다.

우리 시대에 이야기하기 좋아하는 파리인들의 주목을 가장 많이 끄는 세 사람은 프로이센 왕 프리드리히 2세, 볼테르, 장자크 루소이다. 프로이센 왕의 승전, 입법, 정신적인 재능을 보고 그에게 열광하는 찬미자들의 수는 믿을 수 없을 정도로 많다. 내가 그 찬미자들의 선두에 서 있다는 것을 고백하며, 카이사르 이래로 그보다 더 많은 자질을 갖춘 사람은 없다고 확신한다.

파리인들은 경박하다는 비난을 받기도 하지만, 이렇게 진정한 장점도 있다. 파리인들은 남을 일관되게 존경할 줄 안다. 그들은 유럽을 석권하고 있는 프로이센 왕을 인정하고, 그는 그들의 존경을 받을 만하다. 똑같은 평가를 받고 싶어 하는 사람에게는 좋은 모범이다. 파리인은 모든 왕들에게 예의와 경의를 표하지만, 진정으로 왕위

16 펀자브의 삽타신다바를 다스리던 포루스(Porus) 왕은 기원전 327년에 하이다스피 강가에서 알렉산드로스에게 패했다.

에 오를 자격이 있는 군주만을 찬양하고 존경한다. 파리인들은 평판이 좋은 몇몇 다른 군주들의 이름을 열거하고 있다. 그러나 샛별 같은 그들의 명성이 원숙의 무게와 넓이를 얻게 될지는 시간이 결정할 것이다.

10 쾌락

부유한 도시인이 잠에서 깨어 시장에 가면, 10만 명이 그의 미각을 만족시키기 위해 50리외 주위에서 수집한 것이 쌓여 있다. 그는 선택하는 수고만 하면 된다. 모든 것이 넘쳐난다. 은화 몇 잎으로 그는 여러 곳에서 따로따로 자라는 감미로운 생선, 싱싱한 굴, 꿩, 수탉, 파인애플을 먹을 수 있다. 포도재배자가 정성껏 보관하는 몸에 좋은 포도주도 그의 차지이고, 능숙하고 재빠른 손들이 과수를 전지하는 것도 그를 위해서이다.

여가를 달콤하게 즐기고 싶다면? 화가의 그림을 구경하고, 음악과 연극 공연을 보면서 소란스러운 관중과 어울릴 수도 있다. 다양한 오락을 즐기지 못한다면, 권태를 즐길 줄 알아야 한다. 쾌락의 잔을 장식하고 이미 감미롭다고 판단된 쾌락을 더욱 황홀하게 만들 줄 아는 관능의 노동자들이 있다.

11 위험

어떤 기술을 완전히 익힌다는 구실로 지방을 떠나서 멘토도 친구도 없이 이 유혹의 도시를 찾아온 순진한 풋내기는 화를 당할지어다! 뻔뻔스럽게 쾌락이라는 이름을 도용하는 방탕의 덫들이 사방에서 그를 둘러싼다. 그는 부드러운 사랑이 아니라 그 모조품만을 만나게 될 것이다. 교태의 거짓말과 탐욕의 간계가 진심의 토로와 감정의 불꽃을 대신한다. 쾌락은 돈을 주고 사는 기만적인 것이다. 아버지, 어머니, 연인을 떠나서 혼돈스러운 군중 속에 뛰어든 이 젊은이가 건강만 잃게 된다면 정말 다행이다. 그가 기력을 완전히 다 잃어버리지 않는다면, 기계적으로만 움직이는 무기력한 영혼들의 무리에 합류하게 되지는 않을 것이다. 이처럼 모든 것에는 대가가 따르는 법이다. 진귀하거나 새로운 지식을 얻으려면, '지혜의 나무'에 손을 대려면 값비싼 대가를 치러야 한다.

「고향의 아버지」라는 아주 도덕적인 희곡을 써볼 생각이다. 불쌍한 아버지가 기만적인 전망에 속아 아들의 욕망을 막지 못하고 수도로 올려보낸다. 큰돈을 벌게 될 것이라는 환상에 아버지가 먼저 홀린 것이다. 아들은 효심으로 가득 차서 길을 떠나지만, 수도의 악덕에 전염되고 만다. 불운한 아버지는 믿었던 아들을 알아보지 못하게 된다. 아들은 그토록 소중하게 여기던 미덕들을 우습게 알게 된 것이다. 아들은 부모 집과의 모든 관계를 잊어버리거나 깨버리게 된다. 파리에서는 그런 관계가 너무 미약하여 존재하지 않거나, 아니면 조롱거리에 지나지 않기 때문이다.

12 장점

지방에서는 여러 해 동안 노력하더라도 얻지 못하던 재산이 파리에서 생길 수가 있다. '행운에는 눈이 없다'라는 말은 정확하다. 단순한 추천이 근면한 노력보다 훨씬 더 큰 성공으로 이어지는 경우가 종종 있다. 맨 처음 어떤 직장에 들어가느냐가 모든 것을 좌우한다.

젊은이여, 그대 얼굴이 싱싱할 때 행운을 애무해라. 행운은 여인과 마찬가지로 첫사랑을 소중하게 여긴다. 그대가 기다린다면 행운을 얻지 못할 것이다.

그러나 야심가들로 가득 찬 행운의 신전에서는 정말 서둘러야 한다. 그들은 서로 떼밀고 서로 부딪힌다. 밀물과 썰물을 뚫고 앞으로 나아가야 한다. 엄청나게 많은 난관을 극복하고 여신의 제단 앞에 서는 순간, 자신이 백발이 되어 모든 것을 포기해야 한다는 것을 깨닫게 된다. 나는 단 한 번도 우상을 쫓아다니지 않고 항상 일정한 거리를 유지해 왔다. 하기야 이제는 앞으로 나아가기엔 너무 늦었다.

13 세련된 재치

재치라고 불리는 것이 파리에는 정말 너무 많은 것 같다. 그것으로 모든 것을, 심지어는 악덕마저 정당화한다. 우리의 열정을 세련되게 만드는 기술이 우리의 사고 능력을 넓혀준다고 해서 정당화될 수 있을까?

우리의 이성이 완벽해지면 악덕을 완벽하게 만드는 법도 배우게 되는가? 교묘한 논리를 사용하여 책략과 계산적인 성향을 숨기려 드는가? 그런 성향들이 우리에게 미묘한 것들을 가르쳐 주는 방식에 의해 더욱 매력적이고 불가항력적이 되는가? 뭐라고? 학문이 정교한 독을 동반한다니! 나는 이런 이야기를 자세히 하기가 겁난다. 아니다, 진정한 학문은 좋은 것이다. 가짜 학문들도 있는데, 바로 이것들이 탐욕을 부채질한다. 더할 나위 없이 타락한 시대에도 순진무구한 학문들이 있다.

14 예술은 누구를 위한 것인가?

상상력이 발휘되어 힘차고 지속적으로 날아오르는 동안에, 양식이 심사숙고하는 동안에, 총명한 정신이 완벽해지는 동안에…. 그토록 노력하여 창조된 이 모든 예술을 무기력한 정신이 멸시하며 즐긴다니!

생각하면 정말 슬픈 일이다. 뭐라고? 동태 눈을 위해, 향락을 추구하는 한량의 쾌락을 위해 모든 것이 만들어진다니! 뭐라고? 그런 인간을 나태와 권태에서 벗어나게 만들기 위해, 예술의 고귀한 자식들이 그 멋진 작품들을 세상에 내놓는다니!

15 가난뱅이의 불행

모든 자리, 즉 고위직, 민간직, 장교직, 성직은 돈 있는 사람들의 몫이다. 부자와 나머지 시민들 간의 거리는 나날이 커져 간다. 가난뱅이의 눈을 피곤하게 만드는 사치의 놀라운 발전 때문에 가난은 더욱 더 참기 어려워진다. 증오의 골은 깊어가고, 국가는 두 계급으로 나뉜다. 탐욕스럽고 인정머리 없는 사람들과 불평하는 사람들. 땅을 잘게 쪼개고 재산을 작게 나누는 방법을 찾아내는 입법자는 국가와 주민에게 크나큰 봉사를 하게 될 것이다. 이것이 몽테스키외가 "두 사람이 편안하게 살 수 있는 모든 장소에서 결혼이 이루어진다"는 아주 적절한 표현에 의해 밝힌 풍요로운 사상이다.

소수에 집중된 부는 즐기는 사람에게나 시샘하는 사람에게나 똑같이 위험한 사치를 낳는다. 이 부가 덜 불평등하게 분배된다면, 호사가 야기하는 파괴적인 독 대신에, 노동의 근원이고 가정적인 미덕의 원천인 여유가 생겨날 것이다. 사람들의 재산이 거의 같은 수준인 국가는 모두 평온하고 행복하며 단결된 모습을 보인다. 오늘날 스위스가 그렇다. 다른 모든 국가들은 불화와 영원한 분열의 소지가 있다. 어떤 국가는 스스로를 팔고 다른 국가는 사면서 둘 다 천해진다. 망상에 불과한 평등을 이야기하는 것이 아니다. 거대한 재산은 상업과 유통에 해가 된다. 돈이 한쪽으로만 몰리면 생명의 즙이 나무의 모든 가지들에 생기를 불어넣지 못하고 흩어지게 마련이다. 돈 몇 푼이 없어서 망가지는 재능이 얼마나 많은가! 생산적인 씨앗이라고 간주되는 돈이 없어서 타고난 능력을 발휘하지도 못하고 평생 빌빌대는 사람들이 대다수이다.

백만장자의 상속자가 인색하고 냉혹한 자기 아버지가 긁어모은 엄청난 재산을 잠깐 동안에 다 써버리는 것보다 더 보기 좋은 일은 없다. 만약 아들이 아버지처럼 인색하다면 증손자는 증조부보다 10배나 많은 재산을 보유하게 되어, 이런 부류에 속하는 20명이 한 나라의 모든 부를 독차지하게 될 것이다. 모든 정치적 악은 소수에게 집중된 거대한 재산에서 비롯된다고 보아야 한다. 이 치명적인 불평등이 한쪽에서는 부유의 범죄를, 다른 쪽에서는 빈곤의 범죄를 낳는다.

이런 불평등은 내란과 아주 비슷한 내부의 전쟁을 야기한다. 그런 불평등은 어떤 사람들에게는 감추어져 있기 때문에 더욱 뿌리 깊은 증오를 불러 일으키고, 다른 사람들은 참을 수 없고 잔인할 정도로 거만하게 만든다. 이처럼 부당한 불균형을 법으로 조장하는 국가는 형법전을 강화할 수밖에 없다. 궁궐 같은 집이 많을수록 큰 교도소를 지어야 하는 법이다. 반면 부를 분배하고 모든 가지에 영양을 공급하는 데 신경을 쓰는 국가에는 처벌할 범죄가 적다. 로마인은 500에이커 이상을 소유할 수 없도록 규정한 로마법[17]은 아주 현명한 법이었다. 거부의 사망 시에 그의 삶과 그가 어떤 식으로 재산을 모았는지를 조사하고, 정당한 수익 이외의 모든 것을 가난한 사람들에게 돌려주는 법은 비현실적임에도 불구하고 훌륭한 측면이 없지 않다.

17 평민 호민관이었던 티베리우스 그라쿠스가 기원전 133년에 공포한 법으로, 개인 지주가 소유할 수 있는 공공토지를 500쥐제르(약 123헥타르)로 제한했다. 이 법은 이런 조건으로 개인에게 제공된 공공토지를 사유지로 전환시켜 주었기 때문에 재산권에 대한 위협과는 거리가 멀었다.

16 지폐의 부재

몽테스키외는 말했다. "돈이 완벽하게 물건과 같은 값이어서 돈이 있으면 바로 물건을 가질 수 있을 때는 아무런 문제가 없다. 또 물건이 돈과 아주 똑같은 값이어서 물건이 있으면 바로 돈을 가질 수 있을 때도 마찬가지이다." 이 소중한 진리를 국가의 행정가들과 요직에 있는 사람들이 명심해야 하는데, 유감스럽게도 그들은 몽테스키외를 읽지 않는다.

기호가 충분하지 않아서 팔리지 않은 물건들이 얼마나 많은가! 팔려야 하는데 팔리지 않는 물건들이 얼마나 많은가! 날품팔이꾼들만이 바로바로 돈을 구할 수 있는 실정이다.

현금으로 지급하는 구매자가 한 명이라면, 나머지 50명은 어음을 낸다. 따라서 교환기호가 금속밖에 없는 것은 큰 문제이다. 몽테스키외의 소원이 이루어지지 않은 것이다. 팔기는 어렵고, 자신을 파는 것은 더욱 어렵다. 많은 사람들이 직업이 없다. 사기업은 지지부진하고, 공기업도 거의 마찬가지이다. 이 모든 것이 교환기호가 절대적으로 부족하기 때문이다. 유통에 명백한 장애가 있기 때문에 표상적인 기호를 많이 발행하는 은행[18]이 필요하다. 그러므로 모든 종류

18 당시에는 영국 은행과 암스테르담 은행만이 진정한 중앙은행이었다. 이 두 은행은 전국에서 통용되고 고정 비율에 따라 귀금속으로 교환되는 지폐를 발행하는 권한을 국가로부터 부여받은 금융기관이었다. 프랑스에는 아직 이런 기관이 부재했다. 튀르고 시대인 1776년에 제네바 은행가인 팡쇼에 의해 설립된 할인금고(Caisse d'escompte)는 이런 역할을 수행하지 않았다. 할인금고는 파리 금융시장의 어음을 할

의 가치를 완전히 똑같이 대리하는 기호들이 시급히 필요하다. 교환이 신속하게 이루어지지 않으면 정치는 침체하고 우리 인간들도 마찬가지이다.

은행권, 다시 말해서 지폐만이 수도의 수많은 필요를 해결해 줄 수 있다. 지폐는 팔리지 않은 물건만큼 많은 기호를 만들어낼 것이다. 필요한 것이 많으면 기호도 그만큼 많아져야 한다. 우리 시대에는 필요한 것이 너무 많다.

이 주제에 대해 축적된 지식은 우리가 말하는 은행이 로[19]의 쓸모없는 지폐와 아무런 공통점이 없다는 것을 확인시켜 준다. 그의 실패한 경험이 우리를 깨우쳐 줄 것이다. 그가 이 처방을 지나치게 남용한 것이 우리에게는 건전하고 유용한 교훈이 될 것이다. 그가 남긴 활동 그리고 그의 비정상적인 일처리에도 불구하고, 잠시 동안 개선이 이루어졌다는 점을 기억해야 한다. 오늘날엔 공적인 이성이 모든 계산을 주도하기에 계산이 잘못될 여지가 없으므로, 프랑스에서 지폐 사용을 금지하는 것은 치졸한 기우에 불과하다. 지폐의 부재는 왕국이 모든 장점을 살리지 못하게 가로막고 있다.

여기서 영국을 모방할 수는 없다는 점은 잘 알고 있다. 국가의 부채와 왕실의 부채는 엄청나게 다른 것이기 때문이다. 하지만 로의 국가어음이 아니라 은행권을 현명하고 절제된 비율로 찍어낼 수 있을 것이다. 은행권은 정부의 감독하에 유통될 것이다. 그렇게 되면

인하는 데 그쳤다. 메르시에의 소망은 통령정부 기간인 1800년 2월에야 프랑스 은행이 설립됨으로써 실현된다. 그 이전에 할인금고를 중앙은행으로 전환시키려는 칼론 그리고 네케르의 모든 시도들은, 이미 과중한 채무를 지고 있는 국가와 연결된 모든 은행에 대한 금융가들의 불신 때문에 실패하고 말았다.

19 Law(1671~1729): 스코틀랜드 출신의 금융가로, 섭정 오를레앙 공작에 의해 재무총감으로 임명되어 지폐 도입으로 대표되는 '로의 체제'를 도입하려다가 실패했다.

정부는 국립은행을 가동시키는 장치에 손을 대지 않고 공적인 부의 혜택을 누리게 될 것이다.

언젠가는 우리의 무관심과 맹목적이고 완고한 편견을 후회하게 될 것이다. 그것들 때문에 왕국의 크나큰 번영을 위해 가장 간단하고 가장 유연하며 가장 효과적인 수단을 거부하고 있는 것이다. 계약서 양피지는 지폐가 절대 아니다. 왕실 차용증은 재생산적인 기호가 아니다.

17 은제품

이처럼 기호들이 믿을 수 없을 정도로 부족한 가운데 파리에는 금과 은 가구, 보석, 귀금속 식기가 엄청나게 많다. 하지만 이런 부는 아무런 쓸모가 없다.

또 교회에 있는 은제품들도 추가해야 한다. 정말 산더미 같은 금속들이다. 교회와 그 장식은 나라에 막대한 비용을 초래했다. 사도들이 세운 소박한 종교가 어떻게 사치의 전당으로 바뀌었단 말인가?

계급장 제조, 그리고 비단, 금·은 옷감에 사용되는 귀금속들도 추가로 계산해야 한다.

개인들 집에는 귀금속들이 피라미드처럼 쌓여 있다. 금화나 은화를 주조할 금속이 모자란다고 난리를 치면서도, 우리의 부를 가구 만드는 데 낭비하고 있다.

상당한 양의 은화 없이는 어떤 사업도 할 수 없다. 이 금액이 있으면 모든 것을 구할 수 있어 가능한 모든 방법을 동원해 그 돈을 빼앗아가기 때문에 개인들의 손에는 아무것도 남지 않는다. 우리 옆에서 자고 있는 이 금속으로 된 부는 전혀 유통되지 않으므로 쓸모가 없다. 똑같은 돈만 쓰고 그것을 쓰고 또 쓸 줄만 아는데 어떻게 임시 지출에 대처할 수 있겠는가? 다시 말해서, 간단하고 쉬운 창조 대신에 가장 어렵고 피곤한 활동을 하고 있으니 말이다.

우리는 재산이 엄청나지만 항상 곤궁하다. 경화 위주의 부의 기호들을 만들어서 우리의 힘을 배가할 줄 모르기 때문이다. 그 탓으로 우리 땅을 새롭게 준비시키지 못하고, 예술을 완벽하게 만들지 못하며, 인구를 늘리지 못하고, 이웃 나라들이 우리를 존중하게 만들지 못하는 것이다.

금 그리고 특히 은으로 만든 담뱃갑과 여러 종류의 갑들, 은으로 만든 천사, 성자, 성모들은 사방에 널려 있는데, 지폐가 없기 때문에 우리는 곧 가난해질 것이다. 라퐁텐의 경구를 기억해야 한다. "돌 하나를 제자리에 놓으면 모든 것이 잘 될 것이다."

유통되지 않는 돈, 다시 말해서 산출할 수 있는 기호를 산출하지 못하는 금과 은은 광산에 묻혀 있는 것이나 마찬가지이다. 재빠르고 신속한 유통이 우리나라 재정 그리고 상업에는 더욱더 결핍되어 있다.

부자들에게만 도움이 되는 거금 차용증 대신에, 하층민에게 유용한 지폐가 필요하다. 지폐의 역할로 무수히 많은 산업 분야들이 가능해지기 때문이다. 나라의 부를 지폐로 배가시키지 않는 정부는 그런 산업 분야들을 육성할 수 없다.

18 쾌활함

60년 전[20]에 파리인의 특징이었던 쾌활함이 더 이상 보이지 않는다. 그 쾌활함이 외국인들에게는 가장 기분 좋은 환대이고, 가장 기분 좋은 칭찬이었다. 파리인의 태도는 더 이상 개방적이지 않고, 웃는 얼굴도 아니다. 더 소박한 풍속, 솔직함과 더 큰 자유의 표시이던 그 명랑하고 자유로운 기질 대신, 알지 못할 불안감이 자리를 잡았다. 파리인들은 더 이상 어울려서 즐거워하지 않는다. 심각한 태도와 비꼬는 어조에서 대부분의 주민들이 부채에 골머리를 앓고 항상 궁색하다는 것을 알 수 있다.

사치와 사치벽으로 인한 지출로 모든 사람이 가난해졌고, 겉치장 비용을 대느라 끊임없이 머리를 굴린다. 돈벌이, 걱정거리, 굴종, 계획 등 모든 것이 얼굴에서 읽혀진다. 20명이 있으면 18명은 돈을 벌 수단을 강구하고, 15명은 한 푼도 구하지 못한다.

욕심을 절제해야 웃을 수 있는데, 파리인에게는 그런 절제가 사라졌다. 항상 꺼림칙하기에 언제나 냉담하고, 너무 머리를 굴리기에 옹졸해진다. 얼굴을 펴보려고 하지만, 진짜 불안이 영혼의 내적인 고통을 드러내고 만다. 즐기는 것은 어둡고 비밀스러운 곳들에서만 가능하다. 방탕이 쾌락을 대신하는 곳에서 혼자 이따금 기분을 풀 수는 있지만, 결코 행복을 느끼지 못한다.

20 섭정기인 1720년경을 말한다.

19 부자연스런 욕구

금이 백성을 망치는 것은 아니다. 사람들이 소박하면 금은 순수하고 죄가 없다. 금은 허황된 쾌락의 유혹 때문에 과도하게 비쌀 때 위험한 것이 된다.

파리에서 사람들은 기회만 있으면 경박한 사치를 미친 듯이 쫓아다닌다. 우리 조상들이 돌처럼 여겼던 그 헛된 쾌락에 목을 맨다. 이 새로운 종류의 환락을 연구하는 데 열을 올린다. 이 겉만 번지르한 사치로 장식되지 않은 모든 것을 경멸하고 거만을 떤다. 하지만 그런 사치는 사람을 더욱 담욕스럽고 불안하게 만들 뿐이다. 그래서 파리인들은 미덕, 이성, 검소함, 절제를 조롱하게 된다. 이 도시에서는 인간이 자신의 존엄성을 완전히 망각하고, 꼭 필요하지 않으면서도 더 사람을 애타게 만드는 그런 쾌락 때문에 재산이라는 우상 앞에서 무릎을 꿇게 되지 않을까 두렵다.

20 부르주아

헤이그가 성벽이 전혀 없다는 이유로 '마을'이라는 이름만 부여하는 것과 똑같이, 파리도 성벽이 없기 때문에 그렇게 부를 수 있다.

파리는 만인의 나라이다. 파리인은 정착하러 온 중국인과 마찬가지로 특권을 누리지 못한다. 만약 '내 시민권'이라고 말한다면 시 관리들도 웃을 것이다.

파리인은 미친 듯이 열을 냈다가, 그 다음날엔 모든 것을 조롱해 버린다. 그들은 재미만을 추구한다.

그들은 거의 100년 전부터 자신의 정치적 이해에 대한 일종의 무관심 상태에 빠져 있다. 이 정신적인 독은 판단력을 떨어뜨리고, 역동적인 모든 것을 약화시키며, 너무 지나치다는 생각이 들게 만든다. 모든 종류의 숭고함을 두려워하게 된다. 우스꽝스러운 인간들을 피상적으로 야유하는 것으로 그치고, 악덕에 대한 유익한 비판을 불쾌한 것으로 여기게 만들었다.

섭정 오를레앙 공작[21]은 60년 전에 모든 운명을 뒤엎어 버렸고, 풍속에서도 같은 혼란을 일으켰다. 바로 이 시기에 가정적 미덕의 망각이 시작되었다.

부르주아는 상인이지만 도매상은 아니다. 그가 탐욕스러운 사업에 매달리다 보니 대범한 투자는 엄두를 내지 못한다. 그는 닥치는

21 Philippe d'Orléans(1674~1723): 루이 13세의 손자이자 루이 14세의 조카로, 루이 14세가 사망한 1715년에 섭정이 되었다.

대로 사업을 한다. 세관[22]이 상업을 지독하게 방해하고 힘들게 만드는 것은 사실이다.

파리의 길을 다녀보면 사람 위주가 아니라는 것을 금방 알 수 있다. 보행자들을 위해서 어떤 편의도 제공하지 않고 인도도 없다. 서민은 국가의 다른 신분으로부터 분리된 집단과 같다. 마차를 타고 다니는 부자와 거물들은 길에서 서민을 치거나 부상을 입힐 야만적인 권리가 있다. 매년 마차 사고로 100명이 사망한다. 이런 종류의 사고에 대한 무관심에서, 모든 것이 거물들의 영화에 봉사해야 한다고 믿는다는 것을 알 수 있다. 루이 15세는 "내가 치안총감이라면 이륜마차를 금지시킬텐데"라고 말하곤 했다. 그는 이런 금지가 자신의 위대함 아래에 있다고 간주했다.

시민이 동료 시민의 몸 위로 마차를 전속력으로 몰아도 가벼운 벌금으로 면죄가 되고 그 다음날 다시 그럴 수 있는 도시가 있다고 알프스의 평온한 주민에게 이야기해 준다면, 그는 파리인을 거짓말쟁이라고 비난하면서 그처럼 야만스러운 광경을 기억할 엄두도 내지 못할 것이다.

서민은 무기력하고 생기 없고 위축되어 있다. 그들이 공화주의자가 아니라는 것은 첫눈에 알 수 있다. 공화주의자들은 군주의 신하와는 성격이 다르다. 신하는 예의 바르고 나약하고 강단이 없는 대신, 기만적인 사치를 즐기는 것이 유일한 위안이다. 오로지 공화주의자에게서만 영혼의 에너지를 보존하고 애국심을 지탱해 주는 거친

22 "상품에 대한 세금을 징수하기 위해 왕국 내에 설치된 주요 사무실을 가리키는 이름으로, 프랑스에서 '세관'이라는 이름을 갖고 있는 사무실 3개는 파리 세관, 리옹 세관, 발랑스 세관이다."(『트레부 사전』) 『트레부 사전(*Dictionnaire de Trévoux*)』은 1704~1711년에 예수회가 주도하여 17세기의 프랑스 사전들을 종합하여 편찬한 사전이다.

성격, 단호한 태도, 생기 있는 눈을 볼 수 있다.

길 위를 머리를 높이 들고 싸움이라도 할 기세로 걷지 않는 시민은 진정한 가치를 상실한 것이다. 그만큼 국가의 당당한 미덕은 어떤 거칢에서 유래한다. 그것은 유약한 눈에는 거슬릴지도 모르지만, 제국을 지키는 힘이다.

서민의 힘 또는 불손함은 그 솔직함, 성실, 헌신을 보장해 준다. 서민이 투박하고 공격적이길 멈추는 순간, 신중하고 허영심 많고 방탕하고 가난하고 따라서 천해진다.

서민은 런던에서처럼 서로 주먹질하며 싸우고 선술집에서 취하는 것이 낫다. 파리의 서민은 걱정이 많고 불안해 하며 벌벌 떨고 파산하여 감히 고개도 쳐들지 못하고 세상에서 제일 추한 매춘부들에게 농락당한다. 파리의 서민은 자유 없이 난잡하고 재산 없이 낭비하고 용기 없이 거만하다. 그리고 가난과 예속의 치욕스러운 쇠사슬이 그들을 옭아맨다.

철권이 통치하는 중국의 하층민은 세상에서 가장 소심하고 가장 비겁하며 도둑질만 한다. 파리의 하층민은 총 앞에서 흩어지고 경찰관 앞에서 울음을 터뜨리고 왕 앞에서 무릎을 꿇는다.

파리의 서민은 영국인들이 고기를 날로 먹고 템스 강에는 빠져 죽는 사람들만 있고, 외국인은 도시를 지나다가 주먹으로 맞아죽는다고 믿는다.

튈르리 테라스나 뤽상부르 가로의 모든 보좌신부들[23]은 반영주의자들이다. 그들은 영국으로 쳐들어가서 런던을 점령하고 불을 지르는 이야기만 한다. 지독하게 우스꽝스럽다는 평가를 받는 그들의

23 "교회에서 미사나 종교의식을 거행할 때 장포제의를 입고 있는 성가대원."(『트레부 사전』) 교회에서 아주 낮은 신분의 보좌신부는 위에서 언급된 '하층민'과 동격이다.

영국인들에 대한 견해는 상류사회의 견해와 다르지 않다.

우리는 파리에서 말하지도 글을 쓰지도 못하면서 수만 리 떨어져 있는 미국인들의 자유에 대해서는 열광한다. 이 내란을 찬양하면서도 정작 단 한 번도 우리 자신은 돌아보지 않는다. 그 대신 수다만 떠는 파리인은 최상층이나 최하층이나 똑같이 한심하고 수치스러운 편견에 사로잡혀 있다.

파리인은 여러 가지 점에서 변했다. 루이 14세 치세 이전의 파리인은 지금과는 크게 달랐다. 당시 작가들의 묘사는 그 시대에는 충실했지만, 현재에는 맞지 않는다. 오늘날 파리인은 재치가 있고 아는 것이 많지만, 힘이나 기개, 의지는 더 이상 없다.

파리인은 외국인에게 불손한 질문을 공손하게 하는 야릇한 재주가 있다. 그는 무관심하면서도 최상으로 환대할 줄 안다. 그는 외국인을 좋아하지 않으면서도 잘 해주고, 경멸하면서도 칭찬한다.

자기 자신이 입법자 군주와 세계적인 지성 바로 다음이라고 허풍을 떠는 그 무용수[24]가 한 "위인은 프로이센의 프리드리히 2세, 볼테르 그리고 나뿐이다"라는 말은 평판을 내리는 사람에 대한 경구로 자주 쓰인다. 모든 파리인, 심지어는 곡예사까지도 찬양의 대상이 되어야 할 사람들을 지명할 권리가 있다고 믿는다.

24 이 말을 한 것으로 간주되는 가에탕 베스트리스(Vestris, 1729~1808)는 과도한 자화자찬으로 조롱을 받았다.

21 파리의 주민

뷔퐁(백작이 너무 많기 때문에 뷔퐁 백작이라고 부르지 않겠다)은 주민을 유지하는 이 도시의 힘이 100년 동안 4분의 1이 증가했고, 출산율이 충분한 것 이상이라고 주장한다.[25] 결혼한 부부가 평균 아이 4명을 낳는다고 그는 말한다. 매년 결혼이 약 4,000~5,000건이고, 세례가 1만 8천, 1만 9천, 2만 건에 이른다. 따라서 태어나는 수가 사망하는 수와 비슷하다. 이 비율은 삶과 죽음의 순환이 잘 이루어지고 있다는 것을 보여준다.

파리에서는 매년 약 2만 명이 죽는다고 한다. 뷔퐁에 따르면, 망자 1명당 생존자 35명으로 계산하여 파리 주민이 70만이라는 것이다. 혹독하게 추웠던 해에는 사망자가 증가하여 1709년에는 3만, 1740년에는 2만 4천이었다.

뷔퐁이 관찰한 바로는, 파리에서는 남자아이가 여자아이보다 많이 태어나고, 남자가 여자보다 더 많이 죽는다. 남녀의 사망 차이는 남녀 아이의 출생 차이에 비해서 훨씬 더 크다. 10년을 기준으로 계산하면, 파리에서는 여자가 남자보다 1세 더 많다. 수도에서는 남자와 여자의 최종 운명 사이의 차이가 9분의 1이다. 그래서 서민이 파리를 '여자들의 천국', '남자들의 연옥', '말[馬]들의 지옥'이라고 부르는 것이다.

25 Buffon(1707~1788)은 저서 『박물학』에 인간의 사망률 표와 「도덕적 산술 시론」을 추가한 바 있다. 1772년에 루이 15세는 뷔퐁의 소유지를 백작령으로 승격시켜 주었다.

수도의 문으로 30만이 몰려나오는 날들이 있다. 그중 6만은 마차나 말을 탄다. 축제 또는 열병식 때이다. 6시간 후에는 이 엄청난 인파가 흩어져서 각자 집으로 돌아간다. 사람들이 엄청나게 몰려들어 빽빽이 들어서는 바람에 방책이 무너진 광장은 텅 비게 된다. 모여들어 서로 밀고 밀리던 수많은 사람들 각자가 별도의 은신처가 있는 것이다.

롱샹[26]으로 산책을 가는 날에는 날씨가 어떻든 도시 전체가 외출한다. 파리 전체에 자신의 마차, 말, 시종을 보여주는 관습에서 비롯된 것이다. 산책할 때는 살롱에서와는 달리 절을 하지 않는다. 그런 절은 경박하게 받아들여지는데, 아무리 영리한 외국인이라도 이 점을 이해하지 못한다.

불꽃놀이로 인하여 1,500~1,800명이 질식사한 10년 전의 루이 15세 광장 참사[27] 이후로 모든 공공축제에서 질서와 엄격성이 상당히 자리를 잡았다. 이 부분의 노력과 능력에 대해서는 칭찬을 해야 한다.

이런 광경에 익숙해진 사람들도 자기 눈을 믿지 않을 정도로 엄청난 인파를 보면, 파리 시 혼자 프랑스 왕에게 매년 약 1억 프랑[28]을 가져다 준다는 사실이 놀랍지 않다. 여기에는 입시세, 십일조, 인

26 불로뉴 숲의 이 새로운 길은 18세기 중반에 사교계 사람들의 산책로가 되었다. 곧 연인들의 밀회장소가 된 이곳을, 교회는 루이 16세 치세 초기인 1776년에도 '외설스러운 산책로'라고 비난했다.

27 이 참사는 1770년 5월 30일, 왕세자 루이(미래의 루이 16세)와 오스트리아의 마리 앙투아네트의 결혼을 축하하는 불꽃놀이 중에 군중이 갑작스럽게 몰려드는 바람에 일어났다. 가장 정확한 정보에 따르면, 이 비극적인 사고로 메르시에가 단언한 1,500~1,800명이 아니라 132명이 죽었다.

28 1640년 루이 13세의 화폐 개혁으로 은화 루이, 즉 에퀴가 주조되기 시작한 이후 프랑(franc)은 통화로서의 기능을 상실하지만, 그 단어는 살아남아 리브르와 같은 의미로 사용되었다.

두세 외에도, 사전을 편찬할 수 있을 정도로 많은 세금이 모두 포함되어 있다. 이렇게 좁은 지역에서 산출되는 이 엄청난 금액은 매년 늘어난다. 바로 이 때문에 프랑스 왕들이 수도를 '우리의 착한 파리시'라고 부르는 것이다. 파리는 우유 잘 나오는 젖소이다. 뚱보왕 루이[29] 치세에는 파리 입시세 수입만 1,200리브르였다.

궁정은 파리인들이 하는 이야기에 무척 관심이 많다. 궁정은 그들을 개구리들[30]이라고 부른다. "개구리들이 뭐래?" 왕족들은 종종 서로에게 이렇게 묻는다. 그들은 구경거리나 생트주느비에브 길에 행차했을 때 개구리들이 박수를 치면 아주 만족해한다. 때때로 개구리들은 침묵으로 그들을 응징한다. 실제로 서민이 그들을 어떻게 생각하는지는 그 태도에서 알 수 있다. 대중의 호응이나 무관심은 확연히 드러난다. 왕족들은 수도의 여론에 민감하다고 말한다. 왕족들이 이 사람들 속에 양식과 재치, 그리고 자신과 자신의 처신을 평가할 수 있는 사람들이 있다는 것을 막연하게나마 느끼고 있기 때문이다. 어떻게 된 영문인지는 모르겠지만, 서민의 여론은 이 사람들에 의해 결정된다.

경찰이 어떠한 상황에서는 박수부대를 돈을 주고 동원한다. 이들은 여러 곳에 배치되어 다른 사람들이 따라하도록 소리를 지른다. 사순절 기간에는 사육제 변장을 돈을 주고 시키기도 한다. 하지만 공적인 환희는 서민의 만족과 마찬가지로 만들어낼 수 있는 것이 아니다.

29 Louis le Gros(1081~1137): 1108~1137년 프랑스 왕으로 재위한 루이 6세. 루이 6세는 강력한 제후들을 상대로 끊임없이 전쟁을 벌였기 때문에 싸움꾼이라고도 불렸다.

30 종교전쟁의 가톨릭 동맹 시에 파리인들에게 조롱조로 붙여진 별명으로, 마리앙투아네트를 비난하는 혁명기의 팸플릿은 왕비가 이 단어를 경멸조로 사용했다고 전한다. 익명의 한 필자는 "파리 주민들을 지칭하는 왕비의 일상적인 용어"라고 주를 달았다. 또 다른 팸플릿에 따르면, 왕비가 "센 강 개구리들의 목쉰 울음소리에 지쳐서 기분전환을 하러 가야겠다"고 말했다고 한다.

열 번째 파리 지도가 나와 있지만, 시의 경계가 계속 넓어지고 있어 경계선이 아직 확정되지 않았고, 앞으로도 고정될 수 없을 것이다.

이 거대한 도시 안에서 나는 길을 잃어버리기도 한다. 새로운 구역들은 나도 잘 모르겠다. 채소밭으로 쓰이는 저습지가 줄어들고 건물들이 들어선다. 이제는 샤이오, 파시, 오퇴이가 수도에 연결되어 있고, 조금만 더 가면 세브르가 있다. 한 세기 후에 베르사유 그리고 반대쪽으로 생드니, 픽퓌스(Picpus) 쪽으로 뱅센까지 확장된다면 정말 알기 어려운 도시[31]가 될 것이다.

31 파리는 유럽 대륙에서 가장 큰 도시였다. 단지 런던만이 1770년대에 파리를 앞서게 된다.

22 이웃

파리에서 이웃들은 서로 남남이다. 부고를 받거나 저녁에 귀가했을 때 대문에 붙은 부고를 보고서야 이웃이 죽었다는 것을 알 정도이다. 이 도시에서는 2명의 유명인사가 서로 알지도 못하고 서로 만나지도 못한 채 25년을 살 수 있다. 당신의 적수가 당신에게는 안 보이는 셈이다. 당신은 집에 들어갈 때 그가 있는지 없는지를 먼저 알 수 있다. 마음만 먹으면 그의 얼굴을 한 번도 보지 않을 수 있다. 그래서 아주 가까운 친척이 사이가 틀어지면, 같은 동네에 살고 있더라도 서로 1,000리의 떨어져 있는 것이나 다름없다.

베네딕트회 수사인 자크 마르탱의 이야기는 유명하다. 『비판적 철학사』의 저자인 델랑드가 마르탱 수사의 저술을 비판했다. 비판을 참지 못하는 마르탱 수사는 델랑드에 대해 격렬한 독설을 퍼부었다. 델랑드는 온화하고 상냥하며 예의바른 사람이라서, 한 부인이 마르탱 수사와 델랑드를 만나게 해주었다. 마르탱 수사가 그토록 격하게 비난하던 델랑드는 올리비에라는 이름을 썼다. 그들은 종종 저녁을 같이 하곤 했다. 델랑드의 이야기가 나오자 마르탱 수사는 외쳤다. "선생은 학식이 풍부하고 재기가 넘치며 매우 정확하게 논지를 전개하십니다. 하지만 그 델랑드는 세상에서 가장 무식하고 가장 한심한 작자입니다." 이 장면은 정말 배꼽 잡게 만드는 것이지만, 이런 일은 서로의 자존심에 상처를 주었다는 이유로 악착같이 싸우는 작가들 사이에서 종종 일어나곤 한다.

볼테르는 엘리카트린 프레롱[32]의 얼굴을 모르는데 누군가 프레롱에게 제안을 했다. 가명으로 페르네에 가서 그 위대한 시인을 방문하라는 것이었다. 하지만 프레롱은 「스코틀랜드 여인」의 저자에게 감히 그런 장난을 칠 수가 없었다.

볼테르는 이 거대한 도시에서 피롱[33]을 피했다. 그의 야유가 두려웠기 때문이다. 볼테르가 파리에 머무는 동안 그들은 마주친 적이 없다. 여러 익살꾼들이 기대하고 부추겼던 만남은 결코 이루어지지 않았다.

파리에서는 소도시들에서와는 달리 원한이 격렬한 증오가 되지 않는다. 적을 피할 수 있기 때문이다. 보지 않으면 잊게 되는 법이다.

원한은 사랑과 마찬가지로 일시적이다. 일반적으로 열정은 좋은 것이든 나쁜 것이든 깊이가 없기 때문에 고결하거나 가공할 만한 수준에 오르지 못한다.

32 Fréron(1718~1776): 신문기자로서 많은 저술을 남겼다. 그는 볼테르에 대해 매우 비판적이었다. 볼테르는 희극 「스코틀랜드 여인」에서 와스프(말벌 또는 무늬말벌)라는 이름으로 그를 희화화했다.

33 Piron(1689~1773): 신랄한 풍자시인인 동시에 희극작가였다.

23 굴뚝

뷔퐁에 따르면, 사람이 일상적으로 불을 사용하기 때문에 많은 사람이 사는 곳은 모두 인위적으로 온도가 올라간다. 파리의 혹한기에는 생토노레 포부르의 온도가 생마르소 포부르보다 2~3도 낮다. 북풍이 이 대도시의 굴뚝 위를 지나가면서 누그러지기 때문이다.

땔감 소비가 겁날 정도이고, 곧 부족하게 될지도 모른다고 한다. 뗏목을 발명해낸 사람의 동상을 파리 시청에 세워줄 만하지만, 시 행정관들은 가발 쓴 어색한 자기들 얼굴을 보여주는 것을 더 좋아한다. 그러나 그 훌륭한 발명가가 없었더라면 파리가 이렇게 성장하지 못했을 것이다.

센 강이 실어오는 이 땔나무를 집처럼[34] 높은 더미로 쌓아두지만, 3개월 안에 다 없어질 것이다. 정사각형이나 삼각형 피라미드 땔나무 더미들 때문에 주위가 보이지 않는다. 하지만 무게를 달고 운반하여 톱으로 켜서 태워버리면 광장만 남는다.

예전에는 일꾼들은 공동난로를 사용했다. 오늘날엔 하녀, 가정교사, 웨이터 등이 모두 각자의 난로가 있다.

34 얀센주의자들이 1728년부터 발행하기 시작한 『성직자 신문』은 경찰의 눈을 피하기 위해 모든 술책(인쇄소 직공들이 제재공과 하역 인부로 변장하고 땔나무 더미 밑에서 인쇄하는 등)을 동원하여 1803년까지 유지되었다. 1713년 9월 얀센주의를 단죄한 클레멘스 11세의 '우니게니투스(하느님의 독생자) 칙서'에 대항하고 얀센주의를 옹호하기 위해 알렉시 데세사르(Alexis Désessart, 1687~1774) 신부가 창간한 이 주간지는, 불법 간행물이었으나 부수가 6,000부에 달하고 매우 정확한 정보를 전달함으로써 파리에서 시대정신이 형성되는 데 기여했다는 평가를 받는다.

예절을 안다고 자랑하는 사람들마저 귀부인 앞에서도 무례하게 손과 등을 데우면서 불을 가로막는다. 이런 관습은 상당히 충격적이다.

24 근거가 있는 두려움

파리라는 한 지점에 거의 100만이 모여 있고, 이 지점이 항구가 아니기 때문에 파리인들이 장차 무엇을 먹고 살아갈지 생각하면 걱정이 되어 정말 오싹해진다. 또 상업이라고 불리는 것이 여전히 장애가 많고 위축되어 있으며 부진하다는 점을 생각하면 더욱 오싹해진다. 이 멋진 도시의 생존이 전적으로 위태롭게 느껴진다. 실제로 여러 개의 개별적인 원인들이 결합되지 않더라도 파리에 기근을 초래할 수 있다. 또 이 대도시는 정치적인 이유 때문에 다른 재앙들을 겪을 수도 있다.

빵장수가 밀가루를 구해야만 파리인이 굶지 않고, 센 강과 마른 강의 물을 장악하고 있는 주인[35]이 파리의 생존을 좌우한다는 것은 분명하다.

거물들의 타락한 사치 덕에 간신히 먹고 사는 이 수많은 영세민들을 위한 대책을 어떻게 세울 것인가? 거물들이 갑자기 남용을 멈춘다면 기근을 호소하게 될 이 집단의 생계를 어떻게 유지시킬 것인가? 탐욕적인 사치는 인류를 집어삼키는 동시에, 그 죽어가는 인간

35 하천에 대한 귀족들의 특권을 암시한다. 메르시에는 자유의 상징인 흐르는 물이 하나의 계급만을 위한 포로가 되었다고 본다. 예컨대, 라로슈푸코리앙쿠르(La Rochefoucauld-Liancourt) 가문은 파리 지역 제분공장의 대다수를 소유하고 있었다. 흐르는 물의 에너지에 대한 귀족들의 독점권은 구체제 폐해의 아주 오래된 상징이 되어, 그들이 곡물을 독점한다는 비판에 명백한 근거를 제공하게 된다. 바로 여기에 근거하여 '기근 음모' 소문이 퍼지기 시작한 것이다.

들을 무덤 위에서 부양한다. 그들은 갑자기 죽는 것이 아니라 서서히 죽어간다.

파리에는 어린이 장난감을 만들면서 평생을 보내는 사람들이 있다. 에나멜, 도금, 깃 장식을 위해 노동자들 부대가 동원된다. 10만 개의 팔이 밤낮 없이 사탕과자를 녹이고 과일바구니를 만든다. 5만 개의 다른 팔은 빗을 들고 그 모든 유한계급이 기상하길 기다린다. 유한계급은 무위도식하면서 지겹기 짝이 없는 권태를 쫓으려고 하루에 두 번씩 치장을 한다.

25 진정한 파리인의 정치적 성격

파리는 정치적 입장에 대해서는 언제나 철저하게 관심이 없었다. 이 도시는 왕들이 원하는 대로 모든 것을 하도록 내버려 두었다. 파리인들의 반란은 거의 다 유치한 것이었고,[36] 완전히 예속된 적도 자유로운 적도 없었다. 그들은 대포를 보드빌로 물리치고, 풍자적인 재담으로 왕권을 억누르며, 침묵으로 군주를 응징하거나 박수로 군주의 죄를 용서한다. 그들은 왕이 못마땅하면 "국왕 만세"를 외치지 않고, 마음에 들면 환호를 보낸다. 이런 점에서 중앙시장[37]의 판단은 단 한 번도 틀리지 않는다. 중앙시장은 군주들에 대해 빨리 평가를 내린다. 철학자는 관찰하고 심사숙고한 다음에야 중앙시장이 옳다는 것을 보고 놀란다.

파리인들은 계속적인 성찰과 노력에 의해 자유를 조금 더 얻어 보았자 별로라는 것을 본능적으로 알아차린 것 같다. 파리인은 도시의 불행한 일들을 금방 잊어버린다. 그들은 고통을 기록해 두지 않는다. 너무 절대적인 전제주의를 두려워하지 않을 만큼 충분히 자신이 있는 것 같다. 파리인은 최근에 왕권과 법이 서로 싸울 때[38] 많은

36 메르시에는 『파리와 런던의 비교』에서도 같은 이야기를 한다. "파리에서는 폭동이 드물어서 30년 동안 총 두 번에 불과했다." 그중 하나가 상당히 과격했던 1775년의 '밀가루 전쟁'이다.

37 메르시에는 중앙시장의 서민 동네에 파리의 여론을 대변하는 '온도계'의 역할을 부여한다. 이미 17세기에 그리고 프롱드의 난 이래, 이 서민적인 파리의 중심에서 모든 구호가 퍼지기 시작하여 도시 전체의 여론을 결정해 왔다.

38 1771년 파리 고등법원이 왕의 칙령 등록을 거부하고 강제로 추방당한 일을 가리킨다.

인내심과 힘, 용기를 보여주었다. 포위당한 도시들도 파리만큼 용감하고 의연하지 못했다.

일반적으로 파리인은 온순하고 정직하며 예의바르고 잘 따른다. 하지만 그들의 가벼움을 약점으로 오해해서는 안 된다. 그들은 약간은 일부러 속아주는 식이다. 하지만 파리인을 잘 알고 있는 내가 단언하건대, 그를 참을 수 없게 만들면 그는 누구도 꺾을 수 없을 고집을 부린다. 가톨릭 동맹과 프롱드의 난을 기억하자. 참을 수 있을 정도의 고통에 대해서는 노래와 재치 있는 말로만 복수를 한다. 파리인은 공공장소에서는 자기 의견을 밝히지 않는다. 하지만 집안에서는 열변을 토한다.

파리는 반드시 연구해야 할 아주 중요한 역사적 사건들을 알지도 못한다. 이 도시는 영국인이 15세기에 이곳을 지배했었다는 것[39]도 잊어버렸다. 바로 그 세기에 밀버러 공작[40]이 부쉥 근처에서 빌라르의 저지선을 돌파하여 수도로 가는 길을 열었다는 것도 잊어버렸다. 한 전투의 행운 덕에 주권 도시를 지킬 수 있었다는 것도 잊었다. 파리인은 런던에 대해 베이징만큼이나 잘 모른다.

39 1419년에 부르고뉴 공작이 몽트로에서 암살당하자 그 아들 선량공 필리프가 영국인들에게 파리를 넘겼다. 부르고뉴파의 지원을 받은 영국 왕 헨리 5세는 샤를 6세를 압박하여 1421년 트루아 협정을 체결하였다. 이 협정은 왕세자, 즉 미래의 샤를 7세의 권리를 박탈하고 헨리 5세에게 프랑스 왕위 계승권을 부여했다.

40 에스파냐 왕위계승 전쟁 기간인 1711년에 발랑시엔 동남쪽 에스코에 위치한 부쉥(Bouchin) 요새가 말버러 공작(Marlborough, 1650~1722)이 지휘하는 유럽 연합군(오스트리아, 영국, 홀란드)에 함락되었다. 그 요새를 지키던 프랑스 장군이 빌라르(Villars, 1653~1734)였다.

26 어중이떠중이

파리인들에게 붙이는 어중이떠중이(badauds)란 별명은 어디서 유래했을까? 노르망디 사람들의 등을 쳤기 때문일까? '보대(Baudaye)'라는 옛날 문 때문일까? 아니면 모든 것에 즐거워하는 파리인의 성격 때문일까? 어원이 무엇이든간에, 자기 고향을 떠나지 않는 파리인은 구멍으로만 세상을 본다는 의미이다. 파리인은 모든 낯선 것에 넋을 잃고 어리석고 우스꽝스러운 것에 감탄한다는 의미이다. 외출이라고는 기껏해야 유모 집에나 다니고, 퐁뇌프와 사마리텐의 익숙한 광경[41]에서 벗어날 엄두도 못내며, 이웃 나라를 아주 머나먼 장소로 생각하는 몇몇 파리인들의 무지와 게으름을 조롱하기 위해 한 작가가 20년 전에 『파리에서 생클루까지의 바다 여행, 그리고 생클루에서 파리로의 육지 귀환』[42]이라는 제목의 작은 책자를 내놓았다. 여기서 조금 발췌해 보려고 한다.

이 기나긴 여행을 떠나는 파리인은 옷을 다 챙기고 식량을 준비하고 친구들과 친척들에게 작별 인사를 한다. 모든 성자들에게 기도를 드리

41 센 강 물로 작동하는 펌프가 퐁뇌프의 오른쪽 두 번째 아치 밑에 있었다. 파리 시장의 반대에도 불구하고 1603년과 1608년 사이에 건립된 이 아치는 장식을 위한 조각 덕에 이름이 생겼다. 금도금한 금속에 예수와 사마리아 여인이 야곱 옆에서 대화를 나누는 장면이 조각되어 있었다(「요한복음」, 4장 5~29절). 1715년에는 펌프를 다시 만들면서 새로운 인물들을 조각했다. 메르시에는 1813년에 이 펌프가 철거되는 것을 지켜보았다.

42 루이발타자르 네엘(Néel)이 쓴 이 책은 1748년 헤이그에서 처음으로 출판되었다.

고, 특별히 자신의 수호천사에게 빈 다음에 운하선을 탄다. 이런 배가 그에게는 원양 항해선인 셈이다. 배의 속도에 질겁한 그는 곧 '동인도 회사'를 만나게 되지 않을까 궁금해한다. 그는 샤이오[43] 세탁부들의 계단을 '지중해 동부의 항구들'이라고 생각한다. 그래서 그는 조국에서 멀리 떠나온 자기 신세를 한탄하고 트루스바슈 길[44]을 생각하며 눈물을 흘린다.

그는 드넓은 바다를 바라보며 대구가 파리에서 그렇게 비싸다는 데 놀란다. 그는 희망봉이 보이는지 알아보고, 세브르 유리공장의 넘실거리는 붉은 연기가 보이면 저게 그 유명한 베수비오 화산이구나라고 소리친다.

그는 생클루[45]에 도착하여 감사미사를 드리고, 사랑하는 어머니에게 자신이 겪은 모든 공포와 재난에 대해 편지를 쓴다. 새로 타르를 칠한 밧줄 더미에 앉았기 때문에 멋진 벨벳 바지가 딱 달라붙어 상당히 큰 부분을 찢어낸 후에야 일어설 수 있었던 일을 특히 자세히 쓴다. 그는 생클루에서 지구의 넓이에 대한 숭고한 사상을 얻고, 파리의 방책 밖에도 세계가 존재할 수 있다는 것을 깨닫게 된다.

『육지로 귀환』도 비슷한 투이다.

파리인은 청어와 대구가 센 강에서 잡히지 않는다는 것을 알고 너무나 놀라고 기뻐한다. 불로뉴 숲이 옛날에 드루이드들이 살았던 곳이라고

43 18세기 당시에는 파리 서쪽 외곽의 한 지역.

44 이 이름은 '꼬리를 들어올린 암소'라는 간판에서 유래했다. 오늘날 이 길은 생마르탱 길과 생드니 길 사이에 있는 라레니(La-Reynie) 길이다.

45 파리 서쪽의 한 지역.

믿어온 그는 자신의 잘못을 깨닫는다. 발레리앵 봉우리[46]를 예수 그리스도가 고귀한 피를 흘렸던 골고다 언덕이라고 착각한 그를 누군가 깨우쳐 주었다. 종탑들이 보이자 그는 여전히 가톨릭 지역이라서 자신의 신앙이 위험에 처하지 않았다고 판단한다. 그는 수사슴과 새끼사슴을 보고 박물학에 입문한다. 마드리드 성[47]에 도착했다는 말에 그는 재빨리 "에스파냐의 수도요?"라고 답한다. 하지만 그것은 프랑수아 1세가 포로생활을 한 그 성이 아니라고 누군가 말해준다. 그는 깜짝 놀라서 이 야릇한 관계를 생각하느라 골머리를 앓는다.

그는 언제나 훌륭한 애국자라서 결코 고향을 부인하지 않는다. 그는 만나는 모든 사람들에게 자신이 파리 토박이라고 강조한다. 자기 어머니는 바르브도르에서 견직물을 팔고 사촌은 공증인이라는 것이다.

귀가한 그를 박수갈채가 맞이한다. 20년 동안 튈르리에도 가보지 못한 숙모들은 그의 용기에 감탄하고, 그를 가장 대담하고 용감한 여행자라고 생각한다.

이 재담은 진정한 파리인의 타고난 어리석음을 생생하게 그려낸 덕에 그 시대에는 상당한 성공을 거두었다.

내가 조금 덧붙여 보겠다. 그는 무사히 돌아왔지만, 아직도 지식이 많이 부족하다. 한 번에 다 배울 수는 없는 법이다. 그는 밭에서 보리와 귀리 그리고 아마와 조를 구분할 줄 모른다.

연극에 대해 정통하고 라신 전문가를 자처하는 고상한 부르주아

46 생클루(Saint-Cloud)에서 멀지 않은 곳에 위치한 언덕으로, 골고다 언덕 공동체 은둔자들의 수도원이 있었다.

47 에스파냐에서의 포로생활을 마치고 돌아온 프랑수아 1세는 불로뉴 숲의 성곽을 정비하고 그 나무들을 손본 다음, 1530년에 마드리드 성과 공원을 건립했다.

들은 판화와 동상을 보고 사이렌 여신, 스핑크스, 일각수, 불사조가 존재한다고 굳게 믿는다. 그들이 골동품 전시실에서 일각수 뿔을 보았다고 자랑하기에, 바닷고기를 말린 것이라고 가르쳐 주었다. 따라서 파리인들에게는 재능을 가르칠 것이 아니라, 몽테뉴가 말했듯이 어리석음을 가르치지 않는 것이 필요하다.

'구름에 실려가는 춘분'을 보라고 이른 아침에 깨웠다는 그 얼간이가 바로 파리인이다.

27 프티 부르주아 여성

부르주아 화법으로 '처녀에게 사랑을 구하다'는 청혼을 뜻한다. 한 청년이 일요일 만과(晩課) 후에 처녀 집을 방문하여 카드놀이를 한다. 그는 지고 나서도 불평하지 않고 다시 오는 것을 허락해 달라고 요청한다. 아무 말도 하지 않는 처녀 앞에서 허락이 떨어진다.

다음 일요일에 그는 날씨가 좋으면 산책을 제안한다. 그는 청혼자의 자격으로, 부모들보다 정확하게 50보 앞에서 미래의 신부와 함께 걸을 수 있다. 작은 숲을 지났을 때 중요한 고백이 이루어지고, 처녀는 조금도 놀라지 않는다.

구혼자는 아주 멋있고 성격도 매력적이다. 그래서 처녀는 그를 웬만큼 사랑하게 된다. 더구나 그녀는 결혼이 자기에게는 유일한 자유의 문이라는 것을 알고 있다. 모두들 구혼자 앞에서는 까마득한 옛날부터 온전히 이어져 내려오는 집안의 미덕만을 이야기한다.

하지만 작은 불행이 일어났다. 청년의 부모가 더 좋은 혼처를 구한 것이다. 구혼자는 더 이상 찾아오지 않는다. 처녀는 자존심이 상했지만 마음을 달랜다. 이런 일이 세 번째이기 때문이다. 어머니의 충고를 듣고 마음을 다잡은 처녀는 배신자에 대해 고귀한 자존심으로 무장한다.

몇몇 남자들이 더 나타나지만, 영 마음에 차지가 않는다. 처녀는 21세가 다 되어간다. 더 이상 망설일 때가 아니다. 아버지가 결정을 내려야 한다. 그는 '상품을 오래 두면 값이 떨어진다'는 것을 잘 알고 있다. 더구나 무슨 사고가 생길지도 모른다.

처녀는 초조해진다. 이제는 제일 먼저 나서는 남자를 무조건 받아들여야 한다. 3주 만에 혼사가 마무리되었다. 처녀는 최소한 다섯 군데에서 혼담이 있었다고 자랑스럽게 이야기한다. 그러나 네 번 딱지를 맞았다는 이야기는 하지 않는다.

부모들은 처녀가 아직 젊어서 많은 자식들을 낳을 수 있다고 생각한다.

어머니는 딸이 성장한 이후에는 질투하게 된다. 딸을 치우기 위해 결혼시키고 싶은 마음과, 자기 권위를 연장시키기 위해 결혼시키고 싶지 않은 마음이 교차하던 어머니는 사위를 자기 편으로 끌어들인다. 어머니는 딸이 아무런 자질이 없고 자기가 주의 깊게 감독해야 할 필요가 있는 뒤퉁스러운 철부지라고 사위에게 묘사한다.

어머니는 가사를 맡아주겠다고 나선다. 사위는 쥐베날이 라틴어로 "집안이 편안하려면 장모가 나서지 못하도록 하시오"[48]라고 말한 것을 알지 못한다. 사위는 3개월도 안 되어 모녀 사이에 불화가 생기는 것을 보고 매우 놀란다. 남편은 부인 편을 들어서 장모를 내보내고 온 동네에 자기 근심을 이야기한다. 장모는 자기 입장에서 이야기하고 다닌다. 사람들의 의견이 갈린다.

둘째가 태어나면 화해가 이루어진다. 서로 눈물을 흘리고 이웃들은 진상을 알게 되고 가게는 번창한다.

늙어가는 어머니는 예전에 지나치게 휘두르려고 했던 권력을 잊게 된다. 어머니는 딸과 한편이 되어 사위에 대항한다. 그녀는 사위를 배려하지만 조금도 좋아하지 않는다. 손자들은 매력적이고 똑똑하다. 그런데 손자들은 할아버지와 할머니만 닮았다고 그녀는 강조

48 쥐베날(Juvénal), 『풍자시』, 6권, 231. "네 장모가 살아 있는 동안에는 가정의 평화를 포기해라."

한다.

그런데 가정주부가 마음속으로 고급 매춘부의 호사와 광채를 부러워하지 않으려면 대단한 용기와 미덕이 필요하다. 가정주부는 그런 여자가 되라면 펄쩍 뛰었을 것이다. 하지만 그런 여자들이 자유롭게 애인을 고르고 갖는 것을 생각하면 이따금 한숨이 나온다. 투쟁 없이는 정절을 지키지 못한다. 싸워서 승리하는 가정주부는 공적인 존경을 받을 만하다. 그렇기 때문에 다른 모든 계층보다 이 계층의 가정주부들이 그런 여자들을 더 부러워한다.

28 신부

클레옹은 다미스[49]를 만나 와락 껴안으면서 말한다.

> 나는 가장 행복한 남자야. 갓 기숙여학교에서 나와서 나 이외에 아무도 만나지 않은 처녀와 결혼해. 그녀의 이마에는 부드러움과 선량함이 새개져 있어. 더할 나위 없이 순진하고 겸손해. 그녀의 눈은 아름다움에 이끌리는 시선과 마주치길 두려워해. 그녀는 말할 때 얼굴이 사랑스러운 홍조로 물들어. 이렇게 소심한 것이 또 다른 매력이야. 그녀는 아둔한 것이 아니라 정숙하기 때문에 소심한 것이지. 그녀는 인류를 괴롭히는 불행에 슬퍼하고, 그런 이야기를 들으면 몸이 안 좋아질 정도야. 다른 사람들의 불행에 대해 눈물을 흘리는 그녀를 보는 것이 얼마나 흐뭇한지! 그녀보다 더 다정다감하고 더 부드러우며 더 상냥한 영혼은 없을 거야. 그녀는 나만을 위해서 숨을 쉬어. 그녀는 자기 의무를 다할 것이고, 나는 가장 행복한 남편이 될 거야.

클레옹은 결혼을 했다. 6개월 후에 클레옹은 다미스를 다시 만났지만, 자기 부인에 대해 아무런 이야기를 하지 않았다. 다미스는 이 결혼한 천사가 더 이상 자제할 필요가 없게 되자 겸손함을 오만함으로, 수줍음을 뻔뻔함으로 바꾸었다는 것을 알게 되었다. 그녀는 여전

---

49 연극에서 관례적으로 사용되는 이름들이다.

히 이따금 얼굴에 홍조를 띠지만, 그것은 우쭐대거나 분통을 터뜨릴 때이다. 그녀는 이미 따로 집을 얻어서 후작부인, 남작부인 등과 어울리고 다닌다. 그녀는 귀부인들의 거만한 행동을 본받고 있다. 그녀는 남편을 무시하며, 그가 조금이라도 자기 뜻에 반대하면 화를 내면서 질투심 많고 난폭한 구두쇠라고 비난한다.

그녀는 오후 2~3시에나 일어나서 5시에 외출하고 새벽 6시에 잠자리에 든다. 그녀는 자유로운 밤참 자리에서는 명랑하고 친절하다고 소문이 나 있다. 그녀의 애인이 누군지는 정확하게 알려져 있지 않은데, 바로 이 점이 남편을 절망하게 만든다. 그는 그녀에게 애인이 한 사람만 있기를 바라는 처지가 되었다.

그녀는 사람들이 있는 자리에서는 남편에게 말을 하고 미소도 짓지만, 집에서는 말도 안 하고 쳐다보지도 않는다. 모든 여자들은 그녀가 '정숙하게' 살고 있고, 그 남편은 그처럼 정숙한 부인을 두었으니 '행복'한 줄 알아야 한다고 이구동성으로 이야기한다.

29 파리인과 지방

파리인이 파리를 떠나 지방에 가게 되면 수도 이야기를 끊임없이 한다. 자기가 보는 모든 것을 파리의 관습과 비교한다. 파리의 관습과 어긋나는 것은 우스꽝스럽게 여긴다. 모든 사람이 생각을 바꾸어서 자기 마음에 들고 자신을 즐겁게 해주길 바란다. 그는 마치 궁정을 잘 알고 문인들이 자기 친구들이고 자신이 사교계를 주도하는 것처럼 이야기한다. 대신들과 높은 사람들도 잘 안다는 것이다. 자기는 평판이 자자하여 이름이 자주 거론된다고 한다. 결론적으로 지식, 재능, 예절은 파리에만 있다는 것이다.

이런 이야기를 양식이 있고 연륜이 쌓인 사람들 앞에서 마구 떠벌인다. 자기 이야기를 듣는 사람들을 모두 바보로 취급하는 셈이다. 아니면 자기 자랑을 하는 데 정신이 팔려, 자신의 오류와 거짓말을 남들이 아주 쉽게 지적해 낼 수 있다는 것을 눈치채지 못하는 것이다. 파리와 궁정 자랑만 하면 자신이 돋보인다고 믿는 것이다.

파리인은 "그 여자는 지방 사람 치고는 눈이 매우 아름답다"라는 유명한 시구를 모든 것에 갖다 붙이는 셈이다. 그는 보르도와 낭트에서는 "가론 강과 루아르 강은 지방에 있는 강 치고는 매우 아름다운 강이다"라고 말할 것이다.

30 시간

온종일 제대로 사는 사람들이 있는데, 그들은 현명하고 생각하는 사람들이다. 이런 사람들은 드물다. 한나절을 사는 사람들은 사업가들이다. 도시 주민의 절반 이상은 하루에 겨우 3~4시간밖에 살아 있지 않은데, 그들은 여자들이다. 여자들은 저녁에만 잘 즐긴다.

지루하지 않기 위해서는, 아니 최소한 다른 사람들보다 덜 지루하기 위해서는 명석해야 한다. 올바른 판단을 하는 사람은 자신의 상황이나 신분 때문에 피할 수 없는 모든 관계를 이용한다. 여기서는 가르침을 구하고, 저기서는 사교의 달콤함을 맛본다. 자중자애하고 동분서주하며 희망을 전하고 봉사정신을 기른다. 이 장소에서는 정직한 재산을 모으는 데 필요한 경쟁심을 기르고, 지적 능력을 배양하고 발달시키는 데 적합한 자극을 받는다. 다른 장소에서는 사람의 마음을 연구하고, 무엇이 마음을 움직이게 하는지를 본다. 여기서 발견한 것을 슬기롭게 이용하고 인간을 아는 법을 배운다.

그러나 플리니우스가 로마에 대해 이야기한 것을 파리에 대해서도 할 수 있다. "시간은 놀라울 정도로 빨리 지나간다. 하나하나의 날을 따로 보면 일정이 꽉 차지 않은 날이 없다. 그러나 모든 날들을 모아보면 놀랍게도 아무것도 없다."

24시간을 죽이기가 너무 힘들어서 시간을 다 쓰려고 상상 가능한 모든 수단을 동원할 정도로 한가한 사람들도 있다.

31 예절 바른 사기꾼

여러 지방에 퍼져 있는 온갖 종류의 사기꾼들이 일생에 한 번은 파리에 간다. 수도는 그들이 모든 재능을 발휘하여 큰 건수를 올리고 더 많은 봉들을 만날 수 있는 넓고 큰 극장인 셈이다.

남을 쉽게 믿는 사람들을 속이는 방법을 연구한 그들은 젊은이들을 노린다. 젊은이들은 열정과 신뢰로 가득 차서 감언이설에 더 쉽게 넘어간다. 사기꾼들은 먼저 시선을 사로잡을 정도로 부유한 티를 내야 한다는 점을 잘 알고 있어서, 강한 인상을 줄 수 있게 차려 입는다.

그들은 다양한 상대의 마음을 사로잡기 위해 사람들의 편견을 무차별적으로 이용한다. 그들에게는 자존심이 존재하지 않는다. 그들은 상대에 따라 사용하는 언어를 바꾼다. 남의 기분을 상하게 만들지 않고, 언제나 민첩하고 참을성이 있으며, 아첨을 하는 그들은 혀에 금칠을 한 것처럼 말을 잘 한다. 서민이 상류층보다 사기꾼들을 더 잘 알아본다.

사기꾼들의 목적은 단 하나, 돈을 가로채는 것이다. 그들은 돈 있는 사람을 단번에 알아본다. 그들에겐 언제나 돈을 100배로 불려줄 계획이나 사업이 있다. 그들은 이 문제에 대해 열변을 토하며 당신이 확실하게 떼돈을 벌 것이라고 떠벌리는데, 사실은 자기 재산을 확보하려는 속셈이다.

그들은 높은 분들의 이름을 적절한 시점에 들먹거린다. 또한 그들은 호기심을 자극할 수 있는 일화들을 잘 알고 있다. 그들은 남을 비방하지도 중상하지도 않으며, 가시가 돋친 농담은 결코 하지 않는다. 왜냐하면 그들은 남의 명성이 아니라 지갑을 노리기 때문이다.

어떤 사기꾼은 노름꾼들과 어울리다가 일부러 돈을 잃어주며 유인한 다음, 대담하고 계획된 속임수로 파멸시킨다.

다른 사기꾼은 좋은 호텔과 멋진 마차를 빌리고 상점들에 들러 부르는 대로 값을 치른 다음, 외국과의 위탁매매를 제안한다. 좋은 단골이 된 그에게 서로 앞을 다투어 모든 종류의 물건을 제공한다. 그는 남몰래 모든 것을 팔아치우고 사라진다. 소송이 제기되지만, 찾아보았자 아무도 없다.

이 사기꾼은 자기가 평판이 좋다고 하면서 진짜 또는 가짜 편지를 보여주고 자리를 약속하면서 돈을 빌린다.

가장 음흉한 자는 높으신 분들이 반쯤 채택한 계획을 이용한다. 그는 이따금 그들에게 접근한다. 그들은 그에게 더 쉽게 일을 처리하라고 여기저기서 돈을 빌려준다. 어느 날 그는 돈을 챙겨서 홀란드[50]로 달아난다. 거기서 그는 이름을 바꾸고 부유한 차림새와 정직의 가면 뒤로 모아둔 돈으로 즐겁게 산다.

몇 년 전에 우체국 출납원으로 일하던 위선자가 도시 전체를 털었다. 모두 돈을 털렸고, 쇠고리에 걸린 위선자의 목을 보는 것으로 위안을 삼을 수밖에 없었다. 하지만 쇠고리에서 탈출한 그는 리에주 쪽에 기가 막힌 땅을 사서 영주처럼 살고 있다.

최근에 이미 한물간 사기꾼이 엄청난 무역을 하는 외국인 남작을 자처하고 다녔다. 유명 호텔에 묵은 그는 직원들을 고용하고 상인들을 불러 모았다. 처음에 그는 상인들이 내놓는 상품들을 무시했

50 홀란드는 18세기의 모든 모험가들, 파계한 수사들과 고소를 당한 기자들의 도피처였다. 라클로의 1782년 작품 『위험한 관계』의 종말에서도 메르퇴유 부인은 홀란드로 피신한다.

다. 더 진귀하고 비싼 옷감들이 필요하다는 것이었다.

그 다음날 그의 하인, 다름 아닌 공범이 퇴짜를 맞은 상인들을 찾아갔다. 하인은 자기 주인을 침이 마르도록 칭찬하며 그의 신용과 재산, 폭넓은 인맥에 대한 이야기를 해주었다. 자기 주인은 거래처를 갑부로 만들어 줄 능력이 있다는 것이었다.

하인이 주인 칭찬을 하는 일은 거의 없기 때문에 가짜 남작은 깊은 존경심을 불러 일으켰다. 모두 그에게 최고 상품을 갖다 바쳤고, 그는 고르기만 하면 되었다. 새로운 위임을 받았기 때문에 모든 물품이 그의 손을 거쳐야만 외국으로 나갈 수 있다는 것이다.

사기를 조장하고 절도의 흔적을 재빨리 지워버리는 고물상들이 이 상품들을 헐값으로 사들였다. 그러나 가짜 남작은 마드리드, 비엔나, 리스본, 코펜하겐 등지로 나갔다고 자랑했다.

정체가 드러난 그는 우선 3일 동안 목이 쇠고리에 걸린 채 말뚝에 묶여 있다가, 채찍으로 맞고 낙인이 찍혀서 9년의 중노동형에 처해졌다. 형 집행을 참관한 하인은 추방되었다.

농간의 달인인 이 모든 사기꾼들은 백작, 후작, 남작 그리고 특히 기사를 자처한다. 이런 연유에서 일정한 수입 없이 먹고 사는 그런 사람을 '계략의 기사'라고 부르는 것이다.

이 사기꾼들 다음으로는 소매치기들이 있다. 이들은 남들이 혀로 하는 짓을 손으로 한다. 소매치기들은 당신의 주의를 다른 곳으로 돌리거나, 당신에게 곤란한 일이 생기게 하거나, 자기들의 손놀림에 유리한 자세를 취하도록 만든다. 그는 신출귀몰한 손놀림으로 당신의 담뱃갑, 손목시계, 지갑을 채간다. 당신이 알아채고 소리쳐도 그는 태연하게 당신 옆에 남아 있는다. 시계와 지갑은 이미 다른 사람에게 넘어가 버렸다. 소매치기는 사람들이 모이는 곳의 치안이 너무 불안하다고 큰소리로 불평해댄다.

이런 괴짜 집에 가보면 시계가 56개, 담뱃갑이 30개, 지갑이 20개 있다. 장터의 만물상과 다름없다. 보석만을 노리는 그는 잔챙이는 좀도둑들에게 맡긴다. 좀도둑들은 처음에는 방면되다가 나중에는 정보원으로 키워진다. 소매치기는 패거리를 이끌고 극장에서 공연이 끝날 때 폭력을 사용하지 않고 움직인다.

소매치기는 이따금 길에서 전속력으로 달려와 당신의 품으로 뛰어든다. 당신은 넘어지지 않기 위해 그를 껴안는다. 그는 당신에게 백배 사과하고, 당신은 그에게 예의바르게 응답한다. 하지만 그 짧은 순간에 그는 당신의 시계를 낚아채서 다시 달려간다. 그는 아주 잘 차려 입었기 때문에 당신은 짐작조차 하지 못한다.

당신은 고가품을 도둑맞으면 파출소에 간다. 때때로 그 물건을 되찾을 수 있는 기가 막힌 방법이 있다. 담뱃갑이 200리외를 돌고 돌아 주인에게 돌아오는 것이다. 어떻게? 당신에게 다 이야기해도 될지 모르겠다.

도둑과 협상을 하는 방법이 있다. 물건을 분실했다고 공고하고 보상금을 내건다. 보석이 돌아오면 당신은 약속대로 성실하게 돈을 내면 된다.

『모사꾼과 몇몇 미녀들이 순진한 사람들과 외지인들을 속이기 위해 사용하는 술책을 이야기해 주는 파리의 계략 또는 파리의 일화』라는 제목의 소책자가 발간되었다. 이 책에는 나태하고 뻔뻔한 인간들이 미숙한 사람들을 등치기 위해 일상적으로 사용하는 수법들의 일부가 실려 있다. 그 책을 참고하길 바란다. 그렇게 많은 음험한 사기행위들을 밝혀내서 뿌리를 뽑아야 한다. 동시에 행정관들에게 분명하게 알려줄 필요가 있다. 사람들은 정직하게 살아갈 수 있는 길이 없으면 이루 말로 다할 수 없이 수치스러운 방식으로 살아가려고 발버둥치게 마련이라는 것을.

32 이발사

우리 조상들은 매일 아침 많은 시간 동안 한가하고 수다스러운 이발사에게 머리를 맡기지 않았다. 수염을 가다듬고 남성 외모의 상징적인 장식인 콧수염을 위엄 있게 만드는 것, 이것이 치장의 전부였다. 그런데 2세기 전부터 남자들을 여자 같이 만들고 부자연스럽게 보이게 하는 여자들의 곱슬머리 기술을 모방하는 나약함에 빠지게 되었다.

돈이 필요하면 각서를 써주는 대신 콧수염을 떼어서 담보로 맡기넌 사내 내장부의 시대는 어디로 갔는가? 이것보다 더 확실한 담보는 없었고, 돈을 빌려준 사람은 편안하게 잠을 잘 수 있었다. 부채를 만기일에 갚지 않는 경우는 없었기 때문이다.

머리에 가발을 뒤집어쓰고 청년의 이마에 엄청난 머리털 더미를 씌우는 우스꽝스러운 일이 없어진 것은 사실이다. 노인의 주름진 대머리에서 그 야릇한 조합을 더 이상 볼 수 없게 되었다. 하지만 곱슬머리 광풍이 모든 신분들을 사로잡아 버렸다. 가게 점원, 대소인과 공증인 사무실 서기, 하인, 요리사, 부엌 하인 등 모두가 머리에 분을 잔뜩 뿌리고 뾰족한 머리털과 층이 진 곱슬을 만든다. 호박색 분과 향유의 냄새가 구멍가게나 우아하고 말쑥한 멋쟁이 집에서 똑같이 진동한다.

이 곱슬머리 광풍 때문에 시민들이 얼마나 헛된 삶을 살게 되는지! 유익한 노동을 위한 시간을 얼마나 많이 낭비하는지! 곱슬머리 전문 이발사들이 우리의 짧은 인생에서 얼마나 많은 시간을 빼앗아가는지!

20만 명의 머리칼을 희게 칠하는 데 사용되는 분가루는 가난한 사람들의 식량으로 쓰였어야 했다는 점을 생각해 보라. 법관의 큼지막한 가발, 멋쟁이의 솔머리, 장교의 군대식 곱슬머리, 부랑배의 커다란 쪽머리에 들어가는 밀가루가 불쌍한 사람들 1만 명은 먹여살릴 것이다. 영양이 있는 부분이 제거된 밀에서 추출한 이 물질이 수많은 한량들의 목덜미 위에서 낭비된다. 머리칼에 본래의 색깔을 남겨두지 않는 이 관습은 정말 개탄스러운 것이다.

중요한 직책으로 승격되고 성왕 루이로부터 특권을 인정받은 1,200명의 이발사들이 거의 6,000명의 점원을 고용하고 있다. 2,000명의 재택 직공[51]은 비세트르[52]에 갈 위험을 무릅쓰고 집에서 같은 일을 한다. 6,000명의 사환들은 이 자리밖에 구하지 못한다. 이 통계에 미용사들도 포함시켜야 한다. 이 모든 사람들이 컬페이퍼와 머리 지지기 덕에 먹고 산다. 재산이라고는 빗과 면도기밖에 없는 우리나라의 이발사들이 유럽 전체를 정복했다. 그들은 러시아와 독일 전역에 퍼져 있다. 민첩한 손놀림의 이 이발사 무리는 거짓말을 일삼고 음모를 꾸미는 뻔뻔스럽고 방탕한 족속이다. 대부분 프로방스와 가스코뉴 사람들인 이들이 군대의 총칼보다도 더 폐해가 큰 부패를 외국에 수출한 것이다.

우리나라의 남녀 무용수들, 요리사들이 곧 이발사의 뒤를 따라가서 이웃 나라 사람들을 우리의 패션과 관습에 종속시킬 것이다. 이들이야말로 모든 나라에서 프랑스의 이름을 드높이고 우리의 정치

51 "마스터가 아니라서 가게를 열 수 없고 자기 집에서 일하는 노동자."(『트레부 사전』)

52 Bicêtre: 1633년에 상이군인 병원으로 건립되었다가 17세기 후반부터 걸인과 매춘부를 비롯한 모든 '기피인물들(indésirables)'을 수용하는 시설로 사용되기 시작했다.

적 패배를 복수해 준 정복자들이다. 따라서 우리의 이웃 나라들이 이발사들의 진출이 해롭다는 점을 인식하고 신속하고 합리적인 금지에 관한 협정을 체결한다면 그들에게 이로울 것이다.

33 소금장수

소금장수들을 볼 때마다, 그들이 어깨에 왕의 시신을 메고 다음번 생드니 십자가까지 운반하는 특권을 누렸었다는 것이 기억난다. 그들은 왕의 시신을 토막 내서 물에 끓인 다음 소금에 절이는 기술을 보유하고 있었기 때문이다. 이 기술이 그동안 소실되었다가 불완전하게만 남아 있는 시신 방부처리 기술을 아주 엉성하게나마 대신하게 되었다.

키다리왕 필리프와 필리프 드 발루아[53]의 시신도 이런 방식으로 소금에 절였다. 이 2명의 왕은 그 이전에는 모든 사람에게 허용되었던 생필품에 최초로 세금을 부과한 장본인이다. 자연이 우리에게 준 이 식품을 왕들이 우리에게 파는 것이다. 소금 1미노[54]는 파리에서 60리브르 7수이다. 소금세[55] 도입 이래 얼마나 많은 눈물과 피를 흘렸던가! 교수대와 차형까지 동원하여 소금판매 독점권을 지켜온 것이다. 이 특권이 오늘날 프랑스 군주들의 주 수입원이다. 하지만 이것 때문에 국경은 물론이고, 왕국 내부에서도 유혈 사태가 끊이질 않았다. 이 법을 위반하는 것이 죄라고 믿는 사람은 단 한 명도 없다.

53 Philippe le Long(1293~1322): 미남왕 필리프의 차남으로 1317~1322년 재위한 프랑스 왕.
Philippe de Valois(1293~1350): 1328~1350년 재위한 프랑스 왕.

54 미노(minot)는 무게 단위로 52L 또는 49kg을 가리킨다.

55 14세기에 도입된 소금세는 큰 원성의 대상이었다. 1680년 5월의 칙령은 왕국을 상이한 법규가 적용되는 구역들(대염세 지역, 소염세 지역, 염전 지역, 염세 면제 지역)로 나누었다.

강제로 세금을 내게 된 가난한 사람들은 부당하다고 외치며 인생을 저주하고 절망에 빠진다.

파리에서 60 내지 61리브르를 내야 살 수 있는 소금 1미노가 다른 곳에서는 1리브르 10수밖에 안 한다. 소금의 내재적인 가치는 기껏해야 이 정도이다. 이런 비교를 해보면 정말 많은 생각을 하게 된다.

34 생선

파리에서 생선은 튀르고[56] 덕에 실시된 약간의 수입세 감면에도 불구하고 싸지 않다. 생선이 싱싱한 적은 거의 없다. 소금에 절이지 않은 생선은 30~40리외 이상 운송할 수 없기 때문에 노르망디나 피카르디 연안 생선만 들어온다. 최상품은 모조리 궁정으로 공급되고, 파리인들은 잔챙이를 먹는다. 육류를 먹지 않는 샤르트르회 수사, 카르멜회 수사, 베네딕트파 수사, 성프랑수아 드폴회 수사를 비롯한 수사들 때문에 파리에는 생선이 크게 부족하다. 또 그들이 좋아하는 모든 생선을 아주 비싸게 사는 바람에 생선값이 비싼 것이다.

이미 적지 않은 세금에 생선 수입세까지 추가되어 더욱 부담이 크다. 생선을 즐기고 싶어 하는 파리인은 디에프[57]까지 여행을 하는 수밖에 없다. 돈을 조금 번 부르주아는 처음에는 이 여행을 혼자서 하다가, 나중에는 뚱뚱한 부인을 데리고 간다. 대양 앞에서 넋을 잃는 그들을 탓할 수는 없다. 하지만 그들은 지브롤터 해협의 거암을 만져보았다고 믿고 서둘러 집으로 돌아온다. 그들은 그 여행에 너무 흥분하고 매료되어, 평생 매일 저녁 식탁에서 딸들과 경탄해 마지않는 하녀 앞에서 여행 이야기를 한다.

56 Turgot(1727~1781): 1774년 8월~1776년 5월까지 재무총감을 역임하였다. 중농주의자인 튀르고는 『백과전서』의 '정기장'과 '시장' 항목에서 거래의 완전한 자유를 처음으로 주장했다. 그는 1774년 곡물거래를 자유화했지만, 자신의 개혁을 제대로 추진하기 전에 사임하게 된다.

57 Dieppe: 노르망디에 위치한 항구.

35 구빈세

빈민을 위한 보편적인 구빈안들이 여러 개 제시되었지만, 이 관대한 계획 중 어느 것도 아직 실천되지 못했다. 파리에서는 부르주아들이 매년 13수, 26수 그리고 최고 부자들이 50수를 낸다. 정말 인색한 자선이다!

훨씬 더 강력한 세금을 도입해야 마땅하며, 모두 기꺼이 낼 것이라고 믿는다. 이것은 모든 세금들 중에서 가장 신성한 것이다. 아니, 모든 채무 중에서 최우선 채무라고 말해야 한다. 교회에 1년에 2리브르 10수 내는 것으로 빈민에 대한 의무를 다했다고 생각해도 되는 것인가?

구빈은 종교가 담당해야 할 것 같다. 자선은 종교의 첫 번째 계율이기 때문이다. 각 소교구가 빈민을 보살피고 부자들에게 돈을 걷을 권한이 있어야 한다고 믿는다. 런던에서는 자선이 규모가 크고 끊이질 않는다. 가난한 사람들을 위한 성금이 우리처럼 인색하지 않다. 런던에서는 "같은 아버지의 자식들이여, 상부상조 하시오"라는 복음서의 감동적인 계율이 통한다.

파리에도 아름답고 자비로운 영혼들이 있지만, 템스 강가에 비하면 수가 적다. 일반적으로 런던 사람들은 불쌍한 사람들에 대해 우리보다 더 따뜻하고 더 관대하다. 그래서 가난이 런던에서는 여기처럼 끔찍하지 않은 것이다.

내가 대신이라면 소교구 책임자들을 자선의 도구와 통로로 사용할 것이다. 이 중요한 문제에 대해 바푸아투[58]의 공증인이며 등기관인 피용의 계획을 본 적이 있다. 이 시민의 모든 생각은 내 생각과 완벽하게 일치하여 나 자신이 자랑스러울 정도이다. 그의 구빈안을 모범으로 제시하고 싶다.

58 Bas-Poitou: 프랑스 중서부 루아르 강 이남 푸아투 지방의 대서양을 면한 서쪽을 가리킨다.

36 공식 철자법

철자법은 상점의 간판과 게시판을 비롯한 모든 곳에서 정말 엉망이다. 무지가 황금 글자로 새겨져 있는 식이다.

몰리에르 연극에 나오는 인물[59]의 제안에 따라서 이 조잡한 오류를 바로잡는 교정관 자리를 신설하는 것이 옳은 일일지도 모른다. 그러면 사람들이 철자법을 지키는 데 익숙해지고, 언어에도 나쁘지 않을 것이다. 유럽의 언어가 된 프랑스어가 변질되어서는 안 된다. 특히 그 주요 기호들이 변질되어서는 안 된다. 관용적인 표현은 사람들이 사용하는 것이 결국 득세하기 때문에, 사람들이 언어를 타락시키고 형편없는 은어를 사용하게 만들 수도 있다.

첫 번째 오류는 철자법에 있다. 어디서나 정확한 표기를 볼 것이라고 확신하는 외국인은 도시를 돌아다니면서 수업을 받는 셈이다. 모든 나라 사람들이 프랑스어를 배우고 있는 판국에, 정작 프랑스의 수도에서 이런 일이 벌어지고 있는 것이다.

이따금 무지로 인해 엉뚱한 수익이 발생하기도 해서 사람들을 즐겁게 하기도 한다. 파리인들은 다른 무엇보다 하찮은 일들에 관심을 갖기 때문이다. 르드뤼라는 사람은 '르드뤼는 초인종을 확실하게

59 몰리에르 연극의 이 인물은 「훼방꾼들」의 하나인 카리티데스이다. 그는 '집, 가게, 술집, 공놀이터' 등의 장소에서 문학공화국과 프랑스 국민을 망신시키는 간판 글에서 이루어지는 크고 주목할 만한 오류에 대해 국왕에게 보내온 진정서를 읽는 일을 에라스트에게 부과했다. 메르시에가 '진지하게' 받아들이겠다고 말한 계획은 몰리에르의 연극에서 우스꽝스러운 현학자가 제시한 것이다.

단다'라는 간판 덕에 떼돈을 벌었다. 대서인이 cul 다음에 커다란 점을 찍고 de sac은 줄을 바꿔서 썼는데, 이것이 익살스럽게 해석된 것이다. 그래서 모두가 '엉덩이에 초인종을 다는'[60] 르드뤼를 고용하려고 했다. 다름 아닌 철자법 오류가 그를 인기 있게 만든 것이다.

모베르 광장 부근에서 안내판에 '성자 코마[61]의 인도를 받은 모씨는 눈을 치료하는 안과의사'라고 새겨놓은 외과의사도 있다.

그러나 철자법 오류나 우스꽝스러운 표현보다 훨씬 더 나쁜 것은 파리의 하얀 벽을 추잡한 그림과 음란한 단어들로 더럽히는 파렴치한 악동들이다. 진흙과 오물을 치우게 하는 경찰이 이런 추잡한 것들을 동시에 지우도록 해야 할 것이다. 쓰레기 마차가 도시를 청소하는 것으로는 충분하지 않다. 청소가 되지 않은 길들보다도 훨씬 더 불쾌한 이와 같은 그림들을 우리 부인과 딸들이 외출하는 길에 마주치지 않도록 해야 한다.

판화 상인들 역시 아주 추잡한 판화들을 진열해 놓는다. 더구나 우리는 집에서도 애들 눈앞에 이런 외설스런 그림들을 걸어놓기 시작했다. 성적인 상상을 자극하는 책들은 애들이 보지 못하게 하면서, 신중하지 못한 붓으로 제작된 작품들로 집을 장식하고 있는 것이다.

나는 강둑길을 산책하다가 스케이트 타는 사람들을 그린 판화를 보았다. 판화 아래에 익명의 작가가 쓴 시구는 기억할 가치가 있는 것 같다.

얇은 수정 위로 겨울이 그들의 발걸음을 이끈다.

60 프랑스어 표현 dans le sac 또는 dans le cul de sac은 '확실하게'라는 의미이다. le cul은 '엉덩이'라는 뜻으로, dans le cul 다음에 줄을 바꿔서 de sac을 쓰면 '엉덩이에'라고 해석될 수 있다.

61 코마는 외과학의 수호성자이다.

얼음 아래는 깊은 물이다.
이것이 우리들 쾌락의 가벼운 표면이다.
사람들이여 미끄럼을 타라! 누르지 말아라.

37 고대

로마에는 가는 곳마다 주목과 존경의 대상이 되는 고대 기념물이 즐비하고, 그리스 예술의 정복자들과 세계의 지배자들을 상기시키는 물건들이 주변에 널려 있다. 파리는 그렇지 못하다. 이 도시는 공화정의 틀 속에서 세워지지 않았고, 그리스인들의 재능이 깃든 손으로 만들어지지도 않았다. 파리에서는 웅변적인 재능, 다시 말해서 시민들의 눈에 호소하고 그들의 영혼을 고양시키려고 노력하는 재능의 흔적이 보이지 않는다. 예술의 화려함은 공공기념물에서는 보이지 않고, 축소되어 개인들의 집에 감춰져 있다. 역사를 아는 사람들에게 센 강과 루브르는 티베르 강과 카피톨 언덕에서 너무나 멀리 떨어져 있다.

파리의 고대 건물들은 모두 외관이 고딕적이고 초라하며 빈약하다. 우리의 천박한 태생이 남아 있는 기념물들에 새개져 있는 것이다. 클로비스[62]의 무덤은 그가 설립한 생트주느비에브 교회에 있다. 하지만 그 기념물이 오래되지 않았다는 점은 쉽게 알 수 있다. 하기야 그 무덤은 권위도 없다. 로물루스 신전과는 전혀 다른 것이다.

바이킹들이 여러 차례에 걸쳐 생제르맹데프레 교회와 수도원을 약탈하고 방화하는 바람에, 빈 무덤과 불명확한 묘비명들만 남아 있다. 남아 있는 고대 조각은 극악한 야만의 횡포를 입증한다. 기독교

62 Clovis(466경~511): 프랑크족 메로빙거 왕조의 왕으로, 로마 가톨릭으로 개종하고 영토를 크게 확장함으로써 프랑스의 토대를 마련했다는 평가를 받는다.

라는 종교는 초창기에도 낙관적이지 않았다. 이 점은 지난 세기들의 잔해에서 잘 확인할 수 있다. 불행하고 괴이한 지난 세기들은 오류와 무지 때문에 부끄럽고 불길한 모든 것으로 점철되어 있다.

관심이 있는 사람은 킬데베르트와 울트로고트 그리고 킬페리크와 그 부인 프레데군드[63]의 무덤을 가서 볼 수 있다. 킬페리크의 묘비명은 유골을 다른 곳으로 가져가지 말라고 살아 있는 사람들에게 간청한다. 왕국과 수도원을 습격하러 왔던 그 북쪽의 악당들에게 한 간청인 것 같다. "나 킬페리크는 내 유골이 다른 곳으로 옮겨지지 않기를 원한다."

빛나지 않는 이름들, 장식이 없는 초라한 석관들, 가치 없고 어두운 그림들, 무디고 조잡한 조각들, 이것들이 교회에 가득 찬 고대 작품들이다. 공포의 압제 때문에 인간의 재능은 짓눌리고 손은 떨려서 음산하고 단조로운 그림들밖에 그릴 수 없었다. 헤르쿨라눔과 포르티치[64]의 유적들을 보라. 그곳에는 여기처럼 암울한 상상력의 흔적은 보이지 않는다.

파리에서 가장 호기심을 끄는 것은, 로마인들이 프랑크족이 도착하기 전에 건설한 공중목욕탕[65]이 있는 궁전의 잔해들이다. 그 궁전

63 생제르맹데프레 수도원에는 메로빙거 왕들의 묘들이 안치되어 있었다. 이 묘들 중에서 혁명기에 파괴되지 않은 것들은 19세기에 생드니로 이전되었다.
Childebert(511~558): 클로비스의 아들로서 파리의 왕이었다.
Altrogotte(566/567 이후 사망): 킬데베르트의 부인.
Chilpéric(525/527~584): 클로비스의 아들인 클로타르의 아들.
Frédégonde(545~597): 킬페리크의 세 번째 부인.

64 이 이탈리아 도시는 헤르쿨라눔 유적지에 위치해 있다. 헤르쿨라눔은 79년 베수비오 화산 폭발 시 파묻혔다가, 그 잔해가 1711~1770년 사이에 부분적으로 그리고 점진적으로 발굴되었다.

65 푸앵(Foin), 라아르프(la Harpe), 레마튀랭(les Mathurins) 길 사이에 위치한 클뤼니 온천을 말한다. 이것은 오랫동안 율리아누스 황제의 공중목욕탕과 궁전이라고 잘못 알

은 라아르프 길의 한 집 안에 있는데, 그 집의 간판에는 '철십자가'라고 쓰여 있다. 고상한 고대 작품의 모든 특징들을 갖추고 있는 이 잔해들로 미루어 볼 때, 궁전은 상당히 넓었던 것 같다. 프랑스 왕국의 초기 왕들이 여기서 기거했었다. 샤를마뉴 사후에, 평가(平歌)를 애호하고 엽색을 혐오하던 경건왕 루이가 샤를마뉴 딸들의 애인들을 살해하도록 명령한 다음에 그녀들을 이곳으로 유배시켰다. 다니엘 신부에 따르면, 경건왕은 본때를 보여주었기 때문에 그녀들이 다시는 애인들을 구하지 못할 것이라고 순진하게 믿었다고 한다. 하지만 경건왕의 믿음과는 달리 그녀들에게는 애인이 부족한 적이 없었다는 것이다.

고대 공화국들이여! 그대들의 잔해를 보면 그대들이 얼마나 위대했는지를 알 수 있다. 왕정의 가장 화려한 기념물들도, 시간과 야만의 공세에서 살아남은 그대들의 잔해보다 가치가 떨어진다. 신이여! 우리는 자유로운 정치체제의 장엄한 업적 앞에서 얼마나 보잘것없는 존재인가!

골동품상들은 이시스 여신의 조각상을 매우 아쉬워하고 있다. 이 조각상은 매우 오래된 것이라서 생제르맹데프레 수도원 정문에 그대로 보존해 두었었다. 1514년에 한 여자가 이 조각상을 성모 마리아의 조각상으로 착각하고 그 앞에서 양초에 불을 붙였다. 그러자 생제르맹 수도원 원장이 경건한 분개심에서 우상숭배를 예방하기 위해 그 조각상을 박살내도록 지시했다. 그 자리에는 커다란 십자가를 세웠는데, 이것이 아직도 남아 있다.

려졌다.

38 선조

나와는 생각이 아주 다르고 편견과 관습은 더욱 큰 차이가 나는 선조들을 생각해 본다. 성왕 루이 축일에 아카데미 프랑세즈 회의를 마치고 나오면서, 200년 전 오늘 파리가 피로 넘쳤다는 것이 생각났다. 브티지(Betizy) 길에서 콜리니 제독[66]은 난도질당했다. 바로 그 전날 샤를 9세는 그를 만나 포옹을 하고 우정 어린 항의를 한 다음에 암살 명령을 내린 것이다. 내란의 최고 지도자 자질이 있던 콜리니 제독이 개신교로 개종하지 않았더라면, 가톨릭 동맹에 결정적으로 부족했던 비중과 위엄이 보강되어 성공이 가능했을 것이다. 콜리니 제독의 시신은 사람들의 발에 짓밟혔다. 여기 루브르에서 샤를 9세는 자신의 백성들에게 기병총을 난사했다.

생바르텔르미 축일 밤[67]의 학살자들은 무시무시한 가톨릭 신도들이었다. 이런 날에는 루브르에 가서 기하학자 달랑베르의 기발한 농담을 듣는 것이 좋다. 재치가 넘치고 세련된 달랑베르의 농담에 기분이 상한 성직자들은 궁정에서 철학자들을 흉보는 것으로 복수를 한다. 그래도 철학자들은 개의치 않는다. 잘 알아듣는 사람은 철학자들이 교묘하게 모든 이야기를 하는 기술이 있다는 것을 알아차린다. 하기야 오늘날엔 암시를 알아들어야 한다. 하고 싶은 이야기를

66 Coligny(1519~1572): 명문 귀족 출신으로 개신교로 개종했다가 암살당하였다.

67 1572년 8월 23~24일의 밤. 나바라의 왕 앙리(미래의 앙리 4세)의 결혼식을 참관하기 위해 위그노들이 대거 파리로 올라온 것을 이용하여 가톨릭 세력이 주도한 학살 사건.

다 하는 세상에서는 먼저 화를 내는 사람이 잘못이다. "할아버님! 저희들의 생각은 완전히 새로운 것이라서 선조들로부터 아주 멀고, 그분들은 결코 짐작도 하지 못하셨을 것입니다." 우리의 후손들도 이렇게 말을 할 수 있기를 바란다. 인류만이 완전해지는 능력을 보유하고 있다. 우리는 샤를 9세 시대 사람들보다 덜 어리석고 덜 야만스럽다. 이토록 짧은 시간에 정말 많이 발전한 것이다!

39 마차 조심!

마차 조심! 검은 복장의 의사는 사륜마차, 춤선생은 이륜경마차,[68] 검술선생은 짐수레를 타고 다닌다. 공작은 6마리 말이 끄는 마차를 평야를 달리듯이 전속력으로 몰고 다닌다.

초라한 소형 이륜마차가 사륜마차 2대 사이를 곡예 하듯이 빠져 나간다. 이륜마차에 탄 증기병 걸린 여자[69]가 사륜마차를 타고 그렇게 달렸더라면 기절했을 것이다. 말을 탄 젊은이들은 서둘러 성벽 지역으로 달려가다가, 주위 사람들에게 흙탕물을 튀기면서도 갈 길이 바쁜 군중 때문에 조금 지체되면 마구 성질을 낸다. 마차와 기마 행렬이 수많은 사고를 일으키는데도 경찰은 조금도 관심이 없다.

나는 1770년 5월 18일[70]의 대참사를 목격했다. 신작로의 초라한 조명을 보러 몰려가는 엄청난 군중에게 열린 유일한 통로를 수많은 마차들이 가로막는 바람에 엄청난 사고가 일어난 것이다. 나도 목숨을 잃을 뻔했다. 그날 즉사하거나 끔찍한 사고의 여파로 죽은 사람이 1,200~1,500명에 달했다. 나는 마차에 치여서 넘어진 적이 지금까지

68 cabriolet: 바퀴 2개의 경마차로, 18세기 중반 파리에서 유행했다.

69 지금 같았으면 우울증이나 신경쇠약에 걸린 여자라고 말할 것이다. 『백과전서』에는 증기병에 대해 "이 병은 복부 아랫부분에서 솟아올라 자궁에서 뇌까지 올라가는 미묘한 증기 때문에 생기는 것 같다. 이 증기가 뇌를 혼란스럽게 만들고 야릇하고 엉뚱하며, 대개는 불쾌한 생각들로 가득 채운다"라고 설명되어 있다. 또 "이 증기는 몸이 한가한 사람들, 육체노동 때문에 피곤한 것이 아니라, 생각을 많이 하고 꿈을 많이 꾸는 사람들을 주로 공격한다"고 덧붙였다.

70 사실은 5월 30일.

세 번이나 된다. 산 채로 차형을 당할 뻔한 것이다. 따라서 마차들의 야만스러운 과속을 비난할 권리가 조금은 있다.

매일 반복되는 요구에도 불구하고 마차들의 과속은 제지를 받지 않는다. 부자가 거만하게 타고 가는 마차의 위협적인 바퀴들은 불운한 희생자들의 피로 얼룩진 포도를 마치 아무 일도 없었다는 듯이 달린다. 희생자들은 끔직한 고문을 당하면서 죽어가지만, 그렇게도 기다리는 개혁은 이루어지지 않을 것이다. 행정에 관여하는 모든 사람들이 사륜마차를 굴리면서 보행자들의 불평을 무시해 버리기 때문이다.

인도가 부족해서 거의 모든 길이 위험하기 짝이 없다. 어느 정도 명성이 있는 인사가 아프면, 사륜마차 소리를 줄이기 위해 그 집 앞에 퇴비를 뿌린다. 하지만 특히 이때 주의해야 한다.

장자크 루소는 1776년에 메닐몽탕으로 가는 길에 마차행렬에 앞장선 커다란 덴마크 개에 받혀 나가떨어졌다. 대형 사륜마차의 주인은 길바닥에 쓰러진 루소를 무관심하게 쳐다보고 지나갔다. 농부들이 루소를 일으켜 세웠고, 다리를 절고 많이 아파하는 그를 집까지 데려다 주었다. 그 다음날 마차행렬의 주인은 자기 개가 넘어뜨린 사람이 누구인지 알게 되자, 하인을 보내 부상자에게 무엇을 해주어야 하는지를 물었다. 철학자는 "앞으로는 개를 단단히 묶어두라"고 대꾸하고 하인을 되돌려 보냈다.

마부가 당신을 그대로 들이받으면 파출소에서는 큰 바퀴인지 아니면 작은 바퀴인지를 조사한다. 마부는 작은 바퀴만 책임지게 되어 있다. 만약 당신이 큰 바퀴에 치어 죽는다면 당신의 상속자들은 금전적인 보상을 받지 못한다.[71] 게다가 팔, 다리, 넓적다리의 가격이

71 큰 바퀴는 뒤에 달렸기 때문에 오늘날의 보험계약서와 마찬가지로 "마부는 작은 바퀴만 책임진다."

사전에 정해져 있다. 어쩌랴! "마차 조심!"이라고 외칠 때 정신을 바짝 차려야 한다. 하지만 젊은 파에통[72]들은 이륜마차 뒤에서 하인들이 소리치게 한다. 주인이 당신을 치고 지나가면 하인이 소리를 지른다. 다치지 않은 사람만 다시 일어날 수 있는 것이다.

72 1771년판 『트레부 사전』에서는 "보통은 한 사람용의 멋진 바퀴 달린 의자로서, 말 한 마리가 끌고 아주 빨리 달린다. 이런 마차를 태양신의 전차를 끌기를 원했던 파에통이라고 부르는 것은, 젊은이들이나 멋쟁이들이 이런 종류의 마차를 사용하기 때문이다. 그들은 자신이 직접 몰면서 종종 큰 사고를 일으킨다. 오늘날엔 이륜마차라고 부른다"라면서 "이륜마차가 몇 년 전부터 크게 유행하고 있다"고 덧붙인다.

40 개천

커다란 개천이 길을 둘로 나누어 집 양쪽 사이의 통행을 가로막는 경우가 이따금 있다. 소나기가 조금만 오면 흔들리는 다리를 놓아야 할 정도이다. 멋진 가발, 하얀 긴 양말, 장식줄을 붙인 신사복 차림의 파리인이 지저분한 길을 발끝으로 걸어가다가 빗물받이에서 떨어지는 물벼락을 호박단 양산으로 막는 모습을 보는 일은 외국인에게는 정말 재미있는 구경거리이다. 저녁을 먹으러 생자크 포부르에서 생토노레 포부르까지 가려는 사람은 똥과 물이 떨어지는 지붕을 피하기 위해 그야말로 곡예를 해야 한다. 진흙더미, 미끄러운 포도, 기름때가 묻은 마차축과 같이 피해야 할 암초투성이이다. 그래도 파리인은 전진한다. 그는 길모퉁이를 돌 때마다 구두닦이를 부르고, 긴 양말에 흙을 좀 묻히는 것으로 모험을 끝냈다. 세상에서 가장 더러운 도시를 무사히 가로지른 것은 정말 기적이나 다름없다. 어떻게 무도화를 신고 진흙탕 속을 걸어갈 수 있는가? 이것은 파리인들만 알고 있는 비밀이라서 다른 사람들에게는 권하고 싶지 않다.

왜 진흙과 먼지를 고려하여 옷을 입지 않는가? 왜 마차를 타고 다니는 사람에게나 맞는 옷을 입고 걸어다니는가? 왜 런던처럼 인도를 설치하지 않는가?

41 동물기름

동물기름 용해공장에서 나오는 냄새는 정말 고약하고 지독하다. 이 조잡한 증기만큼 공기를 오염시키는 것도 없다. 이 불쾌한 냄새는 시민 건강에 매우 해롭다. 이런 공장들이 파리 성벽 안에 여러 개 들어섰다는 것은 용납할 수 없는 큰 잘못이다. 공장 지역이 빈번한 화재 위험에 노출되고, 악취가 생명에 필수적인 요소를 독으로 바꾼다는 점에서 검찰의 신속한 대처가 절실하다.

기름 용해공장들을 도시 외곽의 외진 장소로 이전시켜야 할 것이다. 그래야만 그 가마솥들이 주변을 오염시키거나 자기 집에 불을 지르는 일이 없어질 것이다.

42 도살장

도살장들이 도시 바깥이나 끝이 아니라 도사 한가운데에 있어서 피가 길에 철철 흐른다. 피는 발밑에서 응고되어 신발이 시뻘개진다. 도살장 앞을 지나가면 애처러운 울음소리에 아연실색하게 된다. 머리가 밧줄로 땅에 단단히 묶인 어린 소를 때려눕힌다. 묵직한 몽둥이로 두개골을 박살내고 큰 칼로 목에 깊은 상처를 낸다. 김이 나는 피가 콸콸 쏟아지면서 생명이 꺼져간다. 소의 고통스러운 신음, 끔찍한 경련으로 흔들리는 근육, 발버둥, 울부짖음, 곧 닥칠 죽음에서 빠져나오려는 최후의 몸짓, 이 모든 것이 단말마의 격렬한 고통을 알려준다. 심장이 밖으로 드러나서 소름끼치게 꿈틀거리고 눈은 생기를 잃고 흐려진다. 인간을 위해 희생되는 이 생명체의 눈을 쳐다보고 그 슬픈 탄식을 참고 들을 수 있는 사람이 과연 누구인가?

피투성이 팔이 김이 나는 내장 속으로 들어간다. 풀무가 죽은 동물의 몸을 부풀려 흉측스러운 형태로 만든다. 칼질로 분할된 사지를 조각내서 분배한다. 동물은 간판인 동시에 상품이 된다.

타격으로 기절했지만 죽지는 않은 소가 밧줄을 끊고 죽음의 소굴에서 미친 듯이 빠져나가는 경우가 이따금 있다. 도살자들로부터 도망친 소는 마주치는 모든 사람들이 죽음의 집행자나 공범인 것처럼 마구 들이받는다. 사람들은 공포에 떨면서, 어제는 유순하고 느린 걸음으로 도살장에 끌려왔던 소 앞에서 달아난다. 소가 지나가는 길에서 여자와 아이들이 다친다. 도망친 소를 쫓아오는 도살업자들도 난폭하게 달려오기 때문에, 고통과 격노로 날뛰는 소만큼이나 위험하다.

도살자들은 얼굴이 사납고 피비린내 나는 자국이 있다. 맨팔, 부은 목, 시뻘건 눈, 더러운 다리, 피에 젖은 앞치마. 싸우지 못해 안달인 그들의 억센 손에는 육중하고 굵은 몽둥이가 들려 있다. 사납기 짝이 없는 그들을 억제하기 위해 다른 직업보다 처벌이 더 엄격한데, 이것이 올바른 조치라는 점은 경험으로 증명되었다.

그들이 뿌리고 다니는 피가 그들의 얼굴과 기질에 불을 피우는 것 같다. 그들의 특징은 상스럽고 격렬한 오입질을 즐긴다는 것이다. 도살장 근처에는 시체 냄새가 풍기고, 천박한 매춘부들이 대낮부터 공개적으로 색을 쓰는 홍등가가 있다. 그것은 조금도 매력적이지 않다. 반점 투성이에 분을 있는 대로 칠한 그 암컷들은 괴물 같고 구역질 나는 육중한 살덩이에 불과하다. 또 그 시선은 황소의 시선보다 냉혹하다. 하지만 피에 굶주린 이 사내들은 그 파시파에[73]들이 최고의 미인이라도 되는 듯이 그녀들의 품안에서 쾌락을 찾으려고 덤벼든다.

73 그리스 신화에서 크레타 섬의 왕비로서, 비너스 여신의 저주를 받아 미친 황소를 사랑하게 된다.

43 오염된 공기

공기는 건강 보존에 도움이 되지 않는 순간부터 바로 치명적이 된다. 그런데 건강은 사람들이 가장 무관심한 재산이다. 좁고 잘못 난 길들, 너무 높고 공기의 자유로운 순환을 가로막는 집들, 푸줏간과 생선가게, 하수구, 묘지들 때문에 대기가 나빠지고 불순한 입자들로 가득 차게 된다. 그래서 이 폐쇄된 공기가 무겁게 가라앉아 악영향을 미치는 것이다.

과도하게 높은 집들 때문에 1층과 2층 주민들은 태양이 가장 높이 솟아올랐을 때에도 여전히 어둠 속에 갇혀 있게 된다.

다리 위에 지어진 집들은 몰골이 흉측할 뿐만 아니라, 도시의 이쪽 끝에서 저쪽 끝까지 공기가 순환하는 것을 막는다. 그리고 공기가 순환함으로써 강둑까지 이어진 거리의 온갖 오염된 공기가 센 강의 수증기와 함께 밖으로 배출되는 것도 방해한다.

시민이 휴일이나 일요일에 시골의 맑은 공기를 쐬려고 나가면, 성문 밖에 발을 들여놓기 무섭게 똥거름이나 다른 오물에서 나오는 악취를 맡게 된다. 수도에서 반 리외만 가도 이런 것들이 들판을 뒤덮고 있다. 오물을 좀 더 먼 곳으로 치우는 일 따위에 관심을 기울이지 않은 탓에, 산책로들은 오염되어 있다. 아름다운 신작로들이 이런 오물 때문에 몸살을 앓다가 매력을 잃고 만다. 아무도 시민이 나날의 피로를 보상받고 내는 돈만큼의 대가를 누리는 데는 신경 쓰지 않는다.

우리는 식물이 공기를 깨끗한 상태로 유지하고, 공기 중의 온갖 불순물을 정화하는 기능까지 있다는 것을 알고 있다. 고대인들이 신전과 공공장소 주위에 커다란 나무들을 심은 것도 다 그런 이유 때문이다. 그런데 우리는 왜 그들을 따라하지 않는가?

거의 모든 교회에서는 송장 냄새가 난다. 바로 그 때문에 많은 이들이 교회를 멀리하고 발도 들여놓으려 하지 않는 것이다. 시민들의 청원도, 고등법원의 결정도, 항의도 모두 소용없었다. 죽음의 냄새는 계속해서 신도들을 해치고 있다. 그런데도 사람들은 거대한 돌무더기에서 풍기는 곰팡내나 지하실 냄새를 송장 냄새로 착각하는 거라고 우겨댄다. 그들은 장례식이 있은 날 밤에 시체를 공동묘지로 옮기며, 교회 지하묘지에는 단 한 구의 시체도 없다고 내게 장담했다. 단, 벽을 쌓아 둘러싼 경우는 예외인데, 그런 특별한 경우는 매우 드물다는 것이다.

어쨌건 2만 구의 시체가 파리 안에 있다. 그리고 이노상(Innoncents) 공동묘지에 1,000년 전부터 죽은 자들을 매장해 왔고, 사람들이 그 비참한 유해들이 썩어 없어질 때까지 기다리지 못한다는 사실을 생각하면, 불쾌한 상상이 들어 혐오스러운 광경을 떠올리게 된다.

공동묘지와는 무관하게 공기가 오염되어 있다는 것이 놀랍지 않은가? 집들은 악취를 풍기고 주민들은 늘 몸이 좋지 않다. 집집마다 오염원이 있다. 수많은 분뇨 구덩이에서 오염된 공기가 뿜어져 나온다. 밤에 분뇨 구덩이의 오물을 수거하면 구역 전체로 오염이 확산되고, 불쌍한 사람들이 몇 명씩 목숨을 잃는다. 그들이 종사하는 위험하고 불결한 직업 때문에 참사가 일어나는 것이다.

이런 분뇨 구덩이들은 엉성하게 만들어지는 경우가 다반사라서 이웃 우물로 오물이 흘러들기도 한다. 항상 우물물을 쓰는 빵장수가 그런 이유 때문에 우물물을 안 쓰지는 않는다. 이렇게 해서 가장 일상적인 음식에 유독하고 유해한 성분이 스며든다.

분뇨 수거인들 또한 시 밖까지 오물을 운반하는 수고를 덜기 위해 새벽에 하수구나 개천에 쏟아버린다. 이 가공할 찌꺼기는 천천히 길을 따라 센 강으로 향하고, 강가를 오염시킨다. 아침이면 물장수들이 강가에서 물동이에 물을 긷고, 무감각한 파리인들은 그 물을 마실 수밖에 없다.

더욱 믿을 수 없는 것은, 젊은 외과의사들이 해부학 실습을 하려고 훔치거나 산 시체들이 많은 경우 토막나서 분뇨 구덩이에 버려진다는 사실이다. 이런 분뇨 구덩이를 파보면, 때로는 끔찍한 해부용 시체 토막에 충격을 받고, 때로는 중범죄가 떠오른다. 이런 공포에 더해 분뇨 수거인들의 일은 더욱 위험해진다. 악취 때문에 그들은 쓰러지거나 목숨을 잃는다. 죽은 자보다 산 자가 훨씬 더 모욕을 당한다. 오, 위대한 도시여! 그대의 성벽 안에는 어찌나 많은 역겨운 공포가 감추어져 있는지! 그러나 수많은 사람이 사는 사회의 이 끔찍한 결과들에 독자의 시선을 더 오래 잡아 두지는 말지어다.

공기의 변질과 재합성에 관한 중요하고 참신한 실험들이 행해져 우리에게 유용한 도움을 주고 있다. 고대에는 전혀 몰랐던 것들이다. 더 많은 발견을 보장해 주는 이런 흥미로운 발견을 장려하는 데 정부가 조금이라도 관심을 기울인다면, 대도시들은 골칫거리를 덜 수 있을 것이다.

무관심과 몰지각 때문에 정부가 화학의 기적을 못 본 체하는 것은 있을 수 없는 일이다. 이 과학은 낡은 도식에서 벗어나 고통받는 인류를 구원하려고, 진정한 치료약을 인류에게 가져다 주러 온 것이다.

시민의 건강보다 중요한 것이 뭐란 말인가? 후세의 힘, 결과적으로 국가의 힘은 시민에 대한 배려에서 비롯되는 것이 아닌가? 하지만 가장 우수한 기관들의 행태도 더디고 조심스럽기 짝이 없다. 선은 악만큼 즉효를 가져오지도 않고, 행하기 쉽지도 않기 때문이다.

앙리 4세 시대의 한 칙령은 분뇨 수거인을 '메트르 피피'[74]라고 칭했다. 얼마 전 정부는 분뇨 수거인들의 옛 작업 방식을 폐지했다. 분뇨 수거인들은 이제 실험으로 확인되고 과학 아카데미가 승인한 새로운 방식에 맞게 일해야 한다.

요사이 실행 중인 작업 방식은 예전의 불편함이 완전히 사라졌다. 불을 사용하여 유독가스를 정화하는 방식이 쓰인다. 사람들은 그런 문제까지 세심히 신경 써준 데 대해 고명한 단체에 무척 감사하고 있다.

화학자들의 연구 덕에 분뇨 구덩이 오물 수거, 우물, 정화조로 인해 일어나는 사고가 감소했다. 오늘날 사람들은 너무나 오랫동안 몰랐던 사실을 알고 있다. 즉 유독가스가 무엇이며, 그것의 위험하고 치명적인 영향을 어떻게 해야 막을 수 있는지 알게 되었다. 화학의 혜택은 날로 늘고 있으며, 주로 인산과 관계 있는 수난들을 내놓고 있다.

정부는 그 어느 때보다도 이 유용한 자연학자들에게 자문을 구하고 있다. 파리에서 소비되는 우유를 운반하는 데 구리 용기를 사용하지 못하게 한 장본인도 화학자들이었다. 소금, 담배, 과일 소매상들이 늘 사용하던 구리 저울을 금지한 것 역시 그들이다. 이 금속은 조금만 부식되어도 치명적이며, 동물의 신체구조에 보이지 않는 큰 피해를 유발하기 때문이다. 따라서 이 사실을 사람들에게 알릴 뿐 아니라, 사람들이 피해를 입지 않도록 당국의 조치가 필요했다.

74 '국왕 전하께서 파리와 근교의 불결하고 불쾌한 것을 일소하기 위해 제정하여 준수를 명하는 명령에 관한 (…) 규정'을 말한다. 위게(Huguet)에 따르면, 분뇨 수거인을 가리키는 '메트르 피피(maître fifi)'라는 표현은 라블레, 칼뱅, 파스키에 등의 글에도 나온다.

경찰로 하여금 포도주 가게에 납으로 된 카운터와 테이블을 금지시키게 한 것도 바로 화학자들이다. 끊임없이 흘러내리는 포도주는 납을 만나 손쉽게 치명적인 용액이 된다. 포도주는 이 납 카운터를 거치면서 연해지다가 다름 아닌 독이 되고 만다. 위험하고 오랜 악습은 마침내 철폐되었다. 그러므로 나는 악과 함께 선도 말하고 있다.

분뇨 수거인은 새 칙령이 내린 후에야 자유직업이 되었고, 그 전에는 그렇지 않았다. 누가 이 사실을 믿겠는가?

물론 사람들을, 설사 범죄자라 할지라도 매일 오물 구덩이 속에 내려가 오염된 공기를 들이마시고 역하고 유독한 가스에 온몸을 내맡기도록 강요하는 법 따위는 없다. 이런 가스는 그들을 쇠약하게 하고 좀먹고 수척하게 만들며, 얼굴에는 제명에 죽지 못할 성싶은 납빛 같은 창백함을 드리운다. 요컨대, 전제정치나 강압으로도 시킬 수 없는 일이 돈 몇 푼이면 어떤 폭력이나 강요도 없이 가능한 것이다.

그러나 경찰은 목숨을 빼앗는 독, 그리고 독주의 악습에 일상적으로 맞서야 하는 이 불쌍한 사람들에게 마땅한 연민의 시선을 던졌다. 이들은 이 치명적 악취를 대담히 무릅쓸 수 있게 기분전환을 해야 한다. 그리고 적절히 화주를 소비함으로써 어떤 것으로도 확실히 보상해 줄 수 없는 노동의 결과인 빈곤함에서 벗어날 수 있게 해 주어야 한다.

이 희생자들이 사회에 그토록 지대한 공헌을 하고 나서 얻는 것은 고통스럽고 때이른 노년뿐이다. 마침내 경찰이 끔찍한 불평등을 개선하고자 개입했다. 경찰은 이 불우하고 근면한 이들을 재정적으로 지원하고, 본인과 가족들이 원조를 받도록 조치했다. 이들은 이제 병이 나면 병원에 입원할 수 있고, 일거리가 부족해도 생계를 유지할 수 있으며, 일상적인 필요를 충족시킬 수 있다.

가장 굴욕적인 상황 속에서 살아가는 사람들, 모든 시민이 경멸하며 눈을 돌리는 계층에 이런 관심을 쏟은 것은 가장 큰 찬사를 받아 마땅하다. 다양한 역할을 분별하여 검토하는 정부의 능력이 마침내 형성되고 있다. 잔돈푼 몇 닢에 그 역겨운 일에 몸 바치는 사람들을 만나면 행복하지 않은가? 그러니 단순한 형평의 질서에 맞게 그들에게 얼마간의 보상을 해야 하지 않겠는가?

44 동물 사체 구덩이

말 사체 해체는 경찰이 마땅히 주의를 기울여야 하는 일이었다. 말을 도살하는 사람들을 동물 백정이라 부르고, 말가죽을 벗기고 고기를 잘게 자르는 일을 사체 해체라고 한다. 동물 창자를 파는 사람은 창자 장수라고 한다. 우리 장인들의 숙련된 손길을 거치면 동물 창자는 조화롭고 감미로운 소리를 내는 현악기의 현으로 탈바꿈한다.

말 사체를 해체하면 잔해가 근처 땅 여기저기에 흩어져서 참을 수 없는 악취를 퍼뜨렸는데, 이는 분뇨 냄새보다 더 지독하다. 말들, 죽거나 가죽이 벗겨진 짐승들, 온갖 가죽과 내장, 뼈, 살, 그리고 개들이 떼로 몰려와 그걸 뜯어먹고 동강이를 물고 가는 역겨운 광경이 마침내 사라졌다. 시 구석구석, 그리고 파리에서 수천 투아즈[75] 떨어진 곳에 동물 사체 구덩이들을 만들었다. 이렇게 동물성 물질을 뒤섞어 놓으면 놀랍도록 부패 속도가 빨라져서 수도 근교는 더 이상 오염되지 않는다. 우리는 서둘러 이 사실을 공표하려 한다. 당국은 그 어느 때보다 악습을 개선하는 데 열심이다. 덕분에 우리도 이 풍경을 완성하는 데 더 많은 용기를 얻는다. 이 풍경은 렘브란트의 그림처럼 어두운 색이 주조를 이루지만, 그건 우리 잘못이 아니다. 주제가 그렇기 때문이다.

75 1투아즈(toise)는 약 1.9m.

45 습관의 힘

혹자는 이렇게 물을지도 모른다. 어떻게 온갖 악덕과 악행이 켜켜이 쌓여 있는 그 불결한 소굴에, 수천 가지의 부패한 가스로 오염된 공기 한가운데, 푸줏간과 공동묘지, 병원, 오줌 도랑과 똥더미, 염색장이와 무두장이 가게들 사이에서 견딜 수 있느냐고? 어마어마한 양의 땔나무 타는 연기가 끝없이 피어오르고 그 많은 석탄 가스가 풍기는 곳에서, 구리와 금속을 가공하는 작업장에서 끊임없이 배출하는 비소와 유황과 역청 부스러기 속에서 견딜 수 있느냐고? 무겁고 역한 공기가 어찌나 짙게 내려앉았는지 3리외 밖에서도 느끼고 냄새 맡을 수 있으며, 환기가 되지 않아 공기가 집들의 미로 속을 뱅뱅 돌기만 하는 그런 구렁 속에서 어찌 사느냐고? 사람이 멍에를 씌워 기르던 동물도 풀어주면 본능에 이끌려 서둘러 공기와 초목, 꽃향기 가득한 자유로운 땅을 찾아 들판으로 가기 마련인데, 어떻게 사람이 되어서 이런 감옥에 자발적으로 갇혀 있느냐고 말이다. 그러면 나는 이렇게 대답할 것이다. 파리인들은 습관이 되어서 축축한 안개와 해로운 가스, 더러운 진창에 친숙하다고.

게다가 오페라와 연극, 무도회, 매춘부, 온갖 볼거리들이 파리인들의 건강 악화를 위로해 준다. 베스트랄라르[76]가 춤추는 것만 볼 수

76 '베스트랄라르'라는 별명으로 불린 마리장오귀스트 베스트리스(Vestris, 1760~1842)는 가에타노 베스트리스와 오페라 극장 무용수인 마드무아젤 알라르 사이의 사생아였다. 그는 1772년 오페라 극장에서 데뷔했으며, 아버지보다 재능이 뛰어났다.

있다면 술이 우리 몸속을 돌다 응고되어 울혈을 일으킨들 무슨 상관인가? 3대 극장[77]을 돌아다닐 거라면 힘도 용기도 더는 필요 없다.

파리인은 하늘과 그 아름다움을 그다지 보고 싶어 하지 않는다. 하늘을 바라보는 것은 시골뜨기들의 일이다. 파리인은 아무런 감탄이나 감사함 없이 하늘을 쳐다보며, 마치 자기에게 불을 밝혀주는 하인 보듯 한다.

촛불을 켜놓고 사는 것조차도 부유의 표식이다. 사람들은 촛불만 좋아하고 촛불 주위에만 모여든다. 부유한 자들은 모두 태양과는 척을 졌다. 햇빛은 그들의 쾌락을 밝혀주지 않으며, 그 광채는 비천하다. 그들은 촛대가 가득한 밀폐된 살롱 안에서만 존재하는 죽은 자들의 무리이다.

77 코메디 프랑세즈(포세생제르맹 길), 코메디 이탈리엔(부르고뉴 호텔의 레지탈리앵), 왕립 음악 아카데미(팔레루아얄의 오페라)를 '3대 극장'이라고 불렀다.

46 익사자와 석탄가스

가장 일상적이고 보편적인 경찰 기능에 질서를 확립하려면 많은 시간이 필요하다. 불과 20년 전만 해도 물에 빠진 사람을 건지면 목숨을 살리기 위해 서둘러 적절한 응급조치를 취하는 대신, 물속에 몸이 반쯤 잠기게 둔 채 파출소장[78]이 와서 조서를 작성하길 기다렸다. 누가 이 사실을 믿겠는가? 조서를 쓰기 전에는 건져낸 사람을 감히 건드릴 수도 없었고, 야경대 대원이 거칠게 제지했다. 무지하게도, 물에 빠진 사람을 거꾸로 매달아 놓으면 물을 토해낼 거라고 말도 안 되는 생각을 했다. 물론 살아난 사람은 하나도 없었다.

마침내 파출소장보다는 외과의사를 부르는 것이 더 적절하다는 것을 깨닫게 되었다. 시 당국에 의해 익사자들을 위한 최초의 인도적 시설이 설치되었다. 이것을 계기로 경찰은 다른 불우한 사람들에게도 관심을 갖게 되었다. 그 결과 관공서의 여러 부서들이 본보

78 구체제의 파리에 파출소(commissariat)는 구역에 하나씩 있었고, 그 책임자는 파출소장(commissaire de police)이었다. 파출소장의 시조는 14세기 초 미남왕 필리프 치세에 출현한 경찰검사관이다. 나중에 경찰조사관으로 명칭이 바뀌어 구역에 한 명씩 8명이 되었다. 1419년에는 파리 16개 구역에 16명이 있었고, 각자 10여 명의 순경을 거느렸다. 1521년에 파리 총감구와 자작구 소속 샤틀레 재판소 파출소장이라는 직이 확정되었다. 주민과 직접 접촉하는 그들은 공공치안과 질서확립을 위해 부랑자 단속, 위생, 예배, 풍속, 도로행정 등을 담당했다. 그들은 고소를 접수하고 형사소송을 위한 조서를 작성하며 증인과 피고를 신문했다. 그들은 법복귀족 신분이라서 사회적으로 명예로운 지위였다. 1702년에 파리가 20개 경찰구역으로 분할되면서 정원이 48명으로 정해지고, 주민수에 따라 배치되었다. 구체제의 다른 모든 제도와 마찬가지로 파출소장은 1789년에 사라진다.

기 격으로나마 정비되었다. 얼마간 다행스럽게도 사려 깊으나 만시지탄인 이 대비책 덕분에 여러 방법을 동원해서 많은 시민의 목숨을 살려내어 가족에게 돌려보냈다.

일차적으로 훈증기를 사용하고 마사지와 공기를 불어넣는 것이 기본적인 구급조치이다. 이런 조치를 취하지 않으면 물에 빠진 사람은 어김없이 사망하고 만다. 거기에다 장뇌가 함유된 브랜디 한 숟가락을 복용시키고 자극제로 불소 암모니아수를 쓰는데, 종이 심지로 콧구멍에 집어넣는다.

물에 빠진 파리 시민 138명 중 92명이 새로운 시설[79] 덕에 목숨을 구했다. 이 시설은 정말 어이없고 미개한 관습을 대체했다. 이 최근의 조치는 우리가 시민들의 안녕에 신경 쓰기 시작한 것이 불과 얼마 전임을 보여준다. 마침내 우리의 무관심을 부끄러워할 줄 알게 된 것이다.

이런 조치 이전에 물에 빠진 사람들은 어쩔 수 없이 목숨을 잃었다. 한심한 사법 절차는 그들을 구조하는 데 방해가 되었을 뿐이다. 뱃사람이 물에 빠진 사람을 구하면 한 푼도 주지 않으면서, 희한하게도 반대로 시체를 건져내면 돈을 주었다. 그 때문에 뱃사공들은 잔인하게도 사람이 물에 완전히 빠질 때까지 늑장을 부리는 습성을 갖게 되었다. 우리는 거의 11년 전에 『2440년』에서 처음으로 이 악습에 항의한 바 있다. 그리고 우리의 공식적 불만 제기가 수용되는 것을 내심 기뻐하며 지켜보았다.

오늘날 구조시설 운영에 소요되는 경비는 경찰이 부담한다. 그리고 물에 빠진 사람을 살려내는 데 직접 혹은 간접적으로 기여한 이

79 화학자이자 약제사인 피아(Pia, 1721~1799)가 설립한 시설로, 센 강을 따라 여러 개의 구조소를 설치하여 소생 장비를 넣은 '상자'를 갖추어 놓았다.

들에게는 포상금을 준다. 다시 한 번 말하거니와, 사람들이 최소한의 이성과 인간애의 개념을 가지도록 만드는 데는 정말 많은 시간이 걸린다!

석탄가스 또한 특히 포부르 지역에서 더 잦은 참변을 일으킨다. 극도의 빈곤에 수반되는 고통스럽고 끝없는 시름에 더해, 땔나무를 살 형편이 못 되는 가난한 사람들에게 예사로 일어나는 사고가 있다. 많은 수의 시민이 굴뚝이 없는 작은 방이나 침침한 구석에 거주한다. 그런 연유로 나는 '개관'이라는 제목의 1장에서 파리에는 비좁은 오두막에서 식물처럼 살아가는 랩랜드인들이 있다고 비유적으로 썼다. 이 불우한 사람들은 겨울의 혹한 속에서 방 한가운데에 불을 피워야 하는데, 그곳은 원시인들의 집처럼 지붕이 뚫려 있지 않다. 그래서 그들과 자녀들은 많은 경우 석탄가스에 일격을 당해 질식한다. 이 불의의 사고로부터 안전한 사람은 없다. 빈자는 부자의 목숨을 앗아가기에 충분할 만큼 가까이 있기 때문이다. 마치 빈자가 부자에게 복수라도 하는 것 같다.

한 유능한 의사가 이런 경우 널리 알려져 있듯 불소 암모니아수를 사용하면 위험할 수 있다고 생각했다. 그리고 이런 종류의 질식에서는 머리속에 과도한 열이 나므로 그 부분을 더 자극하여 더 많은 양의 열을 발생시키는 것은 치명적이라고 판단했다. 그는 발바닥을 반복적으로 문지르는 방법을 제시했고, 그렇게 해서 여러 명의 질식한 사람을 살려냈다.

석탄에서 치명적인 성분을 제거하는 가공법은 없을까? 그것을 알아내기 위해 사람들이 애쓰고 있으며, 정부에서 실험 결과를 주시하고 있음을 나는 믿어 의심치 않는다.

왜 급박한 위험에서 시민의 생명을 구한 모든 사람에게 메달을 수여하지 않는가? 물론 가장 큰 보상은 늘 그의 마음속에 있을 것이다. 하지만 조국은 그에게 빚이 있으며, 백성 중 하나를 죽음에서 구해낸 사람에게 감사의 표시를 해야 한다.

질식 현상을 관찰하고 치료 방법을 발견하기 이전에는, 끔직한 일이지만 질식자 대부분이 산 채로 매장되었다. 그러니 과학은 인간에게 얼마나 필요한 것인가! 오직 과학만이 오늘날 그 끔찍한 위험으로부터 분뇨 수거인과 우물 청소부와 무덤 파는 인부와 굴착에 동원된 석공들을, 요컨대 그토록 유용한 노동을 제공해 주며, 사회가 그토록 많은 빚을 지고 있는 모든 이들을 구해낸다.

그들의 운명에 대한 절대적인 무관심이야말로 정치적 범죄가 아닌가? 오늘날 사람들은 절대로 질식자의 피를 뽑아서는 안 되며, 얼굴에 찬물을 뿌리거나 식초 몇 숟갈만 사용하면 질식자가 깨어난다는 것을 알고 있다. 또한 활활 타는 화로로 오염된 장소를 소독할 수 있으며, 화덕에 관을 연결해 놓으면 유독한 공기를 없애준다는 것, 생석회 몇 삽이면 치명적인 오수를 중화할 수 있다는 것도 알고 있다.

정부는 얼마 전부터 이 문제에 관해 사람들을 교육하기 위한 지침을 보급하고 있다. 겉보기에 죽은 것 같다고 해서 실제로 죽은 것은 아니라는 것을 알게 될 것이다. 또 어떻게 하면 물에 빠진 사람과 질식자를 살려낼 수 있는지 배울 것이며, 아주 단순한 사용만으로도 성공적인 치료법을 익히게 될 것이다.

이 『교육지침』을 작성하게 한 사람은 치안총감 르누아르[80]이다. 그는 사람들이 이해할 수 있도록 만든 이 지침을 도시와 농촌의 주

80 Le Noir(1732~1807): 치안총감으로서 파리 시에 유용한 시설(제빵 학교, 공영 전당포, 거리 조명, 도로)을 만드는 데 전념했다. 파리의 치안총감(lieutenant de police de Paris)은 1667년 3월 칙령에 의해 신설된 직책이다.

임사제들에게 배포함으로써 유독 공기에 의한 빈번한 참상에 대한 올바른 대처법이 보급되도록 했다. 사제들은 이 중요한 지식을 사람들에게 열심히 전할 것이다. 종교의 첫 번째 계율은 자비와 긍휼의 사업을 완수하는 것일진대, 그 승리는 곧 인간의 안녕을 보살피는 것이 아니겠는가? 그러니 선량한 가장을 사회로 되돌려 보낼 수 있는 손쉬운 방법을 복음의 진리를 설파한 후에 가르치지 않을 이유가 있는가? 육체의 구원을 영혼의 구원과 결합하는 일보다 성직자에게 더 명예로운 일이 어디 있겠는가?

47 가구 딸린 방

러시아 귀족은 팔레루아얄의 다락방에 묵고, 모스크바인은 터무니없는 값을 내고 뭉개진 중이층(中二層)에 숙박한다. 폴란드 영주(staroste)와 스위스인은 한 아파트를 같이 쓴다.

가구 딸린 방은 지저분하다. 더러운 침대, 온갖 바람소리가 다 들리는 창문, 반쯤 썩은 양탄자, 오물로 뒤덮인 계단을 보는 일만큼 외국인을 괴롭히는 것은 없다. 일반적으로 파리인은 더러움에 절어 살고, 여행자들에게 필요한 것을 충분히 마련해 주지 않는다. 하지만 그래도 다들 여행을 하지 않는가? 최고의 상쾌한 청결함을 누리던 영국인과 홀란드인도 불쾌한 동물로 감염된 침대에 눕고, 방에는 외풍이란 외풍은 다 들어온다. 그들은 모든 감각이 가혹하게 고통받는 도시를 가능한 한 빨리 떠나버린다. 쓰려고 했던 돈도 도로 가지고 간다.

가구 딸린 방은 빚쟁이들을 피할 수 있는 은신처이다. 신병을 구속하는 어음이 없고, 상인 아닌 모든 사람은 집행관들의 악착스러움에서 벗어난다. 그는 가구 딸린 방에서 나와 아무런 위험 없이 돌아다니면서 비아스[81]처럼 "모든 것을 가지고 다닌다"고 말한다.

81 Bias: 카리아의 프리에네 출신 철학자로 그리스 7현인 중 한 명. 메르시에는 발레리우스 막시무스가 전한 일화를 빗대어 이야기하고 있다. 프리에네가 포위되자 모두들 가장 소중한 것을 챙겨서 도망쳤다. 비아스가 맨손으로 나오는 걸 보고 한 프리에네 사람이 놀라자, 비아스는 "지식이나 미덕은 빼앗아 갈 수 없으니, 모든 것을 가지고 다니는 셈"이라고 대답했다고 한다.

가구 딸린 방에 살면 직접적으로는 인두세를 한 푼도 내지 않는다. 그러나 방을 세놓는 사람이 인두세를 물고, 결과적으로 세입자에게 물린다. 세입자는 명부에 이름을 기재해야 하며, 명부는 경찰로 간다. 경찰은 명부를 가지고 제 할 일을 한다.

납치는 다른 곳보다 가구 딸린 방에서 훨씬 쉽게 일어나고, 사람들은 그다지 관심을 기울이지 않는다. 정부 명령에 의해 누군가가 체포되면, 경관[82]은 '도둑놈'이라고 모든 사람에게 크게 외친다. 잡힌 사람이 일정한 주소가 없기 때문에 사람들은 그가 도둑이라고 믿는다. 사람들은 그날 저녁만 되어도 그 이야기는 다시 하지 않으며, 그 기억은 영원히 묻힌다.

파리의 외국인 수가 십만 명에 달하던 시기가 있었으며, 모두 가구 딸린 방에 묵었다. 그러나 그 수는 급감했다. 가구 딸린 방의 가격은 매우 불공정하다. 뤽상부르 근처에 방 4개짜리 아파트를 얻으려면 팔레루아얄 근처보다 6배는 더 줘야 한다.

극장에서 나오는 당신을 포도 위에서 멈춰 세우고 개천까지 따라오는 가련한 매춘부들은 가구 딸린 방에서 생활한다. 그 여자들은 정숙한 여자들의 2배를 지불하며, 계속 돌아오는 집세에 허리가 휜다. 이 여자들이 서글픈 처지에서 벗어날 수 있는 유일한 방법은 드물게 찾아오는 행복한 연애뿐이다.

매춘부들에게 세를 주는 것은 금지되어 있지만, 그들 없이는 아파트의 절반이 비어 버릴 것이다. 가발 제조업자와 포도주 상인들이 이 지저분한 장소의 주된 소유자들이다. 그들은 매춘부들에게 많은 돈을 갈취하고 선불을 받으며, 이 비참한 여자들을 학대하고 감시까지 한다.

82 exempt은 대위와 중위들이 없을 때 지휘를 담당하는 기병대 장교를 가리키는데, 이들이 경찰(특히 체포) 임무를 수행했다. '경관'이라고 번역한다.

48 삯마차

누더기 같은 마차를 끄는 비참한 늙다리 말들은 왕립 마구간 태생이다. 이 말들은 세습 왕족들 소유로, 왕족들은 말을 가진 것을 자랑스럽게 여긴다.

노쇠하기 전에 처분되는 이 말들은 가장 잔인한 압제자들의 채찍을 거친다. 이 고귀한 네 발 동물은 예전에는 재갈을 참지 못했고, 화려한 행렬을 마치 가벼운 짐인 양 끌고 다녔다. 그러나 지금 이 불쌍한 동물들은 축축하게 비에 젖고 더러운 땀을 뚝뚝 흘리면서, 하루 18시간씩 혹사당해 지친 채로 사람들이 얹어 놓은 물건 무게에 눌려 힘줄을 당긴다.

이 보기 흉한 마차의 침울한 걸음걸이는 하도 느려서, 때로는 '아르고스'의 경계[83]에서 잠시 벗어난 젊은 아가씨의 피난처 역할을 하기도 한다. 젊은 아가씨는 아무도 모르게 재빨리 마차에 올라타서 사람들에게 들키지 않고 연인과 대화를 나눈다.

런던, 암스테르담, 브뤼셀에서 사륜마차를 보았던 외국인은 이런 삯마차[84]와 다 죽어가는 말들을 보고 더없이 분개한다.

삯마차 마부들은 공복일 때는 제법 온순하다. 그러나 점심때쯤에는 더 까다로워지고, 저녁때가 되면 통제 불능이다. 싸움이 빈번히

83 "매우 주의 깊고 세심한 하인의 감시."(『트레부 사전』) 제우스 신이 이오를 감시하는 임무를 맡긴 눈이 100개 달린 거인 아르고스의 이름에서 따왔다.

84 "사람들은 마부와 임대용 사륜마차를 모두 삯마차라고 부른다."(『트레부 사전』)

일어나 파출소까지 가는데, 언제나 마부에게 유리한 쪽으로 결론이 난다. 마부들은 취할수록 채찍을 더 휘둘러댄다. 그리고 제정신이 아닐 때 마차를 가장 잘 몬다.

수년 전 어떤 개혁과 관련해 일어난 일이다. 1,800대에 가까운 삯마차 행렬이 마차와 말, 마부들까지 모조리 슈아지[85]로 향했다. 당시 그곳에 머물고 있던 왕에게 청원을 올리기 위해서였다. 궁정 사람들은 1,800대의 빈 삯마차가 저 멀리 벌판을 뒤덮은 광경을 보고 질겁했다. 삯마차들은 어전에 하찮은 건의를 올리러 온 참이었다. 이 사건은 상당한 불안을 야기했다. 왕은 삯마차들을 온 길로 되돌려 보냈다. 행렬의 대표자 4명은 투옥되었고, 발언자는 신분증명서와 연설 보따리와 더불어 비세트르로 보내졌다.

마차의 쇠줄이나 바퀴가 파열되는 일은 흔하디 흔하다. 이런 사고가 일어나면 코가 깨지거나 팔에 타박상을 입지만, 요금은 내지 않아도 된다.

삯마차가 베르사유까지 가거나 마차 사무소가 있는 길을 운행하려면 '특별' 허가를 얻어야 한다. 일단 파리 밖으로 나가면, 삯마차 마부는 요금표와 상관없이 제멋대로 나온다. 어떤 이들은 매우 친절하지만, 또 다른 이들은 성질을 내고 무례하게 군다. 마부들에게 공정함을 요구하거나 앙갚음을 하느니보다는, 웃돈을 몇 푼 줘서 달래는 편이 낫다. 점잖은 사람들은 다 그렇게 한다.

마차에는 번호가 매겨져 있으므로, 뭔가를 놓고 내렸을 때에는 사무소로 찾아가서 신고하면 된다. 분실물은 대개 되찾을 수 있다.

공공의 편의와 안전을 위해 삯마차는 덜 지저분하고 더 견고하

85 파리 남쪽에 위치한 마을로 루이 15세와 퐁파두르 부인이 애용한 성 덕에 크게 발전하게 되었다. 정식 명칭은 슈아지르루아(Choisy-le Roi)이다.

며 보다 잘 정비되어야 한다. 그러나 사료가 귀하고 비싼 데다 도로를 하루 달리는 데 20수라는 과중한 세금을 부과하다 보니, 가장 시급한 개혁이 이루어지지 못하고 있다.

49 물장수

파리에서는 물을 사 먹는다.[86] 공공 샘물은 너무 드물고 관리가 엉망이어서 강물에 의존한다. 파리 시민의 집 중에서 물이 충분한 집은 하나도 없다. 2만 명의 물장수가 아침부터 저녁까지 물이 가득 찬 물동이 2개를 2층에서 8층까지, 어떤 때는 더 높은 층까지 운반한다. 물을 길어 나르는 값은 6리야르[87] 또는 2수이다. 물장수의 체력이 좋으면 하루에 30회까지도 왕복한다.

강물이 더러우면 더러운 물을 마시게 된다. 뭘 마시는 건지 정확히 알 수 없지만, 물은 항상 마시기 마련이다. 센 강의 물은 익숙지 않은 사람의 속을 예외 없이 뒤집어 놓는다. 외국인치고 설사병 한 번 나지 않은 사람이 거의 없다. 그러나 물병에 식초를 한 숟갈씩 타는 예방책이면 그런 일을 피할 수 있다.

힘들고 고단한 물장수 차림의 남자가 있었다. 조국이 그의 공적을 치하하여 내린 훈장까지 받은 사람이었지만, 어쩔 수 없이 돈도 안 되는 훈

86 파리의 물 공급은 18세기 후반에 수많은 논쟁과 학술 논문의 주제가 되었다. 센 강의 물은 몇몇 직업군(세탁부, 무두장이, 피혁업자, 염색업자, 맥주 양조업자, 전분 제조업자)에 의해 점점 더 오염되었다. 『백과전서』도 센 강의 물이 청결하지 않다(흐르는 강물을 길어 보면 안다)고 지적했다. 그리고 "파리에 새로 이주한 외국인들이 센 강의 물을 마시고 흔히 겪는 설사 증상은 구릿빛 물 때문"이라고 하였다. 당시에는 청결한 것과 오염된 것을 구분하는 세균학적 기준이 전혀 없었다. 어쨌건 메르시에는 위생이 아주 중요하다는 것을 간파할 만큼 선견지명이 있었다.

87 리야드(liard)는 구체제의 동전으로 1수의 4분의 1.

장을 맡기고 그 고되고 비천한 일을 해서 하루하루 먹고 살 방도를 찾아야 했다. 몇 년 전 그는 같은 일을 하는 거친 동료들 사이에서 추위와 가난으로 숨을 거두었다. 끔찍한 가난 때문에 전락한 그는 임종을 지킨 신부에게 죽기 전에 비밀을 털어놓았다.

『바비야르』 1권 75쪽을 보라.[88]

88 『바비야르(*Babillard*)』에서는 이런 구절을 찾을 수가 없다. 이 잡지는 1778~1779년에 간행되었으며, 뤼틀리주(Rutlidge, 1742~1794)가 편찬했다.

50 퐁뇌프

파리에서 퐁뇌프[89]는 인체의 심장과 같으며 이동과 교통의 중심이다. 파리 주민과 외국인들이 이곳을 하도 많이 왕래하므로, 누굴 찾고 싶으면 매일 퐁뇌프를 한 시간씩 거닐면 만나고도 남는다.

퐁뇌프에는 경찰 정보원들이 배치된다. 그들은 찾는 사람이 며칠이 지나도 보이지 않으면 파리를 벗어난 게 틀림없다고 확신한다. 퐁루아얄[90] 위의 경치는 참으로 아름답다. 하지만 퐁뇌프 위의 경치는 더 놀랍다. 퐁뇌프에서 파리인과 외국인들은 앙리 4세의 기마상[91]을 감상할 수 있다. 모든 사람이 앙리 4세를 선량함과 넉방의 본보기로 여기는 데 동의한다.

거지가 보도를 따라 한 남자를 쫓아가고 있었다. 때는 축제일이었다. 거지는 "성 베드로의 이름으로, 성 요셉의 이름으로, 성모 마

89 퐁뇌프의 건설은 1578년 앙리 3세가 결정했다. 처음에 이 다리는 시테 섬과 센 강 양쪽 연안을 일직선으로 연결하도록 설계되었다. 그러나 피에르 데 질(Pierre des Isles)의 의견에 따라 설계가 수정되어 두 연안 사이에 물살을 가장 잘 견딜 수 있는 형태의 다리를 놓는 것으로 변경되었다. 공사는 종교전쟁 때문에 중단되었다가, 앙리 4세 치세기인 1606년에 완료되었다. 앙리 4세는 퐁뇌프에 루아얄 광장의 건축적 조화를 가미했다.

90 퐁루아얄은 앙리 4세가 확장 중이던 루브르 궁의 전망을 돋보이게 하려는 미적 목적으로 건설되었다. 이 새로운 다리에서는 센 강과 강둑의 아름다운 경관을 포함하여 파리 시 전체를 조망할 수 있었다.

91 앙리 4세의 기마상은 1603~1604년에 왕비 마리 드 메디치가 잠볼로냐(Giambologna)에게 주문하여, 1614년 피에트로 프란카빌라(Pietro Francavilla)와 피에트로 타카(Pietro Tacca)가 완성하였다. 이 기마상은 1792년 파괴되었다가 다시 제작된다.

리아의 이름으로, 거룩하신 예수의 이름으로, 하느님의 이름으로"라고 구걸했다. 그러다 앙리 4세 동상 앞에 다다르자 "앙리 4세의 이름으로"라고 말했다. "앙리 4세의 이름이라고? 여기 받게." 남자는 이렇게 말하고 루이 금화 한 닢을 주었다.

석고 메달을 파는 자들 중에 앞에 하나, 뒤에 하나씩 2개를 걸고 다니는 사람이 있었다. 하나는 앙리 4세, 다른 하나는 루이 14세 메달이었다. "앙리 4세 메달은 얼마요?" "6프랑입니다." 장사꾼이 대답했다. "그럼 다른 것도 똑같이 파시오?" "두 메달은 절대 따로 팔지 않습니다, 나리. 앞의 메달이 없으면 뒤의 메달은 결코 팔지 않습니다."

지방 사람들은 강물에 던져질 각오를 하지 않고서는 밤에 퐁뇌프를 건널 수 없을 거라 생각한다. 그들은 마치 카르투슈[92]가 아직도 살아 있는 것처럼 그 전설적인 도둑의 습격 이야기를 한다. 하지만 파리에 퐁뇌프만큼 안전한 통로도 없다.

루이 13세의 동생이었던 가스통 도를레앙은 퐁뇌프에서 사람들의 망토를 훔치기를 즐겼고, 『회고록』에 그 사실이 기록되어 있다.[93]

퐁뇌프 밑에는 '인간 상인'이라 불리는 모병 하사관과 모병 청부업자들이 있다. 이들은 연대장들을 위해 사람들을 모집하고, 연대장들은 왕에게 그들을 되판다. 예전에 이들은 힘이나 술책으로 젊은 이들을 겁박한 후 때리거나 강요하여 억지로 입대시켰다. 마침내 이 끔찍한 악습은 철폐되었다. 하지만 불량배들을 입대시키기 위해 술

92 Cartouche(1693~1721): 프랑스의 도적떼 두목으로서 섭정기에 파리에서 악명을 떨쳤다.

93 『C.D.R.(로슈포르 백작)의 회고록』이 전하는 일화이다.
Gaston d'Orléans(1608~1660): 앙리 4세의 막내아들이자 루이 13세의 동생으로, Gaston de France라고도 불린다.

책과 속임수를 쓰는 것은 허용된다.

이들은 기묘한 방법을 쓴다. 이들에게는 '처녀 경비대'가 있는데, 이 여자들을 이용해서 방탕벽이 있는 젊은이들을 유인한다. 그다음으로 술집에 가서 포도주 좋아하는 사람들을 취하게 만든다. 그러고 나서는 육식의 화요일[94]과 생마르탱 축일 전야에 기다란 꼬치에 칠면조, 닭, 메추라기, 토끼 고기를 잔뜩 끼워 들고 다니면서, 음욕에서 빠져나온 사람들의 식욕을 자극한다.

사마리텐 펌프와 거기 달린 괘종시계를 봐야 하는 이 가엾은 봉들, 평생 근사한 식사라고는 못해 본 이 사람들은 한 번이라도 그렇게 해보고 싶은 유혹에 넘어간다. 그리고 행복한 하루와 자신의 자유를 맞바꾼다. 모병 하사관들은 그들의 귓가에 동전 자루를 짤랑이면서 "갖고 싶은 사람? 갖고 싶은 사람?" 하고 외친다. 이런 방법으로 한 부대의 영웅 보십이 완수되고, 이들이 국가와 군주의 사냥거리가 되는 것이다. 퐁뇌프 밑에서 이 영웅들의 몸값은 한 사람에 30리브르이다. 건강한 남자일 때는 조금 더 주기도 한다. 장인의 아들들은 자기가 입대하면 부모가 무척 상심할 거라고 생각한다. 때로는 부모가 아들들을 되찾아 오기도 하는데, 10에퀴에 팔린 사람을 100에퀴를 주고 되산다. 이 돈은 연대장과 모병 장교들의 주머니로 들어간다.

모병 하사관들은 고개를 쳐들고 허리춤에 칼을 꽂고 돌아다니다가 지나가는 젊은이들을 큰소리로 부른다. 그리고 그들의 어깨를 두드리고 겨드랑이를 붙잡고는 짐짓 상냥한 목소리로 함께 가자고 한다. 젊은이는 눈을 내리깔고 얼굴을 붉히며, 일종의 두려움과 부끄러

94 Mardi gras: 절식과 금욕을 해야 하는 사순절 직전에 질편하게 놀고먹는 사육제 기간의 마지막 날.

움을 느끼면서 저항한다. 이 희한한 광경을 처음 보는 사람은 주의를 요한다.

모병 하사관들은 근처에 사무실이 있는데, 문장이 그려진 깃발이 펄럭이며 간판 역할도 한다. 열의가 있는 사람들은 이곳에 직접 서명을 하러 온다. 어느 모병 하사관은 간판 아래에 볼테르의 글귀를 넣었는데, 아무런 효과나 영향력을 발휘하지 못했다.

"최초의 왕은 행복한 군인이었습니다."

나는 이 글귀가 6주 동안 있는 것을 봤는데, 그 후에는 사라졌다. 아마 이 표어의 의미를 이해하고 병적에 이름을 올린 자는 한 명도 없을 것이다.

예전에 돌팔이 의사[95]들의 대장인 뚱보 토마가 퐁뇌프 위에서 진료를 했다. 그를 보지 못한 사람들을 위해 그 모습을 상세히 묘사하자면 이러하다.

> 거대한 덩치와 헐렁한 옷차림 때문에 멀리서도 그를 알아볼 수 있었다. 강철 마차에 오른 그의 솟아오른 머리에는 화려한 깃털장식 모자가 씌워져 있어 앙리 4세의 머리 같았다. 그의 힘찬 목소리는 다리 양끝과 센 강 양쪽 연안까지 쩌렁쩌렁 울렸다. 대중은 그를 신뢰했고, 극심한 치통도 그의 발치에서 사라지는 것 같았다. 그의 열렬한 숭배자들이 마치 늘 같은 양으로 흐르는 급류처럼 떼지어 몰려들어 지치지도 않고 그를 우러러 보았다. 사람들은 끝없이 손을 내밀어 자기를 치료해 달라고 간청했다. 질겁한 의사들은 그의 성공을 시기하며 달아나버렸다. 이

95 돌팔이 의사(opérateur)란 "손으로 사람을 고쳐서 건강의 유지나 회복을 돕는 자"(『트레부 사전』)로서, 특히 이 유명한 뚱보 토마처럼 이를 뽑는 사람을 지칭한다. 뚱보 토마는 루이 14세 치세 말기와 섭정기에 퐁뇌프에서 진료를 했다.

위대한 남자를 마지막으로 칭송하자면, 그는 의과대학을 인정하지 않고 죽었다.

한 영국인이 5년 전에 내기를 했다. 그는 2시간 동안 퐁뇌프를 돌아다니면서 6리브르짜리 에퀴 은화를 24수와 바꿔줄 작정인데, 그렇게 해서 자루에 든 1,200프랑을 다 쓸 수 없을 거라고 장담했다. 그는 큰소리로 이렇게 외치며 돌아다녔다. “6프랑짜리 새 에퀴 은화를 24수에 가져가실 분 없습니까?[96] 6프랑짜리 은화가 24수라니까요.” 행인 몇 명이 은화를 만져 보더니 도로 제 갈 길을 갔다. 그들은 “가짜야, 가짜”라고 말하며 어깨를 으쓱했다. 다른 사람들은 그런 속임수에는 속지 않는다는 듯 씩 웃으면서, 멈추거나 눈길 한 번 주지 않았다. 마침내 한 여인네가 웃으면서 은화 세 닢을 집어들고 한참을 살펴보더니 구경꾼들에게 말했다. “자, 내가 호기심에서 24수짜리 동전 3개를 희생하지요.” 자루를 든 남자는 2시간 동안 그 이상의 은화를 팔지 못했다. 그는 서민의 생각을 잘 관찰하지 않았던, 혹은 잘 몰랐던 상대에게 여유 있게 이겼다.

퐁뇌프 계단은 수많은 행인이 밟고 다녀서 몇 년 사이에 가운데 부분이 눈에 띄게 닳았다. 계단이 미끄러워지고 있으니 보수해야 한다.

다리 중심부에는 오렌지와 레몬 가게들이 있어 보기가 좋다. 이 과일은 예쁜 데다 건강에도 좋다.

96 1리브르(프랑)가 20수이므로 6프랑짜리 에퀴 은화는 120수였다.

❦ 퐁뇌프와 사마리텐, 니콜라 장바티스트 라그네(1777년)

51 퐁루아얄

퐁루아얄[97]에서는 파리 시의 가장 아름다운 경치를 즐길 수 있다. 한쪽으로는 안뜰[98]과 튈르리, 루브르 궁이 보이고, 반대쪽으로는 팔레부르봉[99]과 길게 늘어선 화려한 저택들이 보인다. 일뒤팔레의 두 강둑길과 강에 면한 다른 두 강둑길이 이 경관을 한층 아름답게 만든다.

뇌이 다리[100]로 들어서서 샤이요 방책 쪽으로 나아갈수록 여행자들은 찬탄을 하게 된다. 이곳에서 보면 웅장한 루이 15세 광장과 튈르리 공원 및 궁전의 놀라운 경관이 펼쳐진다.

생미셸 다리와 샹주 다리, 노트르담 다리, 마리 다리, 그리고 그 위에 과중하게 지어져 미관을 해치는 고딕 건물들을 허물자는 빈번한 건의가 실행되었더라면, 파리 시의 이쪽 끝에서 저쪽 끝까지 행복하게 조망할 수 있을 것이다.

화려한 센 강 우안에 비해 좌안은 전혀 포장도 안 되어 있고 항상 진흙과 오물이 가득해 실로 눈에 거슬리는 대조를 이룬다. 좌안을 뒤

97 Pont-Royal: 시테 섬을 걸치지 않고 센 강에 놓인 최초의 석조 다리로, 1685~1689년 루부아(Louvois)에 의해 건축되었다.

98 쿠르 드 라렌(Cours de la Reine)과 샹젤리제. 쿠르 드 라렌은 1618년에 왕비 마리 드 메디치에 의해 건설된 산책로로 샹젤리제로 이어진다.

99 Palais-Bourbon: 1720년대에 오르세 강둑길에 건설된 궁전으로 1820년대에 프랑스 하원이 사용하게 된다.

100 Pont de Neuilly: 1606년에 목조 다리가 세워졌다가 1774년에 석조 다리로 교체되었다. 뇌이는 파리 서쪽 외곽의 뇌이쉬르센(Neuilly-sur-Seine).

덮고 있는 것은 작업장과 최하층민이 사는 오두막뿐이다. 그러나 그보다 훨씬 놀라운 것은, 이 불결한 시궁창 한쪽 끝에는 팔레부르봉이 있고 다른 쪽 끝에는 아름다운 테아탱 강둑길이 있다는 사실이다.

생클루행 여객선이 퐁루아얄에서 정기적으로 출발하는데, 운임이 저렴하여 축제날이나 일요일에는 수많은 파리인들이 몰려든다. 이 배가 출발하고 도착하는 것을 보면 센 강 선원들의 항해술을 그다지 높이 평가할 수 없다. 출항과 접안이 다 서툴기 때문이다. 너무 늦어서 여객선을 탈 수 없는 파리인들은 무턱대고 개인들의 작은 배에 몸을 던진다. 그들은 그렇게 허술한 건조물에 몸을 맡기면 센 강의 물줄기가 거대한 대서양의 소용돌이처럼 자기들을 집어삼킬 수 있다는 사실을 망각한다. 대양을 누비고 다니던 이들은 이 위험한 승선 광경에 몸을 떤다.

52 매력적인 광경

화창한 봄날 튈르리 공원이나 샹젤리제의 광경도 매우 보기 좋다. 넓은 산책로를 따라 아름다운 여인들이 두 줄로 늘어서 있다. 여인들은 길게 줄지은 의자 위에 옹기종기 앉아, 사람들이 자기들을 자유롭게 쳐다보는 만큼 자기들도 자유롭게 쳐다본다. 그 모양이 마치 갖가지 색으로 살아 움직이는 화단 같다. 이 여자들은 용모며 치장이 가지각색이고, 남들을 보거나 남들이 자기를 보는 걸 좋아하며, 경쟁하듯 자리를 뜨기도 한다. 이 모든 것이 이목을 집중시키는 이 다양한 풍경에 더해진다. 또한 유행이 미에 끼치는 득실, 여인들의 기교와 교태, 그들의 즐거움이자 우리의 즐거움이기도 한, 환심을 사려는 선천적 욕구에 대해 수많은 생각을 하게 한다.

우리 어머니 세대의 파딩게일,[101] 주름장식이 달린 천, 우스꽝스러운 어깨심, 버팀살, 진짜 고약처럼 보이기까지 하던 수많은 애교점은 모두 사라졌다. 남은 것은 과도하게 높은 머리장식뿐이다. 아무리 웃음거리가 되어도 이 관습은 고쳐지지 않았다. 하지만 이 결점도 우아한 머리 스타일을 만드는 데 소모되는 안목과 세련미로 인해 다소 완화되었다. 전체적으로 오늘날의 여인들은 그 어느 때보다 세련되게 차려입고 다닌다. 그들의 의상은 가볍고 단정하고 산뜻하며 우아하다. 가벼운 천으로 만든 드레스들은 금과 은이 번쩍이던 옛날

101 vertugadin: 옛날에 부인들이 치마 아래 허리에 두르고 다니던 일종의 허리받이 버팀살로, 부풀린 천과 철사로 만들어졌다.

드레스들보다 자주 바뀐다. 이를테면 철따라 바뀌는 꽃의 색조를 따라가려는 듯하다. 이토록 변화무쌍하게 얇은 천과 한랭사, 리본을 갈아치우려면 양장점 주인의 손을 빌리는 수밖에 없다. 여인들이 과하게 짙은 흰색과 붉은색의 거슬리는 치장을 벗어던지고 어머니들의 악취미를 폐기한다면, 자연이 선물한 모든 장점을 누릴 수 있을 것이다. 여인들에게 사치와 부유의 상징인 다이아몬드와 장신구들은 필요 없다. 다이아몬드는 여인들의 진짜 아름다움에 쏠려야 할 관심을 분산시킨다. 그리고 미인은 자기가 아름답다는 것을 모를 때 가장 유혹적인 매력을 발산하는 법이다.

53 신작로

신작로(boulevard)는 말하자면 파리 시를 둘러싸고 있는 넓고 웅장하고 편리한 산책로이다.[102] 게다가 신작로는 모든 신분의 사람들에게 열려 있고, 그곳을 유쾌하고 즐거운 곳으로 만들어 주는 것들이 항상 넘쳐난다. 사람들은 걷거나 말을 타거나 이륜마차를 타고 신작로를 지나다닌다. 파리의 가장 아름다운 모든 장소에 신작로를 조성할 수 있을 것이다.

남쪽 방향의 신작로는 가장 한산하지만 제일 청결하고 감탄을 자아낸다. 이 신작로는 나무들이 4열로 늘어서 있고, 24피에 너비의 정지(整地)된 도로(자갈 또는 포석이 깔린)가 6,083투아즈에 걸쳐 도시를 둘러싸고 있다. 이 엄청나게 길고 유용한 도로 건설은 거대하고 부유한 수도에서만 가능하다. 마치 목도리나 허리띠 같은 모양의 신작로는 멋진 모습이다. 하지만 그 이면에는 초라하고 불쾌하며 비루한 것들이 감추어져 있다.

102 메르시에가 유용하고 아름답고 쾌적하며 즐거운 곳이라고 묘사한 커다란 신작로들은, 그 시대 사람들에게 도시개발의 가장 뚜렷한 진전의 상징이었다. 두 줄로 정비된 가로수, 포장된 지면, 넓은 도로폭, 그리고 장애물 없이 파리 주위를 왕래할 수 있는 가능성은 기능주의와 위생을 결합한 도시계획의 모델을 제시했다.

54 우리 할머니들

우리 할머니들은 요즘 부인들처럼 잘 차려입지 않았다. 그러나 가정의 평안에 관한 것이라면 뭐든 단번에 알아보았다. 우리 할머니들은 지금처럼 바깥 출입이 잦지 않았고, 집 밖에서 계속 돌아다니는 모습은 볼 수 없었다. 그들은 가정에서의 지배력에 만족했고, 가사의 모든 부분을 중히 여겼다. 그것이 그들에게 기쁨의 원천이고 명예의 토대였다. 그들은 자기 왕국 안에서 훌륭한 질서와 조화를 유지했고, 가정에서 행복을 찾았다.

반면 그 딸들은 세상의 소란 속에서 헛되이 행복을 찾아다닌다. 그들은 음식, 주거, 부양의 세세한 부분들에서 자신의 능력을 발휘했다. 가장 부유한 가정들도 절약을 통해 지탱되었다. 이런 집들은 오늘날 몰락하고 있다. 끝없는 집안일을 돌보는 부인은 남편의 바깥일에 맞먹는 의무를 이행하는 것처럼 보였다. 어려서부터 제대로 가정교육을 받은 딸들은 집안에서 부드럽고 온화한 매력을 마음껏 발산했다. 그리고 신랑감은 주저 없이 어머니를 닮아 꼼꼼하고 사려 깊은 여인의 도리를 다할 신붓감을 골랐다.

하지만 이제 그 소박하고 매력적인 의무를 다하는 여인은 어디서도 찾아볼 수가 없다. 요즘 부인들은 절제되고 한결같은 행실을 고통이라고 여긴다. 이들에게는 끝없는 낭비와 교제가 필요하다. 이들은 모두 과시욕과 허영에 젖어 밖으로 돈다. 이들은 가정일은 제대로 처리하는 법이 없고, 자연의 섭리에 반하는 일을 한사코 하려고 든다. 가정에 대한 지배권을 상실한다면 이들은 결코 다른 권력도 누릴 수 없을 것이다.

또 하나 이야기할 것이 있다. 그 시절에 하인들은 가족의 일부였다. 하인을 대하는 사람들의 태도는 덜 정중했지만, 애정은 더 많았다. 하인들도 그걸 알아서 정이 많고 감사할 줄 알았다. 주인도 더 잘 섬겼으며, 오늘날엔 극히 드문 충성심이 있었다. 그래서 하인들은 불우해지거나 그릇된 행실에 빠지지 않았다. 주인은 하인의 순종의 대가로 호의를 베풀고 보호해 주었다. 오늘날 하인들은 주인이 누군지 신경도 쓰지 않고 이집 저집 옮겨 다니며, 옛 주인을 만나도 일말의 감정도 느끼지 않는다. 모이면 비밀을 까발리기에 바쁘다. 그들은 밀정들이다. 사람들은 돈을 주고 부리면서 그들을 잘 먹이고 잘 입힌다. 하지만 그들을 무시하면 이를 알아채고서 그들은 우리의 가장 큰 적이 된다. 예전에 하인들의 생활은 근면하고 고되고 검소했다. 그러나 사람들은 하인들을 중히 여겼고, 하인은 주인 곁에서 늙어 죽었다.

55 거대한 재산

파리에는 연수입[103]이 30만, 50만, 70만, 90만 리브르에 달하는 재산을 소유한 개인들이 적지 않다. 3~4명은 아마 그 이상의 거부일 것이다. 10만에서 15만 리브르의 재산은 흔하다.

누군가 말하길, 부는 쌓이는 성질이 있다고 했다. 이미 있는 곳에 또 모인다는 것이다. 부는 쌓이면 쌓일수록 더 많아진다. 루소는 처음의 1에퀴가 나중의 100만 에퀴보다 벌기 어렵다고 말했다. 이 사실은 수도에서 실감할 수 있다. 이 모든 부자들은 재산을 가지고 뭘 할까? 그들은 무엇을 하는가? 중요한 것, 유익한 것은 하나도 하지 않는다. 이 부자들은 남는 시간에 하찮은 일을 쫓아다니느라 애쓴다. 이들은 제딴에는 중대한 일들을 한다는데, 모두 쓸데없는 짓들이다. 이들은 거짓 즐거움을 얻기 위해 노심초사하고 오락거리를 마련하느라 힘을 뺀다.

그들은 사람보다 말[馬]을 더 잘 먹이려 든다. 그리고 유치한 사치품에 돈을 쓴다. 그 돈이면 모든 유익한 기술을 개선하고도 남을 것이다. 그들은 물리학 실험과 존엄한 학문에는 한 푼도 쓰지 않는다. 그것이야말로 인간의 위대함이고 존엄성인데 말이다. 그들이 뭔가 해로운 변덕을 따를 때, 그 변덕은 늘 하찮고 막연하며 괴상하다.

103 근로소득 이외에 재산에서 발생하는 모든 정기적인 연수입(공채 이자, 금리, 연금, 지대, 임대료 등)을 총칭하는 rente는 '연수입'이라고 번역한다. rente에 의지하여 생활하는 rentier는 '금리생활자'라고 번역한다.

사람들은 그들의 막대한 부에 관해서는 이야기하지만, 그들의 선행에 대해서는 거의 말할 것이 없다. 주위를 둘러봐도 애국적 기념물이라곤 하나도 없다. 돈은 모조리 집 내부와 아첨꾼들에게 돌아간다.

부자들 가운데 인간적이고 인자하고 친절하며 선량한 벗이라고 알려진 사람이 하는 일이란, 하루 3시간씩 잔머리를 굴려서 국가를 파산시키고 사람들을 더 가난하게 만들 새로운 방도를 찾아내는 것이다. 그는 공평함, 인간애, 자선에 관해 떠들어댄다. 그리고 다음날 그가 내놓는 계획이 600개의 가정을 파산시킨다. 이것은 독점이며 전매이다. 그 해로운 부는 빈곤한 산업에 종사하는 이들이 벌 수 있는 돈을 갈취한다.

어느 지방에서 갑자기 모든 제품이 사라진다. 모든 것이 감쪽같이 없어진 것이다. 그러자 사람들은 탐욕의 산물에 지나지 않는 것을 '투기'의 이름으로 칭송한다. 전매를 한 인간은 미술을 논하는 교양 있는 사람이다. 감히 그를 '공금횡령자'라고 부를 수 있을 것인가? 물론 그는 자기 주위 사람들에게 선행을 조금 베풀었을 것이다. 그러나 자기 집에서 100리외 떨어진 곳에 사는 사람들에게는 끔찍한 악행을 대규모로 저지른다. 그는 나라에는 무관심해 보이며, 오직 자신의 정부와 아첨꾼들을 위해서만 존재한다.

또 다른 이들은 돈을 쌓아놓고 있으면서 무위도식에 빠져 쌓아둔 돈을 한 푼도 쓰지 않으려 한다. 가난한 사람들이 눈물을 쏟으며 애원해도 소용없다. 그들은 남의 딱한 처지 이야기를 귓등으로 들으며, 성실한 사람의 불행이나 국가의 불행에 대해 똑같이 냉담하다.

형제와 동포의 목숨보다 금화 한 닢을 더 귀중히 여기다니! 그를 나태한 자, 악당, 게으름뱅이라 불러 자비로운 척하지 못하게 만들어야 한다! 스스로에게도 몰인정함을 숨길 수 없는 주제에 거짓된 변명으로 탐욕을 감추려 하다니! 아, 이런 자들에게 인간이라는 이름이 가당키나 한가?

가난한 자들의 신음에 굳게 귀를 닫은 자여! 그대의 얼굴에 수의가 덮이고, 그대가 좁은 관 속에 갇힐 때에 불행이 있을진저! 말해 보라! 그대에게 일말의 감정이 남아 있다면, 그때 그대는 형제들의 고통을 덜어주기 위해 무익한 부의 일부를 떼어주지 않은 것을 조금이라도 후회하지 않겠는가? 이 거대한 재산에서 그대에게 무엇이 남을 것 같은가? 납으로 만든 관 하나와 대리석 조각 몇 개일 것이다. 그러니 이 금속 조각들을 순수하고 내면적인 기쁨으로 변화시킬 능력이 있을 때, 그것의 가치를 알고 누리는 법을 배우라. 그대는 죽은 후에 저주받고 사람들이 이렇게 말하길 원하는가? "그는 오렌지 나무 정원과 도자기와 다이아몬드와 개집에 돈을 썼지. 그럼 동포들을 위해서는? 한 푼도 쓰지 않았어."

석어노 서넉식사라노 내접하는 사람들 이야기를 해보자. 대수로운 일은 아니지만, 그것만 해도 고맙게 생각해야 한다.

56 시내에서의 저녁식사

어떤 부자들은 통상적으로 일주일에 두세 번 친구들과 단순한 지인들에게 저녁을 대접한다. 한 번 손님은 영원한 손님이 된다.

파리에서 식사를 하는 것은 돈이 많이 드는 일이다. 그러나 돈 없고 직업 없고 재능 없는 사람도 파리에서만은 살아갈 수 있다. 물론 이런 사람은 그다지 존경받을 만한 시민은 아니다. 나도 인정한다. 하지만 어쨌든 모든 사람은 먹고 살아가야 하지 않는가? 게다가 식욕 왕성한 사람을 먹여줄 수 있는 이가 부자 말고 누가 있겠는가?

1만 8천에서 2만 명의 남자들이 규칙적으로 월요일에는 상인의 집, 화요일에는 법관의 집에서 저녁을 먹고, 점차 한 단계 한 단계 올라가면서 한 주를 마친다. 금요일에는 되도록 생선 애호가의 집으로 가고, 절대 일정을 혼동하는 법이 없다. 이런 부류의 사람들로는 유쾌하고 능숙한 이야기꾼, 음악가, 화가, 신부, 독신자 등이 있다.

그들은 모든 직업을 알고, 무수히 많은 성격에 통달해 있다. 이 사람들은 빵이나 고기 가격을 모른다. 식료품 가격의 변동은 그들에게는 먼 나라 이야기이다. 그들이 돈을 주고 사먹는 것은 물뿐이다. 그들은 분을 바르고 머리를 지지고 정확히 오후 2시에 집을 나선다. 그리고 잘 차려진 식탁을 찾아간다. 그들의 통행증은 집집마다 하나씩 들려줄 짤막한 이야기, 그리고 간밤의 소문이다.

그들은 식탁에 한데 차려진 음식들을 최대한 즐기는 법을 안다. 반면 지방 출신이나 서투른 초심자들은 맛있는 식사를 할 능력이 안 된다. 왜냐하면 하인들의 신호를 알아채서 모든 음식을 맛볼 줄 아는 재주가 있어야 하기 때문이다. 저녁이면 그들은 독실한 노파나 통풍 환자, 성직록 수혜자[104]의 집으로 향한다. 그곳에서 그들은 참[105]을 먹고, 주인의 성향에 맞춰 몇 마디 말을 나누며 아침에 들은 소식을 반복해서 전하면 된다. 이렇게 연금도 직업도 물려받은 재산도 없으며 양복집 주인에게 돈도 다 못 치른 옷을 입고 다달이 저렴한 월세를 내면서, 이 사람들은 어떻게든 살아갈 방도를, 그것도 아주 재미있게 살아갈 방도를 찾아낸다. 사람들의 이름을 잘 기억하는 능력, 사교계의 몇 가지 관습, 유연성 있는 태도만 있으면 대화를 나누는 데 충분하다. 그들의 밝고 편안한 얼굴을 본 사람은, 그들이 주인의 관대한 호의가 없었더라면 저녁을 먹지 못했을 것이라고는 생각하지 못한다. 나는 그들을 창공의 새에 비유하고 싶다. 새들은 세상의 수확물을 축내지 않고 자기 몫을 챙긴다. 내 견해로는, 부자들에게 자기 식탁에 찾아온 사람들에게 먹을 것을 주는 것만큼 명예로운 일은 없다. 그리고 두말할 나위 없이 이것이야말로 부를 사용하는 모든 방법 중에서 다수를 위해 제일 유쾌한 방법이다. 양쪽 다 그득을 본다. 부자들은 과시하기 좋아하므로 다른 사람들을 만족시킴으로써 자기도 만족을 얻는다.

부자들이 사치와 오만이 배제되고 적절히 필요한 것만 놓는 허식 없는 경제적인 식탁을 차린다면 훨씬 더 좋을 것이다. 그렇게 되면 더 자주 호의를 베풀고 더 많은 사람을 먹일 수 있을 테니까.

104 bénéficier: 하나 또는 여러 개의 성직록 수혜 자격을 갖추어 그로부터 수입을 얻는 사람.

105 collation: 일반적으로 과일과 잼밖에 먹을 수 없는 금식 기간에 밤참 대신 먹는 식사 또는 저녁식사와 밤참 사이에 하는 식사(아이들이 간식이라고 부르는)를 말한다. 서둘러 먹는 간단한 식사를 가리키기도 한다. 메르시에는 여기서 신앙심과 결부된 특이한 식도락을 말하고자 했다.

만일 내가 부자라면 이런 저녁식사를 하는 데서 즐거움을 찾을 것이다. 하지만 나는 간소한 음식으로 검소한 식탁을 차릴 것이다. 그리고 내 주위에 많은 사람이 앉아서 떠들고 먹는 것을 보며 무척 기뻐할 것이다.

예전에는 이런 사람들을 '기생충'이라고 불렀다. 몰인정과 탐욕과 이기주의에서 생겨난 모욕적이고 어리석은 표현이다. 식탁(파리에서는 귀한 물건이다)이 없는 사람이 잘 차려진 식탁이 있는 사람을 찾아가는 것은 너무나 당연한 일이다. 몇몇 성실한 사람들의 불행에 대한 책임감, 그리고 이웃을 먹이고 그의 건강을 돌보는 기쁨 때문에, 정이 있는 사람은 자신의 양식을 나누어 준다. 주인 역시 그의 선의를 철석같이 믿고서 찾아가 음식을 조금 떼어 달라고 하는 사람들에게 신세를 지는 셈이다. 그에게는 음식이 너무 많아서 혼자 다 먹으려면 소화불량에 걸리고 말기 때문이다.

대지는 조물주가 차린 세상의 식탁이다. 새는 날다가 보잘것없는 작은 낟알을 부리에 물고 둥지로 가져간다. 그리고 시인은 총괄징세청부업자의 집으로 저녁식사를 하러 가서 왕성한 식욕을 보인다. 새와 시인 둘 다 당연한 자기 몫을 챙기는 것이다.

슬프도다! 우리 모두는 이 세상을 잠깐 다녀갈 뿐이다. 한 해의 곡물과 과일은 모두 현 세대에 속할 뿐, 다음 세대의 것이 아니다. 현 세대는 태양의 눈길 아래 익은 포도주를 마음껏 소비하고, 태양이 성장을 지켜본 채소들을 마음껏 먹는다. 자연은 해가 바뀔 때마다 또 다른 존재들을 위해 선행의 과정을 다시 시작한다. 내일이면 우리는 사라질 것이다. 그런데도 혼자 양식을 먹어치우려고 우리 형제에게 음식을 주길 거부하고 매정하게 빗장을 걸어 잠글 것인가? 혼자 먹으면 식욕이 나는가? 그런 식사가 동석한 사람들의 기쁨과 미소 속에서 하는 식사와 똑같은 선행을 쌓을 수 있는가?

부자들의 식탁에 앉을 권리가 있는 정직한 빈자에게 주어진 '기생충'이라는 단어가 영원히 언어에서 사라지기를. 그것은 인간을 모욕하는 단어이다. 그 단어를 특히 파리에서는 더 이상 입에 올리지 않기를. 파리에서는 더욱 유연하고 인간적인 풍속에 힘입어 이 단어가 사라지기 시작했다. 냉혹하고 몰인정한 자의 집에서 이 단어가 더는 들리지 않기를. 그는 자기 영혼의 정체가 들어날까 두려워 외부와 절연한 자이다. 그리고 빈자의 집에서도 이 단어가 더 이상 쓰이지 않기를. 다른 곳에 가서 저녁식사를 할 때도 빈자의 좁은 식탁 위에는 꼭 먹을 만큼의 음식만 놓여 있다.

57 국왕

파리인에게 국왕의 존재는 데생 학교의 모델과 같다. 수도의 모든 사람은 각기 왕을 묘사하려고 애쓴다. 다들 연필로 그의 모습을 스케치하고 각양각색으로 표현해 보지만, 대개 그 초상은 불완전하고 닮은 데도 거의 없다. 왕을 본 일이 없는 사람들은 소문으로 들어서 그의 주요 특징만을 알고 있을 뿐인데, 왕에 관한 소문은 불확실하다. 왕 가까이에 있는 사람들은 그의 외관만을 보고 세세한 특징은 놓친다. 왕의 신발을 벗겨주는 하인, 왕의 사냥에 동행하는 조신, 왕을 위해 싸우는 군인, 건의를 올리러 오는 법관, 왕을 염탐하는 문인, 왕을 동정하는 철학자, 식품가격으로 왕을 판단하는 서민의 말을 들어보면, 다들 제각각이다. 아무도 그의 마음 깊은 곳을 읽지 않는다. 그의 충실한 초상은 시간이 지나고 나서야 가능하다. 그렇지만 왕만큼 세간의 주목을 끌고 관심을 받기에 적합한 인물이 어디 있겠는가? 루이 14세의 진정한 성격은 우리에게 여전히 일종의 풀리지 않는 수수께끼가 아닐까?

58 정부의 기동성

아테네에 간 외국인이 발레 공연을 보려고 앉아 있다가, 가면과 의상은 5개씩인데 무용수는 단 한 명인 것을 알게 되었다. "그럼 다른 역할들은 누가 합니까?" 그가 물었다. "같은 사람이 하지요." 사람들이 대답했다. 같은 사람이라! 그러니까 그 무용수는 하나의 몸에 여러 개의 영혼을 지니고 있는 것이다. 프랑스 정부가 딱 그렇다. 이 훌륭한 무언극 배우는 모든 직업을 다 연기한다. 차례차례 군인, 법관, 재정가, 은행가, 신부가 된다. 나는 심지어 그가 4~5개월 동안 작가 노릇을 하는 것도 보았는데, 실로 험오스러운 많은 소책자를 만들었다. 하지만 그 역할은 다른 역할들보다는 그에게 안 어울렸다.

그러니 파리에 알키비아데스[106] 같은 사람이 많다고 한들 뭐가 놀랍겠는가? 그는 허영심 많고 총명하며 온갖 인물을 다 연기할 수 있는 사람으로, 과시하기 좋아하고 대중의 이목을 끄는 것은 무엇이든 좋아했다. 요컨대, 그는 선량한 시민의 평가보다는 재간꾼의 평가에 더 민감했다.

106 Alkibiadês: 향락적이고 겉치레를 중시하는 생활로 유명한 소크라테스의 친구. 메르시에는 여기서 플루타르코스의 글에 의지한 것이 분명하다. 알키비아데스는 헛된 유행에 민감하고 '일종의 신발 같은 것'에 자기 이름이 붙은 것을 자랑스러워하는 인물로 묘사된다.

59 밀정

파리인은 경박하다고들 비난하는데, 경박하지 않은 파리인도 일부러 그런 태도를 취한다. 파리인은 밀정들이 둘러싸고 있기 때문이다. 시민 2명이 귓속말을 하고 있으면 어디선가 제3자가 나타나, 그들이 무슨 말을 하는지 엿들으려고 어슬렁거린다. 이들은 경찰 첩보대라는 수상쩍은 사람들이다. 일반 부대와 다른 점은, 이 부대의 모든 개인은 매일 사복을 바꿔 입는다는 것이다. 이들의 변신은 정말 신속하고 놀랍다.

아침에는 칼을 찼던 자가 저녁에는 가슴 장식을 달고 다닌다. 어떤 때는 긴 머리의 평온한 법관이었다가, 어떤 때는 허리춤에 칼을 찬 검객이 된다. 다음날에는 금손잡이 지팡이를 짚고서 계산에 골몰한 재정가 행세를 한다. 아무리 기묘한 변장도 그에게는 식은 죽 먹기이다. 하루에도 몇 번씩 생루이 기사단의 기사, 이발사 조수, 삭발한 수도원장, 요리사 조수로 변신한다. 그는 화려한 무도회와 가장 불결한 도박장을 드나든다. 어떤 때는 다이아몬드 반지를 꼈다가, 다른 때는 가장 더러운 가발을 쓴다. 그는 옷을 갈아입듯이 겉모습을 바꾼다. 프레빌[107]에게 연기를 가르쳐도 될 정도이다. 그는 모든 걸 보고 들으며 모든 곳에 나타난다. 무슨 조화를 부리는지 16개 구역의 길을 누비고

107 Préville: 본명은 피에르루이 뒤뷔(Dubus, 1721~1799). 1753년 9월 20일 코메디 프랑세즈에서 데뷔했으며, 특히 희극배우로 명성을 떨쳤다. 「세빌리아의 이발사」의 피가로 역을 창조해 냈다는 평가를 받는다. 1786년 은퇴했으나, 코메디 프랑세즈가 해체되자 동료들을 지원하기 위해 복귀했다.

다닌다. 카페 한구석에 웅크리고 앉아서 식사를 기다리며 코를 고는 아둔하고 한심스럽고 지루한 남자로 가장하기도 한다. 하지만 이미 모든 것을 보고 모든 것을 들었다. 달변가가 되어 아주 대담한 언사를 구사하며 당신이 마음속 얘기를 털어놓도록 부추기기도 한다. 당신의 침묵까지도 분석한다. 당신이 그에게 말을 하건 하지 않건, 그는 당신이 이러저러한 일에 대해 어떤 생각을 가지고 있는지 알고 있다.

이것이 파리에서 사람들의 비밀을 캐내기 위해 사용하는 보편적인 수단이다. 대신들의 행동은 추론과 정치로 고안해 낼 수 있는 모든 것보다 이것에 더 쉽게 좌우된다.

첩보 활동은 신뢰와 우정의 관계를 파괴했다. 사람들은 하찮은 문제들만 이야기한다. 정부가 시민들에게 논제를 내려주면 시민들이 저녁에 카페와 모임에서 그것에 관해 논하는 격이다. 만일 누군가의 죽음을 삼주고 싶나면 귓속말로 "그가 죽었다"고 말해야 한다. 그리고 "상황이 변할 때까지는 절대로 그 이야기는 하면 안 된다"라고 덧붙여야 한다. 사람들은 행정과 정치에 대한 자신의 소신을 완전히 상실했다. 이토록 통탄할 무지 가운데서도 어리석은 부르주아의 발언은 웃음이 터지게 만든다. 그는 베르사유와 파리가 온 유럽을, 나아가 전 세계를 지배해야 한다는 생각에서 벗어나지 못한다. 파리인의 머리는 매우 고질적이고 저속한 편견에 지배당하고, 최고로 구제 불능인 어리석음에 의해 변질되어 버렸다. 『가제트 드 프랑스』[108] 외에 다른 읽을거리가 거의 없는 사람들은 그 신문에 적힌 대로 생각할 수밖에 없다.

108 『가제트(*La Gazette*)』(후일의 『가제트 드 프랑스』)는 1631년 창간 당시부터 정부의 기관지이자 선전지였다. 따라서 이런 사실을 알고 있던, 교육받고 부유한 사회 계층은 다른 국내 신문이나 외국에서 들어온 신문을 읽었다.

60 행상인

경찰 정보원들은 특히 행상인들과 전쟁을 벌인다. 행상인들은 우리가 프랑스에서 아직 읽을 수 있는 유일한 양서들, 따라서 금서인 책들을 판다.

행상인들은 끔찍하게 학대당한다. 모든 경찰 정보원들이 이 불쌍한 사람들을 잡으러 다닌다. 이들은 자기들이 파는 게 뭔지도 모르면서, 치안총감이 성경을 금지시키면 외투 속에 성경을 감출 사람들이다. 경찰은 내일이면 잊혀질 무의미한 소책자들을 팔았다는 이유로 그들을 바스티유에 가두고, 때로는 쇠고리로 그들의 목을 말뚝에 매단다. 유력인사들은 높은 자리에 있으면 어쩔 수 없이 당하기 마련인 사소한 풍자를 이런 식으로 복수한다. 이런 하찮은 독설에 개의치 않고 정직하게 일하면 흠 잡힐 일이 없으며, 비판의 자유가 없는 한 칭송의 소리도 들을 수 없다고 생각하는 대신은 아직 한 번도 본 적이 없다.

그들은 일말의 진실을 담게 마련인 풍자문을 그토록 두려워하는 대신, 자신들을 둘러싼 아첨을 벌해야 한다. 하기야 풍자문을 심판하는 것은 대중의 몫이다. 부당한 풍자는 멸시를 받으면서 보름 안에 사라져버린다.

종종 이런 풍자용 소책자를 금지시키는 업무를 맡은 경찰 담당자들이 그것을 대량으로 판매하고 선택된 사람들에게 배포하여, 혼자서 행상인 30명보다 더 많은 돈을 버는 경우도 있다.

이런 식으로 공격을 당하는 대신들은 서로 속고 속인다. 대신은 다른 대신에게 쏟아진 비난을 즐기고, 겉으로는 열렬히 금지하려는 듯 보이는 일을 은밀히 조장한다.

『대상서 모푸의 서신』[109] 사건은 권력과 부로 가는 길에서 야심가들이 펼치는 우회적 책략과 교묘한 간계를 백일하에 드러내 준다.

파리에서는 더 이상 정치와 역사에 관한 책은 찍지 않으며, 풍자와 거짓말만 찍어낸다. 외국인은 이런 주제에 관해 수도에서 벌어지는 모든 일을 측은히 여긴다. 다른 책들도 그런 영향을 받기 시작했다. 사상에 대한 억압이 흥미 본위의 책들에까지 영향을 미치고 있다. 파리의 언론은 벽보, 청첩장, 부고장 역할이나 할 따름이다. 연감은 이미 만신창이가 되었다. 세밀한 조사를 통해 그 내용을 샅샅이 뒤지고 검열하기 때문이다.

나는 정부 기관의 이름이 들어간 책을 보면 열어 보지도 않고 그 책은 정치적 거짓말투성이라고 단언한다. 군주는 "이 색자는 1천 프랑의 가치가 있다"라고 말할 수 있을지 모른다. 그러나 "이 거짓은 진실이 되어야 한다"라거나 "이 진실은 그저 거짓에 불과하게 되어야 한다"라고 말할 수는 없을 것이다. 그가 그렇게 말하더라도, 사람들이 그것을 받아들이도록 강요할 수는 없을 터이다.

출판업의 놀라운 점은, 인간 정신을 명예롭게 해주는 훌륭한 저작들은 주문이 들어오지도 않고 돈도 되지 않는다는 것이다. 자유를 타고난 고귀한 정신은 위험에 굴하지 않고 폭군들에게 맞서 인류에게 선물을 한다. 바로 이런 점에서 문인은 존경받아 마땅하며, 다가

109 Maupeou(1714~1792): 루이 15세 시대에 대상서로, 사법부 개혁을 시도했다가 실패하였다.
이 책은 모푸를 웃음거리로 만들고 끝내 사임시켰다. 『모푸가 소르(소루에)와 교환한 은밀하고 친밀한 서신』(1771~1772)은 피당사 드 메로베르(Pidansat de Mairobert)가 쓴 것으로 추측된다. 이 책은 1773년 다른 제목으로 재출간되었다.

올 시대의 인정을 보장받는다.

정신의 비범한 산물들을 유통시키는 이 가엾은 까막눈 행상인들은 빵 한 조각을 벌기 위해 자기도 모르는 사이에 공공의 자유에 기여하면서 유력인사들에게 온갖 박해를 당하고 있다. 대중의 원성을 사거나 추악해 보일까 봐 겁을 내는 유력인사들이 작가를 공격하는 경우는 드물기 때문이다.

61 경찰

경찰은 부패 덩어리를 두 부분으로 나누어 놓았다. 한쪽에는 밀정과 정보원들이 있고, 다른 쪽에는 협잡꾼, 사기꾼, 도둑 등을 잡으라고 풀어놓는 경관들이 있다. 마치 사냥꾼이 사냥개들을 몰아 여우나 늑대를 잡는 꼴이다.

밀정들을 뒤쫓는 또 다른 밀정들이 있다. 이자들은 밀정들을 감시하고 일을 제대로 하는지 지켜본다. 다들 서로를 비난하고, 저급한 이득을 챙기려고 서로 물어뜯는다. 바로 이 끔찍스러운 찌꺼기들로부터 공공치안이 시작된다. 이들은 법관의 눈을 속이면 엄중한 징벌을 받는다.

이것이 파리를 지배하는 대단한 질서이다. 혐의가 있거나 표적이 된 사람은 체포할 구실이 나올 때까지 샅샅이 조사해서 일거수일투족을 알아낸다.

이들은 용의자의 인상착의를 아주 정확하게 묘사하기 때문에, 혼동이란 있을 수 없다. 이렇게 말로 누군가의 모습을 묘사하는 기술이 어찌나 대단한지, 최고의 작가라도 아무리 고민해 봐야 더 보탤 것이 없고 달리 사용할 표현도 없다.

경찰의 테세우스[110]들은 도시의 불한당들을 일소하기 위해 밤마다 뛰어다닌다. 사자나 곰, 호랑이도 정치적 명령에 의해 잡아들일

110 그리스의 영웅 테세우스는 미노타우로스를 처치한 것뿐만 아니라, 개혁가와 입법자로서도 유명했다.

수 있을 정도이다.

궁정, 도시, 침대, 거리, 매춘부들, 재담가들을 감시하는 밀정들도 있다. 이들은 프랑스 궁정 최초의 밀정의 성을 따서 모두 무샤르(정보원)라고 불린다.

요즘은 높으신 분들도 밀정 짓을 한다. 그들 대부분은 남작님, 백작님, 후작님이라고 불린다.

루이 15세 시절 밀정들이 판을 치던 때가 있었다. 그때에는 친구들끼리 모여도 자기 관심사에 대해 서로 터놓고 얘기하는 것은 금기였다. 정부에서 모든 방의 문마다 보초병을 세워놓았고, 어디에나 엿듣는 자가 있었다. 친구들 사이에 별 뜻 없이 속 이야기를 주고받은 것뿐인데도 위험한 음모나 되는 것처럼 처벌을 했다. 그런 이야기들은 말이 나온 그 자리에서 그냥 없어지기 마련인데도 말이다.

이 가증스러운 조사들이 사회생활을 마비시키고, 사람들에게서 가장 순진한 즐거움을 빼앗아 갔으며, 시민들을 적으로 바꾸어 놓았다. 시민들은 겁에 질려 서로에게 입을 열지 않았다.

어떤 직책으로 불리건 간에 경찰에 소속된 모든 자는 이제 상류사회에 발을 들일 수 없다. 옳은 일이다.

하인들의 4분의 1은 밀정 노릇을 한다. 가장 철저히 감춰두었다고 생각한 가족의 비밀이 관련자들에게 알려지고 만다.

대신들은 경찰과는 별도로 자신들만의 밀정을 두는데, 바로 매수당한 자들이다. 이 밀정들이 가장 위험하다. 다른 밀정들보다 티가 나지 않고 식별하기도 더 힘들기 때문이다. 대신들은 이런 방법으로 사람들이 자기에 대해 뭐라고 하는지 모두 알아낸다. 하지만 그것을 활용하는 경우는 거의 없다. 그들은 자신의 적을 무너뜨리고 반대자들을 방해하는 데 더 신경을 쓰지, 대중이 보내는 자유롭고 허물없는 경고에는 별 관심이 없다. 사람들은 대신들에 관해서는 항상 자유롭게 의견을 말한다. 대중이 진정으로 존경하는 것은 왕족뿐이다.

그러나 궁정의 비밀도 밀정들을 피해가지는 못한다. 궁정의 비밀은 조금도 의심받지 않는 몇몇 사람의 도움으로 결국 누설된다. 가장 튼튼한 배에서 아무도 알아채지 못한 아주 미미한 틈으로 물이 새어나가는 것이다.

궁정, 특히 프랑스 궁정의 흥미로운 점은 하는 일마다 뭔가 모호한 구석이 있다는 것이다. 사람들은 숨겨진 것을 알고 싶어 한다. 그래서 알 수 있는 데까지 알려고 애쓴다. 그리하여 가장 기발한 기계는 사람들이 그 작동 원리를 알게 될 때까지만 상종가를 유지한다. 우리는 오로지 힘겹게 알아낼 수 있는 것에만 몹시 집착한다. 시간이 흐르면 가장 비밀스러운 것들도 공개되기 마련이다. 눈으로 본 것, 그리고 눈이 의심한 것까지도 반드시 혀가 말하게 되기 때문이다.

62 야경대[111]

밤 동안 파리의 치안은 야경대와 200~300명의 경찰 정보원들이 책임진다. 이들은 거리를 돌아다니면서 수상한 자들을 식별하고 추적한다. 경찰의 모든 검거 활동은 밤 사이에 이루어진다.

곳곳에 보이는 순찰등은 강도들에게 확실하게 겁을 준다. 덕분에 파리의 거리는 밤에도 낮처럼 안전하고, 사고도 단 몇 건에 그친다. 더 잃을 것이 없는 절박한 사람들이 내는 불가피한 사고들이다.

예전에는 야경대를 괴롭히는 이들도 있었다. 명문가 자제와 총사들은 재미로 그러기도 했다. 그들은 초롱을 망가뜨리고, 이집 저집 문을 두드리고, 갈보집에서 난동을 피웠으며, 화덕에서 갓 나온 저녁 식사를 빼앗고, 하녀의 뺨을 때리고, 파출소장의 옷까지 찢었다. 이런 방종한 행위를 엄히 처벌한 결과, 이제 그런 장난은 사라졌다. 젊음은 더 이상 통제 불능의 것으로 여겨지지 않으며, 오늘날엔 그 무엇도 경솔한 자의 폭력적인 객기의 구실이 되지 못한다.

수도의 장점은 그뿐만이 아니다. 중장년들은 혈기왕성한 젊은이들을 전혀 두려워하지 않아도 된다. 한 법관은 파리의 거리는 신전이나 성소처럼 존중되어야 한다고 말했다. 그의 말이 옳다. 지당한 말씀이다.

그런 면에서는 문명화가 거의 완벽하게 이루어졌다. 불손한 태도

111 160명의 기마병과 472명의 보병으로 구성된 파리 야경대(le guet de paris)는 1783년 프랑스 경비대 연대로 통합되었다.

와 취기를 전혀 두려워할 필요가 없다. 구조의 손길이 멀지 않은 곳에 있기 때문이다. 도움을 요청하면 통상 신속히 정의가 집행된다.

한 에스파냐 역사가의 기록에 따르면, 정의를 신봉했다고 알려진 잔혹왕 페드로[112]는 좋은 본보기를 남겼다. 그는 밤에 거리를 활보하기를 즐겼다. 한번은 그가 소란을 피우자, 야경대원이 그가 일반인인 줄 알고 흠씬 패주었다. 왕은 그를 죽였다. 다음날이 되자 법원은 살인자를 찾아 조사할 것을 명했다. 왕을 알아보았던 한 노파가 그를 고발했다. 법관들은 고발장을 가지고 왕에게 몰려갔다. 그러자 왕은 정의를 실현하기 위하여 자기 허수아비의 목을 치게 했다. 살인이 저질러졌던 길모퉁이에 가면 지금도 그 참수상을 볼 수 있다.

카르투슈는 아주 오랜 기간 파리 시를 공포에 떨게 했다. 오늘날엔 그런 도적 두목은 더 대담하고 돈이 많다고 해도 그와 같은 특혜를 누릴 수 없을 것이다.

법관과 부하들은 끊임없이 교신하면서 모든 사건을 조사하고 혼란을 처벌할 뿐만 아니라 예방도 한다.

수사와 취조, 검증은 공공안전에 관한 모든 것이 집중되는 중추기관으로 귀결된다.

이런 조치들에 더해 초롱과 가로등, 여기저기 배치된 여러 야경대, 그리고 앞서 이야기했듯 곳곳을 누비는 순찰등이 수많은 사고를 예방했다.

조심은 하면 할수록 좋다. 특히 겨울이 시작될 때는 더 그렇다. 야경대라는 기계는 50년 동안 아주 잘 돌아갔지만, 이 기계도 다른 모든 기계와 마찬가지로 삐끗할 때가 있다. 만일 이 기계가 작동을

112 '잔혹왕'으로 불리는 페드로 1세는 1350~1369년 동안 카스티야의 왕이었다.

멈춘다면, 파리는 공략당한 도시처럼 공포에 사로잡히고 말 것이다.

야경대에는 1,500명 가까운 대원이 있다. 이 부대에 입대하면 부상 걱정 없이 오랜 세월 동안 복무할 수 있다. 이곳에서는 잘만 하면 먹고 마시고 소화나 시키는 수도승처럼 지낼 수도 있다. 밤에 쉬지 않고 낮에 잘 수만 있으면 별 탈이 없다.

종종 야경대 병사들이 체포된 자를 이유 없이 학대하고 잔인하게 수갑을 채우는 경우가 있다. 이런 악습은 엄하게 처벌해야 한다. 그리고 공공치안의 수호자들이 어떤 시민도 가혹하게 해치지 못하게 해야 한다. 시민은 판결이 내려지기 전까지는 존중받아야 한다. 아무리 범죄자처럼 보이는 사람이라도 무고할 수 있기 때문이다.

63 치안총감[113]

치안총감은 대신이라는 직함은 없지만 중요한 대신이 되었다. 그는 은밀하고 경이로운 영향력을 행사한다. 그는 수많은 일을 하며, 많은 악행 또는 선행을 행할 수 있다. 그는 수많은 아들들을 수중에 넣고 마음대로 쥐락펴락할 수 있기 때문이다. 그는 사람을 파멸할 수도 구원할 수도 있으며, 어둠 아니면 빛을 퍼뜨릴 수 있다. 그의 권력은 교묘하고 또 방대하다.

사람들은 그의 직분이 무엇인지 알고 있다. 하지만 그가 수많은 명문가 자제들이 일반적인 정의의 심판을 받지 않도록 빼돌리는 일까지 하고 있다는 사실은 아마 모를 것이다. 이 자제들은 일시적 흥분에 도취되어 도둑질을 하고 사기를 치거나 천한 짓을 저지르는데, 치안총감은 그들에게서 공공의 낙인을 제거해 준다. 이런 일은 아무 잘못도 없는 가족 모두에게 불명예를 끼치게 된다. 치안총감은 불쌍한 아버지들이 뒤집어 쓸 뻔한 치욕으로부터 그들을 구해줌으로써 인도적 행위를 한다. 이런 관점에서 우리의 편견은 매우 부당하고 잔인하다.

난봉꾼들은 감금되거나 추방되지만, 사형집행인의 손으로 넘어

113 1667년 3월의 칙령에 의해 신설된 치안총감의 직무는 오늘날의 파리 경찰청장과 파리 도지사의 직무를 합친 것과 거의 같았다. 1789년에 치안총감이 관장하는 부서는 10개나 되었다. 치안총감은 파리의 22개 구역에 배치된 48명의 파출소장을 통솔했다. 치안총감은 '밀정'과 '경찰'과 '야경대'의 총 지휘자였다.

가지는 않는다. 이처럼 경찰은 벌을 받아 마땅한 죄인들에게 법의 심판을 면제해 준다. 그러나 명문가 자제들이 사회에서 추방되었다가 잘못에 대한 대가를 치르고 교정이 된 다음에야 사회로 돌아올 수 있기 때문에, 사회는 이런 관용에 대해 조금도 불평할 필요가 없다.

하층민 외에는 교수형을 당하는 사람이 거의 없다는 사실을 지적해야 한다. 사람들은 다른 이들에게는 관대하지만, 가족도 원조자도 보호자도 없는 밑바닥 출신 도둑에게는 동정심을 덜 느낀다.

매달 별다른 절차도 없이 파출소장의 명령 하나에 따라 300~400명의 매춘부들이 이송된다. 이 여자들의 일부는 치료를 위해 비세트르에 보내고, 다른 일부는 교화하기 위해 보호소[114]로 보낸다. 돈이 좀 있는 여자들은 이 곤경을 모면한다.

매달 특정일에 이 여자들은 모조리 이런 일을 다루는 유일한 판사인 치안판사(juge de police) 앞에 출두한다. 그들은 판사에게 절을 하거나 욕을 퍼붓는다. 판사는 근엄하게 "보호소로! 보호소로!"라고 반복한다.

우리 법 체계의 이런 부분은 매우 불완전하다. 너무 자의적이기 때문이다. 실제로 치안총감의 비서 혼자서 투옥 여부와 기간을 결정한다. 일반적으로 고발은 야경대 대원들이 한다. 그런데 단 한 사람이 그렇게 많은 개인의 자유를 좌지우지한다는 것은 너무나 부당하다. 그들이 수치스러운 짓을 했다고 해서 이런 폭력을 가하는 것은 정당하지 못하다. 개인의 자유를 박탈할 때는 범죄 사건에서 통용되

114 17세기에 빈민이 위험 세력으로 간주되어 도시를 정화하기 위해 이들을 수용하는 보호소(Hôpital général de Paris)가 1656년 4월에 설립되었다. 이 기관의 산하에 있는 살페트리에르(Salpêtriére), 피티에(Pitié), 비세트르에 걸인, 부랑자, 매춘부들이 수용되었다.

는 절차의 일부를 따라야 한다고 본다. 소심해서 대답을 제대로 못하는 죄 없는 처녀들이 매춘부로 오인되기도 한다.

치안총감은 법을 위반하거나 허위 보고를 올린 정보원들에게 절대적인 권한을 행사한다. 그들 입장에서는, 그들이 협력한 권력기관에서 그들의 신병에 대해 절대적 권리를 가진다는 것이 너무도 치사하고 비겁한 처사이다.

경찰의 이름으로 체포된 사람들의 경우는 좀 다르다. 그들은 가벼운 죄를 지었을 수도 있고, 그들 말대로라면 그 많은 경관과 밀정들 가운데 그들의 적이 있을 수도 있다. 법관이 속을 수도 있다. 그러니 이런 경범죄들을 처벌할 때는 보다 엄격히 조사해야 한다. 비세트르에 수용된 수많은 사람은 그곳에서 더욱 타락하여, 들어올 때보다 더 나빠져서 나온다. 자기 자신이 보기에도 전락해 버린 이들은 최악의 타락 속으로 빠져든다.

다시 말하거니와, 우리 법 체계의 이런 부분은 끔찍한 혼란 상태에 빠져 있다. 거리에서 빈민을 마구 잡아들이는 절차와 거의 다를 바가 없다. 그런데도 이 잘못된 법들이 합법적인 법정에서 만들어졌다는 핑계로 개선할 생각조차 하지 않는다. 그 기원과 효력을 알지도 못하면서 말이다.

때로 경찰의 기강이 터무니없이 해이해지기도 한다. 그러나 중대한 사건이 몇 건 터지고 나면 다시 본분에 충실해진다.

경찰은 모든 파렴치한 범죄, 그리고 공포를 불러 일으키고 수도의 안전을 책임지는 자들이 태만하다는 증거가 될 수 있는 모든 살인 사건을 감추고 은폐한다.

자살 사고는 파출소장의 조사와 조서 작성을 거친 후 경찰 명령에 의해 은폐되는데, 이는 현명한 조치이다. 그 목록을 공개한다면 난리가 날 것이다.

파리의 거리에서 마차 또는 지붕의 추락에 의해 일어나는 사고, 그리고 건축 현장에서 발생하는 사고들도 침묵 속에 묻힌다. 이 모든 개별적 재앙 하나하나를 세세히 기록한다면, 이 멋진 도시를 공포에 사로잡혀 바라보게 될 것이다. 토목공사의 가엾은 희생자들은 오텔디외 병원[115]과 시체안치실에 가야 볼 수 있다. 너무나 많은 주민이 사고를 당한다.

빈곤에 허덕이는 수많은 이들에게 부유함을 주체하지 못하는 다른 자들을 뻔히 보면서도 자제하도록 만들기란 곤란하고 힘든 일이다. 화려한 궁궐과 저택 옆에서 창백하고 수척한 유령 같은 몰골로 살아가는 빈민들을 억제하기가 쉬울 리 없다. 그들은 이 저택들에 가득한 금은보화를 손에 넣어 당장의 배고픔을 달래고픈 맹렬한 유혹을 느낀다.

그들은 부자들의 손에서 탕진되는 과도한 부를 도둑질하는 것은 창피하거나 부당한 일이라고 생각하지 않는다.

치안총감의 면담은 무척 재미있다. 사람들은 그에게 온갖 불평과 요구를 늘어놓는다. 다가가서 귓속말을 하기도 하는데, 그러면 그는 뻔한 말로 대답한다. 그는 3개의 부속실에서 올라오는 진정서들을 받는데, 그 양이 비서나 서기의 손으로 다 들기 힘들 정도로 많다. 마지막 부속실에서 기다리는 하층민들은 벌벌 떨면서 치안총감을 '각하'라고 부른다. 이 마지막 집단은 신속하게 돌려보낸다.

만일 치안총감이 자기가 알고 본 모든 것, 은밀히 관여하여 자기만 알고 있는 모든 일들을 철학자에게 말해 준다면, 철학자는 최고

115 Hôtel-Dieu: 파리의 가장 오래된 병원으로, 651년에 파리 주교에 의해 설립되었다. 시테 섬 좌안에 기나긴 공사를 거쳐 건설된 건물은 1772년에 큰 화재로 대파되었다가 재건되었다.

로 진귀하고 교훈적인 책을 쓸 수 있을 것이다. 그 철학자는 모든 동료들을 놀라게 만들 것이다. 그러나 치안총감은 훌륭한 고해신부와 같다. 그는 모든 것을 듣지만 아무것도 말하지 않으며, 어떤 일이 벌어지더라도 다른 사람들과 달리 별로 놀라지 않는다. 간교한 사기와 악랄한 범죄, 은밀한 배신, 온갖 부정하고 비천한 인간 행위를 물리도록 본 탓에, 치안총감은 당연히 선량한 사람들의 정직성과 미덕을 쉽게 믿지 못한다. 그는 끊임없이 의심한다. 그리고 의당 그런 성격을 가지고 있어야 한다. 그는 사람과 사건들로부터 얻은 놀라운 교훈에 의거하여, 세상에 있을 수 없는 일은 없다고 믿어야 하기 때문이다. 그의 직책은 그로 하여금 끊임없이 예리하게 의심할 것을 요구한다.

64 화재와 소방대

근래에 일어난 가장 큰 화재는 1737년 10월 27일의 회계법원(Chambre des comptes) 화재, 그리고 1737년 8월 10일과 1772년 12월 30일 두 차례에 걸쳐 일어난 오텔디외 병원의 화재이다. 특히 이 최근의 참사에서는 정확히 몇 명의 희생자가 화염에 질식해 사망했는지도 알 수 없었다. 이 시기의 『가제트 드 프랑스』는 거짓말투성이였다! 하지만 최소한 1,200~1,500명 이상이 사망한 것으로 보인다.

1746년 1월 26일 샹주 다리 화재를 살펴보자. 제의와 상제의를 입은 7~8명의 처녀가 그들의 순결을 지키는 데 집착한 여주인에 의해 갇혀 있다가 산 채로 타 죽었다. 방에다 쇠창살을 쳐 놓아서 강으로 뛰어들 수도 없었다. 그들의 비명을 듣고도 도와주지 못한 채 그들이 죽어가는 것을 지켜보는 것은 끔찍한 일이었다.

1762년에는 생제르맹 시장에 화재가 일어났다. 이 화마는 유럽에서 가장 멋진 골조를 삼켜버렸다.

또한 1763년 오페라 극장 화재로 우리는 가장 아름답고 쾌적한 극장을 잃어버렸다.

마지막으로 1776년 1월 11일의 법원청사[116] 화재는 우연이 아니었을 것으로 추정된다. 이 화재는 바로 같은 법원 건물 대부분이 소실된 1618년 3월 7일의 화재를 상기시킨다. 1618년 화재는 앙리 4세

116 Palais de Justice: 18세기에 파리 법원청사에는 파리 고등법원, 회계법원, 상서청(Chancellerie)이 자리 잡고 있었다.

암살의 공모자들이 라바야크[117]의 재판 기록을 불태우기 위해 저지른 방화 사건으로 알려져 있다. 법원 서기 부아쟁(Voisin)의 주의와 노력이 없었더라면 고등법원의 기록은 소실되고 말았을 것이다.

소방대가 대중에게 적절하고 신속한 무상원조를 제공하기 시작한 것은 불과 몇 년 전이다. 그 전에는 불이 난 집에 사는 개인에게 벌금을 부과했다. 그러니 어땠겠는가? 불난 집 주민이 누구의 도움도 구하지 않고 혼자 불을 끄려고 애쓰다가, 결국 집도 불타고 그 구역도 금세 화염에 휩싸이고 말았다.

오늘날에는 화재의 위험이 조금만 감지되어도 소방모와 도끼를 갖춘 소방대원들이 있는 소방서에 곧장 도움을 청할 수 있다. 물을 채운 소방마차들도 대기 중이다. 벌금은 물지 않으며, 소방대의 도움을 받는 데는 한 푼도 들지 않는다. 정말 사려 깊고 분별 있고 현명한 이 대비책은 사르틴의 노력 덕분이다.[118]

이전에 프랑스 근위대[119]는 시에 과중한 부담만 지우고 끔찍한 범죄들을 저질러 물의를 빚을 뿐이었다. 그러나 이제는 유용한 조직이 되었다. 이들은 화재 통보를 받자마자 연대장의 명령에 의해 병영에서 나와 별동대와 함께 화재 현장에 진입하며, 위험의 성질에 걸맞은 모든 구조 활동을 해야 한다.

필수 도구를 갖춘 병사들은 신속히 작업하여 훌륭한 성과를 거둔다. 이 새로운 명령이 내려진 후로는 화재로 인해 큰 피해가 발생

117 Ravaillac(1577~1610): 1610년 5월 14일 앙리 4세를 암살한 인물로 능지처참형을 당했다.

118 사르틴(Sartine, 1729~1801)의 업적을 가리킨다. 사르틴은 샤틀레 재판소 판사(coseiller au Châtelet), 형사재판관(lieutenant criminiel), 청원심사관, 치안총감을 역임하고 해군 대신까지 올라갔다. 그는 1759년부터 치안총감으로 복무하면서 '화재 진압용 소방대 30개의 보수와 개선 및 소방대원의 급료와 봉급에 관한' 공개장을 작성하기도 했다.

119 Gardes françaises: 국왕 경호를 위해 1563년 궁내부(Maison du roi) 안에 창설된 보병연대.

하는 일이 거의 없다.

이 제도의 도입은 경찰의 모든 업무를 하나씩 개선해 나갈 수 있다는 것을 보여주었다. 20년 전만 해도 그토록 결함투성이였던 경찰이 오늘날엔 시민들의 감탄과 감사를 자아내고 있다.

65 가로등

16년 전부터 초롱이 사라지고 가로등이 그 역할을 대신하고 있다. 예전에는 촛불이 엉성하게 놓인 8,000개의 초롱이 사용되었는데, 바람에 초가 꺼지거나 녹아내리기 일쑤였다. 이런 초롱들은 불이 밝지 않았고, 불빛은 창백하고 흔들리고 흐릿한 데다, 오가는 위험한 그림자들에 가려졌다. 오늘날에는 도시를 훨씬 밝게 비출 뿐 아니라, 관리도 용이한 방법을 찾아냈다. 1,200개의 가로등에서 균일하며 환하고 지속적인 불빛이 발산된다.

그런데 이 새로운 설비의 사용에 여전히 인색한 이유는 무엇인가? 달이 뜨는 날에는 가로등 사용이 중지된다. 하지만 수평선 위로 달이 떠오르기 전까지 거리는 캄캄한 어둠에 잠겨 있다. 그리고 창공에 달이 빛난다 해도 높은 집들이 달빛을 가로막고 있기 때문에 그 빛은 소용이 없다. 달이 지면 똑같은 불편함이 느껴지고, 파리는 가장 위험한 어둠 속에 완전히 잠겨 버린다.

가로등에 쓰는 기름은 동물 창자 기름으로, 백조의 섬[120]에서 생산된다.

시에서는 20년마다 집주인들에게 진흙과 초롱의 관리 비용으로 막대한 금액을 물린다. 이 세금은 20년간 들어가는 실제 관리 비용보다 훨씬 많다. 이것은 선량한 파리 시민이 당하는 또 하나의 고충

120 백조의 섬은 센 강 좌안의 앵발리드 위쪽에 있었지만, 18세기 말에 좌안과 합쳐졌다.

이다.

수많은 마차가 끝없이 덜컹거리면서 끊임없이 내뿜는 철의 입자들로 가득한 파리의 진흙은 더러울 수밖에 없다. 거기에 부엌에서 나오는 오수가 더해져 악취가 난다. 막대한 양의 유황과 아질산염이 함유된 이 진흙은 외지인들에게 참을 수 없는 악취를 풍긴다. 이 진흙 얼룩이 묻으면 천이 타버릴 정도이다.

화차가 진흙과 쓰레기를 수거하여 가까운 들판에 쏟아 버린다. 이 더러운 하치장 근처에 사는 사람들이 불쌍할 뿐이다. 진흙 수거는 헐값에 하청을 준다.

눈이 내리면 눈뿐만 아니라 개천의 얼음 덩어리들도 치워야 한다. 또한 온갖 오물이 돌처럼 굳어지기 때문에, 이 딱딱한 물질들이 엉겨 붙은 짐수레들을 미리 말뚝에서 떼어놓는 것도 보통 일이 아니다. 경찰이 경계와 작업을 강화하지 않으면, 사흘만 지나도 길은 통행이 불가능해지고 사람들은 자기 집에 갇히는 신세가 되고 만다. 매우 효율적으로 운영되는 부분이 있는 반면에 완전히 방치된 부분들도 있으니, 알다가도 모를 일이다.

66 간판

지금 간판들은 집과 상점의 벽에 붙어 있다. 하지만 예전에는 기다란 쇠기둥에 매달려 있었다. 그래서 바람이 거세게 불면 간판과 기둥이 거리의 행인들을 덮칠 우려가 있었다.

바람이 불면 간판들이 모조리 삐걱거리면서 서로 맞부딪치고 충돌했다. 그 소리가 한데 모여 구슬프고 거슬리는 종소리 같은 소리를 냈는데, 들어보지 않은 사람은 믿을 수 없을 정도이다. 게다가 간판들은 밤이면 넓은 그림자를 드리워서 희미한 초롱 불빛을 가려 버렸다.

이 간판들 대부분에는 불쑥 튀어나온 기대한 것들이 붙어 있었다. 유럽에서 가장 왜소한 백성의 눈에 이런 간판들은 거인족 같은 느낌을 주었다. 길이가 6피에나 되는 검, 1뮈[121]들이 통만한 커다란 장화, 사륜마차 바퀴만큼 넓은 박차, 손가락마다 3세 아이를 앉힐 수 있을 정도의 장갑, 엄청난 크기의 머리, 펜싱 칼을 들고 거리 하나를 다 차지한 팔을 볼 수 있었다.

이런 조잡한 부속물들이 사라지자 도시는 깨끗이 면도한 것처럼 반들거리는 얼굴을 갖게 되었다. 이 현명한 조치는 치안총감에서 해군 대신이 된 사르틴 덕택이다.

121 1뮈(muid)는 약 268L.

67 중앙시장

봄과 여름의 새벽 꽃시장[122]과 과일시장은 유례없는 광경을 선사한다. 놀랍고 황홀하며 가장 진기한 광경 중 하나이다. 꽃의 여신 플로라와 과수의 여신 포모나가 힘을 합쳐도 이보다 아름다운 신전을 만들지는 못했을 것이다. 봄의 풍요가 가을에 되살아나고, 세 계절이 하나가 된다.

최고의 복숭아는 파리 근교에서 난다. 정성 들여 재배한 덕분에 훌륭한 복숭아를 얻을 수 있다.

한겨울에 제비꽃 한 다발 가격은 2루이인데, 여자들이 꽂고 다닌다.

햇 그린피스 1리트론[123]은 종종 100에퀴에 팔린다. 노예매매상이 사 가는데, 어쨌건 정원사가 자기 노력에 대한 대가로 그 돈을 벌어간다. 이런 콩은 보석상보다는 노예매매상의 수중에 있는 편이 낫다.

시장에 하루라도 공급이 끊기면 식료품 값은 2배로 뛰고, 셋째 날에는 도시 전체가 굶주릴 것이다.

식료품 가격이 터무니없이 올랐다. 부자들의 사치스러운 식탁 때문이다. 부자들이 모든 것을 싹쓸이하고, 가난한 자들은 잔챙이를 두고 다툰다. 경쟁 때문에 이 싸구려 잔여물의 가격은 최상품의 가격과 거의 비슷하게 유지된다.

122 꽃시장은 페라유(Ferraille) 강둑길(지금은 메지스리(Mégisserie) 강둑길)에서 열렸다.
123 1리트론(litron)은 약 0.8L.

오늘날에는 어디서든 앙트레와 앙트르메[124]를 푸짐하게 차리는데, 차려놓은 음식의 4분의 1도 먹지 못한다. 이 값비싼 음식들은 모두 하인들의 입으로 들어간다. 하인이 프티 부르주아보다 훨씬 잘 먹고 산다. 프티 부르주아는 생선에는 손댈 엄두도 못 내고 냄새만 맡는다. 그게 끝이다. '나리님'의 하인들은 진수성찬으로 포식을 한다.

급사장[125]이 커다란 채롱에 필요한 것을 모두 담으면 여자 하인들이 앞치마를 두르고 오는데, 끝없는 싸움터 같다. 토막으로 파는 것은 가격이 3배 더 비싸서, 가난한 집들은 이웃집이랑 다툰다. 생선장수 아낙들은 제멋대로이다. 저녁식사를 하고 싶으면 그들이 부르는 대로 값을 치러야 한다. 그러니 세상에서 파리의 서민보다 못 먹는 사람은 없다.

저녁식사로는 수프와 삶은 고기를 먹고, 밤참으로는 페르시야드[126]나 쇠고기 스튜를 먹는다. 일요일에는 양의 다리고기나 어깻살[127]을 먹는다. 생선은 거의 먹지 못하며, 채소를 먹는 일도 드물다. 비싸기 때문이다. 이것이 일상적인 식사이다. 이 도시 주민의 70~80%는 이렇게 산다. 지방 사람들은 이 도시에 오고 싶어 안달이지만, 적어도 그들은 집에서 이렇게 형편없는 식사를 하지는 않는다.

124 이러한 분류는 과거 식단 체계의 과잉을 보여준다. 앙트레는 고기요리 전에 나오는 것으로, 식사에서 생선요리 다음에 나오는 것을 총칭한다. 소스를 곁들인 음식이나 차가운 음식으로 이루어지기도 한다. 앙트르메는 고기요리와 디저트 사이에 나오는 것으로, 채소나 단 음식을 가리킨다. 오늘날 이 단어는 단맛이 나는 디저트만을 가리킨다.

125 maître d'hôtel: 대저택에서 일하는 사람들의 우두머리로, 일종의 집사.

126 persillade: 다진 파슬리와 마늘을 소량의 따뜻한 고기나 샐러드에 넣은 것으로, 프티 부르주아의 음식.

127 éclanche: "양의 다리고기를 말하는 것으로, 파리 시민 특유의 말이며, 궁정이나 지방에서는 거의 쓰이지 않는다. 양 다리고기라는 말이 더 통상적으로 쓰인다."(『트레부 사전』)

빈곤한 계층일수록 먹는 데 더 많은 돈이 든다. 가난한 집에서는 3수짜리 구운 소시지 하나면 맛있게 식사를 한다. 그들은 그 이상의 것을 구할 돈이 없기 때문이다. 그런데 비위생적인 구운 소시지 고기 1파운드가 18수에 팔린다. 가장 부유한 군주도 자기 식탁에 오르는 음식에 그런 값을 지불하지는 않는다.

파리인들은 수년간 생선장수 아낙들의 익살스러운 표현과 욕설에서 즐거움을 얻었다. 그들의 말투를 흉내 내기도 했다. 바데[128]가 이 장르에서 뛰어났다. 하지만 말장난이 유행하면서 그런 것은 모두 사라졌다. 사람들은 더 이상 바데를 기억하지 않으며, 비에브르 후작[129]과 자노[130] 이야기만 한다. 나는 『부러진 파이프』 작가의 명성이 사라지는 것을 보았고, 『타티옹 백작부인』 작가의 명성이 걱정스럽다.

128 Vadé(1720~1757)는 '생선장수 말투(le poissard)' 문학으로 유명해졌다.

129 비에브르(Bièvre, 1747~1789): 『베르생제토릭스의 노선을 따르는 부아플로테가 타티옹 백작부인에게 쓴 편지』의 저자이다. 이 작품에는 말장난이 많이 들어 있다.

130 도르비니(Dorvigny)의 『패자는 벌금을 문다』의 주인공.

68 시장

파리의 시장은 더럽고 불결하다. 온갖 식료품이 뒤죽박죽 쌓여 혼란스럽기 그지없다. 어떤 창고에서는 시민들의 식량이 악천후의 영향을 고스란히 받도록 방치된다. 비가 내리면 지붕에 고인 물이 계란, 채소, 과일, 버터 등등이 담긴 바구니 속으로 흐르거나 떨어진다.

시장 근처로는 통행을 할 수가 없다. 자리는 비좁고, 농부들에게 값을 치르다가 마차에 치일 위험도 있다. 종종 개천 물이 불어 밭에서부터 과일이 떠내려오기도 한다. 더러운 흙탕물에서 바닷고기가 헤엄치기도 한다.

엄청난 소음과 소란 때문에, 자기 말을 제대로 전달하려면 인간 이상의 목소리를 내야 한다. 바벨 탑의 혼란도 이 정도는 아니었을 것이다.

25년 전에 밀가루 창고가 지어져서 중앙시장의 부담을 조금 분산시키는 역할을 했다. 하지만 이 창고는 너무 좁아 삼류 도시에나 적합할 정도이다. 수도의 엄청난 소비량을 충당하기에는 부족하다. 밀가루 자루들이 그대로 비에 노출되어 있다. 최근의 건축물들은 모두 빈약하기 짝이 없어서 중요한 역할을 별로 하지 못한다.

생선가게는 오염을 유발한다. 그리스의 도시국가들은 생선장수들이 앉아서 상품을 팔지 못하게 했다. 그리스의 목적은 생선을 신선하게 그리고 싼값에 먹게 하는 것이었다. 파리의 생선장수 아낙들은 상하기 직전의 생선만 팔고, 가게도 자기 마음대로 연다. 후각을 해치는 음식을 먹어야 하는 사람은 세상에 파리인밖에 없다. 그런 것을 먹는다고 나무라면, 그는 뭘 먹어야 할지도 모르겠고 뭔가를 먹긴 먹어야 한다고 대답한다. 그래서 그는 반쯤 상한 생선을 먹고 병이 든다.

69 라발레 강둑길

예민한 사람이나 자기 건강을 소중히 여기는 사람은 라발레 강둑길[131]에서 파는 비둘기 고기를 먹지 말기를! 감히 묘사하건대, 팔리거나 소비되지 않은 그 모든 비둘기의 모이주머니에 사람들이 입으로 잠두를 불어넣는 광경을 상상해보라. 그 비둘기의 목을 잘라 반쯤 소화된 바로 그 잠두를 다시 같은 입으로 다른 비둘기에 또다시 불어넣는다. 이 비둘기들은 그다음 다음날에나 잡을 것들이다. 감염되었거나 그럴 가능성이 큰 입김이 이 식량에 얼마나 위험하고 부패한 것을 옮길지 상상해보라. 이 고기가 근사한 은쟁반에 담겨 당신의 식탁에 오를 때, 부디 라발레 강둑길의 불결한 입을 떠올리길….

이 상상을 초월하는 입은 모든 사람이 보는 가운데 공개적으로 자기의 직무를 수행한다. 그리고 모든 사람이 이런 식으로 제조한 비둘기 고기를 먹는다.

이 역겨운 광경을 묘사한 데 대해 독자 여러분의 용서를 구한다. 하지만 잠시 여러분의 비위를 건드는 것이 유용한 충고를 해주지 않는 것보다는 낫다고 생각했다.

모든 불치와 가금은 라발레 강둑길로 모인다. 생선 감독관이 있듯이 가금 감독관도 있다. 그들은 배 밑에 뿔나팔을 달고 가발 아래 깃발을 꽂고서, 가장 작은 종달새까지 서면으로 기록한다. 어린 토끼

131 가금 시장은 현재의 그랑조귀스탱(Grands-Augustins) 강둑길인 라발레 강둑길에서 열렸다.

한 마리에도 날짜가 적힌 정식 사망증명서가 있다. 이 기가 막힌 관직들은 모두 왕이 만든 것들이다. 정식 감독관의 공식 검사를 거치지 않고서는 산토끼 한 마리도 먹을 수 없다.

생마르탱 축일이나 주현절, 육식의 화요일 전야에 모든 아낙들이 직접 나와서 거위, 칠면조, 그리고 영계라고 불리는 늙은 암탉 값을 흥정하고 구입하는 모습을 보아야 한다. 그들은 식량을 손에 들고 의기양양하게 집으로 돌아간다. 그리고 온 이웃에게 내일은 쇠고기 스튜도 양 어깻살도 먹지 않는다는 것을 알리기 위해 문 앞에서 털을 뽑는다. 식욕보다 자부심이 훨씬 더 충족된다.

왕이 퐁텐블로에 머물 때만 날짐승 고기를 싸게 먹을 수 있다. 대량 소비자들이 궁정에 있기 때문에 공급업자들은 파리에서 사냥을 하지 않는다. 그래서 서민은 좀 더 싼 가격으로 닭고기를 먹을 수 있다.

70 공동식탁

공동식탁에서 식사하는 일은 외지인에게는 참을 수 없는 고통이지만, 다른 대안이 없다. 그는 뒤집혀 있는 식기를 똑바로 놓고[132] 10여 명의 낯선 사람들에 끼어 식사를 해야 한다. 따라서 예의 바르고 소심한 이가 돈 낸 만큼 챙겨먹는 것은 불가능하다.

식탁의 중앙(여기에 주 요리가 놓인다)은 단골들이 차지한다. 그들은 이 중요한 위치를 점령하고는 떠도는 이야기를 지껄여댄다. 그들은 지칠 줄 모르는 턱을 지녀 첫 신호가 울리면 게걸스럽게 먹어치운다. 그들의 혀는 두꺼워 발음을 분명히 해서 말하기는 서툰 반면에, 가장 크고 좋은 덩어리를 위장으로 내려가게 하는 데는 능숙하다. 이 장사들은 크로토네의 밀론[133]처럼 식탁의 접시들을 비운다. 그리고 산초 판사가 그의 몹쓸 의사를 저주하듯이,[134] 몇 분 후에는 그들을 저주해야 한다.

음식물을 느리게 씹는 이에게 화 있으라! 이 게걸스럽고 재빠른 두루미들 사이에서 외지인은 식사 내내 배를 주린다. 그가 시중 드는 종업원에게 배고프다고 호소해도 소용이 없다. 그가 식사하기도

132 손님이 도착하기 전에 지저분해지는 것을 막기 위해 접시를 엎어 놓았다.

133 Milon: 대식가로 유명한 기원전 6세기 그리스의 운동선수. 그는 송아지 한 마리를 하루 만에 먹어 치웠다.

134 산초 판사(Sancho Pança)는 섬의 영주가 되는 짧은 삽화 속에서 의사 페드로 레시오(Pedro Récio)가 권하는 극심한 절식을 맹목적으로 그러나 마지못해 받아들인다. 의사는 "소량의 섬세한 요리가 정신을 일깨우는 것이라고, 그리고 이것이 중요한 직책을 가진 사람들에게 가장 잘 어울리는 것이라고 믿게 했다."(『돈키호테』, 후편, 51장)

전에 식탁은 깨끗이 비워진다. 종업원은 반복적인 요구에 익숙해져 소리를 치고 협박을 해도 꿈쩍도 하지 않는다. 식사를 아주 빨리 할 줄 알아야 한다. 왜냐하면 종업원에게 말을 듣게 하기가 불가능하기 때문이다.

이 탐욕스런 맹금류는 다른 이의 몫까지 먹어치워 내장의 깊은 동굴까지 게걸스럽고 무례한 방식으로 채우고는 탐식가에서 비정한 수다쟁이로 돌변한다. 그들은 날카로운 소리를 질러 연기 자욱한 식당의 둥근 천장에 울려 퍼지게 한다. 혼란스런 주제와 이야기는 부정확한 표현과 외설적인 화제에 부응한다. 이런 곳에서는 거칠고 서툴게 접시를 나르기 때문에, 음식물이 옷에 튀지 않는다면 이는 기적에 가깝다.

이어서 사람들이 '노아의 방주(arches de Noé)'라고 부르는 싸구려 식당이 있다. 여기서는 22수짜리 식사가 제공되는데, 돈이 별로 없는 사람들이 정기적으로 식사를 한다. 그리고는 산책로와 볼거리를 찾아다닌다. 그들은 부유하지 않은 사람에게 값싼 식사가 부끄러운 것인 양, 다른 곳에서 식사했다고 허풍을 떤다.

71 카페

파리에는 600~700개의 카페가 있다. 카페는 할 일 없는 이들의 은신처요, 가난뱅이들에게는 보호소이다. 이들은 겨울에 집에서 연료를 아끼기 위해 여기서 몸을 덥힌다. 소수의 카페에서는 학구적인 모임이 열린다. 연극 작가들과 작품들을 평가하고, 그 위상과 가치를 매긴다. 그리고 데뷔하려는 시인들은 통상 여기서 더 시끄럽게 군다. 야유를 받아 경력이 끝장나서 독설가가 된 작가들도 마찬가지이다. 가장 경멸을 받는 작가가 제일 혹독한 비평가가 되는 법이다.

여기서는 작품을 상찬하거나 비판하기 위해 도당이 형성되며, 그 우두머리들은 두렵기 짝이 없는 존재가 된다. 왜냐하면 그들은 좋아하지 않는 작가를 아침부터 저녁까지 혹평하기 때문이다. 종종 그들은 이해하지 못하면서도 언제나 맹렬히 비판한다. 문학적 평판을 얻으려면 이 모든 풍파를 태연하게 겪어내야 한다.

대다수의 카페에서 나누는 잡담은 더욱더 지루하다. 그것은 신문이나 잡지에 실린 기사를 둘러싸고 끊임없이 계속된다. 파리인들의 경신(輕信)은 이 분야에서 끝을 모른다. 그들은 남의 얘기를 덮어놓고 믿는다. 그들은 수없이 속으면서도 정부가 펴내는 소책자를 다시 믿는다.

어떤 사람은 오전 10시에 카페에 와서는 저녁 11시에야 문을 나선다. 그는 우유를 넣은 커피 한 잔으로 점심을, 바바루아[135] 한 조각으로 저녁을 때운다. 부유한 멍청이는 식사를 대접해 주는 대신에 그를 비웃는다.

카페에 오래 머무르는 것은 이제 품위를 잃는 일이다. 교제의 범위가 빈약하고 상류사회에 전혀 출입하지 못한다는 것을 나타내기 때문이다. 하지만 유식하고 친절한 사람들이 모여서 자유롭고 즐거운 카페가 된다면, 지루한 사교계 모임들보다 더 좋을 것이다.

우리의 선조들은 선술집에 갔고, 그곳에서 무척 흔쾌해 했던 것 같다. 이제 우리는 카페에 가려고 하지 않는다. 거기서 마시는 검은 물[136]은 우리의 아버지들이 마시고 취했던 좋은 포도주보다 더 해롭다. 아이스크림도 파는 이런 카페에서는 우울함과 신랄함이 판을 치고 말투도 침울하다. 커피라는 새로운 음료 때문에 이러한 차이가 생겨났을까?

일반적으로 카페에서 마시는 커피는 질이 나쁘고 또 너무 볶았다. 레몬 즙이 들어간 탄산음료는 유해하고, 증류주는 건강에 해롭고 또 에틸알코올이 포함되어 있다. 그러나 체면치레에 급급한 착한 파리인은 무엇이든 마시고, 닥치는 대로 먹어치우고 삼킨다.

카페마다 수석 연사(演士)가 있다. 포부르의 어떤 카페는 견습재단공이나 견습제화공이 주재한다. 왜 안 되는가? 각 개인의 자존심이 충족되면 안 되는가?

사람들은 카페 여주인에게 치근거린다. 그녀는 언제나 남자들에게 둘러싸여 있어, 잦은 유혹을 물리치기 위해서는 높은 수준의 덕성이 필요하다. 그녀들은 모두 무척 교태를 부린다. 그러나 교태는 그 직종의 불가결한 속성으로 보인다.

135 bavarois: 특히 1770년대부터 유행했으며 바이에른의 선제후 일가가 파리에 여행했던 18세기 초부터 알려진 사탕과자를 말한다. 그들은 프로코프 카페(café Procope)에서 차에 우유와 오렌지 향이 나는 시럽을 넣어 대접했다. 초콜릿이나 커피를 넣을 수도 있다. 뒤에 바바루아는 과일 향을 넣어 휘저어 만든 크림에다가 설탕을 첨가한 앙트르메로 알려졌다.

136 커피를 말한다.

❦ 카페의 내부(에칭), 자크필리프 루테르부르(1783년)

72 1억 6천만 리브르의 남자

나는 한 카페에서 한 러시아인 옆에 앉아 있었다. 그는 내게 파리에 대해 세밀하게 물어왔다. 머리칼을 꼰 가발을 한 꽤 뚱뚱한 남자가 들어온다. 그의 의상은 약간 닳았고, 견장은 낡았다. 그는 한쪽 구석에 앉아 권태로움의 완만함으로, 그리고 무위도식의 의기소침함으로 바바루아를 입에 밀어넣는다.

나는 러시아인에게 말한다.

"하품 하면서 먹고 있는 저 사람을 잘 보세요."

"예."

"저 사람이 국가와 국고의 버팀목입니다."

"네?"

"프랑스 국왕에게 매년 1억 6천만 리브르를 주어 육군, 해군, 왕실을 유지할 수 있게 하는 것이 바로 저 사람입니다. 그는 5개의 대규모 징세청부업체에 청부를 줍니다. 그저께 그는 왕과 계약을 체결했습니다. 징세청부업자들은 그의 대리인이자 직원입니다. 그들은 모두 그의 이름으로 일을 합니다. 그의 이름이 프랑스 전체에 가득합니다. 그는 왕족들의 사륜마차를 방책에서 멈추게 할 수도 있습니다. 그는 원하는 모든 곳을 방문합니다. 그는 부르주아들이 원하지 않아도 소금을 먹게 만듭니다. 그는 대서양 연안의 촌부(村婦)가 항아리에 바닷물을 담지 못하게 합니다. 그는 모든 소송서류에 인지를 붙이게 합니다. 그는 자기 이름으로 평민만이 아니라 대영주에게도 소환장을 보냅니다. 그의 영향력은 막강합니다. 그는 모든 소송에서 이기고, 그에게 피해를 입히는 사람들은 중노동형에 처해지고 때로는 교수형을 당하기도 합니다. 그는 개인적인 재판권을 행사하며, 판사들은 그에게 아주 잘 봉사합니다. 그의 인신은 매우 존귀합니다. 왜냐하면 그것은 국왕에게 신용의 담보물이 되기 때문입니다. 만약 그가 지불하지 않으면, 프랑스 국왕은 그의 인신을 압류합니다. 그러나 그는 매우 잘 지불하고, 게다가 욕심이 없습니다. 사람들은 이런 징세방식이 왕국을 파산시킨다고 떠들어대지만, 이는 헛소리에 불과합니다. 간청하건대, 상트페테르부르크로 돌아가시거든 러시아인들에게 확실하게 말씀해 주시죠. 그 사람은 1년에 1억 6천만 리브르 이상을 거두지만, 연봉은 단 4천 프랑에 불과합니다. 그는 그 이상은 단 한 푼도 쓰지 않습니다. 이는 가장 엄격하고 철저한 절약의 본보기입니다. 그의 직원들이 다소 불성실하고 언제나 약간의 횡령을 저지르는 것은 사실입니다. 그들은 그보다 더 부유합니다. 그럼에도 불구하고, 그는 흔들리지 않고 절도를 지킵니다. 모든 징수가 언제나 그의 청구에 의해 이루어집니다. 당신네 나라에는 1억 6천만 리브르를 모아 국고에 넣으면서도 단 4천 프랑의 보수만을 받는 사람이 있습니까? 프랑스 국왕은 싼 값으로 봉사를 받고 저 사람이야말로 능숙하고 충직한 종복이라는 점을 인정해야 합니다."

러시아인은 내가 무슨 말을 하려는지 이해하지 못했기에 놀라서 눈을 크게 떴다. 그래서 나는 그에게 로랑 다비드(Laurent David) 및 장 알라테르(Jean Alaterre)의 후임자인 니콜라 살자르(Nicolas Salzard)가 어떤 사람인지를 설명해 주어야 했다. 러시아인은 징세청부의 권한을 갖고 유럽의 면전에서 왕과 계약을 체결했던 자가 문지기 출신의 시종에 불과하다는 것을 알고는, 니콜라 살자르 앞에서 박장대소하지 않을 수 없었다.

살자르는 이에 조금도 개의치 않았다. 그는 천천히 일어나 계산하고 태연하게 나갔다. 국가의 수입과 밀접하게 연결되어 있는 그의 몸을 어느 쪽으로 향해야 할지 모르는 것 같았다.[137]

137 메르시에는 '징세청부업체(Ferme générale)', 말하자면 간접세(소금세, 보조세, 입시세, 거래세, 인지세 및 담배전매contrôle des actes et des tabacs)의 징수를 암시적인 방식으로 거론한다. 간접세의 징수청부 계약은 중요하지 않은 인물과 체결했다. 그는 자기 이름을 사용하지만, 사실상 징세청부업자들과 보좌관들로 이루어진 금융회사의 대리인에 불과했다. 국왕이 지명하는 징세청부업자가 개인적으로 징세를 책임졌다. 그 수는 징세청부제의 연이은 개혁에 따라 변화했다. 1749년에 42명, 1768년에 72명, 1774년에 87명이었다가, 1780년 네케르의 개혁 후에는 다시 44명이 되었다. 청부계약권의 소지자는 재무총감의 시종에 불과한 명의대여자이기 십상이었다. 다비드는 테레(Terray)의 측근으로서 1774~1780년에 그 역할을 하면서 1억 5,200만 리브르의 청부계약을 했다. 네케르는 1780년에 청부계약권을 1억 2,290만 리브르라는 더 적은 총액을 받고 살자르에게 주었다. 징세청부업체의 징세권의 범위는 보조세와 인지세 및 담배전매에 대한 권한을 박탈하는 개혁으로 축소되었다. 이 개혁은 국왕 행정에 의한 간접세의 직접 징세를 향한 첫걸음이었다. 이는 1750년대 말부터 중농주의자들과 자유주의자들이 이러한 매우 인기 없는 징세방식을 개혁할 목적으로 제안해온 제도였다. 그런데 여기에서 메르시에의 정보는 부분적이다. 알라테르는 다비드의 후임자가 아니라 전임자이며, 살자르의 청부 총액은 6년 전 다비드의 그것보다 적었다.

73 몽상가들

다른 카페로 들어가 보자. 한 남자가 당신의 귀에 대고 차분하고 침착한 목소리로 소곤거린다.

귀하는 정부가 내게 얼마나 무례한지, 자신의 이익을 제대로 알지 못하는지 상상조차 하지 못할 것이다. 지난 30년간 나는 생업을 때려치우고 방에 틀어박혀 궁리하고 숙고하고 면밀히 계획했다. 나는 국가의 모든 부채를 탕감할 수 있는 훌륭한 계획을 구상했고, 이어서 국왕에게 '4억 리브르'의 수입을 보장해 주어 국왕을 부유하게 하는 다른 계획을 구상했으며, 또 이어서 이름만 들어도 나를 분개하게 하는 영국을 영원히 패배시켜 우리의 상업이 전 세계의 으뜸이 되고 유럽의 으뜸 국민에게 속하도록 하는 다른 계획을 구상했고, 또 이어서 우리를 동인도의 주인으로 만드는 다른 계획을 구상했고, 또 조만간 우리에게 골탕을 먹일 이 황제[138]의 행동을 저지할 다른 계획을 구상했다. 왜냐하면 나는 그의 불같은 야심과 우리에 대한 은밀한 증오를 간파했기 때문이다. 이런 계획들이 유용함은 모든 대신들에게 너무도 명백했다. 그리고 '침묵은 승인의 표시이다'. 그러나 그들은 이를 인정하는 데 인색하며, 그들의 배은망덕은 끔찍하다. 나는 천재성의 적용을 요구하는 이 광대한 역사(役事)에 전력을 기울였건만 가정의 빈곤으로 시간을 빼앗겼고, 용의

138 루이 16세의 손위 처남인 요제프 2세를 말한다. 마리앙투아네트가 상징하는 오스트리아 동맹에 대한 반감은 점증했고, 이는 '몽상가들'에만 국한하지 않았다.

주도한 채권자는 나를 3년 동안 감옥에 가뒀다. 그리고 프랑스의 이름으로 영광을 받아 마땅한 자가 대신들로부터 하찮은 통행증[139] 이외에 아무것도 얻을 수가 없었다. 그들은 나의 모든 착상들을 탈취하려고 내가 죽기를 기다린다. 그러나 나는 그런 불공정한 도둑질에 미리 항의한다. 앞으로 100년간 일어날 좋은 일들은 모두 내 덕일 것임은 물론이다. 그러나 귀하는 애국심이 충만한 조국의 순교자는 이름도 남기지 못하고 죽는다는 것을 알게 될 것이다.

이처럼 파리에는 뜨거운 가슴을 갖고 공익을 위해 열렬히 애쓰는 신사들, 경제학자들과 반경제학자들이 많다. 그러나 불행히도 그들은 '머리가 약간 돌았다'. 말하자면 그들은 시야가 좁아 어떤 시대에 살고 있는지, 누구를 상대하는지를 모른다. 그들은 희미하고 잘못된 계몽을 지녀 불가능한 원리에서 출발하고, 따라서 시종일관 횡설수설하며, 멍청이보다도 견디기가 더 어렵다. 혹자는 도덕적 확실성에서 출발한다. 그런데 이것은 물리적 힘을 가져야만 한다. 물리적 힘은 불변의 체계만을 인정하는 반면에, 정치는 본성상 유동적이다. 그들 모두는 거창한 계획을 구상한 뒤에, 모든 것이 더 한층 잘못되어 가는 데 대해 놀라워한다. 물리학자(mécanicien)는 왜 그들의 계획이 몽상에 불과한지를 말해줄 것이다. 그는 하천의 폭을 좁히고 제방을 높이고 도르래를 회전시키고자 할 때, 운동량과 저항, 그리고 단단한 기계를 마모시키는 마찰의 법칙을 잰다. 그리고 물리적 힘을 극복하기 위해서 그는 한결같이 물리적 힘에 도움을 요청한다.

139 그 소지자가 빚 때문에 투옥되는 것을 미리 막기 위해 발행되었던 통행증을 말한다.

74 세관

세관은 니콜라 살자르의 지시를 받는다. 세관은 귀머거리 같은 서기들, 불쾌한 얼굴을 하고 술내를 풍기며 여기저기 흩어져 있는 봇짐 사이로 뛰어다니는 인부들로 꽉 차 있다. 그곳에서 불쌍한 외지인은 길을 잃고 누구에게 말을 걸어야 할지 모른다. 지나가는 사람들에게 불평을 토로해 보았자 헛일이다. 아무도 들어주지 않는다. 그는 1주일간 양말이나 셔츠 없이 지낼 판이다. 그는 뒤엉켜 있는 3,000~4,000개의 상자 속에 묻혀 있는 자신의 가방이나 트렁크를 찾아내야만 한다. 마치 노시에 불이 나서 건져낼 수 있었던 모든 것을 뒤죽박죽 쌓아놓은 듯하다. 가까스로 짐을 찾았다고 하더라도, 그것의 외관은 달라졌을 것이다. 찢기고 반쯤 열려 있고 진흙이 묻고 주소가 없어진 상태일 것이다. 가방을 다시 보고 찾기까지 그는 아침부터 저녁까지 줄곧 서 있어야 한다. 게다가 민첩하고 건장한 인부의 어깨 위에서 그것을 잃어버릴 위험도 있다. 인부는 미로 같은 도로에서 외지인을 따라 걷기보다는 뛰어다녀서 자기를 좇아오게 만든다.

웃옷과 수면모(睡眠帽)를 찾기까지 서명을 10회 하고 6군데의 사무실에서 돈을 내야 한다. 귀하의 옷장은 가장 면밀한 조사를 받는다. 니콜라 살자르의 서기는 귀하가 몇 벌의 바지를 갖고 있는지도 알게 될 것이다.

이처럼 가공할 세관, 그것은 상업의 죽음이다. 마치 세계의 모든 재산이 프랑스의 세관에 속하고 귀하에게 궤와 봇짐을 돌려주어 은

총을 베푸는 듯하다.

이러니 프랑스를 여행한다는 것이 얼마나 커다란 즐거움이겠는가! 귀하의 가방은 각 주의 경계에서 열린다. 귀하는 30리외를 여행할 때마다 가방을 뒤죽박죽인 채로 돌려받는다. 이 모든 것은 니콜라 살자르의 지칠 줄 모르는 호기심을 만족시키기 위한 것이다.

75 국고

오늘날 모든 것이 국왕의 손아귀에 있듯이, 왕국의 모든 돈이 모이는 곳도 거기이다. 온갖 종류의 세금에 의해 모든 6리브르짜리 금화는 5~6년 안에 거역할 수 없는 힘을 따라 거기에 이르게 마련이다. 인력의 법칙도 이보다 더 활동적이고 거침없는 힘을 갖지 못한다. 그것은 옥좌의 다리 부분을 끊임없이 적시지만, 물을 퍼내 때때로 돌연히 메마르기도 하는 큰 강이다. 과부의 쌈짓돈이, 날품팔이들의 숨겨놓은 동전이 도달하는 곳도 그곳이다. 이 광활한 물줄기, 황금의 상을 이루기 위해 얼마나 많은 눈물이 흘렀던가!

많은 출납관들이 번갈아 우물로 내려오는 큰 양동이처럼 거금을 꺼내간다. 이것은 육군, 해군, 포병대, 축성, 파리 시청의 공채에 대한 이자, 국왕이 합리적으로든 전횡에 의하든, 왕국 내에서 행하는 모든 지출을 위한 것이다.

국고에 쌓아둔 거금을 앗아가는 손쉬운 재빠른 속도는 15만 명에 달하는 서기들의 고되고 끝없는 노력과 대비된다. 이들은 한 손에 검을 들고 다른 손에 붓을 들고 폭력적으로 조그만 조각들을 요구한다. 이 조각들은 엄청난 양의 주화 더미를 이루게 되지만, 저수 탱크 바닥에 쌓이자마자 녹거나 사라져 버린다.

압축의 빨펌프가 중단 없이 격렬하게 작동해도 저수 탱크는 거의 언제나 말라 있다. 그래서 국민은 극도로 지쳐서 무기력하고 기진맥진한 상태로 쓰러질 지경이다.

현재 프랑스는 땀에 흠뻑 젖어 있다. 땀방울이 이마에서 흘러내린다. 프랑스가 이 격렬한 운동을 오랫동안 견뎌낼 수 있을까? 프랑스의 실제 힘을 제대로 계산했는가? 그것을 작동시키는 움직임은 약해지지 않을 것임을 나는 안다. 그러나 대중적 표현을 빌면(내가 프랑스의 힘을 매우 사랑하기에), '프랑스는 언제까지나 바이올린처럼 빨리 움직일 수 있겠는가?'[140]

140 구체제의 세제에 대한 이런 암울한 전망은 당시 국가가 수행한 징수의 현실에 잘 부합하지 않지만, 국왕의 징세에 대한 여론을 충실하게 반영한다. 주민들의 전반적인 거부 반응을 부른 것은 그 전체 액수보다도 낙후된 징수방식, 세리의 난폭성, 특히 과세의 극단적인 불평등이었다.

76 금리생활자들

자신의 자본을 목숨에 투자하고, 국왕을 포괄적인 유증 수혜자로 삼아 그에게 10%의 이자를 받고 자신의 후세를 파는 이들을 이렇게 부른다. 그들은 형제와 조카 및 사촌들, 친구들, 그리고 때때로 친자식의 상속권을 박탈해 왔다. 그들은 결혼하지 않으며, 4분기마다의 지불금을 기다리며 매일 아침 아직 죽지 않았다고 기분 좋게 생각하며 무위의 생활을 한다. 6개월마다 그들은 길모퉁이 공증인 사무실에 가서 살아 있음을 증명하는 수령증에 서명한다.

그들의 몫으로 돌아온 것을 그들은 주석에서 재투자한다. 그리고 상업을 부양하고 산업을 지탱해줄 이 돈은 국왕의 금고 속으로 영원히 사라진다.

이 금고들은 끌어들일 수 있는 모든 것을 끌어들인다. 금고들은 국채를 위해 언제나 열려 있고, 사람들이 내놓는 모든 금을 지치지 않고 빨아들인다.

알다시피 수종 환자의 갈증은 물을 마시는 중에도 더 심해진다. 사람들은 언제나 마셔댄다. 주지하다시피 유행병은 파리 시청의 부담을 줄여준다. 말하자면 죽음과 협연하면 큰 득이 된다는 것을, 죽음의 날렵한 낫은 일정 기간에 금융가가 아닌 계산 전문가가 만든 확률표가 예상하는 것보다 더 많은 목숨을 앗아간다는 것을 사람들은 잘 안다. 연금 지불인들은 왕권이 얻는 것이 무엇인지를 잘 안다. 그리고 못지않게 돈에 굶주린 대귀족들은 참으로 군주를 모방하고자 한다. 군주는 로마의 원로원이 그랬듯이 의사들을 결코 추방하지 않을 것이다.

어떻게 현명한 정부가 종신연금에서 비롯하는 수많은 믿을 수 없는 무질서에 문을 열어주었단 말인가? 친척관계의 유대가 끊기고, 아무 일도 안 해도 연금을 받고, 독신이 정당화되고, 이기주의가 의기양양하고, 엄격함이 체계적으로 또 실제적으로 감소한다. 이것들이 종신연금에서 유래하는 가장 사소한 단점들이다. 금리생활자들에게는 파리 시청만이 보인다. 파리 시청이 문을 닫지만 않는다면, 시청 주위의 것은 그에게 중요하지 않다. 그는 평생 계산을 잘못 하고 사는 셈이다. 왜냐하면 그는 쥐꼬리만한 연금을 보장받기 위해 연금지불 의무자가 모든 것을 소유하고 모든 것을 차지하기를 원하기 때문이다. 이러한 미끼는 너무 쉽게 이기심과 개인의 배타적인 향유를 득세하게 만들어, 종신연금을 받기만 한다면 더 이상 친척도, 친구도, 시민도 필요 없게 만드는 것이 아닌가? 우정, 사랑, 일가친척, 애정은 종신연금을 받기 위해 희생시켜야 하는 것이다. 9~10%, 그리고 '나 죽은 뒤에 무슨 일이 일어나든 아무 상관없다', 이것이 사람 죽이는 득의만만한 금언이다.

나는 금리생활자들에게 농촌의 순수하고 자유로운 공기 속에서 연금으로 먹고 살 것을 권고한다. 큰 도시에서는 오래 못 산다. 이는 경험으로 입증된 사실이다. 도시에서는 매일 시간의 질서와 계절의 질서를 뒤집는 생활방식을 따른다. 사망이 탄생보다 언제나 많다. 나는 그들에게 가급적이면 오래 살아서 연금지불 의무자를 실망시킬 것을 권고한다. 그러나 그들이 그에게 이길 수 있는 유일한 길은, 수도로부터 멀리 가는 것이다.

결혼 적령기가 지난 여자들이 파리에는 셀 수 없을 정도로 많다. 그녀들은 종신연금 계약을 했기 때문에 혼인계약을 하지 못하는 것이다. 왜냐하면 조금만 심사숙고하면 그런 결혼에서 태어날 애들의 불가피한 가난에 생각이 미치기 때문이다.

종신연금 계약은 언제나 개인을 고립시키고, 그가 시민의 의무를 다하는 것을 방해한다.[141]

141 메르시에는 재정 적자, 더 나아가 선행하는 공채의 이자를 갚기 위해 국가가 돈을 빌리는 일반화된 관행을 고발한다. 18세기를 통해 한 사회적 범주가 만들어졌다. 이것이 금리생활자들이다. 이들은 국가의 채권자로서 국고에 빌려준 상당한 금액에 대해 매년 지불받는 이자로 살았다. 상업이나 산업에 투자될 자본이 이렇게 사라졌다. 메르시에는 특히 국가가 채권자들에게 지불하는 종신연금, 즉 수혜자가 죽으면 지급을 멈추는 연금의 관행을 비판한다. 저축을 이런 식으로 투자하는 것은 결국 그의 상속자들로부터 자본을 빼앗는 것이다.

77 검은 복장

검은 복장을 하면 유행을 따를 필요가 없고, 색깔 있는 옷을 입지 않아도 된다. 상중(喪中)인 것으로 간주되기 때문이다. 그리고 이 상중이 영원한 것인 양, 모든 곳에서 이 옷차림으로 지낸다.

검은 복장은 사실인즉 생활의 여유가 없음을 알리는 셈이다. 그래서 청탁인들, 퇴역장교, 소득이 늘지 않는 연금생활자들, 작가들 등이 검은 복장을 하고 다닌다. 이들은 호의적인 관심을 끌고 주목을 받고 은급을 부탁하려고 때때로 검은 옷을 입는다. 몇몇은 이런 책략으로 성공을 거뒀다. 이를 소리 높여 지적하는 것은 매우 무례한 일일 것이다.

꽤 자주 일어나는 궁정의 상사(喪事)들은 선량한 파리인들에게 지출을 면해 준다. 이런 상사들은 대다수 사람들의 옷차림을 편하게 해준다. 운명이 평등하게 느껴지는 것도 이때이다.

따라서 왕들의 서거는 파리에서 난처한 일이 아니다. 국상(國喪)은 모두를 만족시킨다. 왜냐하면 검은 옷은 진흙, 불순한 계절, 절약, 오랜 몸치장에 대한 반감과 완벽하게 어울리기 때문이다. 내가 아는 한 시인은 이렇게 외쳤다. "나는 왕에게서 상속을 받았다. 뭐라고? 왕이 돌아가신 덕에 나는 이번 봄에 옷 한 벌 값인 20피스톨[142]을 쓰지 않았거든. 나는 자비로운 폐하를 위해 기꺼이 상복을 입을 것이

142 『트레부 사전』에 따르면, "오늘날 피스톨은 10리브르에 해당하는 명목화폐이다."

네."

보석상이 국상에 왕의 이름을 잘못 쓴 상복을 입는 것을 보는 일은 꽤 우습다. 그러나 그런 관행이 퍼져서 사회의 최하층민에게도 더 이상 웃음거리가 아니다. '정식 복상기'가 지나 '약식 복상기(略式服喪期, petit deuil)'[143]가 되면, 부유하지 못하거나 옷을 입을 줄 모르는 사람들은 자신들의 신분을 드러낸다. 사교계 인사들은 화려함을 되찾고, 머리에서 발끝까지 검은 옷밖에 입을 수 없는 가난한 자들을 비웃는다.

가장 화려한 볼거리는 이 약식 복상기에 나타난다. 여인들과 이들이 패용한 다이아몬드가 화려한 광채를 발하는 것은 바로 이때이다.

143 구체제의 프랑스에서는 정식 복상기와 약식 복상기를 구분했다. 부부의 경우 복상 기간이 홀아비는 1년이고, 과부는 2년이었다. 과부는 1년간의 정식 복상기에는 검은 옷만 입을 수 있었고, 약식 복상기에는 다른 색 옷과 치장이 허용되었다. 국상에서도 정식 복상기와 약식 복상기를 구분했다.

78 사기꾼들

가론 강가에서 올라온 젊은이들,[144] 양복점과 여인숙 주인의 아들들 등은 방책에서 명사인 척하고 상모(象毛)를 휘날리며[145] 귀족을 자처한다. 그들은 약간의 재치와 대담함으로 선량한 파리인들에게 더할 나위 없이 뻔뻔스럽게 거짓말을 한다. 그들은 고향에서의 송금을 기다리며 사방에 외상을 진다.

파리의 상인은 상품이 팔리지 않아 그냥 놔두기보다는 잃어버리는 것을 더 좋아한다. 이 젊은이들이 기사, 백작, 후작 등의 칭호를 사용하게 놔둔다. 이 후작들, 백작들, 기사들은 가구 딸린 방에서 산다. 그들이 건방지고 거들먹거리는 것으로 그치고, 몇몇 엉뚱한 여성이나 죽은 남편의 재산을 상속받은 과부들로부터 도움을 받는 것으로 만족하는 한, 경찰은 신경 쓰지 않는다. 그들에게 관용을 베푸는 것이다. 그러나 그들이 사소한 사기행각이라도 벌이면, 경찰은 비세트르에서 그들의 '귀족직을 박탈한다.'

말단 귀족은 하찮은 계약에서도 '높고 강력한 영주'로 자칭한다. 공증인은 구술하는 것을 그대로 적을 뿐이다. 따라서 이름과 작위를 사칭하기는 믿을 수 없을 정도로 쉽다.

144 메르시에는 가스코뉴 사람들을 허풍을 떠는 거짓말쟁이로 보는 파리의 평판을 퍼뜨리고 있다.

145 "모자 테에 단 타조의 생 깃털을 이렇게 부른다." 이는 '지체 있는 도련님'의 표식이다. 『트레부 사전』에서는 상모가 "또한 의미 확장과 조롱조로 상모를 착용한 젊은이, 주로 귀족 도령을 일컫는다"고 명확하게 밝혔다.

신인들은 자기 나름대로 더 높은 계단으로 올라가려고 애쓴다. 그들은 자신의 출신을 잊게 만들려고 노력하며, 자기 소유지를 후작령으로 승격시키려고 혈안이 되어 있다.

이렇게 과도한 허영심은 엄청나게 많은 사람들을 제정신이 아니게 만든다. 그래서 오늘날엔 진정한 귀족 가문은 4~5개에 불과하다고 여기게 되었다. 아주 현명한 판단이다. 왜냐하면 우리를 어리석게 만드는 모든 편견 가운데서 가장 부조리하고 뻔뻔한 편견은 귀족의 편견이기 때문이다. 그 편견에 따르면, 귀족 출신의 거의 모든 사람들은 교육과 계몽지식 덕에 똑같은 계보에 속한다는 것이다. 진짜건 가짜건, 조상의 이름을 들먹이며 동류 시민들에서 분리되려는 이런 무리를 조롱거리로 만들어야 한다. 귀족들이 어떤 칭호를 사용하고 사칭하든, 출생의 우연으로 어떤 칭호를 받았든, 이들에 비해 동류 시민들은 더 정직하고 유익하고 존경받을 만하다.

79 방랑자

보통 가스코뉴 사람은 100피스톨의 지대 수입으로 견딜 수 있는 한 먹고 지내며, 싸구려 식당에서 식사하고 바바루아로 야식을 하고, 허영심에 가득 차 마치 1만 에퀴의 지대 수입을 가진 양 뻐기며 산보한다. 그는 가구 딸린 방에서 아침부터 외출하여 저녁 11시까지 파리 전역을 떠돌아다닌다. 그는 예배를 드리지도 않으면서 모든 교회에 출입하고, 자신에게 눈길 한 번 주지 않는 이를 찾아가고, 소송사건이 없는데도 재판소를 부지런하게 드나든다. 그는 시내에서 일어나는 모든 것을 보고, 모든 공적인 행사에 참석하며, 구경거리가 되는 그 어떤 것도 놓치지 않고, 밀정이나 환전상보다도 더 빨리 구두가 닳는다.

이런 방랑자가 죽게 되면, 그를 위해 다음과 같은 묘비명이 가능할 것이다. "그는 삶을 그쳤고, 그는 달리기를 그쳤네."

이집트의 왕인 위대한 아마시스[146]는 모든 사람들에게 어떻게 살아가는지 매년 법관에게 보고하라고 명령하는 법을 제정했다. 이 법이 우리나라에 있다면 답변하기 매우 난처한 사람들이 많을 것이다.

146 기원전 569~525년의 이집트 왕.

80 라탱 구역

생자크 길, 생트주느비에브 언덕, 라아르프 길로 둘러싸인 구역을 라탱 구역라고 부른다. 여기에 대학의 콜레주들(collèges)[147]이 있어 수단을 입은 소르본 대학생들, 커다란 주름 깃을 한 선생들, 법대 및 의대 학생들이 오르내리는 것이 보인다. 이들은 가난해서 이런 길을 택한 것이다.

코메디 프랑세즈가 라탱 구역에 있었을 때, 1층 입석 관객들의 수준은 오늘날보다 훨씬 높았다. 그들은 배우들을 키우는 법을 알았다. 요즘 배우들은 대학생들의 유익한 비판을 받지 않게 되었고, 교양 없는 관객들을 상대하게 되어 수준이 떨어졌다. 왜냐하면 이제 1층 입석에는 생토노레 길의 점원이나 세관과 징세청부업체의 말단 서기만이 보이기 때문이다. 이처럼 예술의 완성은 거의 지각할 수 없고 식별하기 어려운 관계에서 기인한다.

147 18세기의 파리 대학에 콜레주는 50개가 넘었다.

81 콜레주 등

콜레주와 무료 데생 학교들이 종종 많은 젊은이들이 소질이 없음에도 예능 분야로 몰려들게 만드는 악폐를 퍼뜨린다. 파리 프티 부르주아들의 이러한 유해한 타성으로 수공예 작업장에 지원자가 줄어 사회질서에 심각한 문제를 발생시킨다. 이런 데생 학교는 엉터리 칠장이를 배출할 뿐이다. 그리고 '종합 콜레주'[148]는 재산 없는 이들을 서기로 키워 세상에 널리 퍼뜨린다. 이들은 오직 돈을 위해 붓을 들며, 가난과 무능력으로 도처에서 잇속만을 밝힌다.

현재의 학습 진도표는 매우 잘못되어 있어서, 아무리 우수한 학생이 10년을 공부해도 모든 분야에서 배우는 것이 별로 없다. 문인들을 보면 참으로 놀랄 수밖에 없다. 그들은 독학으로 배운 것이다.

먼저 한 언어를 철저하게 알아야 다른 언어를 잘 배울 수 있는데도, 많은 현학자들은 아동들이 모국어를 알기도 전에 라틴어를 가르치려고 한다. 우리의 모든 교육체제에서 얼마나 잘못된 생각이 퍼져 있는지!

148 '종합 콜레주(grands collèges)'는 인문학, 과학, 언어, 철학 등 모든 분야의 지식을 제공한다. 반면에 '단과 콜레주(petits collèges)'는 이들 가운데 일부만을 가르친다. 예수회가 추방당했을 때, 파리 대학은 예수회 소유의 루이르그랑 콜레주(클레르몽 콜레주의 후신)를 차지하여, 1763년 11월에 쇠퇴한 30개의 '단과 콜레주'의 장학금과 장학생들을 이곳으로 이관시켰다. 그리하여 『트레부 사전』(1771)에 따르면, 파리 대학에는 "콜레주가 50개가 넘는다. 10개의 종합 콜레주와 장학생들을 위해 세워진 40여 개의 다른 콜레주들이 있다. 후자는 이제 루이르그랑 콜레주를 통해 단일한 행정에 통합되었다"고 한다.

10개의 종합 콜레주에서 라틴어를 배우는데 7~8년을 들이지만, 100명 가운데 90명은 라틴어를 깨우치지 못하고 졸업한다.

이 콜레주들의 모든 교사들은 현학적인 태도에 너무 깊이 물들어서, 거기서 벗어나기란 불가능하다. 심지어 그들이 교사직을 그만둔 후에도 그런 태도는 사라지지 않는다. 그들의 어투는 이 세상에서 가장 우스꽝스럽고 견디기 어렵다.

내 귀를 두드리는 최초의 명사는 로마라는 이름이다. 내가 기초를 떼게 되면, 로물루스와 그의 늑대, 그리고 이어서 카피톨리누스 언덕과 테베레 강에 대해 듣게 된다. 브루투스, 카토, 스키피오누스의 이름들은 꿈에까지 나를 따라다닌다. 키케로의 친숙한 서한들이 내 기억 속에 쌓인다. 다른 한편, 교리문답 지도교사가 일요일에 나타나서 로마가 제위(帝位)의 폐허 위에 교황이 자리하고 있는 세계의 수도라고 또다시 말한다. 그 결과 나는 파리에서 멀리 떨어져 있지 인이 되는 반면에, 본 적도 없고 앞으로도 십중팔구 영원히 보지 못할 로마에서 살게 된다.

티투스 리비우스의 『로마사』는 이처럼 학업기간에 나의 뇌를 점령하기에, 내가 이런 고대 로마인들의 운명을 함께 한 이후에 다시 조국의 시민이 되는 데는 많은 시간이 필요하다.

나는 로마 공화정의 모든 수호자들과 함께 공화파였다. 나는 가공할 만한 상대인 한니발에 맞서 원로원과 함께 싸웠다. 나는 그 찬란한 카르타고를 멸망시켰다. 나는 갈리아에서 로마 장군들의 행군을, 독수리들의 개선의 비상을 함께 했다. 그들이 내가 태어난 나라를 정복하는 것을 아무런 두려움 없이 지켜봤다. 나는 카이사르의 모든 주둔지를 소재로 비극을 쓰려고 했었다. 그리고 나는 몇 년 전에야 비로소 상식의 섬광 덕에 다시 프랑스인과 파리의 주민이 된 것이다.

우리가 라틴어 공부 덕에 공화국을 지지하게 되고, 위대하고 광활한 역사를 지닌 공화국을 되살릴 수 있기를 원하는 것은 확실하다. 원로원, 자유, 로마 인민의 존엄과 승전들, 카이사르의 당연한 죽음, 법의 파괴를 견디며 살아갈 수 없었던 카토의 단도 이야기를 듣다가, 로마를 떠나 다시 파리 누아예 길의 부르주아가 되는 것은 여간 힘든 일이 아니다.

그렇지만 젊은이들에게 끊임없이 그런 낯선 이념들을 품게 하는 동시에, 그들이 안전과 출세와 행복을 위해 그런 이념들을 아주 재빨리 잃고 잊어버려야 하는 일이 벌어지는 것은 바로 군주제하에서이다. 교수들이 왕권을 공격하는 모든 감동적인 수사법에 대해 진지하게 설명하도록 돈을 지불하는 것은 바로 절대군주이다. 그 결과 파리 대학의 졸업생은 약간의 상식이라도 있으면 베르사유에 있으면서도 본의 아니게 타르퀴니우스, 브루투스,[149] 왕권에 대한 모든 용감한 적대자들을 생각하게 된다. 따라서 그의 가엾은 머리는 어떻게 해야 할 바를 모른다. 그는 바보이자 타고난 노예이거나, 아니면 호민관도, 십대관도, 원로원 의원도, 집행관도 없는 나라에 익숙해지기 위해 시간이 필요할 것이다.

149 타르퀴니우스는 장인 세르비우스 툴리우스를 왕위 찬탈자로 간주하여 폐위시켰던 타르퀴니우스 수페르부스를 말한다. 브루투스는 시저의 암살자가 아니라 타르퀴니우스를 내쫓은 루키우스 유니우스 브루투스를 말한다. 그는 아들들을 군주제를 재확립하고 타르퀴니우스를 다시 왕으로 옹립하기 위해 음모를 꾸몄다는 이유로 사형에 처했다.

82 해부학

나는 콜레주에서 교수가 1년 동안의 자연학(physique) 강의의 마지막에 야만적인 실험을 하는 것을 보면 언제나 분개한다. 살아 있는 개는 네 발에 못질을 당한다. 개가 고통으로 울부짖어도 해부용 칼이 개의 몸에 박힌다. 내장이 열리고, 교수는 팔딱거리는 염통을 만진다. 과학은 잔혹함을 수반해야 하는가? 그리고 학생들은 사형집행인이 되지 않고는 약간의 해부학 지식을 배울 수 없는 것인가?

뱅슬로[150]의 기법은 매우 혐오스러운 측면이 있다. 해부학자는 죄하층민과 어울리고, 매장 인부들과 거래해야 한다.[151] 이런 식으로 시신을 얻는 것이다. 돈이 없는 학생들은 밤에 묘지의 담을 넘어 들어가, 전날 매장한 시체를 훔쳐 수의를 벗긴다. 관을 부수고 망자들의 묘소를 모독한 뒤에 시신을 반쯤 접어 채롱에 담아 해부학 교실로 가져온다. 시신을 자르고 해부하고 나서 해부학자는 그것을 다시 가져다 놓을 생각은 하지 않는다. 그는 하천이든 하수구든 변소든 가능한 장소에 시신의 조각들을 던져버린다. 인골은 사람들이 먹고 버린 동물의 뼈들과 섞이고, 따라서 퇴비 더미에서 인체의 잔해

150 Winslow(1669~1760): 1698년 프랑스에 자리잡은 덴마크 출신의 해부학자. 보쉬에에 의해 가톨릭으로 개종하여 왕립 식물원의 해부학 교수, 1707년에 과학 아카데미의 회원이 되었다.

151 묘혈을 파는 인부들은 결코 겨울에 화목을 사지 않음에 주목하자. 그들은 묘지에서 잘라서 가져오는 관 조각으로 난방을 한다. 같은 이유로 그들은 속옷을 사기 위해 돈을 지출할 필요가 없다.

를 발견하는 일은 드물지 않다.

해부용 칼을 다루는 이들은 모두 특히 파리를 좋아한다. 여기서는 해부학 연구를 하기가 매우 편하기 때문이다. 시신이 많고 값이 싸다. 겨울에는 더욱 싸다. 해부학 과장은 시체를 10~12프랑에 사서 학생들에게 1루이(20프랑)나 10에퀴에 되판다. 묘지의 매장 인부들과 외과교수 제자들 사이에 거래가 꾸준하다. 해부학 무료 강의를 들으러 가면 전날 슬퍼하며 매장한 자신의 아버지, 형제, 친구를 검은 대리석 위에서 만날 수도 있다. 이는 생각만 해도 끔찍하다.

의학과 외과학의 발전이 해부학에 달려 있기 때문에, 정부는 이 분야의 인사들이 이런 수치스러운 암거래를 하는 것을 용인하고, 이로 인해 벌어지는 파렴치하고 역겨운 광경을 예방하지 않은 것인가?

법조문에 따르면, 뱅슬로나 페랭[152] 같은 사람들은 신성모독자요 분묘 훼손자라서 엄중한 형벌을 받았어야 했다. 이처럼 우리의 법, 풍속, 관행, 이 모든 것은 영원히 서로 모순된다.

만약 옛 사람이 다시 살아오면, 시신의 소유가 법으로 금지된 나라의 왕립 아카데미 강당을 보고 얼마나 놀라겠는가! 옛 사람들에게 시신은 존경심을 갖고 장작 더미에 모시는 신성한 대상이었다. 감히 시신에 손을 대는 사람은 부정을 탔다고 간주되었다. 시신이 끔찍스럽게 잘리고 훼손된 것을 보면, 젊은 외과 의사들이 맨 팔에 유혈이 낭자한 채로 이 무시무시한 수술을 하면서 장난치고 웃는 것을 보면, 옛 사람은 뭐라고 할까?

오텔디외 병원(Hôtel-Dieu)은 시신을 넘겨주지 않으므로 수를 쓰

152 외과 의사인 앙투안 페랭(Ferrein, 1693~1769)을 말한다. 콜레주 드 프랑스의 교수, 이어서 파리 대학과 왕립 식물원의 교수로서 당대 가장 유명한 해부학자의 한 사람이었다.

지 않을 수 없다. 시신을 클라마르 공동묘지에서 훔치거나, 아니면 살페트리에르(Salpêtrière) 병원과 비세트르(Bicêtre) 병원에서 돈을 주고 산다. 약을 독하게 써서 죽은[153] 성병 환자들의 시신이 대개 강당에서 공개적인 해부용으로 쓰인다.

해부학은 40년간 조금도 발달하지 못했고 중요한 발견도 하지 못했다. 오늘날 인간 신체의 모든 부위에 대한 지식은 완벽하다. 연구가 매우 심층적으로 진행되어 왔으므로, 우리가 아는 것에 새로운 것을 덧붙이기는 어려울 것이다. 그렇지만 해부학은 아직도 학술용어 목록에 불과하며, 그 이상도 그 이하도 아니다. 생체의 작용과 관계들, 생명의 힘들의 원리에 대해서는 여전히 잘 모른다. "이것이 과제이고, 여기에 해야 할 일이 있다." 해부학자의 기계적인 끈기는 천재성에 자리를 양보해야 한다. 천재성이 있어야 일반화하고 탐색하고 시행착오를 거듭하며, 여러 체계에 대한 고통스런 섭렵을 거쳐 진리의 요체를 어쩌면 발견하게 될 것이다. 바로 이것이 다른 모든 진리의 원천이다.

외과학 왕립 아카데미의 건물은 매우 훌륭한 기념비적 건축물이다. 어떤 다른 과학보다도 외과술을 좋아한 루이 15세는 그 학교를 위해 다른 분야들이 부러워할 만한 지원을 해 주었다.

153 당시의 부정확한 화학 지식으로 매독에 투여되는 수은의 조제량에 변화의 폭이 커서 환자가 심각한 생리적인 사고나 심지어 사망에 이를 수 있었다.

83 소르본 대학

소르본 대학 자체가 자신의 신학을 비웃고, 자신의 명제와 검열이 공허하고 우스꽝스럽다는 점을 매우 잘 안다. 대학은 대담하게 모세가 뷔퐁보다 더 뛰어난 박물학자라고 말하면서도, 이를 믿지는 않는다.

신학은 이 세상의 모든 것을 타락시켰다. 신학은 사람의 불안을 진정시키기는커녕 증폭시켰다. 신학은 인간을 합리적으로 만들기는커녕 맹목적이 되게 했다.

소르본 대학이 암흑의 시기에 빛나는 역할을 했음은 부정할 수 없다. 왜냐하면 당시에는 대다수 사람들보다 훨씬 더 높은 지식을 지녔기 때문이다. 그러나 소르본 대학은 계몽의 세기에 모든 것에 대한 답을 내리려고 했고, 그 결과 가장 기상천외한 궤변들이 생겨났다. 소르본 대학은 도덕, 역사, 물리학을 자신의 결정에 복종케 함으로써 모든 학문을 왜곡시켰다. 모든 이념의 규칙 제정자로서 모든 것을 조정하려고 했다. 그 기괴한 작업은 가장 경악스러운 모순을 낳았다.

소르본 대학이 지난 3세기 동안 말하고 출판해온 모든 것을 다 모으면 이상한 책이 될 것이다. 아무리 무지하고 미신적인 사람들의 당치않은 추론도, 그처럼 심각하고 터무니없는 광기의 장면을 연출하지는 않았다. 이는 소르본 대학이 끊임없이 교묘한 이론들을 만들어 내려고 했고, 어떤 다른 신학자들보다 더 박식하기를 원했기 때문이다. 이처럼 기괴함이 기괴함과 싸우는 꼴이니 그 결과는 뻔하다.

소르본 대학의 구성원들이 내면적으로는 스스로를 비웃는 것처럼, 몇몇 현자가 나타나 저열한 오류를 바로잡고 소르본의 신학을 조롱하지 않았더라면, 소르본 대학은 인간의 사고력을 완전히 망쳐놓았을 것이다. 그러나 소르본이란 벌이가 되는 곳이라, 온갖 종류의 다채로운 논증, 명제, 검열은 그대로 계속될 것이다. 그렇게도 많은 사람들이 단돈 몇 푼에 살인을 하는데, 더 많은 돈을 받고 의식적으로 억설을 늘어놓는다고 하여 놀랄 일이겠는가?

오늘날 소르본 대학에서 특히 눈에 띄는 것은, 바로 소르본 대학과 아카데미 프랑세즈를 만든 장본인인 리슐리외 추기경의 영묘(靈廟)이다. 이 두 기관은 오늘날 거의 같은 생각을 하면서 서로 싸운다. 이 모든 것이 시선을 끌고, 생존을 위한 것이다.

이슬람의 신학자들은 우리의 신학자들보다 더 합리적이다. 그들은 마호메트가 『쿠란』에 들어 있는 1만 2천 개의 구절 가운데 진리는 4천 개에 불과하다고 말했다고 주장한다. 그들은 괴상한 구절이나 명백한 불합리를 발견하게 되면, 이러한 어이없는 것들을 고집스럽게 정당화하지 않고 오류를 지닌 8천 개의 구절에 포함시킨다. 이를 통해 그들은 혼란을 야기할 모든 논쟁을 예방한다. 그들은 모순되고 양립 불능한 것들을 철회시킴으로써 인간 이성의 명예를 지킨다.

만약 소르본 대학이 이처럼 행동할 줄 알았더라면, 정신착란 속에서 스스로를 추악하게 만들었던 옛날 명제들, 그리고 스스로를 우스꽝스럽게 만드는 최근의 명제들을 내놓지는 않았을 것이다. 그러나 소르본 대학은 사람들이 돈만 계속 주면, 부조리하다는 평가에 개의치 않는다.

84 이노상 공동묘지의 대서인(代書人)들

대서인들은 신학자들과 똑같은 삶을 살기로 되어 있다. 그들은 후자보다 더 쓸모가 있어, 하녀들이 비밀스런 애정 이야기를 그들에게 맡긴다. 그녀들이 사랑의 고백이나 답장을 쓰게 하는 것이 바로 그들이다. 그녀들은 고해신부에게처럼 공적인 서기의 귀에다가 말을 한다. 비밀을 지키는 대서인이 일하는 골방은 윗부분이 잘려나간 고해실과 흡사하다.

서기는 코에 안경을 걸치고 손을 떨고 손가락에 입김을 호호 불며 5수를 받고 잉크, 종이, 봉랍 그리고 문체를 판다.

국왕과 대신들에게 보내는 진정서는 절충서체(bâtarde)[154]로 작성하고, 문체가 더 고상해야 하기에 12수를 지불한다.

납골당(Charniers)[155]의 대서인들은 대신들 및 왕족들과 가장 꾸준히 대화를 나누는 사람들이라고 말할 수 있다. 궁정에는 그들이 작성한 문서밖에는 없다.

루이 16세의 재위 초에 그들은 큰 돈을 벌 뻔했다. 정부는 모든 진정서를 받아 심의하고 답신을 보냈다. 갑자기 백성과 군주 사이의 이런 소통이 중단되었다.[156] 이미 새 가발과 소매 커버를 장만했던

154 둥근 글자체와 흘림체를 섞어 세로 획은 굵게, 연결 획은 둥글게 쓰는 서체로, 2개의 글자체를 섞었다고 하여 절충서체라고 한다.

155 이노상 공동묘지를 에워싸고 있는 4개의 회랑 가운데 하나로서, '대서인들의 회랑'이라고 불린다. 여기서 대서인들이 일을 했다.

156 이는 진정서의 표현과 불온 문서에 더 관용적인 태도를 지녔던 재위 초, 말하자면

납골당의 대서인들에게 손님이 찾아오지 않았고, 그들은 다시 이전의 빈곤 상태로 떨어졌다.

변화를 타지 않는 비밀스런 연애편지가 없었다면, 그들은 머리 위의 지붕밑 방에 이미 엄청나게 쌓여 있어 무게를 초과한 해골의 수를 늘렸을 것이다. 내가 무게를 초과했다고 말하는 것은 단지 수사적 표현이 아니다. 쌓여 있는 해골들은 가히 충격적이다. 뼈가 가루가 되어 날리는 30세대에 걸쳐 쌓인 케케묵은 쓰레기 더미에서, 송장 냄새로 후각을 역겹게 하는 악취 속에서, 한쪽 여자들은 의상과 리본을 사고 다른 쪽 여자들은 연애편지를 구술하고 있는 것이다.

섭정 오를레앙 공작은 자신의 궁전을 여성복 여(女)상인들과 내의류를 파는 아가씨들로 채워놓았던 셈이다. 이들의 점포가 이 드넓고 흉물스런 묘지를 사각의 형태로 에워싸고 있다.

튀르고 내각기(1774~1776)를 말한다.

85 생마르셀 포부르

파리의 하층민 가운데서도 가장 가난하고 수선스럽고 규율이 없는 자들이 사는 곳이 바로 생마르셀 포부르이다. 생토노레 포부르의 단 한 집이 생마르셀 포부르의 모든 집들이 가진 것보다 더 돈이 많다.

도시의 중심부에서 멀리 떨어진 바로 이 주거지역에 파산한 사람들, 염세주의자들, 연금술사들, 편집광들, 속 좁은 금리생활자들, 그리고 진짜 고독을 찾아 구경거리들로 시끌벅적한 곳을 피해 완전히 잊혀진 채로 살기 원하는 몇몇 학구적인 현인들이 숨어 산다. 그 누구도 이들을 찾아 도시의 이 끝까지 오지 않을 것이다. 이곳으로 여행을 하는 것은 오로지 호기심 때문이다. 사람을 끌 만한 것이 아무것도 없고, 볼 만한 기념물도 단 하나도 없다. 여기에 사는 민중은 센 강변의 예절 바른 주민인 파리인들과는 아무런 관련이 없다.

사람들이 묘지가 폐쇄될 때까지 부제(副祭) 파리스[157]의 관 위에서 춤을 추고 그 무덤의 흙을 먹었던 것도 바로 이곳이다.

국왕의 이름으로, 금하노라 신에게
이곳에서 기적을 행하는 것을.

157 파리스(François Pâris)는 파리 고등법원 판사의 아들로서 재산과 출세를 포기하고 부제가 되었다. 그는 겸허하게 사제직을 포기하고 무프타르 길의 낮은 곳에 있는 누옥에 은퇴하여 생마르셀 포부르의 빈민들에게 자선을 베풀었다. 그는 1727년 5월 1일에 사망했다. 생메다르 묘지의 그의 무덤은 곧 얀센주의가 조장한 민중 순례지가 되었다.

바로 이 암울한 빈곤의 온상이 반란과 폭동의 보이지 않는 원천이다.

이곳 집들에는 태양의 운행 이외에는 시계가 없다. 이들은 현행의 기술 및 풍속에 비해 300년이나 뒤처져 있다. 개인들 간의 모든 논쟁이 여기서는 공적 논쟁이 된다. 남편에게 불만이 있는 여인은 길거리에서 소송을 제기하고, 민중의 법정에 그를 소환하며, 모든 이웃을 불러모으고, '자기 남자'의 수치스러운 이야기를 떠들어댄다. 모든 종류의 말다툼은 난투극으로 끝난다. 한쪽이 상처투성이의 몰골이 되면, 저녁에 화해가 이루어진다.

여기서 어떤 자는 다락방에 숨어 경찰과 수많은 밀정들의 눈을 피한다. 이는 미세한 벌레가 오목렌즈를 통해서도 보이지 않는 것과 거의 마찬가지이다.

가족 전체가 단칸방에서 산다. 네 벽에는 아무것도 없으며, 초라한 침대에는 방장도 없고, 요강이 식기와 함께 뒹군다. 가구의 값은 다 합쳐야 20에퀴에도 못 미친다. 주민들은 3개월마다 거처를 바꾼다. 집세를 내지 못해 쫓겨나기 때문이다. 그들은 이곳저곳으로 초라한 가구들을 끌고 옮겨 다닌다. 이런 주거지들에서는 구두를 볼 수 없다. 계단을 따라 나막신 소리만이 들린다. 아무것도 걸치지 않은 아이들은 마구 뒤섞여 잠을 잔다.

일요일에 보지라르[158]와 그곳의 수많은 선술집을 가득 채우는 것도 이 포부르 사람들이다. 왜냐하면 사람은 고통을 잊는 순간이 필

158 Vaugirard: 이 지역은 도시화가 늦어 생제르맹 및 앵발리드 구역의 여유층은 성벽에서 멀리 떨어진 더 남쪽으로 향하는 것을 꺼렸다. 이런 상대적인 격리로 보지라르의 큰 마을은 입시세 방책 안에 포함되는 것을 끝내 피할 수 있어 즐겨 찾는 술 소매처가 되었다.

요하기 때문이다. 특히 그 유명한 '거지 살롱'을 채우는 것도 바로 이들이다. 여기서 남녀는 구두도 신지 않고 춤을 추며 끊임없이 빙빙 도는데, 한 시간이 지나면 너무 많은 먼지가 일어나 잘 보이지 않을 정도이다.

무섭고 막연한 소문과 형편없는 악취 때문에 일반인은 미어터지는 이 살롱을 멀리 한다. 여기서 하층민들은 자기들만의 쾌락 속에 빠져 다른 모든 것과 마찬가지로 역겨운 포도주를 마신다.

이 포부르는 축제일과 일요일에는 텅텅 빈다. 그러나 보지라르가 만원이 되면, 포부르 사람들은 프티장티(Petit-Gentilly), 포르슈롱(Porcherons), 쿠르티유(Courtille)로 빠져나간다. 다음날에 보면 포도주 가게 앞에 빈 포도주 통들이 산처럼 쌓여 있다. 이들은 일요일 하루에 일주일치를 마셔버리는 것이다.

이 포부르는 다른 구역들에 비해 더 위험하고 흥분을 잘하며 싸우길 좋아하고 폭동을 잘 일으킨다. 경찰은 이 하층민들을 자극하길 꺼린다. 웬만하면 그냥 내버려둔다. 왜냐하면 그들은 극단적인 행동을 얼마든지 벌일 수 있기 때문이다.[159]

159 이것은 『파리의 풍경』의 가장 유명한 장의 하나이다. 포부르의 하층민들에 대한 이러한 견해는 메르시에가 빈곤과 무지로 끔찍하고 사회질서를 위협하는 계급으로 묘사한 이들에 대해 겁을 먹었음을 보여준다.

86 마레 구역

이곳은 풍속과 여론이 시대에 뒤떨어져 있다는 점에서 루이 13세의 세기라고 볼 수 있다. 화려한 팔레루아얄(Palais-Royal) 구역에 대한 마레 구역의 관계는 런던에 대한 빈의 그것과 같다. 여기는 빈곤이 지배하는 것이 아니라, 모든 낡은 편견이 잔뜩 쌓여 있다. 준(準)재산가들은 이곳으로 피신한다. 이곳에는 모든 새로운 생각에 적대적인, 불평이 많고 침울한 늙은이들이 눈에 띈다. 매우 오만한 판사 부인들이 글을 읽을 줄도 모르면서, 이름을 들은 적이 있는 작가들을 비난하는 것도 이곳이다. 여기서는 계몽사상가들을 '화형을 시켜야 할 놈들'이라고 부른다. 만약 불행하게도 이곳에서 저녁식사를 한다면, 멍청이들이나 만나게 될 것이다. 사상을 뛰어난 재치와 매력 있는 감성으로 장식하는 인물들을 여기서 찾는 것은 헛일이다. 사교계 모임에 참석한 사람은 응접실을 번잡하게 하는 안락의자나 다름없다. 우스꽝스런 선입견과 관행으로 잔뜩 채워진 옛 가구들 같은 사람들만 보인다.

멋진 여인조차도 숙명에 의해 이 우울한 구역에 처박히게 되면, 모임에 늙은 군인이나 법관들 이외에 다른 사람들은 받아들이려고 하지 않는다. 모든 것을 예절에 따른다. 그러나 관찰자에게 정말 신기한 점은, 모임에 참석한 이 모든 멍청이들이 서로 싫어하고 서로 지겨워한다는 것이다. 그들은 예술의 빛을 멀리서 밖에 느끼지 못하며, 모든 마음의 양식을 오직 『메르퀴르 드 프랑스(*Mercure de France*)』에만 의존하기에 그 이상은 아무것도 알지 못한다.

이 지겨운 사교계로 어쩌다 발을 잘못 들여놓은 재기발랄한 인사가 번득이는 지성을 일부 분출하게 되면, 그들이 한 시간 정도 지나 무거운 무기력증에서 벗어나 섬광에 놀라 멍청하게 웃음 짓는 일을 목격할 수 있을 것이다. 그러나 곧 카드놀이가 득세하고, 그들은 다음날의 소식을 1년이 지난 뒤에야 알게 될 뿐이다.

봉쇄된 것이나 다름없는 이런 집들에서는 다른 오락거리가 없어서 하루 가운데 가장 좋은 시간에, 심지어는 연중 가장 좋은 계절에도 하염없이 카드놀이에 몰두한다.

나는 남의 취향을 비난할 생각은 없다. 그러나 이 구역의 지체 높은 미망인들은 한심하기 짝이 없어서, 안락의자의 쿠션에 파묻힌 채 꼼짝을 하지 않는다. 산책할 마음이 들게 하는 쾌적한 정원에서 창문을 통해 나무들을 금빛으로 물들이는 찬란한 빛을 쳐다보고, 하품을 하고, 이어서 새들의 노랫소리에 귀를 기울이고, 간절한 눈길로 문을 응시해도 아무런 소용이 없다. 당신은 본의 아니게 자리에 눌러앉아 밤늦도록 지겹게 카드를 펼쳐야 한다. 햇볕만이 아니라 부드러운 달빛도 즐길 수가 없다.

나는 다시는 그런 집들에 출입하는 실수를 하지 않을 것이다. 겨울의 긴긴 밤에 장편소설 『아스트레(*l'Astrée*)』, 『클렐리(*Clélie*)』, 『아르타멘(*Artamène*)』[160]을 다시 읽을 것이다. 나는 옛 기사도의 풍속과 덕성 이야기 속에 빠져들 것이다. 우리와는 조금 다르게 사랑을 했던 선량한 조상들을 그려볼 것이다. 조상들은 그들 나름대로 행복했었다. 신속하게 쾌락을 추구하는 우리보다, 무정한 여인의 발밑에서 길게 탄식하던 그들이 더 깊이 사랑을 만끽했었다. 여인을 유혹하는 시간을 단축한 우리가 이겼다고 말할 수 있는가?[161]

160 17세기의 긴 소설들.

161 18세기 말의 마레 구역은 앙리 4세 및 루이 13세기의 그것이 아니었다. 19세기에 마레 구역이 포기되기 이전에 이미 사교 지역이 서쪽으로 이전했다.

87 마레 구역의 한 독실한 여인의 초상

이 독실한 여인은 당신이 보기에는 항상 눈을 내리깔고 있는 듯하지만, 자리에 앉자마자 곁눈질을 통해 이미 모든 것을 보고 모든 것을 관찰한다. 그녀는 당신을 머리에서 발끝까지 살핀다. 만일 당신이 '결혼을 목적으로 갖고' 있다면, 그녀는 더 많은 것을 꿰뚫어본다. 그녀는 주위의 여인들이 연지를 발랐는지, 그녀들의 모자 높이가 고해실에 들어갈 수 있는 정도인지를 안다. 그녀는 사교계 모임에 문외한이 끼면 침묵을 지킨다. 그녀는 '불경스러운 자들'의 비웃음을 사지 않고 말을 할 수 있을 때만 입을 연다. 그녀는 '유명한 지도신부'가 없는 사람을 이렇게 부른다.

옆자리 여자가 상당히 우아하게 장식된 의상을 한 경우에는, 갑자기 그녀의 이마는 무언 속에서 몸치장의 위험성을 경고하는 설교가 된다. 그녀는 사교계 남자에게는 준엄한 단음절로만 대꾸한다. 그러나 그녀는 작은 라바[162]를 걸친 남자에게는 호의의 눈길을 던지고 말을 걸어 보상을 해준다.

점차 그녀는 흥분하여 다른 구역들의 끔찍한 타락, 생제르맹 포부르에서 뻔뻔스럽게 퍼져가고 있는 무종교, 마레 구역의 카푸친회 수사가 행하는 미사에 참석하지 않는 모든 자들을 기다리는 영벌(永罰)에 관해 이야기한다.

162 rabat: "목을 두르고 가슴까지 내려오는 천 조각"을 가리키며, 대개 교수나 법관, 성직자가 걸치고 다녔다.

88 사방이 공사판

오늘날 파리에서 돈을 버는 세 가지 직종은 은행가, 공증인 그리고 석공 또는 건축업자이다. 사람들은 건축에만 돈을 쓴다. 거대한 건물이 마치 마술처럼 땅에서 솟아나며, 새롭게 조성된 구역들은 최고로 웅장한 저택으로 가득하다.[163] 건축 열(熱)은 그림을 사 모으고 여자를 밝히는 것보다는 훨씬 바람직하다. 그것은 도시에 장엄함과 위풍당당한 분위기를 불어넣는다.

건축이 매우 훌륭한 양식을 되찾은 것은 겨우 20년밖에 되지 않았는데, 특히 장식 분야가 좋아졌다.

켈뤼스 백작[164]이 그리스 취향을 되살려 준 덕에 우리는 마침내 고딕 양식을 포기하게 되었다. 가옥의 내부는 매혹적이며 편리하게 배치되었는데, 이는 지상의 그 어떤 민족에게도 전혀 알려지지 않은 것이다.

음악과 건축 두 분야가 거의 동시에 부흥했다. 그러나 그림은 그런 발전을 하지 못했다. 프랑스 화파의 색채는 언제나 조금은 부자연스럽다. 이런 결점은 기후 탓이기도 하고, 대가들이 색조의 완벽성을 추구하길 거부하는 탓이기도 하다.

163 7년 전쟁이 끝난 1763년 이후 파리의 건축 붐은 1780년대까지 거의 중단 없이 계속되었다. 도심이 변모되었을 뿐만 아니라, 인기 있는 새로운 구역이 서쪽으로는 샹젤리제의 거리를 따라 (아르투아 백작의 투기에 자극을 받아) 북서쪽으로는 클리시를 향해 (샤르트르 공작의 재정 지원을 받아) 생겨났다.

164 comte de Caylus(1692~1765): 파리 출신의 골동품적인 취향의 고고학자.

성벽 터에는 건물들이 세워져 예전의 도시 경계는 뒤로 물러났다. 멋진 집들이 앙탱 둔덕(chaussée d'Antin)[165] 쪽으로, 그리고 철거된 생탕투안 문(porte Saint-Antoine) 쪽으로 들어서고 있다. 흉물스러운 바스티유(Bastille)를 허무는 문제가 거론되었다. 그러나 모든 면에서 가증스러운 이 건축물은 여전히 우리의 시선을 어지럽히고 있다.

루브르 궁은 완성을 보지 못할 운명인가 보다. 지난 30년간 공사가 진행되었으나 워낙 더디다. 자금이 부족하기 때문이다. 콩데 공은 팔레부르봉(Palais-Bourbon) 확장공사에 1,200만 리브르를 지출했는데, 루브르 공사를 위한 비계(飛階)는 썩어가고 있다.

오텔디외 병원은 법원청사 건물과 마찬가지로 화재를 당한 후에도 나아진 것이 없다.[166] 생트주느비에브 교회의 둥근 지붕은 우리들의 머리 위로 무너져 내릴 것인가, 아니면 견고한 토대 위에서 파트의 아우성과 경고에 용감히 맞설 것인가?[167] 파트가 예고한 위험이 상상에 불과한 것일까? 그런 일이 일어난다면, 최고의 찬사를 받을 만한 걸작인, 이 기념물의 위풍당당한 정면만이 남게 될 것이다.

런던에서처럼 개인들에게 소방 펌프를 통해 물을 제공할 것이라고 한다.[168]

165 조영감(造營監; directeur des Bâtiments du roi)이었던 앙탱 공작을 말한다. 그는 1720년대에 샹젤리제를 오늘날의 개선문 자리까지 연장하여 루이 15세 광장(오늘날의 콩코르드 광장)과 뇌이이(Neuilly) 사이의 길을 냈다.

166 지저분하고 초만원인 이 병원의 한 익랑(翼廊) 전체를 파괴한 화재는 1772년에 발생했다.

167 수플로(Jacques-Germain Soufflot; 1713~80)는 1755년에 당시 조영관 마리니(Marigny) 후작의 주문을 받아 새 생트주느비에브 교회의 설계도를 1757년에 공시하고, 1764년에 초석을 놓았다. 건축가 피에르 파트(Pierre Patte; 1723~1814)는 무엇보다 수플로와의 합의를 거쳐, 1770년에 출간한 『새 생트주느비에브 교회의 둥근 지붕에 관한 의견서(*Mémoire sur la construction de la coupole projetée pour couronner la nouvelle église de Sainte-Geneviève*)』를 통해 그 구조의 안정성을 문제 삼았다.

168 과거에 2대의 펌프가 파리에 물을 제공했다. 하나는 1608년에 퐁뇌프에 설치된 사마

잦은 화재가 도시의 미화에 유용했음을 부정하지는 못할 것이다.[169]

자연의 갑작스런 분노로 발생하곤 하는 화재가 상처만을 남기고 지나가면, 복구의 천재가 달려와 연기 나는 잔해를 응시하고 폐허를 밟은 채 사라진 건축물의 재건을 궁리한다. 아니, 오히려 그는 기존보다 더 웅대한 규모의 새로운 계획을 구상한다.

이처럼 자연의 섭리에 따라 위대한 모든 것은 사고가 일어난 후에나 이루어진다. 그래서 선을 낳는 것은 악이라고 말할 수도 있다.

인간은 아주 보잘것없는 건물들이 무너지기를 기다리는 듯하다. 그래야 손을 댈 수 있기 때문이다. 자연의 분노는 인간이 힘과 역량을 발휘하게 만드는 신호인 셈이다.

시간의 흐름과 격렬한 화재가 없었더라면, 야만의 산물인 기형적인 건물들이 아직도 우리의 도시들을 지배하고 있을 것이다. 우리는 친숙한 고딕 양식의 엉터리 건물들이 안 보이게 된 후에야 상상력을 고양시킬 수 있는 것 같다.

대담하고 창조적인 손길은 화염이 모든 것을 삼켜버린 다음에 나타난다. 그런 손길은 미신적 습관의 존경을 받는 이 낡은 건물들 앞에서는 소심하고 생기가 없는 듯하다. 최고로 멋진 건축물을 세우는 것보다 하찮은 잔해들을 철거하는 것이 더 힘이 든다고 말할 수

리텐 펌프였고, 다른 하나는 1671년 이래의 노트르담 다리의 펌프였다. 이후 가장 큰 혁신은 페리에(Périer) 형제의 회사가 하나는 1781년에 샤이요(Chaillot)에, 다른 하나는 1786년에 좌안의 그로카이유(Gros-Caillou)에 설치한 2대의 최초의 증기 펌프였다. 메르시에가 여기서 언급한 것은 그 이후의 훨씬 야심찬 계획들이었지만, 어느 것도 1789년 이전에는 결실을 맺지 못했다.

169 화재가 계몽된 원칙에 따른 도시의 재건을 용이하게 한다는 메르시에의 진지함 반, 반어법 반의 제안은, 사전에 구 시가지를 백지 상태로 만들지 않고는 새 공간관을 구체화하는 것이 불가능하다고 판단했던 많은 '철학자들'의 견해에 부합한다.

있을 정도이다.

상상할 수 없을 정도로 처참했던 법원청사 화재는 이 정의의 신전을 새로운 건물로 다시 태어나게 만들 것을 요구한다. 국가의 연대기와 고문서 보관소, 법률들의 성소, 엄숙한 회합들의 거소인 이 건축물은 당연히 장중하고 위엄이 있어야 한다. 그래야만 민권의 심판자, 수호자, 권위자들이 여기에 있다는 것을 단번에 시민들에게 알려줄 수 있는 것이다.

인간의 정신은 미지의 끈을 통해 사물들의 외관과 연결되어 있다. 그래서 왕들은 거대한 성벽을 건설하고 위엄 있는 궁전을 지으려고 애쓰며, 성직자들은 어둡지만 장엄한 신전으로 신도들을 부르는 것이다. 이 세상에서 인간이 신 앞에 엎드리는 성소 다음으로 존엄한 장소는, 번쩍이는 정의의 검이 강자를 꼼짝 못하게 만들고 약자를 안심시키는 곳이다.

이런 건축물의 정면[170]은 죄인이 법의 복수가 기다리는 재판정으로 가는 계단을 오르면서 창백해질 정도로 모든 면에서 위엄이 있고 근엄해야 한다. 또 법들이 지배하는 신전은 모든 법관들에게 인간에 대한 편견들은 내려놓고, 이 무시무시한 직무에 걸맞은 고결한 영혼이 되어야 하는 성소로 자신이 들어간다는 사실을 환기시켜야 마땅하리라.

이 모든 것이 법원청사 재건축에서는 단 하나도 반영되지 않았다. 균형이 없고 왜소하고 초라한 외형의 건물이 세워지는 바람에, 법원청사는 정의의 신전이라기보다는 궤변의 소굴처럼 보이게 되었다. 법의 성소를 품위 있게 만들려고 하지 않은 탓이다.

170 법원청사(Palais de Justice)는 1776년 1월 11~12일에 화재가 발생한 뒤, 12년에 걸쳐 거의 대부분 새로 세워졌다.

89 실내장식

집이 다 지어졌지만 공사는 아직도 엄청나게 남아 있다. 외부 공사는 전체 비용의 4분의 1에도 미치지 못한다. 소목장이, 양탄자 상인, 도장공, 금 도금공, 조각가, 고급가구 제조인 등의 차례이다. 그 다음에는 유리창을 설치하고 도처에 초인종을 달아야 한다. 실내는 건물보다 공사에 3배나 더 많은 시간이 필요하다. 부속실, 비밀계단, 통로, 변소 등 끝이 없을 정도이다.

가구들은 지나치게 화려해서 격에 맞지 않을 정도가 되었다. 왕좌의 분위기를 풍기는 멋진 침대, 끌로 조각을 새긴 식당, 보석처럼 공들여 만든 장작 받침쇠, 레이스로 덮인 황금색 화장대는 유치한 과시가 분명하다. 유리, 황금색, 청금석(靑金石)만 있는 궁전은 정말 나를 슬프게 한다.

그런 다음 스위스인을 수위로 세운다. 수위는 벨벳이나 금박을 하지 않은 옷을 입은 사람들은 쫓아낸다. 수위가 하는 일은 나라의 재산과 같은 인재들의 출입을 막는 것이다.

국가의 모든 화려함이 집들 내부에 있는 것 같다. 루브르 궁의 실내공사는 영원히 끝나지 않을 것이다. 내부가 요정의 작품과 같은 저택이 600채나 세워졌다. 그 과도한 사치는 상상을 초월할 정도이다. 그러나 실내 이외의 다른 곳에는 멋진 것이 하나도 없다. 대중 그리고 그들의 즐거움과 필요를 위한 것이 전혀 없다. 욕실, 넓고 질서 정연한 병원, 물탱크, 회랑, 지붕이 있는 산책로, 상연하는 작품에 걸맞은 극장이 있는 저택은 없다. 이런 저택에는 건강과 기쁨을 주는 변소도 없다. 부자들은 개인적이고 은밀한 사치를 만끽하지만, 행복하지는 않다.

자식이나 조카가 없이 넉넉하게 사는 한 남자가 매일 이런 저택들을 미친 듯이 드나들지만, 집주인 나리들은 그를 거의 거들떠보지도 않는다. 그는 문을 두드리고 아첨꾼 노릇을 하면서 인생을 보내는데, 고작 일주일에 한 번 교만의 궁전에서 예절과 권태 사이를 오가며 저녁식사를 하는 것이 전부이다. 이 저택들은 실내장식을 구경하러 들어갈 만하다. 하지만 주인의 비위를 맞추기를 원한다면, 한심하고 단조롭고 불쾌한 삶을 영위하게 될 것이다.

90 신부(神父)들

파리에는 신부들이, 삭발을 한 성직자들이 가득하다. 이들은 교회나 국가에 봉사하지 않고 철저히 무위도식한다. 하는 일이라곤 쓸데없는 짓이요, 객설뿐이다.

로빈슨 크루소는 "민첩하고 힘이 센 짐꾼을 성직자의 복장으로 은폐하여 그 멋진 육체를 추하게 만드는 일이 많다"고 말했다. 이것을 미개인의 말이라고 치부해 버릴 수만은 없다.

여러 집안에 '친구'라는 이름을 부여받은 신부가 있는데, 사실 그는 하인들을 부리는 충직한 시종에 불과하다. 그는 마님의 유순한 충견으로서, 그녀의 옷치장을 돕고 집안일을 감독한다. 집 밖에서는 '나리'의 사업들을 관리한다. 천 조각을 목에 두른 이들은 다소 유용한 존재가 되어, '명부'에 오르기 위해 다년간 후원자에게 잘 보인다.[171]

그들은 결국 성공하는데, 그때까지 그들은 호사스런 집안에 언제나 있게 마련인 좋은 식탁과 소소한 특전을 즐긴다.

하녀는 그들에게 집안일을 모조리 말해준다. 그들은 주인, 여주인, 하인들의 비밀을 훤히 알고 있다.

가정교사들 역시 신부 출신이다. 웬만큼 지체가 있는 집에서는, 그들은 하인들과 거의 구분되지 않는다. 그들은 아이를 가르치는 기

171 국왕은 '승록감(僧錄監; ministre de la feuille)'이 보관하는 '성직록 명부(feuille des bénéfices)'에 공석이 생기면 수령자를 임명했다.

간에는 다소간 배려를 받는다. 교육이 끝나면 보잘것없는 사례금을 받거나 성직록을 얻기도 한다. 그러고 나서 해고된다. 그들은 존경을 받지 못하는데, 이것이 그들이 학생들을 등한시하는 원인이다. 그러나 어떻게 연봉 1,200프랑짜리 용병이 사람을 만들어 주기를 기대할 수 있겠는가? 그들에게는 가장 어려우면서도 가장 불확실한 임무가 주어지는 셈이다. 게다가 "자기가 갖지 못한 것을 남에게 줄 수 없다." 특출한 인간만이 다른 사람에게 감성을 주입하고 배은망덕하거나 사악한 본성을 고쳐줄 수 있는 법이다.

천 조각도 성직모(聖職帽)도 걸치지 않는 소경기병(小輕騎兵)들도 신부라고 불린다. 프로이센 식의 짧은 옷을 입고 금색 단추를 하고 팔에 모자를 낀 그들은, 건방진 컬한 머리칼을 과시하며 여자 같은 분위기를 풍긴다. 공연과 카페의 단골, 시시한 소책자들의 엉터리 편집자, 풍자적인 빌훼본의 제작자인 그들이 어떻게 교회에 속하게 되었는지 누구나 의아해한다. 제단을 모시는 사람들만을 성직자라고 불러야 할 것이다. 그럼에도 소경기병들은 이따금 신부 복장을 하기 때문에 그 이름을 사칭하는 셈이다.

이 모든 것이 종교에는 큰 치욕임에도 용인되고 있다. 왜 그럴까? 나는 전혀 모르겠다. 원하면 누구나 성직자 복장을 하고, 삭발도 하지 않은 채 그렇게 한다.

25년 전에는 그들에게 화류계(Laïs)[172] 출입이 금지되어 있었다. 그들을 경찰에 고발한 매춘부는 모 인사가 주는 50프랑을 받았었다. 배신과 추문이라는 두 가지 악행이 겹쳐진 이 추악한 관행은 사라졌다.

172 기원전 420년경에 태어난 라이스는 재색을 겸비한 것으로 유명한 그리스의 화류계 여성이었다. 질투하는 여성들에 의해 380년에 살해되었다.

91 주교들

주교들은 쉽게 또 아무런 양심의 가책 없이 재지법(在地法)을 어기면서, 교회 법령집에 의해 할당받은 임지를 떠나 있곤 한다.[173] 주교들은 유배지라고 생각하는 교구에서 무료하다는 이유로 떠나 있는다. 그들은 거의 대부분 파리로 와서 부를 향유하고 군중에 섞여 임지에서는 생각도 못하는 자유를 누린다. 임지에서 그들은 체면 때문에 마음대로 처신하지 못하는 불편함을 감수해야 한다.

그들은 임지를 지키지 않는다는 비난을 받는다. 그러나 부유한 사람이 하고 싶은 대로 하지 못한다면 재산이 무슨 쓸모가 있겠는가? 그들이 성 베드로와 성 바울 시절의 재산밖에 없다면 임지에 정착할 것이다. 어떻게 목자가 양떼를 떠날 수 있는가라고 말하는 사람이 있다. 이런 케케묵은 이야기는 이제는 아무런 의미도 없다. 사목의 임무만큼 부담이 가벼운 것도 없다. 이 도덕 선생들은 도덕은 가르치지 않는다. 그들은 옛날 공의회의 파문을 대수롭지 않게 여기면서, 불운한 신도의 구제를 위해 맡겨진 재산을 파리에서 무위도식하며 환락에 낭비한다. 그러나 이런 모든 표현은 여전히 충격적이기는 하지만 이제 구식이 되었다.

173 1764년에 40명이 넘는 주교들이 임지를 버리고 파리에 머문 것으로 확인된다. 이 악폐가 너무도 명백하여 궁내부 대신인 브르퇴유(Breteuil)는 1784년 10월 16일에 주교들에게 국왕은 그들이 임지에 '많이' 머물고 '자신의 허가 없이는' 결코 뜨지 않기를 바란다고 썼다.

야망은 자가발전하게 마련이어서 주교들을 궁정과 대신들의 집무실로 가게 만든다. 거기서 그들은 음모와 아첨의 결실을 기다리며, 은밀히 공직에 오르려고 애쓴다.[174]

그들은 끊임없이 막후에서 일을 꾸미고, 옛날에 예언자들이 격분했던 바빌론에 못지않게 죄가 많은 새로운 바빌론의 한복판에서 조금도 두려워하지 않는다.

이처럼 고위성직자들은 전적으로 세속적인 일에 전념한다. 순수한 도덕을 함양하고 지칠 줄 모르는 자선, 말하자면 사도다운 자선의 본보기를 보여줄 생각은 거의 하지 않는다.

이미 16세기에 트렌토 공의회의 주교들에게 이와 비슷한 그리고 훨씬 더 강력한 비난들이 쏟아졌다. "교회는 배우자들[175]이 임지를 지키지 않는 것에 대해 항의한다. 많은 주교들이 잘못 처신하고 있나. 그들은 교회를 부양하고 인도하고 위로하면서 함께 머물러야 하는 목자라기보다는, 교회의 재산을 훔쳐서 도망가는 도둑과 같다."

그러나 눈여겨 볼 점은, 재지법을 준수하는 주교들(소수에 불과한데)의 신앙심이라는 것이 쩨쩨하고 걱정스럽고 난폭해서 언제나 광신으로 빠질 수 있어, 교구의 주민들을 맹목적이고 분별없는 열정으로 괴롭힌다는 사실이다. 그 반면 임지를 지키지 않는 주교들은 계몽지식이 있고 관용적이고 평화를 사랑하며 아무도 박해하지 않는다. 그러기에 그들의 부재에서 비롯되는 해악이 있다면, 임지에서 나오는 돈이 해당 지역에서 소비되지 않는다는 점뿐이다.

174 루이 15세와 루이 16세하에서 주교들이 일반 행정을 지휘하곤 했다. 예컨대, 브리엔(Loménie de Brienne)은 1760년에 콩동(Condom) 주교, 1763년에 툴루즈 대주교를 거쳐 1787년에 재무총감이 되었다. 이런 예는 메르시에가 1780년대 초에 비난한 악폐가 구체제 말기까지 지속되었다는 것을 입증한다.

175 주교들을 말한다.

이따금 주교들은 실제로는 비서들의 작품인 교서를 공표한다. 교서의 양식과 내용은 사전에 정해져 있다. 피롱[176]의 명구는 다음과 같다. 한 주교가 물었다. “내 교서를 읽어 보았소?” “그럼요, 예하. 그런데 예하께서는?”

176 Alexis Piron(1689~1773): 프랑스의 시인이자 극작가.

92 유행의 변화

유행의 변화를 보기 위해 군인들, 재정가들, 법관들에게 집착할 필요는 없다. 주교들의 초상화를 비교하는 것으로 충분하다. 젊은 주교들은 복음서의 교리에 준하는 검소함과 성직에 걸맞은 근엄함이 외모에 드러난다. 중년기에는 근엄한 표정, 수북한 수염, 거친 의복은 이미 사라졌다. 노년기의 주교들은 웃는 분위기, 우아하게 나부끼는 머리칼, 세련된 치장만 보인다. 살롱전[177]에 걸린 고위성직자의 초상화를 보면, 뺨은 장밋빛이고 입술은 자줏빛이며 눈은 다정하기 짝이 없다. 젊은 고위성직자는 기의 미너니 디름없다.

177 1677년에 콜베르의 제안에 의해 시작된 미술 아카데미 회원들의 작품전은 18세기 중반부터 루브르 궁의 '정사각형 살롱'에서 개최되어 살롱전이라고 불리게 되었다. 일주일간의 전시회 내내 파리 전체가 살롱전 이야기로 들끓을 만큼 중요한 문화행사였다. 그래서 살롱이란 단어가 미술 전시회의 대명사가 된 것이다.

93 지팡이

지팡이가 검을 대신했다. 이제 습관적으로 검을 차고 다니는 사람은 없다. 아침에 손에 '가는 단장'을 들고 외출한다. 걸음은 더욱 민첩해졌다. 60년 전만 해도 흔했던, 사소한 부주의로 유혈사태를 부르는 다툼이나 싸움은 더 이상 벌어지지 않는다. 법보다는 풍속이 이런 큰 변화를 일으켰다. 법으로 무기 착용을 금지했다면 쉽지 않았을 것이다. 파리인은 편리함을 위해서 그리고 이성을 따라서 스스로 무장을 해제한 것이다. 그렇게 흔하던 결투가 지금은 드물게 되었다. 루이 14세의 엄격한 법률들이 계몽지식의 부드럽고 평화로운 빛만큼 정신에 영향을 미치지 못했다. 파리인들은 '명예에 관한 일'이라고 불리는 환상에 사로잡혀 서로 맹수처럼 싸워서는 안 된다는 점을 깨달았다. 의견이 충돌하고 다투고 때때로 날카롭게 대립하기도 하지만, 이런 일 때문에 서로 죽여야 한다고는 생각하지 않게 되었다.

여성들은 11세기에 들고 다녔던 지팡이를 다시 잡았다. 그녀들은 손에 지팡이를 들고 혼자 외출해서 돌아다닌다. 그녀들에게 지팡이는 단순한 장식물이 아니다. 괴이할 정도로 높은 뒷굽 때문에 제대로 걸을 수가 없다는 점에서, 지팡이는 남자들보다 여자들에게 더 필요하다.

'3개의 망치'가 달린 가발과 단짝을 이루었던 '까마귀 부리' 지팡이[178]는 점차 사라지고 있어서, 앞으로는 재무총감의 손에서나 보게

178 "어떤 지팡이는 머리나 끝까지도 휘어 있다. 그 부분은 보통 자기, 자단(紫檀), 금으로 되어 있다."(『트레부 사전』)

될 것이다. 재무총감만이 그런 지팡이를 들고 왕궁을 출입할 수 있다. 왕궁에서는 재무총감 외에는 그 누구도 '지팡이'를 지닐 수 없다.

이것은 특별대우이다. 유능하고 청렴한 재무총감의 '지팡이'는 원수(元帥)의 '지휘봉'에 못지않기 때문이다.

시인들은 재무총감이 재정적인 탐욕을 억누를 때 사용하는 '지팡이'라는 단어를 시에 쓰기가 어렵다. 그래서 멋진 은유에 의지하여, 이따금 왕권과 병권을 떠받치는 이 '지팡이'를 시적으로 표현해야 하리라.

94 눈뜬 장님

우리는 서로 옆을 스쳐 지나가지만 서로 알지 못한다. 남자는 자기에게 어울리고 자신을 행복하게 해줄 여자와 길에서 거칠게 부딪혀도 그녀를 알아보지 못한다. 정말 마음이 잘 통할 사람이 모임을 떠난 다음에 우리가 도착하기 때문에, 그토록 오래전부터 찾던 사람을 결국 만나지 못하고 만다. 남들이 끊임없이 왜곡하는 바람에 우리가 따라서 비방하는 사람이 우리와 유사한 성격의 소유자인 경우가 종종 있다. 우리는 이 거대한 도시에서 서로 만나도 서로 알아보지 못하는 운명인 셈이다. 우리는 잘못된 판단은 알아차리게 되지만, 불운의 이유는 정말 알 수가 없다.

우리는 뒤얽힌 운명의 길 위에서 수많은 실수를 한다. 우리는 미로 안에서 맴돌며, 매우 힘들고 긴 여정 후에 원래 자리로 되돌아오곤 한다.

만약 부와 위대함에 이르는 길을 낱낱이 볼 수 있다면, 왜 어떤 이는 실수하는지, 왜 어떤 이는 충격을 받아 넘어질 뻔하다가 다시 일어서는지, 왜 어떤 이는 호기를 외면하고 놓쳐버리게 되는지를 알 수 있을 것이다. 장기판의 구경꾼에게는 실수 그리고 그 실수를 만회할 방법이 보인다. 그러나 그가 장기를 두게 되면, 완전히 마음을 비워 별 어려움 없이 전체를 조망하는 안목이 사라지게 마련이다.[179]

179 이 장은 '잡상(雜想)'이란 일반적인 제목 아래 '눈뜬 장님'과 '운'에 관해 기왕에 쓴 두 문장으로 이루어져 있다. 두 번째 문단은 이 두 문단을 연결하기 위해 추가되었다.

95 무료강좌

길모퉁이마다 '건축 무료강좌', '영어 무료강좌', '역사 무료강좌', '문학 무료강좌', '지리 무료강좌', '프랑스어 무료강좌', '철자법 무료강좌' 등의 벽보가 보인다.

이런 벽보들은 도시 사람, 시골 사람, 외국인을 가리지 않고 부른다. '무료로' 학식을 전해주는 선생들이 있는 것보다도 더 행복한 일이 있겠는가! 인쇄된 주소로 선생들을 찾아가 보자. 매우 어둡고 꾸불꾸불한 좁은 계단을 올라간다. 인간의 지식을 아낌없이 나누어 주는 관대한 사람 집에 도착한다. 그는 자신의 벽보 앞을 무심히 지나치는 대중의 온당치 못한 무관심을, 배은망덕한 이 시대를 불평한다. 무지와 야만이 그를 모함한다는 것이다. 그는 지난 20년간 대중교육을 위해 봉사한 자신의 노고에 대한 보상을 간청한다.

강의는 짧고 불평은 매우 길다. 이런 선생들은 모두 우리가 잘 알고 있는 것을 완벽하게 가르쳐 준다. 그들이 고안해낸 특별한 방법에도 불구하고 그들의 자료에는 새로운 것이 하나도 없다. 우리는 계단을 내려오자마자 선생과 그의 가르침을 잊어버린다. 길가에서 '무료강좌'라는 거짓된 벽보를 다시 만나게 될 때만 생각이 날 뿐이다. 그런 곳에서 낭비하는 시간은 이 세상에서 가장 소중하고 돈으로도 살 수 없다.

96 치안과(bureau de sûreté)

이것은 30여 년 전에 생긴 경찰 부서이다.[180] 도둑을 맞은 사람들은 여기에 와서 고소를 하고, 무료로 도난품을 되찾을 수 있는 편의를 제공받는다. 신고를 받은 형사가 관련 지시를 받은 다음, 민원 해결을 위해 서두른다. 값비싼 보석은 오랫동안 지하에서 유통되다가, 분실한 사람의 눈앞에 마술처럼 다시 나타난다. 고소인이 유명 인사일 경우에 특히 그렇다.

큰 도둑과 파렴치한 절도에 대한 정보를 얻기 위해, 몇몇 사기꾼들은 봐주고 좀도둑들은 묵인하는 것 같다. 특히 폭력적인 성향이 있는 자들을 알아내려고 노력함으로써 살인과 암살을 예방한다. 이는 매우 호평을 받고 있다. 단단한 다이아몬드는 금강사(金剛砂)로만 깎을 수 있는 법이다.

수많은 협잡꾼과 사기꾼이 경찰에 잡히지만, 또 얼마나 많은 수가 경찰의 감시를 피하고 따돌리는가! 이 수도에서 장사도 하지 않고 연금도 없이 살려면, 그런 솜씨와 능력이 있어야 한다. 음험하고 위험한 생업에 종사하는 부류가 간계와 투기에 밝다는 것은 놀랄 일이 아니다.

180 치안과는 뇌브데카퓌신 길(rue Neuve-des-Capucines)의 치안총감 공관에 있었고 샤틀레 재판소에도 있었다. 매일 11~13시에 3명의 형사가 무료로 도난신고를 받았다. 구역의 파출소장들 역시 도난신고를 받아 치안과로 이첩했다.

97 보드빌

교활한 이탈리아인 마자랭이 말했다. "나에 대해 뭐라고들 말하는가?" "그냥 노래를 부릅니다, 예하." "노래를 한다고? 그럼 노래를 부르게 놔두게. 노래하면 돈을 낼테니." 오늘날에도 여전히 그러하다. 몇몇 대신들은 우리가 돈을 낸 만큼 '노래하게' 내버려두지 않았다. 그들이 아주 기분이 나쁘다는 것을 보여주는 방식이었다.

우리처럼 빈정거리기 좋아하는 민족은 모든 사건을 보드빌[181]로 '기록해' 왔다. 우리 민족은 성격상 풍자시를 즐기고, 유용하다는 평가를 받는 모든 것을 야유한다.

보드빌이 풍자적이라고 해서 덜 진실한 것은 아니다. 보드빌은 언제나 재미있고 짓궂었다. 그러나 궁정인들이 보드빌을 만들거나 수정하려고 들면서부터 너무 신랄하고 너무 공격적이 되었다. 보드빌이 사건들과 공인들을 잘 알게 되어 묘사가 더 구체적이 되고 노래가 더 재치가 있어진 것은 사실이다. 그러나 신랄하고 과격한 풍이 득세하고, 쾌활한 것이 아니라 잔혹한 것이 되었다.

일련의 보드빌이, 내막을 전혀 모르는 역사가들의 서술보다도 역사(즉 인물들의 성격과 사건의 진정한 동기)를 더 잘 보여준다는 측면이

181 vaudevilles: "아는 곡조에 맞춰 만들어서 따라부르기 쉬운 가요의 일종. 몇몇 뜻밖의 사건이나 보통 혼란한 상황에서 생겨나 도시를 따라 퍼진다. 자유롭고 경쾌하고 익살맞고 약간의 풍자적 성격을 갖는 이런 종류의 시는 프랑스인들의 취향에 걸맞다."(『트레부 사전』)

있는 것은 분명하다. 그렇다면 빌라레와 가르니에가 쓴 우리의 근엄한 역사[182] 그리고 보드빌을 어떻게 보아야 할까?

몇 년 전부터 유행하는 이 모든 신랄한 노래들은 악의적인 동시에 지나치게 뻔뻔스럽다는 점에서 비난을 받아야 한다. 그것들은 꼬집기만 하고 상처를 내지 않는 유쾌한 보드빌이 아니다. 궁정인들이 이 소중한 장르를 변질시켰다. 음험한 복수심에 사로잡힌 그들은, 문단을 지배하려고 혈안이 되었다는 평가를 받는 작가들의 시기심이 빚어낸 것보다 더 많은 독설들을 사용했다.

182 메르시에가 언급하는 것은 다음 책이다. 『군주제 확립부터 루이 14세의 치세기에 이르는 프랑스 역사(*chez Desaint et Saillant*, 1755~1786)』 1~7권은 벨리(Paul-François Velly), 8~16권은 빌라레(Claude Villaret), 17~30권은 가르니에(Jean-Jacques Garnier)가 집필했다.

98 예의

그래도 예의가 지배하는 사회이다. 예의는 모든 계층에 퍼져 있다. 예의가 사회에 좋은 영향을 많이 끼쳤다는 것을 알고 있기 때문이다. 잠시 서로 스치기만 해도 이 순간적인 교류가 유쾌한 것이 되어야 한다고 요구할 권리가 있다. 이 기발한 거짓이 없다면, 사람들의 모임은 하찮고 저열한 충동들이 온갖 추한 양상을 드러내는 싸움터가 될 것이다. 널리 공유되어 있는 이런 종류의 예절은 꼴사나운 오만과 삐뚤어진 이기심을 숨겨준다. 서로 가장 아름다운 측면만 보여주는 셈이다. 성격의 흉측한 표면은 가정 내부에서, 그것에 익숙해 있거나 참고 견디게 마련인 사람들 앞에서만 드러난다. 우리들은 사회적 덕성이라는 허울 덕에 모임을 즐길 수 있고, 잠깐이나마 이 덕성이 현실성이 거의 없다는 것을 잊는다. 인간의 몸에 의복이 필요한 것과 마찬가지로, 마음에도 가벼운 옷이 필수적이다.

99 진보

기술과 예술은 풍속에 비해 더 완벽해지고 있다. 기술과 예술이 풍속보다 훨씬 더 중요시되기 때문이다. 요리는 오늘날 40년 전에 비해 더 세련되고 더 고급이며 건강에 더 좋다. 더 맛있는 스튜를 만드는 것처럼 노래와 춤을 더 잘한다. 모든 것을 따져보면, 오늘날 연기를 더 잘 한다. 의학은 치사율이 낮아지고, 외과수술로 경탄할 만한 치료가 이루어지며, 화학의 새로운 발견들은 놀라운 것들이다. 우리는 좋은 음악을 감상하고 즐기기 시작한다. 의복은 덜 불편하고 더 간편하다. 매우 아름다운 시가 아주 많이 나오는 바람에, 시를 잘 쓰는 것이 더 이상 진귀한 재능이 아니다. 저술들은 지난 세기에 비해 더 심오하고 훨씬 더 중요하다. 나는 미래 세대가 우리를 능가할 것이라고 확신한다. 아주 까다롭거나 아주 무지한 사람들이 몰락을 우려하고 있지만, 내가 보기에는 모든 것이 퇴보하기는커녕 진보하고 있다. 직업적인 자만심에 빠져 있는 몇몇 문인은 동업자들을 비난하는 재미로 이런 명제를 부정한다. 그러나 그들 각자는 마음속 깊이 자신이 경쟁자들과 선배들에 비해 우월하다고 생각한다.

100 금서조치

내가 말한 좋은 책들이 금서가 되었다. 인간의 판단을 상징적으로 보여주는 우화를 아는가? 치명적인 비가 쏟아져, 아주 조금이라도 비를 맞은 모든 사람들을 미치게 만들었다. 마침 봄날에 축제일이어서 모두들 산보를 나왔다. 회복기 환자 한 명만 외출하지 않았고, 지붕 덕택에 유일하게 이성을 잃지 않았다. 그는 사랑하는 동료 시민들이 돌아오는 것을 보고 마중을 나갔다가, 각 개인의 성격에 따라 다양하게 나타나는 모든 광증을 목격하게 되었다. '왕' 노릇을 하는 사람, '장군' 노릇을 하는 사람 등등. 비를 제일 많이 맞은 사람은 '교황' 노릇을 했다. 정신이 멀쩡한 사람은 그들이 정상이 아니라고 지적하면서 그들의 광증을 고쳐주려고 했다. 그들은 이구동성으로 외쳤다. "헛소리를 하는 것은 바로 네놈이다. 그 고열이 낫지 않아 그러는 것이다." "여러분들은 미쳤습니다." 그들은 '일제히' 외쳤다. "우리가 미쳤다고! 모두가 너를 단죄하는 것을 보라. 감히 이 권위의 힘에 맞서다니. 자, 네 말을 취소하고 무릎을 꿇고 용서를 빌어라. 미치고 무모하고 정상이 아닌 것이 바로 너임을 자백하라. 참사회, 군대, 법원의 수장인 우리는 모두 현자이다. 우리가 너무 관대해서 너를 위해, 너무 가혹한 벌을 주지 않기 위해 이 정도의 처벌로 그친다는 것을 시인해라." 하늘의 도움으로 이성을 잃지 않은 사람이 무엇을 할 수 있었겠는가? 그는 이 광인들 한가운데서 재판권을 보유한 그들이 '자신의 책을 불태우는 것'이 지당하다고 인정할 수밖에 없었다. 하느님 덕에 자신이 화형당하지 않았음을 감사드리면서.

101 악인들

재능을 헐뜯고 덕성을 깎아내리고 고귀한 행동의 고상한 동기를 의심하면서, 악에 대해서는 호의적으로 배려한다. 아카데미 프랑세즈에서 한 시인이 '악인에 대한 대우'라는 대화체 시를 낭독했다. '악인', '위선자', '사기꾼'을 어떻게 대해야 하는지를 논의한 것이다. 그 시는 경멸의 대상인 자들을 호의적으로 대하지 않았던 조상들과는 달리, 덜 엄격하고 관용적인 태도를 지지했다. 모든 인간이 '악인'을 열정적으로 단죄해야 한다고 주장하는 준엄한 도덕가에 대한 반론을 제기하기도 했다.

시인은 타락한 자를 엄하게 다루기는커녕, 이런 시구를 읊었고 이것은 격언이 되었다.

그런데 나는 사기꾼 옆에서 기가 막힌 식사를 한다.

내가 보기에는, 성찬이 아니더라도 자기 집에서 식사하는 편이, 또 훌륭한 신사들과 식사하는 편이 더 나을 것이다. 내 생각이 틀리지 않는다면, 사기꾼과 같이 식사를 하면 식욕이 떨어질 뿐만 아니라 진정성도 잃게 된다. 물론 시인이 도덕적인 동시에 신중한 태도를 견지하려고 했다는 점은 인정한다. 그러나 사기꾼과 신사를 거의 동등하게 대우한다면, 신사에게 무엇이 남겠는가?

그 시인을 비난하는 것은 아니다. 그의 시는 '상류사회'라고 불리는 것을 충실하게 대변하고 있을 뿐이다.

102 품위

품위(bonne compagnie)는 실제로 존재한다. 그러나 신조어가 새로운 조롱거리를 예고하는 경우가 많듯이, '기품(bon ton)'이란 표현에 뒤이어 나타난 이 표현은 여러 해 전부터 남용되고 있다. 품위는 한 장소에 국한되지 않는다. 부유하다고 해서 품위가 있는 것은 아니고, 평범하게 산다고 해서 품위가 없는 것도 아니다. 품위는 아주 자주 언급되지만, 제대로 정의되지는 않았다. 자신이 품위가 있다고 뻐기지 않는 사람일수록 품위가 있는 것 같다.

오늘날엔 모두 자기들만 품위가 있다고 주장한다. 그래서 매우 재미있는 장면들이 연출된다. 법원장은 판사가 품위가 없다고 주장한다. 청원심사관은 재정가에게 같은 비난을 한다. 도매상인은 변호사가 촌티가 난다고 생각하고, 변호사는 공증인을 상대하려고 하지 않는다. 소송대리인마저도 가까운 동료인 집행관을 흉본다. 이러한 상호 비방을 몰리에르 같은 작가가 다루었으면 정말 재미있었을 것이다.

103 순진함

상류사회에서 아무리 찾아보아도 발견되지 않는 것이 순진함이다. 우리의 풍속과 대화에서 순진함보다 더 드물게 존재하는 것이 있을까? 이 매력적인 자질이 우둔함과 유사한 것으로 보이고, 정신과 마음의 자연스러운 성향을 스스럼없이 고백하는 것이 부끄러운 일이고 상대방에게 악의의 미소나 짓게 하다니, 참으로 슬픈 시대이다. 꾸밈이 모든 것을 변질시킨다. 꾸밈은 자연으로부터 색채와 멋을 앗아가고, 편하고 자유롭게 펴지기를 좋아하는 감수성을 죽인다. 또한 꾸밈은 영혼을 옥죄며, 모든 것에 생명을 불어넣는 진정성을 말살한다.

누구나 보쉬에나 부알로 대신 라퐁텐을 읽길 원한다. 삶의 여러 곡절에도 불구하고 참으로 순진한 사람을 우리는 비웃는다. 하지만 그가 우리들보다 더 오래 갈 것이라고 몰리에르는 말했다.

104 예법

어느 정도 교육을 받은 사람이라면 당연히 예법을 안다. 예법은 '처세술'인 셈이다. 예법에 낯선 외국인은 처음에는 많은 실수를 범할 것이다. 그러나 그가 좋은 가문 태생이라면 곧 미묘한 차이를 알아차리고 파악할 수 있다.

'예법'이 무엇인지 글로 정의를 내릴 수는 없다. 이론은 수많은 실수를 범하게 할 것이다. 많은 성찰보다는 몇 달 동안의 실습이 무수한 상황을 헤쳐나가고, 장소, 시간, 사물, 사람에 따라 처신하는 법을 더 잘 가르쳐 줄 것이다.

은거 중이거나 먼지 쌓인 서재에서 방금 나온 천재는 예법을 지키려다가 우스꽝스럽게 보이곤 한다.

오래전부터 그 유명한 니콜을 알기를 원하던 한 부인이 어느 날 지도신부에게 그를 모셔와 같이 식사하게 해달라고 부탁했다. 니콜이 왔다. 숭배자와 지도신부만 함께 한 식사에서 좋은 포도주가 아낌없이 제공되었다. 평생 이렇게 좋은 저녁식사를 한 적이 없는 선량한 니콜은 샴페인과 사향포도주에 약간 생각이 흐트러져, 독실한 부인에게 작별인사를 하면서 말했다. "아, 부인! 저는 부인의 친절과 배려에 감복했습니다. 그 무엇이 부인만큼 우아하겠습니까? 참으로 부인은 모든 점에서 매혹적입니다. 부인의 매력, 특히 그 아름다운 작은 눈을 찬탄하지 않을 사람은 없습니다." 그를 소개하고 예법을 더 잘 아는 지도신부는 부인의 아파트를 나와 계단을 내려오면서 그의 우직함을 나무랐다. "아니, 당신은 부인들이 작은 눈을 좋아하지 않는다는 것을 모릅니까? 그 점에 대해 부인에게 무엇인가 기분 좋은 이야기를 하려고 했다면, 부인의 눈이 크고 아름답다고 말했어야죠." "신부님, 정말 그렇습니까?" "그럼요, 당연하지요." "아, 이런! 큰 실수를 해서 창피해 죽겠네요! 사과하러 가겠습니다.…" 즉시 우리의 착한 주인공은 지도 신부가 말릴 틈도 주지 않고 부인 댁으로 올라가 사과하면서 말했다. "아, 제가 부인처럼 친절한 분에게 방금 범한 실수를 용서해 주십시오. 저보다 더 예의가 바른 훌륭한 동료가 깨우쳐 주었습니다. 정말이지 제가 틀렸습니다. 부인은 눈, 코, 입 그리고 발까지 매우 아름답고 크십니다."

2권

유용한 진리는 적나라한 것도,
너무 꾸며진 것도 바람직하지 않나니

105 다른 많은 사람들에게 가치 있는 주장들

너무나 유명해진, 그래서 지구의 일부를 파괴하는 이러한 거대한 변화들이 계속되지 않는다면, 그 이름이 결코 사라지지 않을 이 도시는 예전에 무엇에 의존했을까?

과거의 연대기 작가들은 심지어 일리옹의 연기 어린 폐허에서조차 민족의 기원을 찾았다.[1] 그것은 아틀란티스의 공상적인 역사, 그리고 '불타는 대지'의 양 끝만이 거주 가능하다고 판단한 천문학자 벨리가 극지방 아주 가까이 배치한 그 민족들의 역사 못지않게 아주 재미있다. 뷔퐁이 새로운 체계를 제시하지 않았더라면 우리는 이처럼 멋진 상상을 하지 못했을 것이다. 그는 '지구의 대기가 차가워지는 데' 걸리는 시간을 측정하기 위해 '자신의 난로에 포탄'을 넣었던 인물이다.[2] 그러나 그런 종류의 공상적인 이야기와 유쾌한 방안을 저술케 한 진지함에는 기분을 전환시켜 주는 요소가 있다.

나로서는 그렇게 멀리 거슬러 올라가기보다는 차라리 우리가 로마인들의 침입 이전에 자유로웠다는 생각에 몰두하고 싶다. 그들의 지배하에서 우리는 그들의 언어와 관습, 종교를 채택했다. 또한 우리 법관들의 지배하에 있으면서도 로마를 본딴 원로원과 시청 건물, 신

1 Ilion: 트로이의 옛 이름. 메르시에는 여기서 프랑크족의 기원을 트로이에서 찾았던 중세의 연대기 작가들의 표현을 인용하고 있다.

2 지구의 중심은 열기로 가득 차 있는 반면 대지의 온도는 점점 낮아진다는 뷔퐁의 이론은 당시 학자들 사이에서 격렬한 논쟁을 불러일으켰다. 벨리는 1774년 발표한 『과학의 기원에 관한 편지』에서 뷔퐁의 이론을 지지했다.

전, 궁전, 수로, 공중목욕탕이 생겼으며, 사람들은 아직도 그 흔적들에 감탄을 아끼지 않는다.

로마제국 말기 아르모리크[3]에 자리 잡은 공화국의 우두머리인 파리의 뱃사공들[4]은 야만족의 침입 이전에 고래의 자유를 되찾았다. 이 집단의 우두머리들은 클로비스라는 이름의 야만족 우두머리에게 복종하지 않았다. 그들은 동맹관계의 자격으로, 그리고 그 공화국의 권리와 내가 태어난 도시의 특권을 유지한다는 조건하에서만 파리의 문을 열어주었다. 우리는 주인과 친구의 자격으로 그 이민족들을 받아들였다. 우리는 그들에게 가능한 한 평화로운 예술의 풍조를 고취시켰다. 또한 중국인들이 타타르족[5]에게 가르친 것과 거의 유사하게 그들로 하여금 우리의 종교와 법들을 채택하도록 했다.

나는 불랭빌리에[6]가 정설화하려고 애썼던 정복과 노예제를 토대로 한 저급한 체제보다는, 부케 신부[7]가 제시한 선량한 체제를 선호한다. 그 덕분에 우리는 고명한 유래를 간직할 수 있다. 왜냐하면 나는 정복당하기를 원하지 않기 때문이다. 나는 존경하는 부케 신부를 공격하는 어떤 역사가들의 저술도 읽지 않을 것임을 감히 선언하는 바이다.

이렇듯 나는 자유의 깃발을 들고 스스로 클로비스 이전 시기에

3 Armoriques: 켈트족과 골족, 프랑크족의 시대에 센 강과 루아르 강 사이의 위치한 지역 전체를 포함하는 지리적 명칭.

4 1710년 노르트담의 내진(內陣) 밑에서 주피터 신의 제단이 발견된 이후 파리 뱃사공들의 존재와 역할에 관해 다양한 해석이 제시되었다. 1세기경 시테 섬의 뱃사공들은 모든 물품 운반의 독점권 덕분에 상당한 지배권을 행사했다.

5 프랑스에서 타타르족은 종종 몽고인들과 혼동되었다. 쿠빌라이 칸 시대에 중국을 정복한 그들은 17세기에 만주족에게 복종하고 그들의 군사적·행정적 지배를 받게 되었다.

6 Boulainvillers(1658~1722): 프랑크족에 의한 골족의 정복의 역사를 서술한 역사가.

7 abbé Bouquet(1685~1754): 생모르의 베네딕토회 신부로 골족의 역사에 관한 주요 전집을 출판한 출판업자.

속하기를 원한다. 내가 추구하는 것은 바로 그때이다. 민족의 기본법을 발견한 것도 그때이다. 파리가 세례를 받는 미개함 이전의 상태로 존재했고, 5년 동안 이웃과의 전쟁을 멈추었으니 말이다. 그때 선량한 골족들은 자유와 재산과 법을 유지했는데, 그 모든 것들은 새로 온 사람들에게 합류되었다.

그러니 나로서는 계속해서 로마인들의 굴레에서 벗어나 독자적인 나라를 형성한 그 용감한 파리의 뱃사공들의 길을 그대로 따라갈 수밖에 없다. 나는 그들이 나의 조상들이며, 제대로 입지도 무장도 하지 못한 15,000~20,000명으로 구성된 무리의 후손들은 우리와는 다른 이방인에 불과하다고 확신한다.[8] 왜냐하면 클로비스를 옥좌 위에 앉힌 사람들은 바로 골족들이었기 때문이다.

그들은 잘못을 저질렀다. 야망과 정치, 부르고뉴인들이 점령한 지역에 대한 권리를 형식상 그에게 넘겨준 부르고뉴 왕의 딸 클로틸드[9]와의 결혼, 주교들과의 공모, 알라릭[10]에 대해 거둔 승리, 그가 다른 부족의 우두머리들을 제거하기 위해 저지른 암살, 그의 경쟁자들 모두가 그를 너무 강하게 만들었다.

그 변변치 못한 야만족 왕들은 모두 참혹한 전쟁에 몰두하며 골족에게서 빼앗은 영토와 전리품을 놓고 계속 다툼을 벌였다. 게르마니아의 숲을 떠난 이 족속들 중 한 사람이 권력을 장악한 이후 불행이 시작되었다. 독재자와 노예만이 존재했으며, 사람들은 무지하고 우둔해졌다.

8 이것이 1789년에 시에예스가 발표한 「제3신분이란 무엇인가?」의 핵심 주제이다.

9 부르고뉴 왕 쉴페릭(Chilpéric)의 딸인 클로틸드(Clotilde)는 클로비스의 개종에 상당한 영향을 미쳤다.

10 여기에서는 507년 부이에 전투에서 패배하고 사망한 서고트족의 왕 알라릭 2세(Alaric II)를 가리킨다.

우리가 영광스러웠던 시절은 우리 왕들 중의 하나가 생레미[11]의 물병 아래서 무릎을 꿇기 이전이다. 우리에게는 공베트 법, 살리크 법, 라인프랑크 법[12]과는 다른 법들이 있다.

내가 아는 바에 의하면, 파리는 처음으로 게르만족의 지배하에 놓이게 되었을 때에도 어떤 왕에게도 종속되지 않았다. 클로비스의 자손들은 수도인 파리가 존중받는 만큼 그곳을 공유하며 모두의 것으로 유지했다. 외드 백작[13]은 용감하게 파리를 수호한 후 옥좌에 오르는 길을 개척해 나갔다. 위그 카페[14]의 이름으로 알려진 왕도 단지 파리 백작에 지나지 않았다.

민족성은 초기 두 종족의 시대를 거치며 약화되기는 했지만, 결코 사라지지는 않았다. 카이사르가 로마군단을 몰고와서 수년간 이 나라를 정복하기 전 골족으로 가득 찬 300~400명의 인민들 사이에서 봉건정부가 형성되었다. 따로따로 분리된 수많은 소규모 지역 단위들은 그들만의 고유한 관습과 풍습을 간직했다.

나는 군주정보다는 더할 나위 없이 평온하고 유구한 위엄을 갖추었으며, 근대 유럽의 가장 위대한 인물인 샤를마뉴와 같은 왕에 의해 주도되는 그런 정부를 훨씬 더 좋아한다. 왜냐하면 내 생각으

11 Saint-Rémi: 클로비스에게 세례를 베푼 랭스의 대주교.

12 공베트 법(la loi gombette): 500~501년에 부르군트의 왕 공드보(Gondebaud)의 명령에 따라 야만스런 백성의 관습을 기록한 것으로 모두 109의 항목으로 이루어져 있다.
살리크 법(la loi salique): 프랑스 왕국의 가장 오랜 기본법.
라인프랑크 법(la loi ripuaire): 6~7세기에 단계적으로 작성된 법.
이 법들의 공통된 특성은 수많은 범죄행위에 대한 벌금형의 기준을 제시하고 있다는 것이다.

13 comte Eudes: 파리 백작(Robert le Fort)의 아들로 노르만족의 침입에 맞서 파리를 수호했으며, 887년 거인왕 샤를(Charles le Gros)의 폐위 후 왕으로 선포되었다.

14 987년 왕이 된 위그 카페(Hughes Capet)는 Robert le Fort의 손자이자 카롤링거 왕조 마지막 시기에 강력한 세력을 구축했던 파리 백작(Hughes le Grand)의 아들이다.

로는 거대한 단위에서는 오직 민중에 대한 끔직한 억압이 자행될 뿐이며, 작은 단위는 반드시 더 많은 자유를 보장하기 때문이다.

국민의 의회가 스스로 주권자가 되고 법을 만들고 법의 집행자에게 해명을 요구하는 날이 오기를 내가 얼마나 갈망하는지 모른다!

샤를마뉴의 치세는 얼마나 위대했던가! 근대사에서 그보다 당당하고 웅대한 시기는 없었다. 유럽을 혼란에 빠뜨리지도 노예화하지도 않은 채 압도해 버린 그 위대한 이름에 비하면, 루이 14세의 이름은 미미하기 짝이 없다. 골족들은 주인이 아니라 우두머리를 지녔으며, 로마인들이 오기 이전처럼 다시 독립적이고 자유로운 상태가 되었다. 사람들은 머리를 짧게 깎고 수도원 울타리 안에 갇힌 비열한 클로비스의 후손들을 경멸하는 만큼, 기사도 정신을 탄생시키고 순수함과 관대함, 정직함, 사랑, 지고지순한 미덕들을 정교하게 조화시킨 탁월한 지배층을 숭배한다.

그 훌륭한 정부의 균형상태가 카페 왕조의 초기 왕들에 의해 파괴되고 민족이 광적인 상황에 처하게 된 이유는 무엇일까? 그것은 거대한 봉토를 강제로 왕실에 통합시키는 과정이 단지 인민을 적대적인 두 세력으로 분열시키는 데 그친 결과를 초래했기 때문이다. 인민은 봉건체제하에서 고요하고 평화로웠다. 그들은 각자 자신들의 지식과 사상에 따라 스스로에게 속할 수 있는 자유를 누렸다. 그들의 안정과 인구가 그들의 행복을 증명해 주는 이상, 그들에게 더 이상 무엇이 필요한가?

삼부회 소집은 오랫동안 절대권력을 지연시켰다. 그러나 서서히 절대권력이 발전했다. 카페 왕조, 발루아 왕조, 앙굴렘 가는 클로비스에 의해 시도되었다가 그 민족에 의해 강력하고 단호하게 분쇄되었던 바로 그 계획을 계속 이어나갔다.

그때부터 민족은 눈부신 순간을 맞이했으나, 너무나 값비싼 대가를 치렀다. 그 이후 사라진 광경을 보려면 샤를마뉴의 아름다운 시절로 돌아가야 한다.

그 위대한 황제의 뒤를 이은 허약한 후손들 아래에서 파리는 어느 백작의 사유재산이 되었다. 그 도시는 로마인들의 모든 시도에 맞서 싸웠다. 티베리우스 황제 치하에서 강력해지고 상업이 발달한 파리는 이 두 번째 종족의 마지막 시기에 노르만족에 의해 약탈을 당했다. 그들은 파리의 대건축물에 불을 지르고 파리를 센 강의 섬 안에 가두어 버렸다.

'파리 백작'은 샤를마뉴의 혈통을 무시하고 자신의 영주의 머리 위에 왕관을 씌워주었다. 샤를마뉴의 후손[15]은 감옥에서 죽었다. 그러나 거대한 봉토를 소유한 영주들은 그들이 왕위에 즉위시킨 자보다 훨씬 부유했다. 그들은 왕의 가문이 지닌 '왕홀'이 그에게 무한한 지배권을 부여하리라고는 상상하지 못했다. 그들은 군주정의 부활을 믿지 않았다. 그들은 단지 대수롭지 않은 '상징적 표시'를 허용했을 뿐, 그들과 동등한 자가 주군이 되리라고 생각하지 않았다.

15 위그 카페로 인해 왕위에 오르지 못한 샤를 1세(953~995?)를 가리킨다.

106 군관리들

군관리들은 자신들이 사람들에게 가장 필요한 존재로 간주되고 싶어 한다. 그 결과 그들은 다른 모든 신분의 사람들을 경멸하고, 이 세상에 기술자[16] 같은 다른 전문가들이 있다는 사실을 믿지 못하며, 군주가 군대에서 봉사하는 사람들에게만 포상과 봉급을 주기를 바란다. 그들로서는 요란한 대포소리와 화승총의 사격, 검을 휘두르는 것 외에 다른 데서 영광을 찾는 것 자체도 상상하기가 매우 어렵다.

전쟁이 늘 지속되는 것은 아니다. 일반적으로 평화가 훨씬 길다. 따라서 군관리는 전장에 세 번 나서보지도 못하고 긴 노년기를 맞이하게 된다. 오늘날 많은 사람들은 그들의 전투를 목격하지 못했다. 그들은 사람들이 자신들의 용맹을 높이 평가하기를 바란다. 마치 자신들이 매일 국가를 수호하기 위해 목숨을 걸고 있기나 한 것처럼 말이다!

척탄병은 그들과 같은 일을 한다. 그러나 그들은 하루에 단지 8수를 받기 때문에 매사에 "내 부대, 내 중대, 내 연대"라고 말하는 사람과 똑같은 감정을 느끼지 못한다.

아주 재빠르고 맵시 있고 머리를 곱슬곱슬하게 하고 치장을 하고 멋을 부리며 거울 앞에서 시간을 보내는 군관리를 보고 다루기

16 ingénieurs: 르네상스 이후 주로 군사활동에 관련된 집단으로, 1696년에 측량기사가 탄생하고, 1743년 토목기사, 1765년 항해기사가 생겼다. 1794년에는 군사학교에서 발전한 에콜 폴리테크닉(Ecole Polytchnique)이 설립되었다.

어려운 고리쇠를 펴는 것을 보는 사람들은 그를 베야르[17]와 뒤게클랭,[18] 크리용,[19] 그리고 다음과 같은 전사들의 후계자로 간주하지는 않을 것이다.

그들은 아무것도 없이 오직 검으로 무장했을 뿐이다.
그들의 강인한 용기만이 풍성한 장식품이다.
그들의 요람은 쇠로 만들어졌다.

우리 시대의 군관리가 가장 갈망하는 것은 '우아한 상처'이다. 이를테면 그럴듯한 그의 외모를 손상시키지 않은 채 평판을 좋게 하는 멋진 흉터 말이다. 그는 파르살로스 전투[20]에서 카이사르가 병사들에게 외친 '얼굴을 후려치라'는 명령을 잔인하다고 생각한다. 그라면 코끝을 다치기보다는 차라리 디리니 팔을 잃는 편을 택했을 것이다.

일반적으로 군관리들은 예외적인 경우를 제외하고는 매우 나태하고 무식하다. 그들은 지루하고 아는 것이라고는 변화하는 것밖에 없기 때문에, 연대의 역사에 관한 것이 아니면 그들의 대화는 건조하기 짝이 없다. 많은 사람들이 응용과학을 업신여기지만, 그럼에도 불구하고 그것에 더 몰두하면 득을 볼 것이다. 군인생활을 하려면

17 Bayard: 샤를 8세를 수행해서 이탈리아 원정을 수행한 프랑스 기사.

18 Duguesclin(1320~1380): 브르타뉴 출신으로 1370년 이후 프랑스 총사령관으로 백년 전쟁 동안 프랑스군을 지휘한 프랑스 군인.

19 Crillon(1541~1615): 16세기 위대한 군인으로 레핀토 해전에 참전했다. 앙주 공작을 수행해고 폴란드에 갔으며, 그가 앙리 3세로 왕위에 즉위한 후에는 가톨릭 동맹에 맞서 그를 보호했다.

20 로마 공화정 말기인 기원전 48년 8월 9일 카이사르가 폼페이우스와 그리스 북쪽 작은 마을에서 벌인 전투. 카이사르는 이 전투에서 승리함으로써 패권을 장악하고 공화정은 존속 위기를 맞이하게 되었다.

역사 공부와 인간에 대한 심오한 이해가 필요하다.

파리에서 누릴 수 있는 커다란 장점은 그런 부류의 '군지휘관'이나 '중대장', '요새 파견 부관들'이 보이지 않는다는 것이다. 그들은 국경 도시에서 소독재자처럼 행세하고 부르주아를 모욕하며 괴롭힌다. 그러나 파리에서 '군지휘관'은 군복무를 위한 것이라는 핑계로 진창에서의 행군과 군사훈련을 명령하지는 않으며, 자신의 하찮은 의지를 강요하지도 않는다.

이곳에서는 어떤 군인도 오만할 권리가 없다. 거만한 군관리들이 소도시의 주민들을 대하는 태도를 목격한 사람들은 '요새 파견 부관들'이 내리는 변화무쌍한 명령들과는 거리가 멀다고 생각한다.

수도의 화려함은 군관리들의 용기가 아니라 호전성을 죽여버린다. 유연하고 관능적인 삶의 황홀함은 전쟁의 과로와 고단함과 양립 불가능하다. 병사들에게는 부유한 상인이나 이자수입이 있는 시민, 예술 애호가들이 누리는 즐거움을 허용해서는 안 된다. 내 생각으로는 확실히 군인다운 우리의 장점이 약해지고 있다. 모두로부터 시기를 받는 민족에게 이 얼마나 불행한 일인가! 따라서 국익을 위해서는 병사와 마찬가지로 군관리들을 도시에서 멀리 보내야 한다. 쾌락의 도시는 단지 그들을 자극하고 부패시키며 자신의 직업에 불만을 갖게 할 뿐이기 때문이다.

107 사치의 신봉자들

이런 부류의 사람들은 무수히 많다. 그들은 사치가 짓눌리는 삶의 답답함을 위로해 주고, 또 그런 현상이 전 유럽에서 거의 일반화되어 있다고 믿는다. 사람들은 그들에게 다음과 같이 말할 것이다.

여러분은 위험스런 안정장치에 스스로를 맡긴 셈이다. 거기에서 벗어나려면 절도 있고 부지런해야 한다는 점을 명심하라. 역사에서 여러분에게 가해진 비난을 읽어보라. 아시아에서 겉으로 그토록 화려함을 뽐내던 거대하고 탁월한 세력들이 오색의 구름들처럼 사라지고, 한 줌의 병사들이 거대한 인민들을 굴복시키는 것을 보라. 또한 이번에는 승리자들이 허약해져 처음 맞닥뜨리는 야심가의 희생양이 되는 순간까지 말이다. 메디아인들에게 굴복한 아시리아인들을 보라. 페르시아들을 인도하고 그들을 무찌른 키루스[21]를 보라. 리디아인들에게 구경거리와 놀이, 축제를 베풀면서 그들을 지배했던 바로 그 키루스가 스키타이인들의 용감한 저항에 부딪쳐 패배한 것을 보라.

알렉산드로스 앞에서 다리우스의 제국이 어떻게 되었는가? 밀티아데스,[22] 테미스토클레스,[23] 파우사니아스[24] 앞에서 캄비세스 황제

21 Cyrus(B.C. 590~530): 에케메네스 왕조의 시조로 페르시아 제국을 건설한 황제.
22 Miltiades(B.C. 550~489): 페르시아 전쟁의 마라톤 전투에서 그리스의 승리를 이끈 아테네 장군.
23 Themistocles(B.C. 524~459): 페르시아 해군을 격파한 고대 그리스의 장군이자 정치가.
24 Pausanias(?~B.C. 470): 기원전 479년 페르시아 전쟁에서 그리스의 승리를 이끈 스파르타 장군.

들과 크세르크세르 황제들은 어떻게 되었는가? 이번에는 타락한 그리스인들이 마케도니아인들에게 굴복했다.

장군들의 무능함과 훈련 부족은 사치의 결과였다. 사치는 나태함을 초래했다. 사람들은 관능적인 달콤함을 부추기는 모든 기예에 빠져버렸다. 그들은 그러한 불행의 주요 요인에 익숙해지고, 전쟁 이론에 무지해졌다. 사람들은 귀부인들에게 구경거리를 제공하기 위해 화려한 열병식을 거행했다. 그들은 병사가 무희처럼 회전하고 일렬로 정렬하는 것을 원했다. 그들은 남자도 국사도 그들 선두에 있는 적들도 분간하지 못했다. 요리사와 보석, 의상이야말로 사람들이 무너지고 요리와 식기가 적들의 손에 넘어가는 요인이었다. 사람들은 마차를 타고 와서 죽임을 당하거나 전쟁포로가 되었다.

언제부터 남성적이고 금욕적인 풍습들이 제국에 도입될 것인가? 그런 풍습들이야말로 떡갈나무를 고정시켜 주는 뿌리가 아닐까? 앞모습이 아무리 멋져도 소용이 없다. 아무리 잎들이 무성해도 보이지 않는 이유들 때문에 뿌리가 썩고 말라버린다면, 그 떡갈나무는 바람이 한 번만 불어도 쓰러지기 마련이다.

인간은 새로운 욕망에 문을 열면 허약함의 인질이 된다. 전사들이 전투를 두려워하게 되면 사회의 원칙이 위태로워진다. 나는 하나의 가치가 일관되게 유지되기를 바란다.

쾌락에서 벗어난 젊은 전사는 전속력으로 돌진할 수 있을 것이다. 그 나이의 혈기, 성적 쾌감을 떨쳐버리기 위해 그가 행한 노력 등 모든 것이 그에게 격한 충동을 불러일으킬 것이다. 그러나 그것은 속도를 늦추어야 할 격정의 순간이다. 무엇보다도 나는 피로보다는 차라리 죽음에 맞서 싸우기를 택할 것이다.

그러나 그 젊은 관리에게 결여된 것은 용기가 아니라 힘이다. 그는 곧 용기를 얻을 것이다. 물론 전투 당일에 관한 문제라면 나는 그를 믿을 것이다. 그러나 그가 어떻게 야전장을 지킬 것인가? 무기력해진 그의 몸이 훈련에 적응할까? 계절과 공기, 음료수, 새로운 요리 등 모든 것이 그를 아프게 하고 허약하게 만들 뿐 아니라, 불구로 만들 것이다. 살갗이 굳어버린 늙은 척탄병은 그처럼 한껏 멋을 부린 모든 관리들이 자신의 주변에서 파리떼처럼 죽어가는 것을 볼 것이다.[25]

25 1720년대부터 사치가 철학자와 경제학자들이 벌이는 논쟁의 핵심 주제로 떠올랐다. 메르시에는 학문과 예술의 도시 아테네를 파리의 모델로 삼은 반면, 스파르타는 절대군주정하에서 사라져 버린 용감하고 애국적인 이상향으로 간주했다.

108 민병대

사람들은 더 이상 파리에서 민병대를 뽑기 위한 추첨을 하지 않는다. 그들은 현명했다. 그것이 민중들을 흥분시키는 원인이 되었기 때문이다.[26] 그러나 불과 1리외 거리의 인근 지역에서는 그러한 강요가 계속되었다.

스파르타 시민이 다시 이 세상에 와서 창백한 얼굴의 파리 시민이 자신을 전쟁터로 보낼 끔찍한 그 표를 떨리는 손으로 집는 광경을 본다면 과연 무슨 생각을 할까? 사람들은 그가 형벌을 받는 표를 뽑은 것이라고 말하지 않을까? 그는 자신의 조국을 위해 무기를 드는 위험을 무릅쓰기보다는, 차라리 자신의 생계비로 남은 약간의 마지막 돈을 내놓기를 바랄 것이다.

조국에 대한 봉사에서 면제된 사람들이 누리는 기쁨을 고려해보라. 어머니는 아들을 품에 꼭 껴안으며 큰소리로 다음과 같이 말한다. "이번에는 우리가 태어난 날을 저주할 이유가 없을 것이다. 사랑하는 아들아. 신이 내년에도 똑같은 은총을 허락하실 게야!"

공적인 복수를 감행하는 사람처럼 보이는 민병대 대리인은 혐오감과 두려움의 대상이며 가증스런 존재이다. 스파르타인은 "그들이 바로 국가를 위해 싸우러 가는 사람들이란 말인가?"라고 소리칠 것이다. 지독한 공화주의자인 당신은 놀라움을 금치 못한다. 그러나

26 1743년 1월 10일 왕령으로 파리는 민병대 추첨에서 면제되었다. 그러자 민병대는 두려움의 대상이 되었고 종종 말썽을 부렸다.

'조국'이라는 단어는 그들에게 아무런 의미가 없다.[27] 당신 자신이 희생해야만 한다. 그들의 첫 번째 의무는 자신을 지키는 것이다. 그들의 누추한 오두막집이야말로 그들에게는 제국이다.

27 여기서 메르시에는 조국이란 시민이 자유롭고 스스로 동의한 법에 의해 통치받을 때에야 비로소 존재하는 것임을 상기시키고자 함을 알 수 있다. 이는 왕에 의해 지배되는 신민은 결코 애국자가 될 수 없으며, 민병대에 동원되는 것도 지지를 받을 수 없음을 의미한다.

109 젊은 법관

젊은 법관은 자신이 어떻게 비추어지는가 외에는 아무것도 두려워하지 않는다. 그는 말, 구경거리, 여자들 이야기, 경마, 싸움을 언급한다. 그는 자신의 직업이 드러나는 것을 부끄러워하며 한 번도 법률 용어를 입에 담은 적이 없다.

그는 검은 법복을 입을 수 있다는 자체를 좋아할 뿐이다. 법의 문제가 제기되면, 그는 언급을 피하고 신중한 표정을 짓는다. 법률쟁이로 여겨질 것이 두려워 그는 군인의 어조와 표정을 꾸민다. 뚱뚱하고 우스꽝스러운 그는 법정에서 아무것도 하는 일이 없다.

110 흡연실

포도주 가격의 등귀와 포도주에 물타기와 같은 범죄 행위로 인해 파리인들은 어쩔 수 없이 증류주에 의존하지 않을 수 없게 되었다. 그래서 본래 포도주 한 병당 3수면 충분한 관세를 4수나 내야 하는 것이다. 파리에서 짐꾼의 아내들은 무거운 짐을 나르고 남자들처럼 일하며 그런 독한 술을 마신다. 이런 습관은 그녀의 뇌를 뜨겁게 하고 내장을 불태운다. 하지만 벌이가 변변치 않은 사람들에게 독주는 그들의 이성과 함께 근심걱정을 잊게 해주는 레테[28]의 강물이다. 아무리 강건한 체질을 가진 사람들도 그처럼 매일 폭음을 하면 몸이 망가진다. 사람들이 그들의 건강에 이로운 포도주를 그냥 내버려 두지 않는 이유가 무엇인가? 그들은 포도주를 선호했다.

최근의 치명적인 그런 취향과 더불어 모든 구역, 특히 최하층민의 거주지에 상당수의 흡연실이 생겼다. 연기로 가득 찬 그 소굴에서는 이른바 마의 그 술을 천천히 마시며 찌그러진 하루를 보내는 나태한 노동자들을 목격할 수 있다. 그들에게는 담배 연기가 음식 역할을 한다. 다시 말해, 담배 연기는 그들을 활기와 에너지뿐 아니라 식욕마저 상실한 일종의 마비상태에 빠뜨린다.

성실한 장인의 아들들은 그런 무위도식의 피난처에서 무일푼 신세로 전락한다. 그곳에서 그들은 상스런 농담에 젖어 아침부터 밤까

28 Léthé: 그리스 신화의 지하세계에서 흐르는 5개 강 중 하나이다. 그리스어로 레테는 망각을 의미하며, 망각의 여신을 가리키기도 한다.

지 그런 말들을 반복한다. 그 추잡한 장소에는 익살꾼과 해학가들이 있기 마련이다.

그런 흡연실[29] 중에서 가장 두드러진 곳은 생마르소 포부르에 있는 흡연실이다. 퐁뇌프와 루브르 근처의 추잡한 여인들은 온종일 그곳에 죽치며 사부아 노동자와 짐꾼, 야바위꾼들에게 몸을 팔아 갈취한 몇 푼을 낭비한다.

증류주로 가득 찬 병들 주변에서 그녀들이 군인이나 짐꾼, 오물 수거인들과 뒤섞여 연기로 가득 찬 그 추악한 놀음판의 천장을 계속해서 두드리며 음란하고 음정도 틀리는 음악회를 열고 있는 모습을 자주 목격할 수 있다.

그곳에 있는 흥분한 사람들이 항상 의기투합하는 것은 아니다. 주먹다짐이 벌어지고 한바탕 전투를 치룬 뒤에야 평화가 찾아온다. 힘센 술집 주인은 집요한 싸움꾼들을 탁자에서 떼어내어 가까운 안뜰로 몰아낸다. 그들은 그곳에서 주먹세례를 퍼부으며 싸움을 마무리한다. 그런 다음 자신의 자리를 되찾은 승자와 패자는 모든 것을 잊고 손에 잔을 들고 또다시 욕설과 주먹질을 한다.

주인이 싸움꾼들을 이 비밀 투기판으로 끌어들인 것은 다 그럴만한 이유가 있기 때문이다. 만약 그들을 거리에 방치하면 자기 몫을 잃어버릴 위험이 크다. 그들은 제멋대로 도망치거나 순찰대에 체포되거나 경찰에 끌려갈 수 있기 때문이다.

그러는 동안 집에 있는 어린이들은 자신들을 잘 돌보지 않는 유

29 『트레부 사전』에 의하면, 모든 항구도시와 대도시에는 공공 흡연실이 존재하며, 그곳에서는 파이프와 담배, 맥주가 사람 수당 일정한 가격에 무제한 제공되었다. 따라서 아무리 담배를 많이 피우고 맥주를 많이 마시는 사람들도 적게 피우고 적게 마시는 사람들보다 돈을 더 내지 않았다.

모에게 떼를 쓰고 작은 손을 얼어붙게 할 정도의 지독한 추위 속에서 울부짖는다. 술에 취한 아버지는 그들의 목소리를 듣지 못하고 만취 상태를 계속 연장하기 위해 가구들을 하나씩 가져다 팔아버린다.

아, 슬프도다! 증류주가 끼치는 해악이 얼마나 많은가? 아메리카에서 야만족의 무리들이 그런 독주 때문에 망했다는 이야기를 읽은 적이 있다. 벌거벗고 사는 그들은 사람을 취하게 만드는 이런 술에 대해 파리 민중과 똑같은 공포심을 지니고 있다.

그런 슬픈 연관성을 생각하면 모든 종류의 독주를 금지하는 법을 고려하지 않을 수 없다. 인간이 흔히 과음하는 그 독주들은 인간의 힘과 이성을 마비시키지 않는가!

111 법원

테미스[30] 신전의 입구는 언쟁의 소굴이다. 바삐 움직이고 서두르며 말을 하거나 중단하고 질문을 하는 검은 옷을 입을 이 무리를 보라. 그 음산한 원주 건물 주변에서 피와 땀에 젖은 무리들은 누구인가? 법복과 라바[31]를 걸친 법관들 사이에 여성복과 팸플릿을 파는 여인들이 있다. 법률가들 주변에서 그녀들은 리본으로 아름답게 머리를 장식하고 있다. 대소인들의 가방에는 아리에트 곡이 담겨 있다. 가발을 쓴 그 모든 늑대들은 그 젊은 여자들 옆에서 환심을 사려고 애를 쓴다.

큰 방으로 들어가 보라. 얼마나 시끄럽고 어지러우며 소란스러운가! 바로 이곳에서 한 변호사가 이성의 목소리로, 통찰력 있는 다변으로 이목을 끈다. 그는 웅변가로 통한다. 왜냐하면 그의 폐가 강하기 때문이다. 이렇게 소란스런 격투장에서 인생의 반을 보내는 법관들의 용기에 찬사를 보내라. 신중한 사람만이 그 최상의 소송에 대한 두려움으로 인해 거기에서 벗어날 수 있다.

부알로가 언급했듯이, 지옥 같은 소송은 바로 "쓸데없는 서류뭉치로 황금더미를 만드는 곳"[32]이다.

사법관리들의 탐욕스러움은 잘 알려져 있다. 그들은 주택의 돌마

30 Themis: 그리스 신화에 나오는 법과 정의의 여신.

31 rabat: 법관들이 입는 법복의 가슴을 장식한 커다란 주름 깃.

32 Boileau, *Le Lutrin*, 제5편, 48권.

저 삼켜버린다. 하지만 비난받아야 할 사람들이 그들뿐일까?

'인지를 붙인 서류'의 하청은 엄청난 수입을 보장한다. 모든 소송에서 그러한 하청 수입은 대소인 수입의 절반이다. 소송이 늘어날수록 그 수입도 늘어난다. 얼마나 기묘한 결합인가? 임대수입자들이 폐렴으로 목숨을 잃을수록 국가의 수입은 늘어난다. 그 아버지의 자식들이 사소한 재산상속 다툼을 벌일수록 국가의 수입은 늘어난다. 외국인이 죽음에 이르러도 국가는 돈을 번다. 언제 어떻게 해서 국가가 돈을 버는 것일까? 민사소송에 대한 개혁이 언급된다. 하지만 절대로 그 말을 믿지 말라.

파리의 관습법보다 더 복잡한 것이 있을까! 우연한 사건들과 군주들의 변덕에 따라 얼마나 많은 법이 만들어지고 바뀌고 폐지되고 다시 생기는지 모른다! 우리의 법전은 무희 출신의 황후[33] 마음대로 만들어진 형편없는 『유스티니아누스 법전』을 토대로 반세기 만에 마구 작성된 이러한 법들의 혼합물이다. 루이 14세의 특별법들[34]이 추가되면서 그러한 법들은 점차 모호하고 모순된 것들이 되었다.

법을 죽이는 소송은 이러한 악법으로부터 탄생한 것이다. 그런 관습법은 수도를 좀먹어 들어가서 마침내 삼켜버린다. 사람들은 대소인들과 강제 집행관들, 서기들의 손안에 있는 사법기구들이 인민들에게서 무엇을 앗아가는지 파악하지 못한다. 그렇게 탐욕스런 무리들을 계속 버티게 하려면 도대체 얼마나 많은 돈이 필요할까?

33 동로마 황제 유스티니아누스(Justianus) 황제와 결혼하고 527년 그의 황제 즉위와 더불어 황후가 된 테오도라(Théodora)를 가리킨다. 키프로스 출신인 그녀는 경기장의 무희 혹은 매춘부였다는 설이 있지만, 황후가 된 뒤에는 유스티니아누스를 도와 정치에 적극 개입하고, 특히 이혼법, 사형법 등 법 제정 과정에서 많은 역할을 했다.

34 예컨대, 1667년의 『민사 법전』, 1670년의 『형사 법전』, 1673년 『교역 법전』, 1680년 5월의 『염세 법전』, 1680년의 『보조세 법전』, 1681년 『식민지 법전』, 1685년 『흑인 법전』 등이 있다.

112 상업재판소

상업재판소는 고등법원에서 한 달 걸리는 소송 사건을 하루 만에 처리한다. 당사자들이 직접 소송을 제기하기도 한다. 이 법정에서는 쓸데없는 미묘한 표현이 제거되고 일반 소송의 긴 절차도 사라졌다. 상인인 재판관들은 오직 선의와 악의를 밝히는 데만 집중한다. 그들은 공허한 단어의 의미에 얽매이지 않으며, 구체적인 사실을 조사하고, 국제거래에서 사기를 당한 구체적인 경험에 따라 재판을 한다.

그들은 상품의 상태에 관한 항의와, 상인과 교역인 사이의 소송만을 심리한다. 국제거래 사실에 관한 모든 채권은 그들의 재판소에 회부된다. 그러나 개인 자신이 사용하기 위해 상품을 구입한 경우 샤틀레 재판소로 이송할 것을 요구할 수 있다. 그들은 돈을 이곳저곳으로 양도하는 약속어음들을 심리한다. 이 경우 그들은 조금도 지체하지 않고 체포를 선고한다. 그들의 판결은 항소를 고려하지 않고 항상 실행된다.

이 재판소의 유용성은 그 범주에 필적하는데, 이러한 재판소가 없다면 상업에서 질서도 안정성도 보장되지 않을 것이다. 다른 재판소들은 판결이나 선고를 하는 데 몇 달이 걸리고, 소송 절차로 인해 최종 판결이 몇 년을 끌 수도 있다.

석공재판소도 그와 마찬가지로 석공일에 관련된 모든 사안을 재판한다. 예를 들면, 건축업자와 노동자 사이의 돌발적인 분쟁과 벽돌공, 채석장이, 미장이 사이의 거래 등이다. 특별한 지식을 필요로 하는 이러한 분야에 관해 다른 재판소들이 판결을 내릴 수 없음은 자명하다.

이러한 소규모 재판소들이 늘어나는 것이 바람직하다. 왜냐하면 그 재판소들은 엄청난 양의 소송을 신속하게 처리하는 장점이 있으며 편파적이지 않기 때문이다. 또한 그 재판소들은 절차상의 복잡함과는 거리가 멀고, 판단을 흐리게 하는 모호함 없이 사실 본래의 명료한 상황을 파악하기 때문이다.

다른 곳에서는 소송이 거의 끝없이 계속된다. 사람들은 샤틀레 재판소나 초심재판소에서 유죄판결을 받게 되면 고등법원에 항고를 하고, 그때부터 참사회에 원심 파기나 재심을 청구한다. 참사회에 의뢰된 항고 사건이 너무 많아 참사회의 판결이 공통된 것들이 많다. 그런데도 사람들은 대수롭지 않은 사소한 소송 사건으로 항고하고, 참사회의 판결문을 얻을 수 있다는 사실에 우쭐댄다.

대귀족들은 모든 사건을 국무참사회에 제소한다. 그들은 다른 재판소에 제소하면 자신이 틀림없이 재판에 질 것이라고 생각한다. 그 참사회에서 사건은 늘 심의 중이거나 계류 중이다. 이를테면 그 소송은 결코 종결되지 않을 것이다. 프랑스에서는 아직도 그런 경우가 흔하다.

우리의 판례와 소송 절차는 나날이 끔찍할 정도로 혼란스러워지고 있다. 모든 것은 뻔뻔하고 능란한 사람에게 맡겨진 것처럼 보인다. 재판에서 정의로운 태도를 간직하고 있는 것은 오직 상업재판소뿐이다.

113 법학원

법학박사가 되려면 공개적인 논쟁을 거쳐야 한다. 기억력이 가장 뛰어난 사람은 경쟁자를 당황하게 하고 그를 제압한다. 그토록 어리석고 소화하기 어려울 정도로 엄청난 양의 법과 주석, 논평들을 머릿속에 넣고 있다는 것은 정말 놀라운 능력이다. 박사의 머리는 이른바 민법, 교회법, 법전, 판례집, 로마법, 수세기에 걸친 온갖 고물 같은 잡동사니들로 가득 차 있다.

관직을 사고 싶어 하는 사람은 변호사 자리를 얻으려고 법을 공부하는 체한다. 사람들은 등록비를 내는 날에만 교수를 만난다. 법학박사들은 법관직을 얻으려는 사람들로부터 응분의 수입을 얻는다. 지나치게 엄격한 태도를 유지하면 그들의 주머니는 텅 비어 버린다.

사람들이 치르는 시험은 형식적인 것이다. 시험의 개요는 미리 통지된다. 아르장 후작이 언급했듯이, 고등법원 법관이 되는 데에는 징세청부업자가 되는 것보다 더 높은 지식이 요구되지 않는다.

변호사증을 구입한 사람[35]은 박식한 것처럼 여겨진다. 변호를 맡을 거리는 많다. 그는 자신이 선택한 재판소의 구성원으로 받아들여진다. 한 사람이 변론을 하면, 다른 사람은 앉아서 그 변론을 듣는다. 돈이 모든 차이를 만든다. 재판관은 용기가 있는 사람이다. 백합꽃[36]

35 메르시에 역시 1773년에 변호사 증서를 구입했다. 메르시에의 가까운 친구였던 브리소는 회고록에서 1782년에 500~600리브르를 주고 변호사직을 구입했음을 밝힌 바 있다.
36 프랑스 왕실의 문장인 백합꽃 문양으로 장식된 재판관의 의자를 가리킨다.

위에 앉을 만한 용기를 지니지 못한 사람은 서서 하는 일을 한다. 그는 범인을 소환하며 자신의 폐와 건강을 해친다. 재판관은 반쯤 졸며 자신을 이성적으로 보이게 하는 태도를 취하려고 안간힘을 쓸 뿐이다.

누군가 당신의 아들이 그런 권리를 행사한다고 말한 적이 있다. 하지만 당신은 그를 어떻게 생각하는가? 그는 변호사직에 필요한 자격을 갖추지 못한 상태이다. 그러나 그의 아버지는 자신이 그의 자문 역할을 한다고 반박한다.

사법관직을 판 초기의 군주들은 우리의 왕국을 결코 회복될 수 없는 상태로 망가뜨렸던 것이다.

114 수렵재판소

여전히 수렵관청(capitainerie)의 이름으로 알려져 있는 이 재판소[37]는 자고류와 산토끼를 죽인 사람들을 갤리선으로 보낸다. 산토끼가 농민의 양배추를 먹어버리거나 비둘기가 수확을 망치고 잉어가 풀밭에 물을 대주는 강을 거슬러 올라오더라도, 잉어를 건드리지 말고 지나가게 하고 산토끼와 비둘기가 농작물을 먹게 내버려 두어야 한다. 사슴을 죽이면 교수형을 당한다. 그처럼 끔찍하고 가증스러운 죄는 거의 유례가 없으며, 존속살해보다 훨씬 더 드물게 일어난다.

밀렵꾼을 사형에 처하라는 법령을 최초로 공포한 왕이 바로 선량하고 관대하며 인자한 앙리 4세라는 사실을 사람들을 믿을 수 있을까? 수렵재판소의 법규는 아주 특이하고, 우리 시대의 다른 법 중에서도 괴상하다. 실제로 그런 법규들은 존재하며, 모두가 터무니없을 정도로 지나치다. 그런 법규들을 위반하지 않은 채 사람들이 어떻게 지낼 수 있을지 나로서는 도무지 알 수가 없다.

37 사냥에 대한 사법권을 행사하는 이 재판소는 성 밖의 파리 헌병대 관할 구역에 포함된다. 이 재판소는 주로 퐁텐블로, 생제르맹앙레, 네사르, 베르사유 등 주로 유명한 사냥 지역에 위치한다. 각각의 재판소는 왕실 사냥 대위 1명, 중위 1명, 부관 1명, 대소인 1명, 서기 1명, 근위기병 10명, 근위보병 15명으로 구성되었다.

115 공증인들

공증인들은 경제 문제에서 진정한 예언의 신 프로테우스[38]가 되었다. 그들은 관습과 법, 이전의 계약들을 당사자들의 이익에 맞게 적용한다. 투기꾼들은 그들에게서 돈을 빌리고 또 돈을 빌려주기 위해 온갖 수단을 연구한다. 그들은 모든 대부에 관심을 갖고 있으며, 빠른 시기에 성공한다. 35세에 부자가 되면 사무소를 포기하고 공증인의 직책을 팔아버린다. 그 직책의 가격은 10년 이래 3배로 올랐다.

재정 문제의 비공식적인 중개인인 그들은 자신들에게 제공되는 현금을 세탁하기 위해 기명을 사용한다. 그들은 대신에게 없어서는 안 될 귀중한 존재가 되었다. 그들은 왕에게 자금을 빌려 줄 사람들을 주변에 두고 있기 때문이다. 그들 역시 대부를 통해 매번 이익을 취한다.

법률 고문이라기보다는 재정가에 훨씬 더 가까운 그들은 법적인 구속을 빠져나가는 방법을 잘 알고, 법을 무효화시키거나 수정해 버린다. 그들은 갖가지 수단을 통해 기성세대로 하여금 수많은 소송을 면할 수 있게 해 주었지만, 다음 세대에게는 틀림없이 소송에 대비하게 해 준다.

법관들은 지나칠 정도로 공증인들의 영향력과 부를 시기하고, 특히 그들로 인해 소송의 영역이 좁아지는 것에 분개한다. 법관들은

38 Proteus: 그리스 신화에 등장하는 바다의 신으로 자유자재로 몸의 모양을 바꾼다. 여기서 공증인에 대한 메르시에의 적대감이 드러난다.

그들과의 타협을 통해 사실상 수많은 복잡한 논쟁을 해결한다. 그들 간의 복잡한 논쟁은 사법부 종사자들의 이권 강탈에 매우 유리할 뿐이다.

법복을 입은 공증인들은 법관들과는 분리된 이질적인 집단을 형성한다. 법관들은 대부분 공증인들을 증오한다. 돈에 대한 오늘날의 터무니없는 인식으로 인해 공증인들의 영향력은 훨씬 더 멀리까지 미친다. 성실하게 돈을 모으라는 오랜 교훈은 완전히 잊혀졌다.

나는 상당히 가격이 높아진 그들의 행위에 관해 말하는 것이 아니다. 왜냐하면 그 비용을 흥정하고 사전에 깎을 권리가 인정되지 않기 때문이다.

그들도 상인들처럼 종종 파산한다. 그러나 우리가 그들을 신뢰하고 또 신뢰하지 않을 수 없기 때문에 공증인의 파산은 아주 세밀하게 점검되어야 한다.

공증인들은 자신의 사무직원들을 약간 거만하게 대한다. 그들이 곧 동료가 되리라는 것을 망각한 채 말이다.

나는 한 공증인이 파리의 모든 사무직원들은 틀림없이 '사생아들', '무신론자들', '거세된 남자들'일 것이라고 말하는 것을 들은 적이 있다. 사생아들은 부모가 없고, 무신론자들은 미사에 가지 않으며, 거세된 남자들은 여자를 만나러 가지 않는다. 결과적으로 그들은 밖에 나갈 구실이 없다. 그 공증인의 말에 따라 외부에서 일자리를 얻지 못한 그 모든 시간 동안 그들은 공부에 몰두할 것이다.

공증인은 매우 좋은 직업이기 때문에 부르주아들은 모두 자식을 공증인 공부로 몰아넣으려 한다. 그리고는 도보 위에서 발길질을 하며 한 무리의 사무직원들을 밖으로 내쫓는다. 자리는 지극히 적은데 그 자리를 향해 사람들이 탐욕스럽게 몰려든다. 4,000명 이상의 젊은이들이 그 자리를 구입하고 싶어 하는데 '팔 자리는 113개'에 불과하다. 경쟁으로 인해 그 자리로 이동할 때마다 가격이 오르고, 이동도 신속해진다. 과거에 공증인은 40년간 자리를 지켰다. 오늘날에는 8년 만에 즐길 만큼 돈을 모으고 재산을 축적한다. 그런 애송이 공증인들이 누리는 때이른 호사를 위해 사람들이 돈을 지불했던 것이다.

위독한 사람이 유언을 할 때 그는 곧 자신을 뒤쫓아올 노인들에게 위로의 말을 하지 않는다. 의사와 공증인 모두가 그에게는 젊게 보이고, 그럴수록 죽는 것이 안타깝게 느껴진다.

50년 전부터 공증인들은 불입금을 지불하도록 요구했다. 오늘날 그들은 불입금의 6%를 받는다. 지나치게 비싼 그 비용으로 말미암아 이성을 잃은 집단이 일종의 혁명을 일으킬 것이며, 그로 인해 그들의 엄청난 호사도 줄어들 것이다.

이렇게 해서 그들은 '참사와 공증인, 그리고 그밖의 사람들 앞에서' 모든 기록을 시작한다. 그들 중 문서를 받는 사람은 단지 한 사람뿐이다. 다른 사람은 동료의 서명을 보자마자 그 문서를 읽지도 않고 서명한다. 이렇듯 오직 한 사람이 사실을 확인하고 매우 중요한 가족법을 규정짓는다. 그런 뒤 사람들이 "돈을 세어 지불"한다는 것은 거의 대부분 사실이 아니다. "살펴보고 서명"한다는 것 또한 사실이 아니다. 소송인들은 대부분 자신의 저택에서 서명한다.

116 시 행정관들

부르주아가 시 행정관이 된다는 것은 영광스런 일이다. 거리에 그의 이름이 들어가면 그는 더할 나위 없는 명예를 누리게 된다.

자만심은 부유한 사람들 모두에게 공통된 습관이다. 조신(朝臣)이나 주교, 수도원장, 법률가, 재정가, 문인들 사이에는 미묘한 차이가 있을 뿐이다. 사실상 자만심은 아랫사람들 앞에서 나타난다. 그중에서도 가장 우스꽝스럽게 교만한 태도를 보이는 사람은 분명히 시 행정관일 것이다.

시 행정관직에 도달하려면 파리에서 태어나야 한다. 우선 십인위병[39]이나 구역장[40]부터 시작한다. 시청에서는 불꽃놀이가 폐지되었지만, 향연은 그렇지 않다. 도시의 모든 집단은 과거의 축제 관행을 고집스럽게 유지하고 있다.

시 당국은 무능하다. 시장, 국왕 대소인, 시 행정관들은 수익성이 좋고 명예로운 직위를 가진 사람들이다. 그러나 권력의 편에서 보면 그들은 유령들이다. 모든 권력은, 이를테면 도시의 생필품 공급까지 경찰의 손안에 있다. 따라서 시 안전의 원칙과 생계유지의 책임은 더 이상 본래 그 역할을 하던 옛 도시 관리들에게 있지 않다. 그것은 엄청난 손해인데, 파리인들은 그 점에 유의치 않을 뿐이다.

39 dizainier: 구역장에게 속한 10명의 민병대원.

40 quartenier: 1681년 루이 14세가 파리를 16구역으로 나누고 각 구역에 배치한 관직으로, 구역의 모든 거주지와 도로를 감시하고 화재에 대비하며 세금 징수에도 관여했다.

따라서 시청은 시 생필품 공급에서 아무런 역할도 하지 못한다. 다른 도시들이 1년에 소비하는 것을 파리는 단 하루 만에 소비한다. 파리 주변에는 제3 등급의 도시와 지방 도시처럼 사람들이 들끓는 촌락들이 존재한다.

파리인은 자신들에게 생필품을 공급하는 동일한 수단이 자신들로부터 그토록 쉽게, 그리고 아무런 예고도 없이 그것을 앗아갈 수 있다는 생각을 하지 못한다.

시 경찰은 다리와 강둑의 배치, 분수의 유지, 공적인 축제와 향연의 진행을 감시한다. 대신 시 경찰은 다른 특권을 상실했고, 이른바 시청은 그 구성원들이 시민들에게 이방인처럼 여겨질 정도로 조롱의 대상이 되어버렸다. 시민들에게 시청은 이제 종신연금을 납부하는 장소로, 그리고 범죄자들이 사형을 받으러 가기 전에 유언을 하러 가는 장소 정도로만 여겨질 뿐이다.

파리의 총독은 런던 시의 시장과 얼마나 다른가! 총독은 이따금 화려한 마차와 임시로 고용한 시종 무리들과 함께 모습을 드러낸다. 그는 민중들에게 12수짜리 동전들을 던져주면서도 상당히 겸손한 태도를 보인다. 이처럼 공허한 장면을 연출한 다음날 그는 완전히 무능력한 상태로 돌아간다.

시장은 인두세(capitation) 징수를 독려한다. 그의 존재는 보잘것 없고 번거롭고 품위를 떨어뜨리는 그러한 세금 징수를 통해서만 드러날 뿐이다.

국왕 대소인은 다양한 공동체의 구성원들에게 선서를 하게 하고 그들로부터 많은 돈을 거두어 들인다. 그 앞에서 "왕과 국가의 법에 충성을 다할 것"을 맹세한 한 구두수선공이 있다. 그 엄청난 단어에 어리둥절해진 그 구두수선공은 자신의 선서에 귀를 기울여 주었다는 이유로 국왕 대소인에게 돈을 지불하는 셈이다.

자신들의 권위에 위세가 등등해진 시 행정관들은 공적 기념물 위에 새겨진 자신의 이름이 왕의 이름 바로 아래 영원히 새겨져야 한다고 생각한다. 그들은 후손들에게 자신의 존재가 전달되기를 갈망한다. 그렇기 때문에 그들은 커다란 화폭에 자신의 모습과 가발을 그리도록 한다. 그런 그림에서 그들은 붉은색 법복을 입고 군주 앞에서 무릎을 꿇고 있는 자세를 취하고 있다.

시청 건물에서 우리는 이렇듯 무위도식하는 파리 시 행정관들의 쓸데없는 초상화를 목격할 수 있다. 그러나 우리는 공연히 그곳에서 뗏목 운반을 시도했던 유익한 사람의 초상화를 찾을 수 있다. 나는 제롬 비뇽[41]의 모습과 마찬가지로 그의 이름과 그의 모습을 알고 싶다.

시 행정관직은 귀족의 지위를 부여한다. 그러한 신흥귀족은 사람들의 비웃음을 산다. 그러나 내가 보기에 가구처럼 돈으로 사는 것보다는 그런 귀족의 지위가 낫다. 시간이 흘러 언젠가 특별한 상황이 되면, 시의 대표들은 예전처럼 애국적인 목소리를 낼 수 있을 것이다. 그러나 '국왕 비서'는 결코 그렇지 않을 것이다.[42]

41 Jérôme Bignon: 1770~1776년 파리 시장을 지낸 인물.

42 18세기 말 파리 시는 시장, 총독, 4명의 시 행정관, 24명의 참사들로 구성되었고, 그 중 시장과 총독은 왕에 의해 임명되었다. 파리의 시 행정관들은 14세기 이래 거의 자율성을 상실했다. 중세 시대의 재판소는 유지되었지만, 절대군주정은 끊임없이 파리에 대한 통제를 강화했다. 시 행정관들의 취임 의례와 의식은 여전히 그들의 권한에 대한 환상을 유지시켜 주었다. 시장과 시 행정관직에는 자동적으로 귀족 신분이 부여되었고, 높은 수입이 보장되었다. 시장의 경우 연 5만 리브르, 시 행정관은 연 2만 5천 리브르로 당시 주요 주교의 수준에 육박할 정도였다. 그러나 파리에서 실질적인 정치적 권한은 왕이 직접 임명하는 치안총감에게 있었다. 파리 시민에 의해 선출된 시 자치기구의 부활을 염원한 메르시에는 이 장에서 파리 시가 독자적인 권한을 상실한 것을 비판하고 있다.

117 변호사들

뤼시앵은 어디선가 변호사에게 소송을 의뢰하러 간 남자의 이야기를 상세히 묘사한 적이 있다. 그 변호사는 조용히 그의 이야기를 듣는다. 우선 그는 불확실하고 갈팡질팡하며 불분명하고 결정이 서툴러 거의 '학교의 당나귀'나 다름없다. 당신은 미심쩍은 소송 사건을 맡은 그가 무관심한 태도를 버리지 않을 것이라고 짐작할 것이다. 하지만 의뢰인이 지갑을 꺼내자마자 그의 판단력은 곧 정지 상태에서 벗어난다. 그는 사태를 파악하고 흥분하며 새로운 사실을 발견한다. 그의 의지는 완전히 당신 편이 된다. 그는 진실이 명백함을 인정하고 그 사건을 위해 앞으로 6개월간 글을 쓸 것이며, 감기에도 몇 번 걸릴 것이다. 처음에는 단지 무심하게 바라보았던 그 사건에 그는 열정적으로 매달린다.

이것이 바로 파리의 변호사이다. 모든 소송의 결과에 관해 그를 피론주의자[43]로 만든 것은 법의 불확실성이다. 그는 자신에게 주어진 모든 소송을 맡는다. 그가 가장 먼저 제기하는 소송이 그의 추론을 결정짓고 그의 능변을 억제한다.

법관과 마찬가지로 그는 언제나 약간 현학적인 태도를 보이며, 그로 인해 대학교수와 문인 사이의 모습으로 비춰진다.

43 고대 그리스 철학자 피론(Pyrrhon, B.C. 360~270)에서 유래한 회의주의자를 가리킨다. 피론의 논리에 따르면, 모든 주장은 그에 반대되는 입장이 가능하므로 최대한 판단과 결정을 삼가야 한다.

일반적으로 프랑스에서 모든 집단은 시대를 역행한다. 변호사 집단은 다른 어느 집단보다 그러한 비난을 들을 만하다. 그들은 괴상한 표현 방식에 집착한다. 그 집단은 자유롭다고 자처하지만, 수많은 편견에 지배된다. '로마법'의 확실성에 관해 의구심을 제기하라. 이념이 부재한 말의 홍수는 당신의 소심한 이의제기를 묵살해 버릴 것이다.

파리의 변호사들은 선천적으로 문인들의 적이다. 왜냐하면 그들보다 훨씬 철학적인 문인들은 원칙을 중시하고 모든 문제를 단순화하려는 경향이 있기 때문이다. 게다가 그들은 이성의 권위를 위해 낡은 책들이 누리던 모든 권위를 포기했다.

일반적으로 변호사들은 글을 잘 쓰지 못한다. 그들은 지나치게 말을 많이 하고, 특히 쓸데없는 말을 하는 습관 때문에 글쓰기에 불필요한 수많은 단어들을 동원한다. 따라서 그들은 어느 정도 탁월한 능력을 지닌 문인들에게 매우 질투심을 느낀다. 그들은 랭게[44]에게 그런 감정을 느꼈다.

나로서는 그들이 서로 극심한 질투심에 사로잡혀 있다는 사실을 가능한 한 모른 척하고 싶다. 그들의 질투심은 글쓰기의 활력소인 문인들의 것보다 훨씬 강하다. 문인들은 영광을 위해 다투는데, 변호사들은 영광과 먹을 것을 위해 다툰다.

드물지만 그들은 사람들의 이목을 집중시키는 흥미로운 방향으로 소송을 이끌 수도 있다. 하지만 그들에게는 사람을 감동시키는 힘이 없다. 사실상 통속적이고 불투명한 소송에서 유창한 웅변은 아무 소용이 없다. 그런 사건의 경우 그들은 법률고문이라는 직업에

44 M. Linguet(1736~1794): 그는 대기용 공작(duc d'Aiguillon)과 모랑지에 백작(comte de Morangiès)의 변론을 맡아 성공을 거두었는데, 동료들을 빈정거림으로써 비난을 받고 명부에서 삭제되고 투옥되었다.

만족할 뿐, 웅변가의 지위를 바라지 않는다. 대신 그들은 비밀스런, 혹은 분별없는 요구조건을 제시한다.

그토록 저명한 변호사에게 사람들이 더 이상 법률자문을 구하지 않는데, 그보다 더 난처한 일은 없다.

변호사의 '소송 각서'는 보통 거친 욕설들로 가득 차 있다. 우리는 더 이상 그런 상스런 표현에 주의를 기울이지 않는다. 변호사들의 욕설은 근거가 없는 것이며, 아무것도 증명해 주지 못한다는 것을 모두가 다 알기 때문이다.

그들은 자신의 명부에서 그 유명한 랭게의 이름을 삭제함으로써 그를 분노케 했으며, 그의 불행을 야기했다. 그의 능력을 위해서라도 그들은 그의 신분을 박탈하는 대신, 그를 용서해야 하지 않았을까? 그들은 그보다 훨씬 더 비난받아 마땅한 동료들에게 호의를 베풀었다. 위신자는 비열했고 그는 도망쳤다. 열정적인 그는 흥분했고 자취를 감추었다. 정의롭고 공정한 모든 사람들과 더불어 나는 법정에서 유일한 웅변가의 목소리를 더 오랫동안 듣지 못하게 된 것을 아쉬워할 것이다. 그의 축출과 제명은 변호사 집단의 영원한 오점이 될 것이다.

가스코뉴와 노르망디에 가면 잡다한 법과 다양한 관습으로 인해 가장 박식한 변호사도 무지한 사람이 되고 만다. 베르농(Vernon)에서 소송에 패해도 푸아시(Poissy)에 가면 이길 수도 있다. 법률자문과 변론을 위해서는 가장 유능한 사람들 택하라. 실제로 대부분의 다른 고등법원의 관할 구역에서 소송을 제기하려면 반드시 변호사와 대소인을 두어야 할 것이다.

118 대학교수들

교수나 교사들은 어린이들을 가르치는 덕분에 문학의 유치함에 빠진다. 그들은 다른 사람들을 좌지우지하는 데 익숙해진 나머지 모든 사람을 지배할 수 있다고 생각한다. 그들은 높은 교단에서 오직 감탄해 마지 않는 얼굴들만을 바라보기 때문에 스스로 특별한 능력과 완벽한 재주를 지녔다고 믿는 경향이 있다. 교실 안에서 그런 말을 할 뿐 아니라, 어리석게도 다른 곳에서도 반복한다. 그들은 콜레주의 어조를 버리지 못한다. 그것은 금속의 녹처럼 지워지지 않는다.

그들은 라틴어로 글을 쓰지만 프랑스어에는 특별한 재능이 없다. 따라서 그들은 프랑스어의 수준을 떨어뜨린다. 그러나 프랑스어를 비난하기보다는 공부하는 편이 낫다. 그들은 위대한 우리나라 문인들의 작품들을 소중하게 여기는 체한다. 그러나 십중팔구 그들의 작품들을 잘 모른다. 그들이 모임에서 이따금 대담하게 학자연하는 태도를 보이며 제자 대접을 받을 사람이 아닌 사람들을 평가하고 싶어하는 모습을 드러내지 않는다면, 사람들은 아예 그러한 태도 자체를 모를 것이다.

라틴어 전공자들은 무능력함과 젠 체하는 태도, 어리석은 편견으로 인해 문학세계에서 배제되었다. 그러니 그들로서는 고작 구문론과 문법 연구에 그치고 전반적인 지식의 분석으로 자신을 보호하지 않을 수 없을 것이다.

그들은 항상 학생들을 괴롭히고 그들을 미워하는 감정을 품게 된다. 따라서 학생들도 그들에게 애정도 감사하는 마음도 없다. 학생들은 사회생활을 하게 되자마자 곧 그들을 경멸하게 된다. 왜냐하면 그들의 무지와 무능력을 곧 간파하게 되기 때문이다.

교과 과정은 항상 끔찍할 정도로 불충분하다. 라틴어 단어 몇 개를 배우는 게 고작이다. 그 결과 콜레주를 졸업하면서 그곳의 멋과 능력, 우아함을 느끼려면 읽었던 것을 다시 읽어야 한다.

어리석은 첫 교사 때문에 수많은 사람들이 지식과 학문에 거부감을 갖게 된다. 그들이 고약하게 굴면 어리고 예민한 어린이들은 십중팔구 문학에 혐오감을 갖게 될 것이다.

119 소학교들

스콜라 교육의 수많은 악습은 이미 잘 알려져 있다. 사람들이 베르길리우스와 티투스 리비우스의 책 몇 쪽을 이해하는 것이 얼마나 괴로운 일인지 모른다. 그러나 읽고 쓰고 셈하기를 배우는 것이 각 개인에게 절대적으로 필요하기는커녕, 우리는 라틴어를 전혀 모르고도 잘 살 수 있다.

그러나 이러한 공통의 지식은 아직도 매우 비싸게 거래되고 있다. 이러한 점에서 수도 파리는 헝가리 최하의 촌락보다 더 나을 게 없다.

사람들은 사랑스런 어린이들을 괴롭힌다. 그들은 매일같이 벌을 받는다. 어린 나이의 약한 아이들이라면 아마도 자신들을 따뜻하게 보살펴 주기를 바라지 않을까? 그럼에도 불구하고 소학교 내부에 들어가보면 우리는 아이들의 뺨에서 눈물이 흐르는 것을 목격할 수 있다. 고통을 당하는 사람이 성인 남자도 어린이도 아닌 것처럼 울부짖고 신음하는 소리가 들리기도 한다. 오직 공포심을 불러일으키는 존재인 독선적인 교육자의 모습도 보인다. 그는 채찍과 회초리로 무장한 채 인생의 초년생들을 무자비하게 대한다.

그러한 소학교들의 우두머리인 노트르담의 성가대 선창자는 도대체 무엇을 하는가? 그는 왜 그러한 야만적인 행위를 억제하는 데 신경을 쓰지 않는가? 그는 교사가 사도를 계승한 로마 가톨릭 교회의 신자인지를 유심히 살핀다. 그러나 그는 잔인하고 엄격하며 가혹한 교사를 묵인하는가 하면, 교사가 '십자가'의 이름으로, 그리고 '크리스토프 드 보몽[45]의 교리문답서'의 명예를 위해 순진무구한 어린 이들을 때리는 것을 허용한다.

45 Christophe de Beaumont(1703~1781): 비엔나의 대주교를 거쳐 1746년에 파리 대주교에 임명되었으며, 1759년에 소르본 교장으로 선출되었다. 당시 학교에서 사용하는 교리문답서에는 관례적으로 관할 대주교나 주교 혹은 주교 도시의 이름이 표기되었다.

120 유대인들

파리에는 유대인들이 많이 산다.[46] 유대인 예배당이 없음에도 불구하고 과거의 종교의례와 미신 행위들이 모두 거행된다. 이런 면에서 보면 행정 당국의 관용은 도저히 그들을 능가할 수 없다. 그들은 자유롭게 교역을 한다. 그들의 결혼은 법적으로 유효한데, 개신교도들의 결혼은 그렇지 못하다. 유대인의 자식들은 적출로 인정되고, 그들의 유언은 법적 효력을 지닌다. 반면 개신교도들은 법 앞에서 아버지도 어머니도 없는 사생아에 불과하다.

홀란드에서 온 한 독일 유대인이 페키니 영지를 소유하고 있었다. 그 영지에 소속된 주임사제의 임명권을 놓고 소송이 제기되었는데, 그가 이겼다. 생마르탱 길 한가운데 살던 이 유복한 유대인은 예수 그리스도를 믿지 않았지만, 주임사제를 임명하고 아미앵 교구 교회에 참사회원직을 신설했다.

46 최근의 연구에 의하면, 당시 유대인은 500~800명에 불과했다.

121 국왕 검열관들

국왕 검열관들은 외국 출판물에 가장 유익한 사람들이다.[47] 그들은 홀란드, 스위스 등을 부유하게 만든다. 그들은 매우 겁이 많고 소심하고 지나치게 꼼꼼하기 때문에 검열에서 단지 '시시한' 작품들만을 통과시킨다. 그들이 통과시킨 작품들에 개인적으로 책임을 지는 한, 누가 그 일을 가지고 그들에게 시비를 걸 수 있겠는가? 그러면 아무런 보람도 없이 위험을 무릅쓰게 될 것이다.

그럼에도 불구하고 검열관들의 성가신 간섭 때문에 필사본은 몰래 빼돌려져 이싱직이고 자유로운 나라로 유입된다. 일단 한 번 출판되면 놀라운 수단을 통해 그 출판물에는 수도의 성문이 열린다. 금지된 책들은 작은 의식을 거친 후 훨씬 더 빨리 거래되고, 허가를 받은 책들보다 더 확실하게 팔린다. 허가를 받은 책들은 거쳐야 할 절차가 수없이 많기 때문이다.

소르본의 박사이자 국왕 검열관인 클로드 모렐[48]은 알코란[49]의 번역을 허가하면서 "가톨릭 신앙과 선량한 풍속에 위배되는 것이 발견되지 않았다"고 명시했다.

47 1673년 루이 14세에 의해 체계화된 출판물 검열은 18세기에 주로 '서적상'들과 관련되었다. 검열 기관에서 활약한 국왕 검열관은 150명이 넘었다. 검열 기관으로부터 출판 허가권을 얻지 못한 출판물들은 스위스나 홀란드 같은 외국에서 출판되거나 가짜 외국 주소와 함께 출판되었다.

48 Claude Morel(?~1699): 파리 대학 신학부 학장으로 반얀센주의자로 유명하다.

49 Alcoran: 1647년 르리에(Sieur du Ryer)가 번역한 코란의 세 번째 번역본을 가리킨다.

로마 시대의 감시와 오늘날의 팸플릿 및 소책자의 검열, 감시관 카톤[50]과 검열관 코클레[51] 사이에는 약간의 차이가 있다.

국왕 검열관들의 역할은 무엇인가? 그들은 때때로 어리석은 책들을 허가해 준다. 그들은 왜 자유롭고 탁월한 저작들을 가로막는가? 오! 왕의 권력으로도 더 이상 인쇄물을 가로막을 수는 없는데 말이다.

50 Caton(B.C. 234~149): 원로원 의원들을 조사하고 풍속을 감독하며 공적인 감시의 임무를 수행하던 로마 시대의 감시관으로, 엄격함과 공정함의 전형으로 간주된다.

51 Coqueley(?~1791): 법률가이자 국왕 검열관이며 신문기자로, 특히 극작가 보마르셰(Beaumarchais)와 얽힌 사건으로 유명하다. 보마르셰는 코클레를 '오쟁이 진 남편'이라고 불렀으며, 메르시에도 비난했다.

122 롱샹

파리에서 4리외 떨어진 곳에 위치한 작은 촌락인 롱샹의 테네브르 미사[52]에 참석하러 가는 옛 관례에 따라 성 주간의 수요일, 목요일, 금요일에는 모두가 파리를 떠났다. 그것은 화려한 마차와 활기찬 말들, 제복을 입은 아름다운 하녀들을 과시하기 위해서이다.

보석을 휘감은 여인들은 그 기회에 주위의 이목을 집중시킨다. 파리 여인은 다른 사람의 주목을 받기 위해 존재하기 때문이다. 앞서거니 뒤서거니 하며 불로뉴 숲의 먼지투성이 길 혹은 진흙탕 길을 날리는 호화로운 마차 행렬에서는 온갖 부류의 사람들이 눈에 띈다.

그중에서도 가장 사치스럽게 치장한 한 궁정여인의 모습이 두드러진다. 그녀는 말들을 백철광으로 장식했다. 대귀족들은 그 백철광으로 화려하게 치장한 마구를 과시하며 때로는 직접 고삐를 쥐기도 한다. 말을 타고 가건 걸어가건 남자들은 서로 무질서하게 뒤엉킨 채 모든 여자들에게 추파를 던진다. 사람들은 술을 마시고 취한다. 교회는 텅 비고 술집은 사람들로 가득 찬다. 사람들은 이런 식으로 예수 그리스도의 수난을 애도한다.

예전에 사람들은 음악 때문에 그곳으로 갔다. 대주교는 그것을 금지함으로써 산책길이 봉쇄되었다고 믿었다. 하지만 그렇지 않았

52 l'office de Ténèbre: 부활절 전 주간의 성 금요일에 거행되는 가톨릭 전례 미사를 가리킨다. 테네브르의 구절은 예루살렘의 함락과 유대민족의 고통을 비탄조로 부르는 「예레미아 애가(les lamentations de Jérémie)」이다.

다. 고집스런 산책가들은 계속해서 불로뉴 숲을 지나 교회 문에 도착했지만, 그 안으로는 들어가지 않았다.

대지에 봄이 펴지면 산들바람이 불고 하늘은 맑고 숲은 초록으로 물든다. 사람들은 그런 변화의 시기에 자연의 신전에서 경의를 표하고 우리를 잊지 않고 찾아준 자연에 감사하러 가는 것이라고 말할 것이다.

그런 날 여인들은 중요한 존재가 아니다. 마구와 말들이 그녀들보다 중요하다. 누더기가 된 삯마차의 존재는 우아한 새 마차들을 더 돋보이게 한다. 더 맵시 있고 근대적인 호화판 마차들은 덜 치장했지만 예전 것들보다 훨씬 더 아름답다. 그런 마차들은 모든 면에서 가볍고 훨씬 빠르다.

그런 날이면 노동자들도 일요일처럼 차려 입고 밖으로 나와 군중에 휩쓸려 아름다운 여인들을 쳐다본다. 그러나 사람들은 더럽고 못이 박힌 손 때문에 곧 그들의 정체를 간파한다.

어떤 사람들은 산책하며 봄의 맑고 신선한 공기를 마시는 반면, 다른 사람들은 교회 안으로 들어가서 길고 슬프며 지루한 미사 중간에 나오는 예레미아 애가를 듣는다. 미사는 일종의 샤리바리처럼 소란스런 가운데 끝난다. 콜레주에서 학생들이 기다리는 바로 그런 순간처럼 말이다.

123 방책(防柵)

방책들은 모두 전나무들로 만들어졌는데, 아주 드물게 쇠로 된 것들도 있다.[53] 그러나 거기서 거두어들인 것이 방책들을 세우는 데 사용된다면 그 방책들은 순금이나 다름없을 것이다.

프록코트를 입은 사무원은 방책에서 1년에 겨우 100피스톨을 번다. 그는 눈을 부릅뜨고 한 발자욱도 움직이지 않고 지키며 생쥐 한 마리도 놓치지 않는다. 탈것이 오면 그 문으로 다가가서 "신고할 물건이 있습니까?"라고 묻는다. 그럴 경우 항상 "직접 보십시오"라고 해야지 다르게 대답해서는 안 된다. 그러면 사무원이 올라와서 성가시게 뒤지고 다시 내려가 문을 닫는다. 사람들은 크거나 작은 소리로 그에게 욕을 퍼붓지만, 그는 거의 신경쓰지 않는다. 세금부과 대상인데 신고하지 않은 물건이 발견되면, 그 사무원은 '니콜라 살자르(Nicolas Salzard)'의 이름으로 벌금을 납부하는 명령서를 작성한다. 그는 징세청부업자의 대리인이기 때문이다. 징세청부 사무소 사람들이 언젠가 교수형에 처해질 상황이 된다면, 그 한 사람[54] 외에는 아무도 교수대에 서지 않을 것이다.

어떠한 수레나 마차도 이러한 조사에서 제외되지 않는다. 단, 대귀족들과 대신들의 마차는 그냥 통과할 수 있다. 니콜라 살자르가

53 1672년에 세워진 경계석을 보완하기 위해 18세기 초에 나무로 된 방책들이 세워졌다. 이러한 방책들은 입시세, 수입관세 등의 세금을 징수하기 위한 것이었다.

54 징세청부업자 니콜라 살자르를 가리킨다.

그들을 존경하기 때문이다. 세금징수 책임자인 총괄징세청부업자 역시 그러한 절차를 따라야 한다.

세상에서 가장 정직한 사람들이 매일같이 거짓말을 듣는다. 사람들은 세금을 속이는 데서 기쁨을 찾고 대체로 모두가 함께 공모한다. 사람들은 그런 행위를 기뻐하고 자랑한다.

당신의 주머니가 불룩하면 사무원은 손으로 주머니를 만진다. 모든 짐이 펼쳐진다. 소들이 도착하는 날에는 2시간 이상 동안 통로가 막힌다. 소들에게 길을 양보해야 하기 때문이다. 큰 문은 닫히고 소가 한 마리씩만 통과하도록 작은 문이 열린다. 사무원은 소떼 전체의 수를 센다. 당신은 모든 것이 끝난 뒤에야 지나갈 수 있다.

당신은 공장주인가 아니면 도매상인가? 당신의 짐은 세관으로 간다. 소비자가 물건을 기다리는 동안 갑자기 어떤 남자들이 나타나서, "물건을 전부 푸시오. 그러면 내가 검사하고 무게를 재고 세금을 부과하겠소"라고 말한다.

돈을 내려면 10개의 사무소를 거친다. 짐이나 가방 하나를 위해 20개의 서명을 받는다. 만약 짐 속에 책들이 포함되어 있다면 그들은 당신을 뒤 푸앵 길에 있는 조합원(組合院)[55]으로 보내고, 거기서 서적 감독관이 당신의 독서 취향을 조사할 것이다.

당신이 속으로 중얼거리면서 불평하고 항의하며 그런 것이 어리석고 미친 짓이며, 상업을 방해하는 것은 국가가 부유해지는 것을 방해하는 것이라는 점을 증명해 보여도 아무 소용이 없다. 사무원과 세관의 건장한 남자들은 당신 말을 듣지도 않는다. 그런 짐들은 모

55 본래의 명칭은 서적상과 인쇄소 조합원(Chambre royale et syndicale de la librairie et impremerie)으로, 조합장과 보좌관들, 이를테면 서적상을 담당하는 관리들이 모이던 장소에 붙여진 이름이다.

두 압수되어 그들의 것이 되고, 그 짐을 돌려주는 것은 오직 자신들의 순수한 아량 때문이라는 태도를 보인다.

124 최근의 대화재

여러 가지 결함에도 불구하고 편리하고 우아했던 오페라 극장이 1781년 6월 8일 갑작스런 화재로 불과 몇 시간 만에 잿더미가 되었다. 무대 전면의 줄에 램프의 불이 붙어 무대 막을 태웠다. 무대 막은 실내장식을 태우고 그 불이 칸막이 좌석들 주변으로 번졌다. 극장 전체가 다 타버렸다. 초가에 불이 붙었다면 물 양동이 하나로도 불길이 잡혔을 것이다. 물론 극장에는 펌프가 있었고, 유사시에 대비한 커다란 물탱크도 있었다. 그러나 물탱크는 말라 있었다. 관리 책임자들이 서로 다툼에 골몰하느라 꼭 필요한 대처에 소홀했던 것이다. 14명이 숯처럼 변했다. 소방수들은 생토노레 길을 향한 정면 건축물을 구하는 데 성공했을 뿐이다.

둥근 지붕에서 치솟는 피라미드 모양의 거대한 불길은 끔찍한 동시에 신기해 보였다. 유화 캔버스와 칸막이 좌석들의 금도금이 연소되고 에틸 알코올이 인화되면서 불길의 색깔은 계속해서 조금씩 달라졌다.

같은 해 10월 25일, 그 사이에 건축된 규모가 크고 견고한 임시 오페라 극장이 부속건물들과 함께 대로를 향해 문을 열고 공연을 시작했다. 병원이 잿더미가 되었다고 상상해보라. 그 병원을 위한 새로운 설계를 논의하는 데만 적어도 4년이 걸릴 것이다.

오페라 극장의 문이 닫히는 일은 없을 것이다. 오페라 극장에는 엄청나게 많은 사람들이 고용되어 있다. 가수, 무용수, 교향악단원, 실내장식가, 무대미술가, 재단사, 극장 종업원 등 오페라 극장은 일종의 소우주이다. 무대의상의 다양성과 화려함 때문에 오페라 극장은 수많은 시장과 거래를 한다. 옷감, 비단, 베일, 리본을 제공하기 위해 상점들은 항상 온갖 물건들을 가득 채우고 있어야 한다. 오페라 극장의 공연은 모든 응용예술과 관련이 있다. 그러한 아름다움이 외국인을 사로잡고, 그로 하여금 다른 곳에서 벌어들인 돈을 이 왕국에 쏟아붓게 만든다.

오페라 극장이 문을 닫으면 수도는 '활기를 잃고' 거래도 뜸해질 것이다. 게다가 위대한 예술의 운명은 결과를 예측할 수 없는 그 공연의 행운에 결부되어 있다. 왜냐하면 완벽하게 노래하고 춤추는 재능을 유지하는 동시에, 응분의 보상을 확보할 수 있는 수 있는 유일한 기회이기 때문이다. 오페라 극장이 사라진다면! '사순절의 단식' 같은 그러한 상태는 파리에서 일종의 재앙이 될 것이다. 그 극장은 관객들에게 강렬한 감동의 기회를 제공한다. 그것 없이 어떻게 지낸단 말인가?

그 아름다운 괴물이 어느 천재적인 인물[56]의 영향으로 균형을 취하고 독특한 성격을 띠기 시작했으며, 그 영향이 계속 유지되었음을 인정하지 않을 수 없다.

공연장의 운명은 어쩔 수 없이 화재로 끝나버리나 보다. 로마와 암스테르담, 밀라노, 사라고사, 파리에서 그러한 슬픈 사례가 되풀이되었다. 그런 종류의 건축물은 반드시 따로 떼어 놓아야 하고, 반드

56 여기서는 독일의 음악가 글루크(Gluck)를 가리킨다. 1774년 왕립 음악예술원에서 무대에 올린 「아울리데의 이피게니」, 「오르페오와 에우리디케」를 통해 그는 그때까지 오페라를 지배해온 륄리와 라모의 바로크 오페라에 일대 혁신을 시도했다. 지나친 장식에서 벗어난 이른바 글루크의 '혁명'이라 일컬어지는 그의 음악세계는 당시 파리 문인들에게 커다란 호평을 받았다. 1780년 이후 파리에서는 그의 영향을 받은 새로운 유형의 근대 오페라가 유행하기 시작했다.

❦ 1762년 3월 16일 밤부터 17일까지 파리 생제르맹 장터에서 발생한
화재사건 당시 트레유 성문 전경(에칭)

10

시 필요한 경우에만 나무를 사용해야 한다는 주장들이 제기되기도 했다.

쉽고 비용이 덜 드는 매우 간단한 방법을 제시한 영국 귀족의 책이 발표되었다.[57] 그것은 천장과 칸막이 벽들을 보강해 주고 치명적인 불씨를 확실하게 막아주는 든든한 예방책이다. 도시에서, 특히 시민들이 잠을 자는 곳에서, 그리고 빵집 화덕 안에 있는 불덩어리들이 잘 접합되지 않은 돌벽 틈새로 침투할 수 있는 곳에서 꼭 필요한 대치책이다. 둥근 천장이 펑 터지면 그 집은 불바다가 된다.

50~60양동이 정도의 물이 든 펌프에 8~10리브르의 '소금' 혹은 '칼륨'을 넣으시오. 그 용액은 놀랍게도 사나운 불길을 잡을 것이니.

57 여기서 영국 귀족은 데이비드 하틀리(David Hartley)를 가리킨다. 그가 제시한 방법은 건축에 필요한 목재와 직물들을 나무 재 성분의 강 알칼리성 용액 속에서 구워내는 것이다.

125 대비책

과거에는 어떤 사건이 일어나거나, 무언가 부서지고 누군가 뼈가 골절되거나 삐게 되면, 사다리나 널빤지, 사립짝을 이용해야 환자를 옮길 수 있었다. 그런 방식은 환자들의 고통을 가중시켰다. 그러나 최근 모든 것에 진지한 개혁이 이루어지면서 모든 경비대에는 매트를 갖춘 '들것'이 구비되어 있다. 따라서 병원이나 집으로의 이동이 덜 고통스럽게 되었다. 이와 마찬가지로 구역 파출소에는 밴드, 습포 붕대 등이 준비되어 있다. 이러한 물건들은 집을 나섰다가 팔이 탈구되고 나리가 부서져 그곳을 찾은 사람들을 위한 것이다. 왜냐하면 일을 보기 위해 하루 종일 파리를 걷는 것은 공격을 당하려고 나서는 것이나 다름없기 때문이다.

근대인들의 이러한 대비책은 참으로 현명한 것이다. 그러나 그것은 사고가 유례없이 많아졌으며, 사람들이 지나치게 많은 마차 수를 억제하기보다는 임시방편의 고려를 선호한다는 사실을 증명해 준다. 법을 만드는 사람들은 모두 호화 마차들을 이용한다.

126 사업 중개인

그들은 내가 묘사한 사람들보다 더 치밀한 사기꾼들이다. 젊은이의 낭비벽과 환상을 부추기며 어리석고 고지식한 그에게 투자하는 교활한 대금업자들이다.

그들이 명예와 관대함의 가면을 쓰고 불운한 자를 동정하고 조언해 주는 체하며 그에게서 모든 것을 빼앗을 계획을 짜고 시도하는 한 위험은 더욱더 은폐된다. 위장한 고리대금업자들인 그들은 다른 사람의 손을 빌려 이득이 확실한 파탄의 순간을 앞당긴다. 그들은 사심이 없는 체하고 대담하게도 부모처럼 훈계를 하기도 한다. 그러나 망상이 깨지고 나면 화를 낼 것이다. 그들은 망상을 조장하고, 나아가 기묘한 위선으로 은폐된 타산적인 제안을 통해 망상을 폭발시킨다.

순진한 희생자의 재산은 자신도 모르는 사이에 저당 잡힌다. 교묘한 이 강탈자의 술책에 눈이 먼 젊은이는 끝까지 그를 조르며, 그가 자신을 속이고 이용하는 순간에도 성실하고 관대하게 그를 믿는다.

그들은 모든 부분에 그물망을 쳐 놓았다. 희생자의 순진함이 아니라면 허영심이 그를 속이는 데 이용될 것이다. 사치를 탐하는 젊은이의 취향을 사전에 조사해 놓았던 것이다. 사람들은 오직 재산의 관리와 부채의 평가에 관해 이야기할 뿐이며, 욕망이 이끄는 대로 그를 내버려둔다. 4년 후 그의 연수입은 6분의 1로 줄어든다.

진정한 프로테우스인 이 강탈자는 거짓으로 동정심으로 보이는 체한다. 이처럼 위선적인 행위를 하며 원금에 이자를 더해, 결국 그는 자신이 피후견인이라고 부르던 자의 재산 중 상당 부분을 소유하게 된다.

미망에서 깨어난 순간 그는 두려움, 놀라움, 절망, 분노를 표출하고 지독한 독설을 내뱉는다. 그러나 아무리 그래도 소용이 없다. 모든 것은 법률적으로 타당하다. 법들은 오직 그 배반자의 비열한 소유를 확인해 주는 데 그칠 것이다. 피해를 입은 당사자가 아무리 주장하더라도 법정은 그의 편이 될 것이다. 사업에 실패한 젊은이의 파국은 수많은 희생자들을 벼랑 끝으로 몰아가는 그러한 유혹의 정체를 다른 젊은이에게 일깨워 줄 수 있을 뿐이다. 새 소유주는 마차 안에서 걸어서 집을 떠나가는 불운한 패배자에게 자신의 부를 뽐낸다.

우리는 주변에서 종종 고객의 토지 대부분을 가로챈 사업가, 집을 4채나 지닌 대소인, 주인이 소유했던 저택에 사는 집사를 만나게 된다. 그들은 어떻게 재산을 가로챘을까? 아마도 그 피해자에게 자신의 자금을 빌려주는 방법을 통해서일 것이다.

그러한 비공식적인 중개인들은 거의 모습을 드러내지 않는다. 그들은 '차명'을 사용한다. 그들은 파국의 순간을 초래하고 그 기회를 이용한다. 은폐되고 살인적인 폭리의 값비싼 조건으로 부족한 현금을 돌려준다. 그런 무리는 이렇게 해서 엄청난 부를 삼켜버린다.

탐욕스런 저승사자 아케론(Acheron)은 먹이를 내버려 두지 않는다.

수많은 다른 중개인은 한 푼도 없이 다른 사람에게서 빌린 약간의 돈을 지불하고 토지를 사들인다. 소유권을 박탈당할 때까지 그는 실질적으로 소유주가 된다. 일이 끝나려면 4~5년 걸린다. 그동안 그는 놀면서 나무도 하고 '내 가신들'이라는 말을 하며 지낸다. 긴 싸움을 거친 후에야 비로소 그는 '영지'를 되찾는다. 그는 한 푼도 지불하지 않았고 다른 사람의 돈으로 살았다. 농민들은 그를 '나리'라고 불렀다. 그런 사람들은 상대방을 우리 법의 미로 속으로 몰아넣는 방법을 잘 알고 있는 것이다.

127 은행가들

지난 반세기 이래 어음 교환, 회수, 무수한 대부 등의 은행 업무가 신중하고 합리적이며 조심스런 법제를 대신해 왔다. 우리에게는 이제 계산할 줄 하는 사람들만이 필요할 뿐이다. 행정 업무는 끝없이 계속되는 투기가 되어버렸다. 은행가들이야말로 프랑스의 지배자들이다. 그들은 돈을 들어오게 하고 나가게 한다. 그들은 유럽 끝에서부터 돈을 끌어들이는가 하면, 또 사라지게 만든다. 그들은 위험한 마법사들이자 대담한 세계인들이다. 금을 수은 비슷하게 만들고 국고를 난번에 파산시켜 버리는 교묘하고 무시무시한 그 게임의 결과는 무엇일까?

그 피해만큼이나 대책도 모호하다. 그럼에도 불구하고 돈의 빠른 유통은 적어도 우리에게 활력을 제공하는 것처럼 보인다. 그런 착각이 계속되면 더욱더 그렇지만 우리는 끝이 멀지 않았다는 것을 감지할 수 있다.

'흑색 어음'[58]이라고 불리는 지폐가 있다. 그것은 우리에게 로 체제[59]와 거의 유사한 체제를 예고한다. 어차피 그런 체제를 도입해야

58 billets noirs: 신용 통화의 유통을 촉진시키기 위해 재정가와 기업가 사이에서 사용된 비공식 어음으로, 서명자의 지불 능력만이 보장될 뿐이다.

59 영국의 재정가 로(Law)는 1716년 섭정 오를레앙 공작의 신임을 얻어 중앙은행 설립과 지폐 사용과 국채 발행을 통해 경제 활성화를 시도했으나, 투기 과열로 인한 재정 위기를 초래함으로써 오히려 은행제도에 대한 불신과 지연을 조장하는 결과를 가져왔다.

한다면 가능한 한 빨리 시도하는 편이 나을 텐데. 마지막 파국의 순간까지 왜 기다리는가? 아마도 런던의 은행을 모델로 삼아 바로 시작해야 할텐데 말이다. 그러나 궁극적인 목적은 국민의 부가 아니라 군주의 부이다. 군주는 모두를 결합시키고 대표한다.

대부와 공적 수입의 양도는 은행가들의 도움과 그들의 개입을 통해 이루어진다. 이처럼 편리한 수단은 엄청나게 많은 비용을 치르게 하며, 잘 생각해보면 불확실한 미래를 위해 현재를 희생시킬 뿐이다. 그들은 모세혈관에서까지 돈을 빨아들인다. 그러나 모세혈관이 말라버리는 것은 좋지 않다. 끝없이 왕실로 돈을 올려보내야 한단 말인가! 개인들은 상업과 산업, 예술을 활성화시키기 위해 더 이상 돈을 필요로 하지 않는단 말인가? 주조된 화폐 모두가 왜 한 사람의 손으로 흘러가는가?

오늘이 아니라 아직 존재하지도 않는 시간에 뛰어드는 정치는 어리석은 것이다. 아무리 비범한 사람일지라도 미래의 사건들을 예측하기란 불가능하기 때문이다. 또한 예사롭지 않은 혁명들이 엄청나게 펼쳐지고 있기 때문이다. 나아가 전쟁은 현실의 끔찍한 악인 반면, 전쟁이 가져올 이익은 요원하고 불확실하기 때문이다.

그렇다고 해서 정치인이 국가의 부채를 두려워해야 한다는 것은 아니다. 대부 그 자체는 나쁜 것이 아니다. 그러나 문제는 그 귀한 자금이 전쟁이나 쓸데없이 호화로운 건축물, 불필요한 시도에 흘러가는 데 있다.[60] 그것은 돌이킬 수 없는 피해를 초래한다.

놀라운 액수의 돈을 빨아들여 결국 바닷속에 던져버리다니! 그런 새로운 계산법은 도대체 어디서 나온 것인가? 기발하고 능숙하며

60 루이 16세는 1776년에 시작된 미국 독립전쟁에 엄청난 자금을 쏟아부었고, 그로 인해 프랑스의 재정 상태는 더욱 악화되었다.

규모가 엄청난 수단들은 왜 아무것도 보이지 않는 심연에 가로막혀 본래의 목적이나 용도에서 분리되었는가? 수단과 용도 사이에 내밀하고 투명한 소통이 이루어지지 않으면 성공 자체도 실패나 마찬가지로 보이게 될 수 있다.

그러나 일시적인 대책은 오직 과거의 악에 찌든 국가에나 적절하며, 완벽하게 치유하지도 못한다. 이전의 오류들은 신중한 계획을 방해한다. 특히 국민이 흥분 상태에 있는 경우에는 더욱 그렇다. "승리는 마지막 금화를 차지하는 자의 것이다"라는 격언은 널리 알려져 있다. 그러나 이 격언은 어리석다. 그런 대단한 승리 후 어떻게 돈놀이를 포기할 수 있는가?

엄격한 경제관리였던 쉴리[61]는 미래를 현재처럼 파악하고 신용은행제를 아예 무시했다. 대부를 위험한 것으로 여긴 그는 대부에 의존한 번영을 사기로 간주했다. 오늘날 그는 엄격한 교육자처럼 보일 것이며, 생토노레 포부르[62] 사람들은 '합창하듯이' 그에게 야유를 퍼부을 것이다. 그의 뒤를 이은 빌루아 가(Les Villois)와 자냉 가(les Jeannins)의 사람들은 그의 사업을 망쳐버렸다. 그들은 재정가였으며, 재정가들은 국가의 정치가가 아니었음을 입증해 주었다.

사람들은 이러한 내 견해를 신랄한 풍자로 여기지 않으며, 야유라고 생각하지도 않는다. 은행이 뜻밖에도 국가를 지키는 수호자이자 국력의 실질적인 기둥이 될지는 시간이 증명해 줄 것이다. 행정적 측면에서 보면, 지극히 평범한 구경꾼들로부터 비난받는 수단들이 상황과 보편적인 추세 덕분에 최선의 수단이 될 수도 있다. 우리

61 Sully(1560~1641): 앙리 4세의 재무총관으로 종교전쟁으로 파탄에 직면한 국가 재정을 회복시켰다.

62 주로 은행가들이 거주하던 지역이다.

는 의구심을 갖는다. 오늘날에는 맞건 그르건 확신하는 것은 경솔한 짓이다. 은행가들이 배의 키를 쥐고 있다. 이미 배는 떠났고, 그들이 우리를 좋은 항구로 안내하는 한 그들을 내버려두자!

128 파산

파산이 너무 빈번해지면서 사람들은 더 이상 파산을 범죄로 여기지 않게 되었다. 그러한 혼란의 원인은 상인들이 지난날의 검소함을 잃은 데 있다. 그들은 사치와 낭비에 익숙해졌고, 겉모습은 직업상 요구되었던 것과는 전혀 달라졌다. 상인은 경박하고 허영심 많으며 가벼워졌다. 그들은 과시하기를 원하고 마음속에서는 곧 그릇된 신앙심이 싹트기 시작했다.

과거의 상인들은 상업에 통용되지 않는 모든 자본은 상인들에게 아무런 가치가 없는 것으로 여겼다. 그들은 상업에서 "1수를 절약하면 1수를 더 버는 것이다"라고 말했다.

파산은 도박에 불과하다. 수많은 사람들이 파산으로 부자가 된다. 정직함을 지키는 길고 고통스런 방식으로는 더 이상 부자가 되지 못한다. 하지만 2~3장의 대차대조표로 경제적 여유를 얻을 수 있다. 100만 리브르의 파산은 150만 리브르의 순수입을 제공해 준다. 그것이 불문율이다.

그 후 어떻게 될까? 상업의 정신인 신용은 더 이상 존재하지 않는다. 혼란이 반복되자 사람들은 모든 것을 경계하고 100년 전에는 존재하지 않았던 난관에 직면하게 되었다.

파산이 일어나면 '날려버린 재산의 해결사'라 불리는 사람들이 온다. 그들은 당신을 개입시키지 않고 당신의 사업을 좌지우지한다. 채권자들이 모습을 드러내고 서명하며 손을 들어 선서를 하고 어음을 확인시킨다. 채무자는 조용히 지내며 자신의 집 밖으로 나가지 않는다.

파탄과 파산을 구분할 필요가 있다. 파산은 거의 대부분 위장된 것이다. 파탄은 상황의 악화, 부적절한 투기, 지나친 열의에서 비롯될 수 있으며, 좀 더 관대한 대접을 받을 만한 가치가 있다.

사업을 하다가 처음으로 파탄에 직면한 상인은 이를 선언하면서 당당한 태도를 취할 것이다. 그러나 마지막 상황에 직면하게 되면 그는 정체를 드러낸다. 그는 그 일에 다른 여러 사람들을 끌어들였다. 이렇게 해서 가벼운 사기는 필연적으로 더 커다란 사기를 낳는다.

우리에게는 파탄과 파산에 관한 구체적이고 확실한 원칙이 없다. 사소한 일에서 가장 대담한 사기꾼이 의기양양하고 뻔뻔한 큰 사기꾼임이 드러난다. 자신이 하는 일을 전혀 깊이 생각하지 못한 불운한 사람은 그 과정에서 드는 비용에 짓눌린다. 소액 채무자들만이 괴로움을 당한다.

법률가들은 사기를 파할 대책을 제공하고 공정성의 결여를 처벌하는 법을 만듦으로써 수많은 부류의 상업을 살려줄 것이다.

체벌을 해서는 안 된다. 극단적인 법들은 결코 실행되지 않기 때문이다. 그러나 파산자에게는 어떤 자산도 허용하지 않는 엄격함이 유지되어야 할 것이다.

129 무위도식자들

아무개 나리는 어떻게 살까? 그는 이자로 먹고 산다. 그는 금리생활자이다. 지방에서 왕의 사업 관계자인 그에게 편지가 온다. 다시 말해, 그는 왕실 재무국이 관리하는 많은 부에 관련되어 있는 인물이다.[63] 바로 '파리 시청의 지불명령서'인 그 공식 문서를 그는 단지 지불담당관이 누구인지 알기 위해 읽는다. 그는 아론(Aaron) 혹은 적어도 아브라함(Abraham)이라는 이름을 선호할 것이다.[64] 그의 모든 비극은 바로 여기에 있다. 그곳에서 받은 돈에 구애받지 않고 그는 곧바로 극장으로 간다. 그는 충독인 그의 아들 몫까지 가로채었다. 하지만 그는 더 이상 그 일을 생각하지 않는다. 이렇듯 이자로 먹고 사는 데에는 특별한 능력이 필요하지 않다. 그럼에도 불구하고 이 대단한 금리생활자는 자신이 원하는 대로 인정받는다. 그는 이중적인 태도를 취한다. 가능한 한 모든 상황에서 그는 항상 왕실 채권자 편을 들 것이기 때문이다.

이 무위도식자가 아테네에서 살았다면 그는 소크라테스를 경멸했을 것이다. 그에게서 의복, 수행원들, 커다란 다이아몬드, 호화마

63 앙시앵 레짐하에서 군주정은 세금징수 업무를 대행시켰다. 직접 혹은 가명으로 징세청부업에 참여한 사람들은 당시에 '국왕 사업의 관계자(l'intéressé dans les affaires du roi)'라 일컬어졌다. 'traitant'이라는 단어도 그와 유사한 의미로 왕실과의 거래에 서명한 사람을 가리킨다.

64 이름의 알파벳 순으로 돈이 지불되었기 때문이다. 모세의 대변인 역할을 한 형 아론과 유대인의 시조 아브라함의 이름을 빗대어 표현함으로써 메르시에는 당시의 반유대주의적 정서를 풍자하고 있다.

차를 없애면 남는 것은 무엇일까? 소크라테스에게서 옷을 빼앗아도 그는 잃는 것이 없을 것이다. 그는 역시 소크라테스이다.

엄청난 돈을 끌어내는 것 외에 다른 재주가 없는 이러한 벼락 출세자들은 조각가의 칼과 화가의 붓을 이용해서 자신의 능력을 미래에 전한다. 예술이 돈에 팔리는 셈이다.

그들은 더 이상 조롱거리가 아니다. 보편적이고 막강한 힘을 발휘하는 요소인 황금이 그들의 죄를 사해 준다. 부를 높이 평가하는 이러한 추세는 건전한 사상을 타락시킨다. 그들은 "내가 지닌 수십만 개의 미덕은 루이 금화의 가치를 지닌다"고 언급한 부알로를 따라하지 않는다.

130 사소한 질문

파리인들은 신뢰하는 마음으로 돈을 납부한 다음에는 결국 이런 질문을 던지게 된다. 군주가 진 부채는 국민의 것인가 아닌가? 영국의 의회가 프랑스 군주보다 더 국민을 대표하는 것이 아닐까?

군주정의 군주가 진 부채를 개인적인 것으로 간주하는 사람들의 말에 의하면, 군주는 아무에게도 자문을 구하지 않았고 과도하게 대부를 강요했으며 그 돈의 용도도 추적되지 않았다. 또한 군주의 후계자는 '사물을 재생시키기' 위해 국가를 무거운 짐에서 해방시키듯이 부채에서 해방시킬 책임을 지닌다.

내가 틀린 것이 아니라면 그런 말들은 궤변이다. 대부는 공적인 것이었다. 그 돈은 군대와 선박, 요새의 유지와 전쟁, 국가경비, 국가적 협상, 왕실의 위엄을 위해 지출되었고, 어떤 측면에서 보면 그것은 국민을 위한 것이다. 결국 보편적인 체계를 갖추는 데 사용된 것이고, 그것은 미래의 세대들에게 유익할 것이다.

국민은 부채를 책임진다. 그것은 대부가 국민에게 유익했기 때문이다. 과거에 대부는 고질적인 조세로부터 국민을 구원했던 것이다. 국민은 대부자들에게 합법적으로 말할 수 있을 것이다. 당신들은 오직 한 사람에게만 돈을 주었다. 그 계약은 오직 그에게만 관련된 것이다. 그 과정에서 잘못된 것은 터무니없이 부당하고 비합법적인 결과를 초래할 것이다.

실제로 국민은 자신의 눈앞에서 절박한 이해관계 때문에 진 빚을 갚지 않을 수 없다. 국민은 칙령이 아무런 저항 없이 통과되는 것을 목격했다. 그것은 무언의 동의이지만 강한 구속력을 발휘한다. 따라서 부유한 계급은 금리생활자들의 지불증서를 영구히 책임져야 한다. 그들은 스쳐 지나가는 군주보다는, 번영하는 국가와 국민의 부를 보고 돈을 빌려주었던 것이다. 우리는 왕의 계약을 그르치게 할 수는 없다. 그는 신민과 계약을 체결했고, 자신이 한 약속에 묶여 있다. 그의 후계자 역시 그와 마찬가지이다. 왕은 사람들의 존경을 필요로 하는 존재이다. 그런 왕의 맹세는 신성불가침한 것이어야 하지 않을까? 이것이 바로 내 소박한 견해이다. 나는 금리생활자가 아니다.

각 신분이 요구하는 변덕스런 헌법에 확고불변한 도덕적 가르침을 적용하는 것이 바람직하다. 그것이 각 신분에게 항상 이로울 것이다. 아마 내가 몽상가처럼 보일 것이다. 왜냐하면 사람들은 각 신분이 전혀 도덕적이지 않다고 말하기 때문이다. 그러면 나는 단호히 답변할 것이다. "낭패로군요."

131 파이프 오르간

"파이프 오르간은 세속적인 기쁨을 주기보다는 차라리 신앙심을 자극해야 한다." 이는 내가 아니라 1536년 쾰른 공의회가 언급한 것이다. "파이프 오르간은 오직 경건한 곡들만을 연주할 것이다." 이 역시 1548년 아우구스부르크 공의회에서 언급된 것이다. "'천주의 어린 양'이라는 기도말이 시작될 때까지 성체와 성배를 들어올리고 있는 동안 파이프 오르간은 연주를 멈추어야 한다." 나는 이 구절이 약간 불쾌하다. 그러나 1549년 트리어 지방 공의회를 보라.

내가 이 글을 쓰는 오늘날에는 모든 것이 바뀌었다. '거양성체' 동안 '아리에트'와 '사라반드'[65]가 연주된다. 또한 '테데움'과 저녁예배 시간에는 '발레곡', '미뉴에트곡', '연가곡', '리고동'[66]이 연주된다. 수없이 나를 감동시킨 탁월한 연주자 다캥은 도대체 어디로 갔는가? 그는 1772년에 사망했다. 그와 함께 파이프 오르간 연주도 사라졌다. 그럼에도 불구하고 이따금 그의 그림자가 쿠페랭[67]의 머리 위에 어른거리는 듯하다.

빠르고 연속적인 장식음이 거의 일반적으로 남용되고 있다. 그것은 재능과 열정이 결여된 탓이다. 그러한 폐단이 분명해지면서 노래가 오르간 연주보다 더 폭넓게 애용된다. 따라서 이제는 교회에 어

65 sarabande: 17세기 에스파냐에서 유행하기 시작한 3박자의 느리고 장중한 바로크 무곡.
66 rigaudon: 17세기 초 남프랑스의 프로방스 지방에서 시작된 2/4 혹은 4/4박자의 춤곡.
67 Couperin(1727~1789): 생제르베 및 파리에 있는 여러 교회의 오르간 연주자.

울리는 장중함을 찾아보기 어렵다. 다캥이 완벽하게 연주했던 크리스마스 변주곡도 거친 민중가요 「퐁뇌프」나 다름없을 정도로 엉망이 되었다. 거기에서는 오직 노랫소리만이 들릴 뿐이다.

파이프 오르간은 악기 중의 왕이다. 파이프 오르간에는 모든 악기들이 포함되어 있다. 생존하는 가장 탁월한 오르간 제작자인 클리코[68]는 이렇듯 놀라운 악기를 수없이 많이 완성했다. 1781년에 완성된 그의 오르간이 생쉴피스 교회에 설치되던 날은 유사한 상황에서 파리의 생트샤펠 교회에서 벌어졌던 일을 떠오르게 한다. 그날의 주인공은 다캥이었다. 75세의 이 노 음악가는 기적을 행했다. 모든 청중이 탄복하며 눈물을 흘렸다. "그의 천재성은 유례가 없는 것이다. 그는 20세 당시처럼 유연하게 연주했다." 그는 마치 죽기 전에 마지막으로 노래하는 아름다운 백조 같았다. 다캥은 3개월 후 무덤에 묻혔다.

그 위대한 예술가의 생애에서 일어난 다음 세 가지 일화는 모두에게 알려져 있다. 그것은 아주 특이해 보이지만, 모두 사실이다. 타고난 음악가인 그는 8세에 대합창곡과 교향곡으로 이루어진 성가를 작곡했다. 박자를 맞추기 위해 그는 탁자 위에 올라서야 했다. 청중은 가득 찼다. 연주가 끝나면 이 신동은 사람들이 그를 끌어안는 바람에 숨이 막힐 지경이었다.

크리스마스 자정 미사에서 다캥은 파이프 오르간으로 나이팅게일의 노래를 완벽하게 흉내 내었다. 그는 제1절에서 나이팅게일의 소리를 도입했는데, 그 구절은 전혀 어색하지 않았고 모든 사람들에게 극도의 놀라움을 안겨주었다. 소교구의 관리인은 나이팅게일을

68 Clicquot(1732~1790): 살아 생전에 프랑스에서 가장 위대한 파이프 오르간 제작자로 정평이 난 인물이다. 그가 제작한 것 중 가장 대형 오르간은 생쉴피스 교회의 것이다.

찾으러 문지기와 수위들을 교회의 둥근 천장과 마룻대 위로 보냈다. 그런데 나이팅게일은 전혀 없었다. 그 소리를 낸 것은 다캥이었던 것이다.

생폴 교회에 파이프 오르간이 다시 제작되었을 때, 오르간 제작자는 단지 미사 연주용 소형 파이프 오르간을 설치했을 뿐이다. 거기에는 '트럼펫'도 '페달'도 없이 오직 건반만이 남아 있었다. 대형 오르간의 뼈대는 완전히 텅 빈 상태였다. 그럼에도 불구하고 다캥은 성 베드로 축일 전야에 '테데움'을 연주했다. 악기가 부족한 상태였는 데 비해 청중은 여전히 많았다. 사람들은 악기의 부족을 전혀 감지하지 못했다. 반주음이 들리는 듯했고, 더 이상 '플루트의 페달음'이 존재하지 않았음에도 불구하고 그 소리가 울려 퍼졌다. 그곳에 있던 오르간 제작자들에게 엄청난 질문 공세가 퍼부어졌다. 누군가 글리코에게 물었다. "페달을 설치했군요?" "아니오, 맹세코 그렇지 않습니다." "그렇다면 그것은 불가능한 일인데요." 그러자 커다란 내기가 벌어졌다. '테데움'이 끝나자 사람들은 오르간으로 올라가서 자세히 살피며 찾았지만, 아무것도 발견하지 못했다. 그곳에는 악기를 만든 사람들조차 감쪽같이 속이는 데 성공한 특이한 인물 한 사람이 있었을 뿐이다.

성 바오로 축일에는 파이프 오르간을 수리하고 저음 스톱을 보강했음이 공공 게시판에 공표되었다. 우리는 그곳에 있었다. 놀라울 정도의 인파 그 자체였다! 그 이야기는 자세히 언급될 필요가 있다. 성가대석, 신자석, 측랑들, 측면에 붙은 부속성당, 외따로 떨어진 부속성당, 2개의 의식 용기실, 위층의 회랑, 파이프 오르간으로 가는 계단, 통로, 정면 현관 앞 등 어디건 인파로 붐벼 움직일 수가 없었다. 생탕투안 길에서 셀레스탱 길까지 거리는 호화마차들로 가득 찼다. 바로 그날 다캥은 감사 미사의 「우리는 믿습니다」를 마치 천둥이 치는 것처럼 전례 없이 장엄하게 연주했다. 마음속에 생생하고 깊은 인상을 남긴 그 음악에 모두가 전율을 느끼며 얼굴이 창백해졌다.

오페라 극장의 실질적인 지배자인 도베르뉴는 강한 충격을 받고 초반부에 자리에서 빠져나가 그가 방금 전에 들은 놀라운 선율을 종이에 옮기러 달려갔다. 그는 그 선율들을 대합창곡으로 이루어진 자신의 '테데움'에 그대로 삽입했다.

파이프 오르간 연주자들은 많았다. 그러나 다캥은 역시 다캥이었다. 우리는 그 위대한 예술가에게 경의를 표한다. 이는 그의 후계자들을 좀 더 격려하기 위해서이다. 그는 아들 하나 두었는데, 그는 문학에 상당히 심취했다.

그르세가 언급했듯이 파이프 오르간은 "교회 안에 있던 불경건한 사람에게 충격을 준다." 파리 대주교는 생로슈와 생제르맹 수도원 두 교회에서 저녁미사 시간에 '테데움' 공연과 자정 음악미사를 금지했다. 왜냐하면 파이프 오르간 연주자의 연주를 들으려고 너무나 많은 사람들이 몰려들어 그처럼 신성한 장소에서 마땅히 지켜야 할 경건함이 유지되지 않았기 때문이다. 개신교도들이 교회에서 매우 경건한 반면, 가톨릭 교도들이 추잡할 정도로 불경스럽다는 것은 상상할 수 없는 일이다. 그럼에도 불구하고 가톨릭교도들이 개신교도들보다 신의 실재를 훨씬 적극적으로 받아들인다. 그러나 한밤중의 축제는 항상 제멋대로이기 마련이다. 그것은 어두움 때문이다. 반면 한낮의 축제는 비교적 덜 소란스럽게 이루어진다.

132 헌금 모으는 여자들

교회에서 가장 엄격한 신부들은 신자들의 자선을 독려하기 위해 종종 놀라운 신앙심을 이용한다. 아침에 그는 여성의 아름다움을 더해주는 경박한 모든 장식들을 '끔찍한 치욕'이라고 언급하며 화려하게 치장한 여성들을 비난하는 설교를 한다. 그러나 저녁에 그는 자신이 초청한 우아한 몸매와 예쁜 얼굴의 상냥한 여성이 더 많은 헌금을 거두어 들이기를 기대한다.

그녀는 화려하게 치장을 한다. 그녀의 젖가슴은 드러나고 들고 있는 커다란 꽃다발도 그녀의 젖가슴을 감추지 못한다. 그녀는 교회나 감옥 문에 서서 누군가 들어올 때마다 환한 미소를 지으며 동정심을 호소한다. 고분고분하지 않은 사람들에게는 은근히 압력을 가한다. 그녀는 그들을 사로잡는다. 매력적인 목소리와 고른 치아, 그리고 드러난 가슴과 호소하는 듯한 예쁜 두 눈의 거부할 수 없는 아름다움으로 말이다. 가난한 사람들을 위한 일인데 무엇을 주저할 것인가?

그녀는 아무리 적은 액수이더라도 당신에게 특별하고 우아하게 경의를 표한다. 아름다운 그녀가 당신에게 인사하고 감사의 말을 전하니, 당신의 자선은 하늘이 고려하기도 전에 이미 보상을 받은 셈이다.

문지기가 바닥에 미늘창 부딪치는 소리를 내면서 앞서 지나간 뒤에, 곧 그녀가 중앙의 신자석을 통과한다. 신자석이 사람들로 가득 차면 찰수록 그녀는 더욱 열정적이 된다. 그녀를 아는 멋진 남자가 그녀에게 손을 내민다. 그녀는 자비롭게 좌우로 몸을 기울인다. 그리고는 헌금을 꺼리는 듯한 기부자의 느리고 게으른 손 앞에 순백의 팔을 내뻗는다.

구두쇠는 시간을 끈다. 참석자들은 제단에서 눈을 돌려 탐욕스럽게 그녀를 바라본다. 헌금함을 열어놓을 때 그녀는 마치 사람들의 마음을 모으는 것처럼 보인다. 아무리 냉담한 사람일지라도 그녀의 헌금함에 몇 푼을 넣는다. 그녀의 뒤를 쫓아가는 신부는 자신의 승리를 즐기는 듯하다. 그에게는 단지 꼭 필요한 공간만이 주어질 뿐이다. 왜냐하면 신자들 중 열성적인 무리들은 오직 그녀를 뒤쫓아 에워싸고 있기 때문이다. 교회는 피곤에 지친 이러한 성녀들로 아름답게 장식된다. 물론 그녀는 사람들이 자신의 날씬하고 잘 갖추어진 몸매에 감탄하고 있음을 의식하고 있으며, 순간적으로 허영심을 갖기도 한다. 하지만 교회는 틀림없이 그러한 사소한 교만을 용서해 줄 것이다. 특히 사제관으로 돌아가면서 그녀가 자신의 매력으로 획득한 불룩한 헌금함을 펼쳐 보이는 순간에는 더욱 그럴 것이다.

간식 시간이 시작되면 주임사제의 친구들이 그녀의 시중을 들어준다. 커다란 가발을 쓴 교회 재산관리위원들이 그녀에게 찬사를 보낸다. 신부들과 삭발을 한 수사들의 행렬이 차례로 와서 그녀의 비위를 맞춘다. 행렬의 우두머리는 찌푸리고 있던 얼굴을 펴고 어색하게 부드러운 말을 건넨다. 그는 그녀의 환심을 사고 싶은 것이다. 포도주가 흐르고 달콤한 과자들이 준비되어 있는 가운데, 사람들은 관대한 속인들로부터 거두어들인 돈을 속으로 헤아리며 약간은 사교적인 대화를 주고받는다.

133 축성 받은 빵

파리의 모든 주민들은 본당에 가서 차례차례 축성 받은 빵을 받아야 한다. 개신교도라고 해서 예외는 아니다. 왜냐하면 모든 프랑스인들은 가톨릭으로 간주된다는 원칙을 주임사제들이 고수하고 있기 때문이다.

누구나 각자 직접 그것을 받아야 한다. 그러나 환자의 경우 하인이나 침실 하녀를 보내 축성 받은 빵을 가져와서 양초를 켜고 성반에 입맞춤하도록 한다.

부르주아는 아내에게 교회에서 행하는 모든 의식과 행진에서 과자 만드는 일을 시킨다. 25년간 축제일과 일요일에 그녀는 다른 역할을 맡은 적이 없다. 그녀는 전날 밤 반죽해서 화덕에 구운 과자들을 계속 나누어 준다.

프티 부르주아는 이를 쓸데없는 과시로 여긴다. 교회 재산관리위원회에는 금전적인 문제이다. 그들은 과자 외에도 돈도 몇 푼 내야 한다. 그것은 가난한 사람에게 12리브르에서 18리브르에 달하는 연례적인 세금이나 마찬가지이다. 비용이 많이 드는 의식을 거행하기 위해 교회 재산관리위원회는 경제적 여유가 없는 몇몇 소교구 신자들을 모은다. 그러나 부유한 소교구 신자들은 장엄한 축제를 위해 따로 남겨둔다.

그들은 보란 듯이 뻐기며 관대하고 멋지게 보이려 한다. 그들은 축성 받은 커다란 빵 위에 자신들의 문장을 표시하고 성가대원들과 하급 수사들 앞에서 사치스런 리본을 펼치며 과시한다. 커다란 주화가 헌금 대접에 큰소리를 내며 떨어지면 구경꾼의 감탄하는 소리가 귀에 울려퍼진다. 주임사제와 교회 관리인들은 몸을 숙여 경의를 표한다. 하얀 장갑을 낀 문지기들이 그들 앞에서 걸어간다. 밀랍으로 된 불꽃들이 장중한 행렬을 환하게 비추어 준다. 백해무익한 경건함을 위해 그들은 50루이를 썼다.

그 결과는 무엇일까? 축성 받은 물건들의 일부를 나누어 주는 신중한 분배자들인 교회지기들은 8일 동안 그들의 빵조각을 적셔먹을 것을 얻을 것이며, 축성 받은 빵에 진한 수프를 곁들여 먹을 수 있을 것이다.

누군가 고집스럽게 이러한 축성 받은 빵을 거절한다면, 고등법원의 무거운 판결에 따라 강제로 그것을 먹어야 할 것이다. 이 문제를 둘러싸고 익살스러운 소송이 몇 차례 제기되었다. 한 시인은 교회 관리인들과 교회 재산관리위원회를 웃음거리로 만들었다. 그러나 교회 관리인들과 교회 재산관리위원회는 개의치 않고 가장 확실하게 웃는 사람에게 싫든 좋든 축성 받은 빵을 정확하게 주도록 시킨다.

대규모 소교구 본당에서 사람들의 차례는 드물게 돌아온다. 그러나 작은 규모의 소교구 본당에서는 줄이 짧아 봉헌금을 더 자주 내게 만든다.

134 교리문답

나로서는 파리의 산파들이 막 세상에 태어난 어린아이의 연하고 약한 머리를 억지로 주무르고 만지는지 이유를 알 수 없다. 또한 손가락으로 인정사정없이 어린아이의 머리를 반복적으로 거칠게 눌러 아이 머리의 조직과 지적 능력 중추가 파괴되는지도 알 수가 없다. 그리고 머리를 둥근 모양을 만들기 위해 그 무지한 여인들이 어린아이의 머리를 완전히 바꾸어 버려 아이를 멍청하거나 천치로 만드는지도 모르겠다.[69]

하지만 나는 파리의 난해한 교리문답서가 어린이들이 암기해야 하는 첫 번째 책이라는 사실은 분명히 알고 있다. 어린이들의 머리는 아무 생각 없이 교리문답서의 단어들에 대한 기억으로 가득 차 있으며, 그들은 나머지 생애 동안 자신들이 말하는 것의 의미도 모른 채 그것을 말하는 데 익숙해진다.

교리문답서들이 얼마나 많은가! 그러나 그 책들은 인간과 시민의 의무를 설명하고 입증하는 도덕의 기초적인 윤곽조차 제시하지 못한다. 자연권의 원칙에 관해 청소년이 이해할 수 있는 범위 안에서 언급하지도 않는다. 결국 학교에서 사용 가능한 어떤 책도 가정교육 과정에서 읽혀지고 채택될 수 있도록 간결한 문체로 쓰여진 것이 없다.

69 산파들에 의해 자행된 이러한 관행은 수많은 어린아이들의 뇌손상을 초래했으며, 18세기에 일부 의사들은 이러한 관행을 비판했다.

성직자들은 한편에서는 소년들에게 다른 한편에서는 소녀들에게 직접 교리문답을 가르친다. 그러나 듣고 있는 젊은이들이나 가르치는 그들 역시 교리문답을 전혀 이해하지 못한다. 우리는 지성의 첫 번째 여명기인 이 순간을 얼마나 남용하고 있는가? 그것은 인간의 지성으로 하여금 모든 사물을 단지 불투명하고 비밀스런 그림자를 통해 바라보도록 강요하는 것이 아닌가?

방금 첫 번째 영성체를 마친 15~17세의 소녀들에게 '교리문답을 가르치는' 젊은 성직자를 살펴보면 흥미로운 사실을 깨닫게 된다. 그를 에워싸고 있는 50명의 젊고 예쁜 소녀들 중에서 그는 유일한 남자이다. 그는 멍청하고 부자연스러워 보인다. 교리를 가르치는 소녀들 앞에서 여러 차례 얼굴을 붉히는 그의 모습을 보라. 당황하는 그를 보며 소녀들은 약간 짓궂을 정도로 즐거워한다. 그의 질문에 그녀들은 더욱더 당돌하게 대답한다. 그 역시 장미 같은 소녀들의 말 속에서 신학 이론의 어리석음을 간파한 듯하다. 또한 그녀들이 곧 신비에 사로잡힐 것을 분명히 짐작한 것처럼 보인다. 그녀들은 마치 스스로 그런 무미건조한 질문들보다 우월하다고 여기는 듯 여유 있고 우아하며 익살스러운 태도로 무섭고 소름 끼치는 교리의 판결을 언도한다. '연옥', '지옥', '영원'과 같은 단어들에는 진지함이 없다. '이 천사들'의 입술에서는 더 이상 '악마'의 느낌이 풍기지 않는다. 상당히 유식한 그녀들은 '교리문답 지도교사'의 무시무시한 협박에도 불구하고 은총과 천국의 존재를 알리고 예고한다.

135 의사들

몰리에르가 이 세상에 돌아온다면 그는 더 이상 자신의 의사들을 하나도 알아보지 못할 것이다. 암노새를 탄 게노[70]는 어디에 있는가? 퓌르공과 디아푸아뤼는 어디로 갔는가?[71] 창백한 얼굴의 진지한 그 의사들은 절도 있는 걸음걸이에 신중한 언행을 하고, 자신의 처방전을 지키지 않으면 노발대발했다. 그런 의사들 대신 몰리에르가 발견할 의사들은 상냥하고, 의료행위와는 무관한 말을 하며 웃고, 하얀 손을 뻗으며 우아한 레이스를 뒤로 젖히고, 거침없이 말하고, 손가락에 낀 기다란 다이아몬드를 과시하기를 즐긴다.

그는 매우 우아한 자세로 맥을 짚는다. 그리고 우리 몸 전체가 건강하다고 말하며 위험한 곳을 전혀 찾지 못한다. 위독한 환자의 침대에서도 그는 희망의 표정을 짓는다. 그는 위로의 말을 건네며 떠나고, 심지어 계단에서 농담을 하기도 한다. 바로 그날 밤 죽음이 그 환자를 엄습한다.

의사의 무지나 무관심으로 봉급생활자들 10명이 죽더라도 그 의사는 괴로워하지 않는다. 그러나 지체 높은 사람이 그의 손에서 죽으면 그는 절망에 빠진다. 보름 동안 그는 만나는 사람들 모두에게 용서를 구하는 표정을 짓는다.

70 Guenaud(1590~1667): 몰리에르가 희곡 「사랑에 빠진 의사」에 마크로통(Macroton)이라는 이름으로 등장시킨 모후의 시의이다.

71 Purgon과 Diafoirus 모두 몰리에르의 작품 「상상병 환자」에 등장하는 의사들이다.

친애하는 몰리에는 "내게 구토제를 주면 내 완화제를 드리지오"라고 말한 바 있다. 오늘날 의과대학 교수들의 방침도 그와 마찬가지이다.

상당수의 의사들은 이를테면 파리의 환자들을 나누고 갖고 있다. 그들 중 하나가 환자를 치료하는 도중 심각한 오류를 범하더라도 그의 동료 의사 역시 똑같은 상황에 놓일 것이기 때문에, 치명적인 실수는 침묵 속에 묻히고 얼버무려지며 심지어 합리화된다. 어느 누구도 감히 동료의 진단에 이의를 제기하지 못한다. 환자는 10명의 의사들을 거치다 죽는다. 그들은 그 환자를 살리기 위해 어떻게 해야 하는지를 잘 안다. 그러나 그들은 집단정신에 따라 첫 번째 의사가 불려가서 모든 원칙을 지키며 자기 방식대로 살인을 완수하도록 내버려 둔다.

은밀한 공범자들은 시간적·공간적으로 동일한 상황을 발견한다. 그들은 기술의 불확실성, 유능한 솜씨에서 비롯된 무분별한 방식을 핑계로 댄다. 그들은 왜 그런 기술을 가지고 고집스럽게 살인의 타성에 갇혀 거기서 벗어나려고 하지 않는가? 그들이 기술을 체계화하려는 모든 시도에 분개하며 맞서는 이유는 무엇인가? 그들 자신의 경험으로 시대에 뒤떨어지고 한심하기 짝이 없는 관행의 어리석음과 위험이 여실히 증명되었음에도 불구하고, 살인의 원칙에 매몰된 채 그 관행을 개선하지 않는 이유는 무엇인가?

그들이 원하는 것은 의료행위를 난해한 동시에 수익성이 좋은 방식으로 취급하고, 방문자 수를 늘리고, 아무런 설명도 하지 않으며, '문외한'과 소통하지 않고, 건전한 물리학 이론과 모순되는 수세기 전의 저작들에 기반한 자신들의 어리석은 견해 속에 파묻혀 지내는 것이다.

처방전을 쓴 사람과 약을 조제하는 사람 사이를 구분한 그들의 시도 자체가 이미 치료에 불리한 편견이다. 그들은 약품의 화학적 분석조차 거부한다. 온갖 다양한 마약의 수상한 제조와 분해에 관해 명확한 견해를 갖지 못했음에도 불구하고, 그들은 약국에서 온 그 무시무시한 독약의 사용을 줄이려 하지 않는다. 그러니 환자는 오만한 처방자와 믿을 수 없는 마술사라는 두 적과 대적해야 한다.

따라서 오늘날 의료행위는 대담하고 널리 퍼진 야바위짓에 불과하다. 의료행위를 하는 사람들은 무의미함과 불확실함, 그리고 혼돈을 느끼지만, 그러면서도 그런 야바위짓을 해서 돈을 벌기 때문에 그들은 의료행위를 포기하지 않는다.

의과대학은 편견과 미개한 시대의 오류를 오늘날까지 끌어안고 있다. 오늘날 물리학은 의외의 진보를 이루었다. 반면 의학은 낡은 처방으로 가득 찬 지독한 무지에 자족해하며 인간의 어리석음을 지배하고 있는 그 환영을 갑자기 해체시켜 버리는 것 같은 빛의 강렬함을 두려워하는 듯하다.

문인들은 모피로 안을 댄 옷을 입은 그 사기꾼들의 적이다. 몰리에르와 문인들은 의사들을 수없이 빈정거렸다. 그로 인해 의사들은 30년 전처럼 불쌍한 사람의 피를 25차례나 뽑던 관행을 포기했다. 그밖에 다른 살인적인 의료행위에 관해서도 비난이 쏟아진 덕분에 의사들은 아마도 히포크라테스의 방식을 좇지 않을 수 없게 될 것이다. 거의 어떤 치료방법도 제시하지 않았으며, 자연을 연구하고 자연의 잠재능력을 전혀 손상시키지 않았던 그의 방식 말이다.

경험으로 치료하는 자들에게 의존하지 않는 의사들이 얼마나 많은가! 그들은 체계적인 방식에 의존하는 반면, 경험으로 치료하는 자들은 전통과 경험에 따라 의과대학의 쓸데없는 지식이 인정하지 않는 치료제를 사용한다.

의사들은 의사 메스머[72]의 공식 도전에 주춤했다. 그렇게 거부한 후 그들은 그 경쟁자가 시도하는 미지의 시술에 대해 침묵하며 한동안 그가 공식적으로 발표하는 것을 신중하게 기다릴 것이다. 그러나 많은 사람들이 그들을 초빙해서 의견을 물을 경우, 그리고 발견의 장본인에 대한 그들의 욕설, 분노, 격렬한 비난이 어느 정도 공적인 정당성을 요구할 경우, 그들은 결과에 관계없이 앞서서 유익한 발견을 하지 못했으며 그 오류를 증명해 내지 못했음을 자책해야 할 것이다.

그들로서는 차라리 다음과 같이 자신들에게 겸손하게 말하는 그 동료를 공격하고 싶을 것이다. "나는 보았습니다. 자세히 검토합시다. 우리는 아무것도 모릅니다. 서두르지 맙시다. 모든 발견의 역사를 상기합시다."

그 동료가 의과대학 교수단보다 옳으며 최면술이 정말로 특별하고 탁월한 방법이라는 것을 놓고 내기가 벌어지면 10 대 1이 될 것이다. 내 지식에 따라 나는 그를 믿는 편에 섰다. 그 책을 통해서건 다른 데서건, 더 많이 알았더라면 나는 좀 더 확실하게 발언을 했을 것이다. 왜냐하면 진실을 깨닫고 그것을 위해 활동하는 것이 내 본분인 만큼, 나는 진실의 수호에 헌신했기 때문이다.

지금까지 의사들에 대해 약간 신랄한 이야기들을 늘어놓았다. 그들은 우리의 건강과 생명을 공격한다. 그보다 더 치명적인 일이 어디 있겠는가?

72 Mesmer(1734~1815): 1785년 파리에 최면술 이론을 도입한 독일 의사. 영혼의 병을 통해 몸의 병을 고친다는 그의 주장은 당시 의과대학 교수들로부터 격렬한 비판에 부딪혔다.

136 왕립 의사협회

수세기 동안 단체를 결성해온 파리 대학의 훌륭한 자매이자 딸인 의과대학은 기술의 완벽을 위해 아무런 노력도 하지 않았고, 새로운 시도를 하려고 하지도 않았다. 의과대학은 왕가의 환자들을 치료하지 않았고, 새로운 관찰서를 출판하지도, 유럽의 의사들과 교류를 하지도 않았다. 의과대학은 자신의 세계 밖에서 벌어지는 모든 일을 경시했다. 의과대학 구성원들은 어리석게도 자신들의 옛 방식에 갇히고 지독한 이기주의에 빠져 있었다. 따라서 군주가 '왕립 의사협회'를 설립해서 탁월한 기술에 걸맞는 모든 지식을 포괄하기로 했을 때에도, 그들은 오직 환자들로부터 돈을 뜯어내는 데에만 골몰했으며, 인간에게 유익한 운영방식을 외면했다. 이 협회는 매우 신중하다. 이 협회로 인해 분열된 두 집단 사이의 경쟁의 불씨가 생길지라도 그 존재 자체는 여전히 유익할 것이다.

이제 막 제출되기 시작한 이 협회의 보고서와 논문들의 총서는 벌써부터 매우 유용하다. 유럽의 모든 의사들이 기쁜 마음으로 논문 제출에 협력할 것이며, 이는 파리 의사들의 게으름과 교만, 무지에 충격을 가할 것이다.

한 사람의 나쁜 의사보다 더 위험하고 고약한 것은 없다. 그런 의사들이 한 무리를 이룰 때 그들의 아우성을 상상해보라! 하지만 지금이야말로 이 낡은 의과대학의 결함이 살인적인 처방집과 마찬가지로 백일하에 드러날 순간이다.

의술은 가장 덜 진보한 상태이며 따라서 가장 새롭게 태어나야 할 분야이다. 놀랍게도 히포크라테스 이후 그에 버금가는 천재가 아직도 탄생하지 않아 그에게 결여된 찬란한 기술에 파고들지 못하고 있다. 가장 부조리한 것은 한 손에는 처방전을 놓고 다른 한 손에 약을 놓았던 사실이 아닐까? 그러한 태도는 무분별한 운영방식을 스스로 드러내는 것이 아닌가? 이러한 분리는 끔찍할 정도로 불편함을 주지 않는가?

근대 화학이 발명에서 발명으로 이어지는 기적을 이룩한 만큼, 이제 의사는 7~8종류의 재료가 복합된 물약 처방을 중단해야 하는 것이 아닌가? 그가 아주 냉정한 동시에 오만한 사람이 아니라면, 무엇보다 먼저 자신이 처방하는 약의 화학적 성분을 알아야 하지 않을까? 그의 잘못들이 감추어진 탓에 그는 사회와 자신의 양심에서 벗어나 있다고 믿는다. 의사들은 모든 직업 중 가장 훌륭하며 수입이 좋고 편안한 직업에 종사한다. 그로 인해 그들은 스콜라 철학자들의 가운인 모피를 안에 댄 복장을 착용하지 않은 사람은 어떤 발견이나 발명을 할 능력도 없으며, 그의 발견이나 발명은 '합법적이고 부당한 방식으로' 부인될 것이라고 결론짓는다. 이렇듯 그들은 비열한 경제적 이익을 위해 인간성 자체를 포기한다. 죽은 사람과 그 후손 어느 누구도 의사들에게 소송을 시도하지 않았기 때문에, 그들은 계속해서 무분별한 처방을 하고 오래 묵은 독약을 나누어준다.

관대하고 식견을 갖춘 사람은 도대체 언제 나타날까? 해묵은 아스클레피오스[73]의 신전을 무너뜨리고, 외과의사들의 위험한 칼을 없애고, 약국문을 닫아버리고, 마약과 단식·절식을 수반한 불확실한

73 Asclepios; 그리스 신화에 등장하는 의사의 신.

치료법을 거부할 그런 사람 말이다. 과거의 치료법이 사람을 죽이고 인구를 감소시킨 마당에, 이제 어떤 친구가 새로운 치료법을 공표할 것인가?

의사들은 항상 '경험으로 치료하는 돌팔이 의사'에게 고함을 친다. 그가 자신들의 집단에 속하지 않기 때문이다. 그러나 테리아카, 구토제, 키니네 등 대부분의 특효약, 접종약은 모두 경험에서 유래한 것이다.[74]

74 테리아카는 아편을 주성분으로 하는 60여 종의 식물들로 제조된 치료제이다. 접종약은 가볍게 천연두에 감염시키는 면역약을 가리킨다.

❦ 의과대학 안뜰(엷은 흑갈색 물감으로 채색한 데생), 니콜라 랑소네트(1788년)

137 저자들

파리에는 펜으로 많은 수입을 얻고 잉크로 토지와 지세를 확보한 문인들이 있다. 두 사람의 코르네유,[75] 그들의 조카 퐁트넬,[76] 크레비용, 그리고 두 사람의 루소가 바로 그런 사람들이다.[77] 그들은 프랑스가 낳은 가장 유명한 인물들이다. 과거에 위대한 시인들은 가난했었다.

세속적인 이들이여! 무릎을 꿇고 있는 가난뱅이, 호메로스여!

그들의 무덤 위에 향로와 요리가 놓여 있다. 살아 생전에 그들은 빈곤에서 헤어나지 못했지만, 그러한 빈곤은 명예로운 것이다. 모든 것을 포기한 가운데 흠잡을 데 없이 자신을 지키는 사람들이야말로 가장 고결하다.

정부가 문인들에게 부여하는 연금은 가난한 사람들에게도 유익한 일을 하는 사람들에게도 주어지지 않는다. 문인들 중 가장 재빠르고 교활하며 시기심 많은 사람들은 서재 깊숙한 곳에 있는 다른

75 「르 시드」를 발표한 17세기의 대표적인 비극작가 피에르 코르네유(Pierre Corneille, 1606~1684)와 같은 극작가로 활동한 토마 코르네유(Thomas Corneille, 1625~1709)를 가리킨다.

76 계몽사상의 선구자 역할을 한 문인 퐁트넬(Fontenelle, 1657~1757)은 숙부 코르네유에 의해 양육되었다.

77 『에밀』의 저자 장자크 루소와 「운명의 신에게 바치는 시」의 저자 장바티스트 루소를 가리킨다.

사람들에게 응당 주어졌어야 할 몫을 가로챘다.

문인의 가난은 미덕임에 틀림없다. 또한 그것은 그가 자신의 인격도 펜도 타락시키지 않았다는 최소한의 증거이다. 그러나 연금을 요청하고 획득한 사람들은 그들의 양심 앞에서 그렇게 말하지 못한다. 그들의 글은 나무랄 데 없을지 모르지만, 그들의 품행은 항상 그렇지는 않았다.

시인 브레뵈프가 이렇게 말했다.

신들이 내게 호의적이라면,
운명이 덜 가혹하다면,
내 눈에 보이는 불행한 사람들을
행복하게 해주고 싶을 텐데.
위대한 능력이 빛을 발하는 사람들의 욕망을 예고하는 것은
내게 커다란 기쁨을 줄 것이다.
나는 천복을 구할 것이다.
시련을 겪는 그들의 모습을 보며
내 영혼은 종종 격앙된다.

아! 부유한 문인들이 가난한 문인들을 돕는다면! 얼마나 아름다운 꿈인가! 문학의 분위기, 문인들의 충고와 의견 덕분에 여러 사람들의 지위가 상승되었다. 일단 높은 위치에 오르면 그들은 친구와 동료 은인을 잊었다.

문인들은 통상적으로 오전에 일을 한다. 그것은 잘못된 일이다. 창작의 열기는 저녁에 더욱 고조된다. 그러나 구경거리와 매일매일 방탕한 생활이 그들의 천재성을 죽이고 위대한 작업을 계속하지 못하게 방해한다.

파리의 재능 있는 사람에게 공통된 결함은 다른 사람들의 재능에 관심을 갖지 않는다는 것이다. 그들은 재빠르고 유연하게 말하지 못해서 이따금 자신의 시각을 밝히는 데 시간을 끌고, 겸손하고 소박한 사람의 굼뜬 사고에 주의를 기울이지 않는다. 또한 너그럽지 못하고, 책 쓰는 솜씨를 유일한 장점으로 여기며, 마지막으로 들을 줄을 모른다. 파리에서 듣는 사람은 아주 드물다.

파리의 정신이 궁정의 것과 정반대가 된 것은 바로 문인들 덕분이다. 인간 권리의 재정립을 추구하는 파리에서 대귀족들의 견해는 지극히 미약한 영향을 지닐 뿐이다. 오늘날 문인들은 작위를 지닌 사람들의 자만심을 아무것도 아닌 것으로 깎아내리기 위해, 그리고 스스로를 온갖 부류의 저명한 사람으로 존경받을 만한 동시에 유익한 일을 하는 위치로 끌어올리기 위해 최선을 다한다. 여론의 지배자들인 그들은 공격적이고 방어적인 수단을 취한다. 또한 문인들과 대귀족들 사이에서 가장 격렬한 전투가 선포되었다. 그러나 그 전투에서 틀림없이 대귀족들이 패할 것이다.

문인들이 전력을 다해 권력의 과도한 남용을 논박한 반면, 사람들은 사치가 초래한 악습을 글 쓰는 자유 탓으로 돌렸다. 글을 읽지 않고 선천적으로 문인들의 적인 대귀족들의 품행의 책임을 문인들에게 돌리기를 원했던 것이다. 문인들이 예견하고 경고하고 맞서 싸웠던 모든 재앙이 그들에게 전가되었다. 그들의 적은 논리를 내세운 적이 없다.

도덕의 파멸은 궁정에서 시작된 것이지 책에서 비롯된 것이 아니다. 문인들이 지은 죄는 어둠 속에 파묻혀 있기를 원하며, 부정을 저지른 무리들에게 빛을 전파했다는 데 있다. 권력자들은 백일하에 드러난 수치스런 모든 비밀들을 대면하지 않았고 두려워하지도 않았다. 그들은 빛을 증오했고, 그 빛을 전달한 사람도 혐오했다.

"강도들은 가로등을 싫어한다"는 뒤클로의 구절은 우리에게 잘 알려져 있다.[78] 국민 역시 문인들의 고마움을 모른다. 문인들은 비록 단합되지는 않았지만, 핵심적인 원칙에서 의견의 일치를 보인다. 문인들은 자의적인 권력의 앞잡이들을 좌절시키고 감추어진 그들의 정체를 알아보며 그들을 비난하고 벌한다. 또한 무능한 행정가를 간파하고 그를 빈정거리며, 정확하고 세심한 검열을 통해 어둠 속에서 그들의 심판을 피할 수 있다고 믿는 하급 압제자들마저 위협한다. 그들은 경쟁자들을 제외한 모든 공적 인물들을 올바르게 평가할 수 있다. 문인들은 보편적인 이성의 표현인 만장일치를 자주 외친다. 인상이 아니라 증거의 힘으로 말하고 설득하는 그 강한 목소리에 당국은 어떻게 맞설 것인가? 아무것도 할 수 없다. 당국은 모든 잘못이 마음 깊이 새겨지지 않도록 정당하고 절제 있는 태도를 보이는 것 외에 더 이상 다른 도리가 없다. 당국은 결코 한꺼번에 모이지는 않지만, 같은 생각을 지닌 문인 집단을 분열시키기 위해 가능한 모든 것을 시도한다. 당국은 불화를 조종하고 성마른 자존심을 자극하기 위해 고용인들을 매수한다. 그러나 그러한 논쟁 도중 문인들의 무기는 방향을 바꾸어 돌연 자유와 법의 적을 겨냥한다. 문인들은 문학 토론과 애국적인 투쟁을 구분할 줄 안다. 마치 문인들 모두가 의견이 일치하고 친구였던 것처럼, 그들의 화살은 모두 독재자의 지지자들 위에 꽂힌다.

오늘날 각각의 문자가 널리 알려지고 정렬된 것은 결국 문인들 덕분이다. 그들이 첫 번째 소송에서 내린 판결이 국민의 목소리로 선언되었다. 누구도 그 집단을 속일 수도 전멸시킬 수도 없다. 사람

78 여기서 뒤클로(Duclos, 1704~1771)는 문인들의 담론을 불쾌하게 여기는 대귀족들을 풍자하고 있다.

들이 모든 출판물을 파괴하면, 그 집단은 침묵만으로도 여론을 형성할 것이다.

138 반(半)작가, 사분(四分)작가, 그리고 혼혈인, 사분혼혈인 등

이들이 바로 메르퀴르[79]와 신문에 짧은 서정시나 밋밋한 산문, 빛도 소금기도 없는 비판적 글을 엄청나게 쏟아붓는 사람들이다. 그런 다음 그들은 협회에서 '문인'이라는 호칭을 가로챈다. 그들 중 누군가는 4편의 서한체 시가를 발표하고, 또 다른 사람은 2편의 오페라 희극을 발표했다. 때로 그들은 자신들이 작가가 아니며, 단지 매달 자질구레한 모음집을 출판하는 열정을 지녔을 뿐이라고 말한다. 다른 한편 그들은 오직 즐기기 위해 글을 쓴다고 말하기도 한다. 그러나 공중은 그들의 놀이를 즐기지 않는다.

그들의 자존심은 전문 작가들의 것보다 더 흥미롭다. 아무것도 아니면서 머리부터 발끝까지 젠 체하기 때문이다.

그들 중 한 사람은 마드리갈[80]에서 백작으로, 달력에서는 후작으로 자처한다. 그들은 '시건방진 평범함'을 통렬히 비난한다. 그들에게는 모든 것이 '시건방지고 평범하다.' 그들 중 여럿은 자신의 재능 못지않게 모호하기 짝이 없는 출신 성분을 과시한다. 그들은 가능한 한 자신의 이름의 음절을 늘리고 일기를 '프랑스 귀족 명부'로 간주한다. 또한 돈을 위해 글을 출판하지는 않는다고 주장한다. 그들의

79 메르퀴르는 신문과는 대조적으로 역사적 성격의 연대기로 쓰여졌다.

80 madrigal: 14세기 이탈리아에서 나타난 목가적인 성악곡을 가리키는 단어에서 유래한 것으로, 문학에서는 사랑을 노래한 짧은 서정시를 가리킨다.

문장은 그들이 글쓰기를 직업으로 삼을 수 없었음을 여실히 증명해 준다. 그러나 작가라는 호칭이 필요하지 않다면 그들은 무엇 때문에 글을 출판하는가? 시인 루소가 말했듯이 "즐거움을 얻기 위해 글을 쓴다고 말하는 것은 결코 핑계가 아니다."

그들은 꿀벌통 입구를 빙빙거리지만 그곳에 들어가지는 못하는 말벌에 비교될 수 있을 것이다. 그들은 꿀을 만들지는 못한다. 다만 꿀의 제조에 관해 말할 뿐이다. 더 나쁜 것은 그들이 보호자의 어조로 말하며 깃발을 높이 들고 이편에 서서 저편을 공격할 때이다. 건방진 찬미자 혹은 무모한 검열자야말로 그들의 좌우명이다.

그들 외에 신문 편집장, 정기간행물 편집장, 삼류 기자, 애송이 풍자 작가들이 있다. 그들은 다른 사람이 쓴 글을 기다린다. 그러나 그들의 펜이 영구히 놀지는 않는다. 그들은 무익한 정기간행물들을 산더미처럼 생산해 내고 우리는 증오와 무지, 시기심의 창고인 그 속에 갇힌다. 그들은 본능적으로 '재판관'이라는 직업이 모든 직업 중 가장 편안한 것이라는 것을 눈치 채고 있다. 정기간행물은 그들의 무능력과 질투의 이중 감정에 대한 부담을 동시에 덜어준다.

'취향'의 이름으로 그들은 물어뜯고 찢어발긴다. 모두가 공격하고 공격당한다. 마치 무거운 회초리를 몰래 훔친 학생들이 차례차례 그것을 차지해서 서로 격렬하게 때리는 모습을 보는 것 같다. 풋내기 문인들은 선배들을 비판하면서도 결코 자신을 비판하는 법은 없다.

그들은 한 시대의 악습을 폭로하고 음절을 해체하고 4~5개의 단어를 강조하며 스스로 시와 웅변의 복원자라고 믿는다. 그들은 점점 더 부당해지고 점점 더 무례하며 심술궂어진다. 현학적인 태도와 독재가 불합리하게 결합한 신문, 잡지 특유의 문체에 빠지면서 그들은 곧 더욱더 지독하게 풍자적이 될 것이며, 정직함의 이미지뿐 아니라 건전한 도덕적 사상을 잃어버릴 것이다.

이러한 하류 문인들의 무리는 공중에게 오직 추문을 되살려 줄 뿐이다. 그들은 그런 추문을 즐기며 고약하게도 추문을 정직하고 과묵한 문인들 탓으로 돌릴 것이다. 그러나 공중은 그런 떠벌이들과 문인들 사이가 법원에 앉아 있는 재판관과 입회인 사이만큼이나 격차가 있음을 잘 안다. 그럼에도 불구하고 글로 전파된 추문은 비판과 풍자, 조롱의 냄새를 풍기는 모든 것에 강한 갈증을 느끼는 공중의 호기심에 자양분을 제공한다. 심술궂은 작가들이 존재하는 것은, 공중이 체질적으로 이러한 전투를 좋아하고 평화를 지루해하기 때문이다.

139 비서들

비서들은 대귀족과 유력자들에게 기지를 제공하는 사람들이다. 그들의 보수는 형편없다. 그럼에도 불구하고 그들은 비서들 없이는 제대로 처신하지도 말을 하지도 못한다.

검찰차장은 자신의 비서에게 이렇게 말했다. "이보게, 올해는 내가 좀 더 길게 말하도록 해주게. 지난해에 내 말이 너무 짧았다네. 2시간 말할 것을 만들어보게." 충직한 비서는 그의 요구에 따라 2시간 동안 말할 거리를 주었다.

더 재미있는 사실은, 일정 기간이 지나면 비서의 지시를 받았던 사람들 모두가 자신이 단지 암기해서 말했던 것을 자신의 창작물로 믿는다는 것이다.

이렇듯 문인들은 거의 모든 것을 다 한다. 그들의 펜은 재판관, 재무관, 대신들을 돕는다. 문인들은 계속해서 변론서를 작성하고 경제적이거나 반경제적인 저서, 그리고 보고서와 성명서를 쓴다. 공중에게 전달되는 모든 것은 그들에 의해 만들어지거나 그들의 검토를 거친다. 시계 상자에서 금으로 된 시계 바늘을 움직이는 것은 구리로 된 톱니바퀴이다. 정부 기구에서도 그와 마찬가지이다.

140 사무원들

하급 사무원들은 하나의 계급을 형성하고 있으며, 그들의 수는 셀 수 없을 정도로 많다. 그들의 보수는 그다지 높지 않아 800, 1,200, 1,500리브르 정도이다. 그러나 사무원 하나를 구한다고 하면 30명이 몰려든다. 1,200리브르짜리 사무원들은 벨벳 천에 레이스 장식이 달린 옷을 입는다. 그들은 장식 줄을 사기 위해 굶기도 한다. "금박 옷을 입은 사람의 배에서 꼬르륵 소리가 난다"는 속담은 그래서 생긴 것이다.

모든 것은 펜으로 이루어진다. 가장 낮은 지위에 있더라도 사무원은 읽고 셈할 줄 알아야 한다. 그들은 '거래장부'에서 포도주 한 통과 한 떼의 소뿐 아니라 포도주 한 병과 수탉 한 마리의 입고를 확인한다. 그리고는 영수증을 받는다. 이러한 서기에게 필요한 모든 지식은 명세서 작성법에 불과하다. 그 외에 그들은 아무것도 모르고 아무것도 분간하지 못하며 아무 생각도 없다. 단지 그들은 매일매일 틀에 박힌 대로 수를 셀 뿐이다.

이집트의 바소라(Bassora)에서 미라를 구입한 한 사람이 돌아왔다. 상자가 너무 길기 때문에 그는 그 상자를 역마차 의자로 옮길 엄두를 내지 못했다. 그는 오세르의 합승마차로 그 상자를 운반했다. 상자가 성벽에 도착하자, 그것을 열고 검은 시신을 발견한 사무원들은 불에 타 죽은 사람이라고 결론지었다. 그들은 낡은 붕대를 불에 탄 셔츠 조각으로 착각하고 보고서를 작성하는 한편, 미라를 시신보관소로 보내도록 했다. 사무실에 있는 사람들 중 어느 누구도 역사에 정통하지 못했기 때문에 그러한 실수를 막지 못했다. 그 사무실의 구성원들로서는 그런 실수를 하는 것이 당연했다.

미라의 소유주가 도착해서 자신의 진귀한 물건을 찾기 위해 곧바로 사무실로 들어갔다. 그곳에서 사람들은 그의 말에 귀를 기울이고는 깜짝 놀라 그를 바라보았다. 그는 분통을 터뜨리며 노발대발했다. 한 사무원이 담당자에게 귓속말로 교수형을 면하려면 도망가라고 충고했다. 어안이 벙벙해진 남자는 시신보관소에서 이집트 왕자인지 공주인지 모를 미라를 되찾기 위해 경찰관을 찾아가지 않을 수 없었다. 200년 동안 피라미드 무덤 속에서 잠자던 그 미라는 서재에 있는 유리 상자 속에서 진열되는 대신 가톨릭 묘지로 옮겨졌던 것이다. 꼬박 3일 동안 분주히 오고간 끝에 그는 그것을 되찾았다.

봉급을 1,000에퀴나 받는 사무원들은 잘난 체하며 중요한 사람 행세를 한다. 그들이 펜촉을 자르기 위해 수차례 레이스 장식을 들어올리는 모습보다 더 우스꽝스러운 것은 없다. 혹자는 그 펜이 국가의 운명을 좌우할 것이라고 말할지 모른다. 그러나 그들이 작성하는 것은 계산서에 불과하다. 보캉송은 플루트를 연주하는 기계장치 대신 차라리 사무원 역할을 할 자동 기계장치를 만들었더라면 더 성공했을 것이다.

시계추는 사무원들이 사무실에 왔다가 집으로 가는 시간을 정확하게 알려준다. 그들의 아내들도 그 시간을 정확하게 안다.

베르사유에는 그들과 명칭만 같을 뿐 아무런 공통점이 없는 사무관 나리들이 있다. 집무실을 차지한 그들이야말로 대신이라는 직책을 지닌 사람들을 사실상 주도하고 교육시키는 실질적인 대신들이다. 군주정은 그들에 의해 분열되고 지배된다. 여인들과 모사꾼들은 보통 사람들로부터 별다른 관심을 받지 못하는 이 사무원들에게 집요할 정도로 끈질기게 몰려든다. 그들은 기계를 움직이는 키이고,

그 기계의 움직임은 우리를 놀라게 한다. 문제는 그 키를 누가 낚아채는가이다. 하지만 내가 쓰건 쓰지 않건 베르사유 기사에 관해 이러쿵저러쿵 예단하지는 말자.

141 교사들

라틴어, 그리스어, 히브리어, 영어, 이탈리아어, 신학, 글쓰기, 음악, 수사, 가능한 모든 놀이 등을 가르치는 온갖 부류의 교사들이 있다. 그들은 아침에 모든 구역들을 달리며 샅샅이 훑는다. 잠들어 있고 결석하고 게으르고 아픈 학생들을 발견하면 그들은 기뻐한다. 그들은 유쾌하게 수강표를 슬그머니 내미는데 많은 경우 성공한다. 무용 교사는 번개처럼 이륜마차를 타고 날아다닌다. 그리스어나 수학 교사는 걸어다닌다.

이 부류에 속하는 사람들은 무수히 많다. 때때로 그들은 한꺼번에 있을 경우 상대편을 어떻게 불러야 할지 모른다. 그들이 오직 자신들의 직업만을 인정하고 강압적인 태도로 다른 직업을 어리석고 쓸모없는 것이라고 무시하는 것은 바로 그런 맥락에서이다.

체스 및 트릭트랙 교사와 역사 교사가 똑같은 대기실에서 서로 마주보며 후작이 깨어나기를 기다리고 있는 모습은 무척 재미있는 광경이다. 서재에 들어가면 한 사람은 키루스와 헤로도토스에 관해 말하고, 다른 사람은 약간 초초한 태도로 체스 놀이판 위에 졸을 놓는다. 그들 다음 순서인 음악 교사는 계단의 층계 위에서 바이올린의 음을 맞춘다. 미소를 짓고 있는 침실 하인은 후작이 행진곡과 미뉴에트를 제외하고는 그가 가르치는 모든 것을 결코 익히지 못할 것임을 그들보다 더 잘 안다.

그러나 매달 15루이를 지불하는 부유한 멍청이는 순진하게도 그의 아들이 음악과 데생, 영어, 수학 등 수많은 공부에 정통하리라고 믿는다. 그는 수소문해서 교사들을 찾았고, 그들은 수강표를 가지고 달려왔다. 그들은 매월 말에 사례금을 받는다. 학생은 첫날이나 다름없이 무지하지만, 몇몇 용어들을 열심히 깨우칠 것이며, 평생 자신의 알량한 지식을 뽐내며 살 것이다. 그가 저명한 교사의 이름을 대면 사람들이 자신을 조롱할지도 모른다는 것을 그는 상상조차 하지 못한다. 그의 저택에 와서 진지한 태도로 그에게 인사를 하고 돈을 벌던 그 교사들은, 또 다른 부유한 학생에게 오직 지식의 이름을 팔기 위해 다른 곳으로 줄달음쳐 갈 것이다. 그들이 그 이상 할 일이 무엇인가?

수많은 교사들이 있지만 농담이라도 '도덕 교사'를 찾고 요청할 생각을 한 사람은 아무도 없다. 모든 사람들은 스스로 도덕적 지식을 갖추고 있다고 믿든가, 아니면 도덕에 관해 아무런 견해도 갖지 않고 있다. 사람들은 도덕가보다는 차라리 무도극의 단역 배우를 부르고 싶어 한다. 무도극 단역 배우의 다리와 발걸음은 무언가를 표현한다. 도덕가의 언어는 난해해서 알아들을 수 없을 것이다. 군주정의 설립 이후 프랑스에서는 '도덕 교사'는 존재했던 적이 없다.

142 서적상들

서적상들은 스스로를 중요한 인물이라고 생각한다. 왜냐하면 그들의 상점에서 다른 사람의 생각을 접하고, 또한 때때로 그들이 출판하는 책들을 평가하는 데 끼어들기 때문이다. 막 빛을 보게 된 한 시인이 조심스럽게 관심을 끌려고 하는 모습보다 더 우스꽝스러운 광경은 없다. 그는 어쩔 줄 모르며 생자크 길[81]의 식자공에게 처음으로 말을 건넨다. 식자공은 거드름을 피우며 문학적 능력의 평가자 행세를 한다. 그는 걸작을 냉랭하게 대한다. 그는 신문기자들이나 냉혹한 공중보다는 초보 작가에게 더 무시무시하고 잔인한 존재이다.

파리에서 이러한 상업 분야는 가장 굴욕적인 종속관계에 놓여 있기 때문에 서적상들은 삼류문학 장수로 전락한다. 그들은 다작을 하는 작가들과, 비판적이고 역사적인 편집물 및 여행기 발췌문들을 출판하는 파르나소스 산[82]의 위대한 생산자들을 선호한다. 몇몇 아카데미 회원들은 이러한 수입이 아카데미 참석 배당금을 능가한다는 것을 잘 안다.

평년의 경우 파리에서 출판에 소요되는 종이는 대략 8천만 장이다. 그중 철학적 이성을 이해하기 위해서는 한 장도 할애되지 않을

81 센 강 좌안의 대학가에 위치한 이 길에는 전통적으로 서적상과 출판업자들이 집중되어 있었다.

82 그리스 중부의 델포이 중앙에 위치한 산으로, 그리스 신화에서 아폴론 신과 음악의 여신들의 고향으로 묘사된다.

것이다. 출판업의 번영을 위해 자유가 요구되었지만, 온갖 종류의 제약과 장애, 법규들이 거래를 방해했다. 인쇄업자, 서적상, 작가 모두가 불평하며 스스로 말할 것이라고 생각한다. 인쇄업자들은 아무것도 구입하려고 하지 않는다. 그들이 자신들의 비용으로 인쇄를 해도 서적상들은 책을 유통시키지 않는다. 불멸의 종족인 위조자들은 그러는 동안 재빨리 그 작품을 가로챈다. 저자는 보수뿐 아니라 투자금까지 잃는다. 이것이 서적상의 현실이다.

파리의 한 서적상이 순진하게 다음과 같이 말했다.

> 나는 창고 속에 볼테르, 장자크 루소, 디드로 3명의 상퀼로트[83]를 모두 가두어 두고 싶다. 나는 그들을 잘 먹일 것이다. 대신 그들에게 일을 시킬 것이다. 그들 중 한 사람이 부유한 이유는 무엇인가? 다른 두 사람은 왜 삼류 문학작품을 쓰지 않는가?

83 sans-culotte: 흔히 프랑스 혁명기에 혁명을 주도한 파리의 소점포 상인, 수공업 장인, 숙련공 등을 가리키는 용어로 사용되었으나, 메르시에는 여기에 민중적 사고를 지닌 철학자들을 포함시키고 있다. 따라서 상퀼로트는 혁명 이전에 이미 사용되었고 특정한 계급보다 광범위하게 사용되었음을 알 수 있다.

143 서적들

거의 모든 책들은 반드시 파리에서 인쇄되지는 않더라도 여기서 완성된다. 그 거대한 빛의 용광로에서 모든 것이 솟아오른다. 그러나 사람들은 책이 어떻게 만들어지는지 물을 것이다. 수많은 방법이 있다. 그렇다. 하지만 모든 것은 다시 만들어지는 것이다. 인류에게 빛을 발할 완만한 진리가 발견되는 것은 오직 한 세기의 사상을 다시 녹여내는 과정을 통해서이다.

아무도 읽지 않는 조건이라면 무수한 책들이 인쇄될 수 있을 것이다. 책은 상업에서 매우 중요한 분야이다. 그 덕분에 생계를 꾸려가는 노동자들이 얼마나 많은가! 상업적 계산에 따라 사람들은 지나치게 많은 책을 생산하지는 않는다. 그로 인한 약간의 불편함은 커다란 도서관에 의해 메워진다. 게다가 아주 좋은 결과가 나타날지도 모른다. 그처럼 거대한 물질세계에서 아마도 모든 면에서 유익한 인간이 탄생할 것이니 말이다.

144 고(古)서적 상인들

고서적 상인은 낡고 희귀한 책들을 찾아내고 팔기 위해 파리의 구석구석을 활보하는 사람을 일컫는다. 우선 그는 강둑과 노점, 그리고 팸플릿이 전시된 곳이면 어디건 찾아간다. 그는 바닥에 있는 책더미들을 휘젓고 다닌다. 특히 먼지투성이에다 고서적처럼 보이는 책들에 관심을 기울인다.

고서적과 신기한 책들을 헐값으로 발견할 수 있는 것은 오직 이런 방법을 통해서이다. 귀중한 서가들의 토대는 바로 '고서적 상인들'의 부지런하고 고집스런 열정에 다름 아니다.

이러한 무명의 인물이 사망하면 이따금 수년 동안 사람들이 찾던 책이 발견되기도 한다. 그러나 얼마 전부터 부지런한 서적상들이 전문적인 고서적 상인들이 발견한 책들을 주도면밀하게 가로채었다. 이제는 더 이상 긁어모을 만한 책이 남아 있지 않다. 희귀한 책들은 보기 드물어졌다. 서적상이 고용한 새 염탐꾼의 감시를 피할 수 있는 것은 아주 요행스런 일이며, 그로 인해 책 속의 지식은 상당히 흔해졌다. 영세 서적 상인들은 그런 상황을 잘 알기 때문에, 책들을 구분한 다음 목청을 높여 4수짜리라고 외친다. 25년 전에 그랬던 것처럼 말이다.

왕립 도서관에는 몇몇 사설 도서관에 비해 희귀한 책들의 수가 적은 편이다. 사설 도서관들은 장르마다 매우 독특한 서적들을 소장하고 있다. 왕은 다른 여러 측면에서와 마찬가지로 이 측면에서도 제대로 보좌받고 있지 못한 셈이며, 이는 커다란 불행이다. 반면 라발리에르 공작은 진귀한 서가를 지니고 있다. 아르스날에 있는 폴미 다르장송[84]의 서가도 희귀하고 잘 선정된 수집본들을 갖추고 있었다.

가장 탁월한 서가는 오직 철학서적들로 이루어진 것이다. 다른 서가들은 사치와 과시, 호기심을 위한 것이다. 그럼에도 불구하고 그들의 세심한 노력이 없었다면 사라지고 말았을 책들을 수집한 사람들은 찬사를 받아 마땅하다. 그중 어떤 책이 어떤 인간의 머리에 빛을 발하게 할지 우리로서는 알 수가 없다. 나쁜 책들도 좋은 책들과 마찬가지로 가르침을 준다. 왜냐하면 그런 책들은 인생의 암초를 알려주기 때문이다.

한 재정가와 뚱뚱한 법관은 식사를 마치고 소화를 시키며 의미심장한 어조로 다음과 같이 말한다. "하지만 오늘날에는 더 이상 걸작이 탄생하지 않는단 말이야." 그들은 매일 서재에서 『법의 정신』, 『에밀』과 같은 책을 기대한다. 그러나 정작 탁월한 책이 나타나면 그들은 그 책을 읽을 줄을 모르거나 그 책과 전쟁을 벌인다.

일시적인 기분과 질투심에서 책을 찾는 사람들은 과거지향적이며, 모든 세기를 관통하는 보물들을 단지 새로운 팸플릿과의 비교 대상으로 전락시킨다. 보물 같은 책들이 지닌 장점은 처음에는 결코 느껴지지 않는다. 사람들은 새 책에 담긴 사상 전체를 가늠하기보다는, 차라리 풍자적이고 과장된 수사에 빠져든다. 처음에 그들은 그 책을 경멸하기 시작한다. 이러한 나쁜 태도로는 올바른 평가가 불가능하다. 또한 더 이상 존재하지 않는 재능에 대한 칭찬으로 일관하는 태

84 Paulmy d'Argenson(1722~1787): 치안총감을 지낸 다르장송의 손자로 아버지에 이어 국무비서를 지내며 사법·군사·외교 분야에서 화려한 경력을 쌓았다. 1748년에 아카데미 프랑세즈 회원이 된 그는 유명한 애서가였다. 1757년 포병대장이 되어 아르스날(Arsenal)에 거주하게 되면서 약 10만 권의 장서를 보유했다. 1781년 아르투아 백작에게 팔린 그의 장서는 오늘날 아르스날 도서관의 전신이 되었다.

도는 사실상 그들이 벗어나고자 하는 안일함과 크게 다르지 않다.

파리에서 사람들은 2권 이상으로 된 저작을 거의 읽지 않는다. 600쪽 중 12쪽을 기독교를 입증하는 데 할애한 저작을 상상해보라! 아주 긴 호소문은 설득력이 있기보다는 지루하다.

훌륭한 우리 조상들은 16권으로 된 소설책을 읽었다. 그 책들은 그들의 저녁시간용으로는 지나치게 긴 것이 아니었다. 그들은 품행과 미덕, 과거의 기사도적인 전투로 이어진 책들을 열정적으로 읽었다. 우리의 경우에는 가리개 없이는 더 이상 책을 읽지 않을 것이다.

누군가 말했듯이 사람들은 지식을 증오한다. 아니 지식을 얻기 위해 치러야 하는 수고를 싫어한다. 오늘날 사람들에게 읽혀지려면 짧고 구체적이어야 한다.

145 소책자들

독자들이 많은 만큼 책도 많아야 한다. 어떤 지위에 있는 사람이건 무지에서 벗어날 동등한 권리가 있으며, 그러기 위해 책을 지녀야 한다. 전혀 읽지 않는 것보다는 형편없는 저작이라도 읽는 편이 낫다. 모든 독서는 유익하다. 왜냐하면 독서는 정신을 단련시키고 사고하게 만들기 때문이다. 라브뤼예르, 몽테스키외, 불랑제, 뷔퐁, 루소의 저작들만으로는 대중을 계몽시킬 수 없을 것이다. 그들의 책은 지나치게 본질적이기 때문에 대중에게 좀 더 가볍고 구체적인 양식을 제공할 필요가 있다. 형편없는 책들을 없어버려라. 그렇지 않으면 사람들은 더 이상 책을 읽을 줄을 모르고 좋은 책들을 분간하지도 못하게 될 것이다.

교황 간가넬리의 가짜 편지들은 놀라운 성공을 거두었다.[85] 그 편지에 담긴 사상들은 진부한 것들이다. 그러나 그 사상들은 올바르고 명확하며 쉽게 표현되었다. 그 작품은 대중을 사로잡았음에 틀림없다. 그것은 항상 사다리를 올라가는 것과 같다. 어리석은 신문기자들은 그런 글의 성공에 그다지 주목하지 않지만, 그런 성공 후에는 대중을 약간 수준 높은 작품으로 이끌기가 훨씬 수월해진다.

85 Ganganelli: 추기경에서 교황 클레멘티누스 14세가 된 그는 1773년 예수회 폐지 교서를 내린 다음 곧 사망했다. 일설에 의하면 그는 독살된 듯하다. 그의 『편지』는 18세기에 가장 많이 팔린 출판물 중의 하나로 꼽힌다. 그 글은 독자들에게 그가 당시 파문을 일으켰던 사건에 개입했다는 인상을 주지만, 위작이라는 의심에서 벗어나지 못했으며, 카라치올리(Caraccioli)의 것으로 추정된다.

탁월한 작품을 발표한 문인들은 소설을 경박하다고 여기며 소설 쓸 줄을 모른다. 하지만 모든 역사보다 소설이 훨씬 유용하다. 인간의 마음을 관찰하고 분석한 소설가는 여러 가지 형식을 빌려 다양한 인물과 사건으로 묘사한다. 이 모든 것은 즐거움과 사고력의 무궁무진한 원천이다. 농촌 사람들이 읽는 것을 보라. 그들이 라신의 '영원한' 비극에 관심을 가질까? 아니다. 그들은 틀림없이 방대하고 흥미로운 작품, 영국 소설, 프레보 신부의 소설, 그리고 그 탄복할 만한 레티프 드 라브르톤의 소설에 빠져들 것이다. 레트프 드 라브르톤은 위대한 서술가이자 표현력이 뛰어난 작가이다. 내 동료 문인들, 소위 교양인들은 그를 부당하게 폄하했지만, 나는 그를 올바르게 평가하고 싶다. 우리는 글에서 우리를 에워싸고 있는 지평선처럼 광활하고 방대하며 문학적인 지평선을 추구한다. 사람들은 상상력과 총기를 고갈시키는 부알로의 건조한 서한문이나 무미건조하고 부자연스런 작품들보다는 기사소설을 선호한다. 그러한 작품들은 오직 문학계의 사네드랭[86]으로부터 찬사를 받을 뿐, 나머지 프랑스인들에게는 경멸의 대상이다. 사람들은 사실과 행위, 운동에 관한 것을 원하며, 이러한 모든 것이 복합된 인물 묘사를 좋아한다. 그렇다면 내가 나태하고 단어에만 집착하는 고약한 사람들이 읽기를 거부한 작품들을 열심히 읽지 않는 이유는 무엇인가? 단지 그들의 선택을 따르는 데서 기쁨을 느껴야 한단 말인가? 단어들이 나열된 하찮은 구절들이 내게 무슨 의미가 있는가? 내 얼굴 생김새가 다른 사람들과 다른데 왜 내 취향은 다른 사람들과 다르면 안 되는가? 인쇄를 방해하고 불

86 sanhédrin: 사제, 귀족, 율법학자들로 구성된 유대교 최고 기관을 가리킨다. 직접적으로는 아카데미 프랑세즈를 가리키지만, 여기서 메르시에는 문단을 지배하던 문인들 전체를 지칭하는 표현으로 사용했다.

합리한 검열을 시도하며 억압적인 제도를 만들고 글의 출판을 지연시킴으로써 출판물에 제한을 가하는 것은, 활기차고 호기심 많고 쾌활한 국민의 기쁨을 침해하는 것이다.

그러나 소문에 의하면 파리의 문인들을 고사시키려는 계획이 세워졌다. 최근 널리 퍼진 표현에 의하면, 그들은 인간의 모순과 성격을 있는 그대로 비추어 주는 '반사경'이기 때문이다.

이러한 불길한 시도는 아카데미와 힘을 합해 독창성, 천재성, 설득력의 특징을 지닌 모든 것을 억압했다. 이는 우리를 어휘에 대한 강요와 무미건조하고 지루한 학파의 강압적인 분위기에 순종하게 하려는 것이다. 그러한 강요는 문장을 신랄하게 만들고 더 이상 문인의 기발함을 허용하지 않는다. 문인은 고유의 표현방식에 능숙하며 솔직하고 아무런 기교 없이 자신의 생각을 표현해야 하는데도 말이다. 우리의 능력은 있는 그대로 표현되어야 한다. 다른 사람을 본뜨게 되면 우리의 능력은 독창성을 상실하고, 탁월함이 아니라 모방하려는 사람의 어리석음을 되풀이하게 된다. 라퐁텐, 라브뤼예르, 퐁트넬, 볼테르, 심지어 도라를 모방한 사람들을 보라.

오, 레티프 드 라브르톤이여! 그대에 대한 평가는 먼 훗날에 가서야 비로소 이루어질 것이다. 하지만 나는 영광스럽게도 지금 이 순간 그대에게 찬사를 바치노라. 틀림없이 그대의 재능을 인정한 유일한 사람은 바로 나일 것이다!

146 균형

식료품 상인, 잡화 상인, 버터 장수 등은 날마다 지치지도 않고 출판되는 양만큼의 책과 소책자를 없앤다. 그 다음이 문구 상인과 벽보 붙이는 사람들이다. 신문 및 유사한 출판물들을 폐기하는 그런 파괴적인 사람들 덕분에 다행스럽게도 균형이 유지된다. 그렇지 않으면 성가실 정도로 출판된 종이 더미가 늘어나 마침내 집주인과 임차인 모두를 몰아낼 것이다.

책의 생산과 해체, 삶과 죽음 사이에서도 똑같은 비율이 나타난다. 이는 많은 책들 때문에 담담하고 고통받는 사람들에게 내가 바치는 위로이다.

식료품 가게에서는 가장 오래되고 중요한 책 제목들이 발견된다. 실제로 약제사는 루이 13세의 결혼 계약서를 찢어 항아리를 덮는 데 사용했다.

147 라쿠르티유

우리는 명성이 얼마나 놀라운 힘을 발휘하는지 지금 당장은 알 수가 없다. 갑자기 명성을 얻게 되면 이름이 어둠 속에서 벗어나 널리 알려진다. 그 이름은 모든 사람들의 입을 거쳐 국어와 결합하고 영구적인 존재가 된다. 이른바 랑포노[87]의 이름이 그런 예이다. 그의 이름은 대중에게 볼테르와 뷔퐁보다 수천 배 이상 유명하다. 민중의 시각에서 보면 그는 유명해질 만하다. 민중은 결코 배은망덕하지 않기 때문이다. 그 덕분에 포부르의 모든 가난한 하층민들은 파인트당 3.5수의 가격으로 포도주를 잔뜩 마실 수 있게 되었다. 한 술집 주인이 시도한 이러한 놀라운 가격 인하는 그때까지 아무도 상상하지 못했던 것이다!

그에 대한 호평은 급속도로 그리고 널리 퍼졌다. 사람들이 몰려들면서 그의 술집이 너무 비좁아지자 곧 부지가 확대되었다. 그와 더불어 그도 부자가 되었다. 나는 그 술집을 방문한 대귀족들에 관해서는 언급하지 않으련다. 마르몽텔의 말처럼 "민중층의 미소는 왕의 총애보다 더 가치가 있다."

그를 보고 싶어 하는 공중의 호기심에 부응하기 위해 그가 무대

87 Ramponeau(1724~1802): 1760년 라쿠르티유 구역에 '탕부르 루아얄(Tambour royal)'이라는 이름의 유명한 술집을 연 인물이다. 이 술집은 입시세를 받는 방책 밖에 있었기 때문에 술값이 싸서 손님이 많았다. 금방 부를 축적한 그는 일드프랑스에 토지와 포도밭을 구입해서 직접 포도주를 제조함으로써 포도주 가격을 더욱 낮추는 데 성공했다. 당시 파리에서는 포도주 1파인트(0.93L) 가격이 6수였으나, 그의 술집에서는 3.5수에 팔았다. 그는 파리 민중층 사이에서 유명인사가 되었고, 1770년에 몽마르트르 언덕 남쪽에 두 번째 술집을 열어 큰 성공을 거두었다.

위에 올라야 할 정도였다. 그는 한 극장 주인과 계약을 맺고 서명했다. 그러나 무대 위에 오르고 싶어 했던 자신을 자책한 그는 자신의 '양심'을 핑계 대며 계약을 취소했다. 소송이 제기되었다. 그러나 랑포노가 승리했다. 상대편 변호사들은 변호사 협회에서 준엄하게 질책을 받았다. 그의 행운을 가져온 요정이 모든 적들을 무너뜨렸던 것이다.

명성에 뒤이어 행운이 찾아왔다. 그가 프랑스어에 새로운 단어를 더해 주었으니 말이다. 민중층에 의해 만들어진 만큼 그 단어는 계속 유지될 것이다. '랑포네(ramponer)'[88]는 도시 밖의 술집에서 지나치게 많이 마시기를 의미한다.

엘리제 신부도 그 자신이 언급했듯이 같은 시기에 왕 앞에서 설교를 한 이후 명성을 얻기 시작했다. 그러나 엘리제 신부는 랑포노처럼 명성을 계속 유지하지는 못했다. 그의 이름은 다시 어둠 속에 묻힌 반면, 랑포노의 이름은 살아남았다. 민중층이 6수를 주고서라도 포도주를 마시기를 원하는 한, 그들은 3.5수의 가격으로 포도주를 제공했던 랑포노의 이름을 감사하는 마음으로 길이 기억할 것이다.

일요일에 민중층은 라쿠르티유에서 마시고 여자들을 희롱하며 방탕하게 하루를 보낸다. 그곳 술집에서는 거의 도둑질이 일어나지 않는다. 그곳에서 비참한 감정에 젖은 하층민의 이성은 마비된다. 하층민이라 불리는 사람들은 격한 열정에 사로잡혀 무수한 아이들을 임신시킨다. 라쿠르티유를 거닐며 관찰한 철학자는 자기도 모르게 이렇게 말할 것이다. 자연이 승리하는 것은 바로 그곳에서이다. 상층계급에서는 자연의 위력이 약화되지만, 대귀족과 부유한 부르주아에서 본 손실을 하층민들이 메워 준다.

88 ramponer의 명사형인 'ramponeau'는 술집 주인 랑포노의 이름에서 유래했으며, '떼밀기'와 유사한 의미로 오늘날까지도 남아 있다.

랑포노의 인기가 점점 올라간 반면, 한때 최고에 달했던 재무총감에 대한 평판은 급격히 떨어졌다. 재기와 식견을 갖추었음에도 불구하고 그는 여러 가지 흔적을 남겼다.[89] 그때부터 '실루엣'이라는 표현이 나타나고 그의 이름은 곧 조롱의 대상이 되었다. 무미건조함과 인색함의 이미지를 풍자한 데생이 유행했다. 주름 없는 외투와 주머니 없는 반바지, 거친 나무로 만들어진 코담뱃갑, 그리고 하얀 종이 위에 비친 촛불 그림자를 본따 검은 종이에 옆얼굴의 윤곽을 묘사한 초상화 등. 국민은 이렇게 복수했던 것이다. 높은 명성을 얻었던 인물도 그와 마찬가지로 추락했다. 위대한 문서행정가였던 벨일 원수가 바로 그런 예이다.[90] 그는 자신이 정치가인 것처럼 단호하고 거만한 어조로 세상 사람 모두를 속였다.

루이 14세와 루이 15세 치세의 역사는 완전히 재무총감[91]의 역사나 다름없다. 푸케, 콜베르, 데마레, 로, 오리, 실루엣, 베르탱, 라베르디, 테레 신부 등과 그밖의 사람들은 정확하고 새로운 견해를 제시했다.

우리는 라쿠르티유에서 너무 멀어졌다. 계속해서 본래의 주제에서 멀어지는 경향이 있지만, 이제 본래 우리의 주제로 돌아가자.

89 여기서 재무총감은 에티엔 드 실루엣(Etienne de Silouette)을 가리킨다. 1759년 퐁파두르 후작부인의 후광으로 재무총감이 된 그는 재정위기 타개와 7년 전쟁의 전비충당을 위해 특권 계급의 토지에 과세하고 그들의 연금을 감축하는 일련의 개혁안을 시도했다. 그러나 그의 개혁안이 실패하자 그는 조롱거리가 되었고, '실루엣'이라는 이름은 슬프고 악착같은 사람의 대명사처럼 사용되었다. 실제로 '실루엣'은 1835년 아카데미 프랑세즈가 발간한 사전에 일반명사로 수록되었다.

90 maréchal de Belle-Isle: 푸케의 손자로 플뢰리 추기경의 총애를 받아 1741년 원수가 되었다. 7년 전쟁 기간인 1758~1761년에 육군대신이 되어 행정능력을 인정받기도 했으나, 영국과의 갈등을 해결하는 데 실패하자 7년 전쟁이 끝나기 전에 해임되었다.

91 재무총감직은 1547년 앙리 2세에 의해 신설되었으나, 하급직에 불과했다. 재무총감이 진정한 의미의 재무대신의 역할을 하게 된 것은 1661년 재무총관 푸케가 제거된 다음이다. 그때부터 특히 18세기에 재무총감은 사실상 수석대신이나 다름없었다.

148 여러 관찰자들

어느 관찰자는 1년 동안 매일 아침 주변 환경에서 느껴지는 변화를 세심할 정도로 정확하게 지켜본다. 어떤 사람은 땅 위에 떨어지는 물의 양을 계산한다. 또 다른 사람은 모든 환자들의 기록과 태어나고 죽은 사람들의 수가 기록된 정확한 장부를 챙긴다. 그는 한 해의 사망률과 그 전 해의 사망률을 비교한다.

물리학과 의학에 관한 관찰은 무수히 증가한다. 반면 철학자들은 정부의 운영과 발전, 그리고 인민의 행복과 불행에 영향을 미치는 도덕적 · 정치적 원인들을 검토한다. 철학자는 인간과 법에서 비롯된 오류들을 관찰한다.

이렇듯 박식한 사람들은 서로를 약간 경멸하듯 바라본다. 예를 들어, 기술자는 시인의 유명세를 대수롭지 않게 여기고, 반대로 시인은 기술자를 거의 쳐다보지도 않는다. 그러나 공평한 관찰자는 예술과 과학이 나란히 걸어가고, 또 서로 정반대로 보이지만 동시에 결합해야 하는 길을 택하며 완벽해지는 과정을 주시한다.

그는 인간들이 더 강력하고 더 순수한 이성의 빛으로 각각의 사물을 차례차례 비추는 것을 바라본다. 그는 부당한 선입관을 지니고 있지 않다. 그는 동등한 목표를 향해 제각각 노력을 기울이고, 악의 유일한 근원인 잘못된 생각을 극복하고 승리를 추구하는 사람들을 같은 시선으로 바라본다.

따라서 파리에서 학문의 토대를 연구하는 사람들의 수가 많아야 한다. 그들의 수가 줄면 연구가 줄어들 것이다. 한 사람이 빠져나가면 다른 사람이 대신 밤샘을 하기 때문이다. 부주의하고 산만한 사람들은 인문학의 지배자인 운명을 이끄는 이러한 학문의 토대를 간과할지 모른다. 그러나 이제 그들은 깨어 있으며 끊임없이 자연을 주시한다.

고대인들은 철을 끌어당기는 자석의 속성을 잘 알았지만, 항해의 기적을 낳은 양극을 향하는 자석의 힘에 대해서는 무지했다. 그들은 문자들, 심지어 고정되지 않는 문자들까지 새기는 기술을 터득했다. 나폴리의 왕은 헤르클라네움[92]의 폐허에서 나온 빵들을 유리 속에 넣어 보관하고 있는데, 그 빵에 빵집 주인과 소비자의 글자가 새겨져 있다. 이렇듯 고대인들은 진귀한 발명의 첨단에 있었으나, 그들 자신은 그렇게 생각하지 않았다.

그와 마찬가지로 어느 날 우리도 깜짝 놀랄 것이다. 우리 관찰자들과 아카데미들이 간과한 지극히 단순한 사실들이 우리 지식의 보물이 될 것이니 말이다. 그때가 되면 우리가 어떻게 해서 그 과정을 마무리짓지 않았는지 상상하기 어려울 것이다. 플라톤 시대의 한 철학자가 남긴 글을 항상 유념하자. "나는 지구의 주변을 서술한 글을 읽고 웃지 않을 수 없다. 그 글은 지구가 물로 된 대양으로 둘러싸여 있다고 강조하며, 마치 원을 토대로 제작된 것처럼 둥글다고 확신한다." 그는 헤로도토스의 물리학을 토대로 한 이러한 발언을 되풀이하며 어렴풋이 구(球)의 형상을 목격했다는 수많은 사람들을 비웃었다.

아마도 매일매일의 주의력이 천재의 심오함을 대신할 것이며 천재를 놀라게 할 것이다.

이런 의미에서 보초는 우리로부터 경멸당할 이유가 없다. 어떤

92 Herculaneum: 79년 용암 분출로 파괴된 캄파니아 지역의 고대 로마 도시로, 1969년 이후 명칭이 에르콜라노로 바뀌었다.

사물에 가깝다는 것은 그것을 만지는 것을 의미하지 않는다. 우리에게는 가장 낮게 평가되는 사람들에게만 보이는 비밀을 볼 수 있는 눈이 있다.

능력이 열매를 맺을 수 있도록 그것을 사회화해야 한다. 고립된 사람의 천재성은 더 이상 불타오르지 않는다. 모든 지식의 빛들이 한 곳으로 모여 같은 목적을 향해 나아가야 한다. 인간의 총기는 오직 여러 사람들이 주시하며 그의 용기와 노력, 승리에 갈채를 보낼 때만 빛을 발한다.

149 인간 정신의 차이

그러나 인간의 정신은 매우 불평등하다. 이 점을 인정한 엘베시위스[93]의 주장에 반대해야 한다. 그의 논리는 우리의 눈에 틀린 것처럼 보이기 때문이다. 무수한 지식은 세심한 인식에서 비롯된다. 미술 애호가는 회화 작품에 무지한 사람과는 전혀 다르게 자연을 바라본다. 화성악에 익숙한 사람은 멀리서 들려오는 종소리에 귀를 기울이며 우리가 알아차리지 못하는 미묘한 차이를 간파한다. 여러 가지 사상들의 정체를 파악하는 특별한 직감을 지닌 사람들이 있다. 그들은 다른 사람들과 소통하기가 쉽지 않다. 그들은 다른 사람들이 쫓아가지 못할 정도로 상세하게 인식하기 때문이다. 두 사람이 비록 똑같이 총명하더라도 공부와 사고의 차이로 인해 그들은 서로 이해하지 못할 수도 있다.

이는 파리에서 흔히 목격되는 현상이다. 음악가, 기하학자, 시인, 화가, 도덕가, 조각가, 화학자, 정치가는 모두 똑같이 뛰어난 사람들이지만, 그들은 거의 서로 소통하지 못한다. 그들은 서로를 제대로 평가하지 못한다. 왜냐하면 그들은 있는 그대로 평가할 수 있는 능

93 Helvétius(1715~1771): 그는 『정신론(*De l'esprit*)』에서 "자연이 인간에게 동등한 재능을 부여했는지 아닌지"의 문제를 검토하며 "모든 인간은 심오한 사상을 받아들일 수 있는 능력을 지니고 있으며, 겉으로 드러나는 인간 정신의 차이는 각자가 처한 다양한 상황과 주어진 교육에서 기인한다"고 결론지었다. 엘베시위스에 의하면, 인간의 불평등은 결코 자연에서 비롯된 것이 아니다. 이러한 주제는 1771년 유작으로 발표된 『인간론(*De l'homme*)』에서도 전개된다.

력이 없기 때문이다.

날래고 격한 아프리카의 준마를 유연하고 우아하며 강하고 오만하게 쏘아보는 듯한 눈빛을 지닌 유순하고 신경질적인 말들과 비교해 보라. 그 아프리카의 준마를 물렁물렁한 살에 약하고 엉성하며 무거워 보이는 다리를 가진 홀스타인 말과 비교해 보라. 그 두 동물이 같은 종이라는 사실이 믿어지는가? 그리고 두 사람, 두 문인을 비교해 보라. 똑같은 차이를 발견할 것이다.

뉴턴은 사과가 나무에서 떨어지는 것은 보고 숙고한 끝에 중력의 법칙을 발견했다. 그러나 다른 사람은 혹성을 궤도에 연결시켜 주는 힘에 대해서는 전혀 신경 쓰지 않은 채 사과가 떨어지는 것을 보고 그것을 주워 먹는다. 이렇듯 파리에서 천재성을 지닌 사람들은 파리를 크고 강하게 만들며 특별한 발전을 이룩하게 한다. 반면 어리석은 사람은 눈을 뜨고도 아무것도 보지 못한 채 과학의 나무를 전혀 고려하지 못하고 사과를 먹으며 더욱 바보가 된다.

150 누가 돈을 버는가?

소위 계몽된 이 세기에 예술이 받는 보답은 그 효용성과는 정반대일 뿐이다. 오페라의 어떤 무희는 매년 한 콜레주 교사들 전체 수입을 합한 것보다 더 많이 번다. 한껏 멋을 부린 마부나 탁월한 요리사의 보수는 이른바 장자크 루소 같은 가정교사의 2배나 된다. 「삐끼들」[94] 만큼 수입을 올리는 비극 작품은 소수에 불과하다. 잡다한 장식물들을 그리는 화가들의 수입이 가장 좋다. 조각가들은 볼품없거나 비열하지만 돈지갑을 쥔 사람들의 공통된 얼굴 생김새를 묘사하기 위해 온갖 노력을 기울인다. 그들은 장신구 일체를 장식해야 한다. 보통 사람들은 겨우 그중 하나를 갖추었을 뿐인데 말이다. 개를 돌보는 의사[95]도 부를 축적했는데, 그런 행운은 의과대학 의사들에게 돌아갈 것이다. 배우의 몫은 적어도 보병대의 6개 중대의 수입에 달한다.

니콜레[96]는 5만 리브르의 임대수입을 벌어들였다. 그러나 불행한 타코네[97]은 그의 재산 축적에 공헌했지만 구빈원에서 사망했다. 영

94 Racoleurs: 1756년에 시연된 바데(Vadé)의 희극 오페라.

95 여기서는 틀림없이 유명한 리요네를 가리킬 것이다. 퐁파두르 부인의 개를 치료한 그는 루이 15세의 수의사 자문관의 칭호를 얻었다. 그 후 그는 부르고뉴 지방의 성과 영지를 구입했다.

96 Nicolet(1730~1796): 꼭두각시 조종사 집안 출신으로, 1759년 처음으로 꼭두각시 인형극 극장을 열어 많은 부를 축적했다.

97 Taconnet(1730~1774): 80편 이상의 희극 작품을 만들고 주로 니콜레의 극장에서 공연했다. 악명 높은 술주정뱅이인 그는 파산 상태에서 죽었다. 그는 특히 구두 수선공 역할에 탁월했다.

지를 사들인 니콜레는 자신에게 성수를 거절한 사제를 강요해서 성수를 뿌리게 하는 데 성공했다. 반면 『백과전서』의 필자들은 오랜 작업 끝에 단지 욕설과 비난을 얻었을 뿐이다.

한 권의 책이 성공을 거두고 나서 주머니가 두둑해지는 사람은 서적상이다. 자필 원고는 결코 성공을 기대하지 못한다. 그 자필 원고를 사들인 서적상은 항상 예전 같지 않은 태도를 보인다. 인심 좋은 "푸케 이후 유명하건 무명이건 예술가들에게 즉석에서 하사금을 뿌린 사람은 아무도 없다."[98] 그들은 사치에 돈을 물 쓰듯이 하면서도 넉넉하지 못한 재주꾼을 소홀히 대한다. 그들의 돈은 전문 분야에서 두각을 나타낸 예술가가 아니라, 자신의 지지자들과 하수인을 찾는 데 쓰여진다.

델바르(Dellebarre)라는 이름의 유능한 인물이 때마침 『현미경』이라는 글을 완성했다. 그것은 산업과 인간 통찰력의 절정으로 간주될 만했다. 실제로 그는 "새로운 세계를 발견함으로써 우리의 눈을 놀라게 했다." 사람들은 그것을 더 발전시킬 수 있을지 궁금해했다. 그런데도 존경받아 마땅한 이 학자는 거의 궁핍할 정도로 가난하게 살았다. 런던의 돌론이 연구를 통해 보상을 받은 반면, 그를 능가한 델바르는 형편없는 평가를 받았을 뿐이다.

그가 15루이에 넘겨준 『현미경』(그 내용을 고려하면 너무 싼 가격이다)은 그의 사망 후 아마도 1,000에퀴에 팔릴 것이다. 그는 합법적인 대가를 얻지 못하겠지만 영광스럽게 기억될 것이다. 그러나 그는 살아생전에 결코 보상을 받지는 못할 것이다.

98 푸케는 루이 14세의 미성년기에 재무총감을 지내며 부를 축적하고 학문예술에 막대한 후원금을 지급하다, 1661년 루이 14세의 친정 직후 횡령 혐의로 재판을 받고 투옥되었다.

내 조국이 이러한 배은망덕을 부끄러워할 수만 있다면! 20년간 몸바쳐 연구한 기계의 가치를 올바로 평가할 수 있다면 얼마나 좋겠는가! 복잡하게 조립된 그 기계는 세심하고 끈기있는 지성의 걸작이다.

그는 감탄을 자아낼 만큼 세심하게 미세한 곤충들을 연구한 저작을 준비했다. 나는 그를 한 번도 보지는 못했지만, 저작을 통해 잘 안다. 이처럼 그의 소식을 알리는 것이 그에게 도움이 될 수 있다면 얼마나 좋을까! 그는 광학 연구에서 기적을 선보이고, 그 덕분에 우리는 그때까지 우리 눈에 보이지 않던 사물에서 자연의 끝없는 심오함과 창조의 위대함을 고차원적으로 인식하게 되었다.

151 사업

사업이란 온갖 종류의 잡다한 일을 총칭하는 용어이다. 반지, 상자, 보석, 시계 등이 돈 대신 유통된다. 돈이 필요한 사람은 기존의 상점 하나를 얻는 데서 시작한다. 이런 시도를 통해 그는 사실상 돈의 절반 혹은 그 이상을 잃어버린다. 하지만 이 모두가 '사업'이라 불린다.

젊은이들이 그런 경우가 많다. 원피스, 치마, 실내복, 장식용 천, 레이스, 모자, 비단 스타킹 등도 이러한 거래의 대상이다. 사람들은 뻔히 속을 줄 안다. 그러나 필요가 이기고 사람들은 결국 온갖 종류를 불선을 구입한다. 한 무리의 사람들이 이러한 파괴적인 산업에 종사한다. 지체 높은 사람들이라고 해서 그런 사업에 덜 능숙한 것은 아니다.

152 사업가들

소송 청구인, 소송 매수인, 재정 관련자들, 수전노라 불리는 도시의 세금 징수인, 왕과 대귀족의 사적인 수입 업무를 대행하는 사람들 모두가 똑같이 이런 명칭으로 불린다. 그들은 흔히 랭스에서 500리브르를 주고 구입한 고등법원 변호사[99]라는 직함으로 이러한 명칭을 은폐한다.

이러한 직함은 그가 읽고 쓸 수 있다는 증거이다. 특히 그는 셈하기를 배운다. 오늘날 사람들은 이러한 지식을 대수롭지 않게 여긴다. 하지만 그것은 잘못된 생각이다. 400년 전에 읽고 셈하기는 결코 흔한 지식이 아니었다. 그것은 어림도 없는 소리이다. 사람들이 재판관을 매수하게 된 것은 책을 읽을 수 있게 된 다음부터이다. 지구에서 글을 읽을 줄 아는 사람들은 거의 300분의 1에 불과하며, 그보다 더 적을지도 모른다.

99 이는 돈을 받고 수월하게 변호사 직함을 부여한 랭스의 사례를 빈정거린 것이다. 랭스 법과대학은 현금을 받는 대가로 법학 수업을 이수하지 않고 그 분야에 전혀 무지한 사람들에게 변호사 직함을 주었다. 메르시에 역시 1773년 이런 방법으로 변호사가 되었다.

153 사례금

대소인, 공증인, 문지기, 평가인, 경매인, 서기 등은 이 단어의 가치를 잘 안다. 그것은 그들에게 상당히 듣기 좋은 단어이다. 관직 매매는 당신들에게서 그들을 공격할 수 있는 힘을 박탈하는 아주 괴상한 악습을 초래했다. 사람들은 놀라서 말문이 막힌 상태이다.

하급 법관들은 '사례금' 덕분에 먹고 산다. 사례금을 얻는 데 2시간 정도 걸리는데, 그 2시간을 얻는 것이 무척 어렵다. 같은 날에도 일은 무수히 많지만 일자리가 충분하지 않다. 왜냐하면 그들의 수가 대책 없이 늘어났기 때문이다. 그들은 어이없을 정도로 높은 보수를 받는다. 사람들이 매일같이 인민에게서 갈취하는 돈을 인민들은 언제까지 감당할 것인가?

154 규정하기 어려운 신분들

파리에는 한 무리의 규정하기 어려운 신분들이 존재한다. 그들은 부르주아에 속하지도 재정가에 속하지도 않으며, 군인도 예술가도 아니다. 그들은 부르주아와 재정가, 법관, 대영주 사이를 오간다. 그렇다고 해서 그들이 그런 부류에 속한다고 말할 수는 없다.

그들의 아내는 더욱 규정하기 어렵다. 그녀들은 남편이 아니라 보이지 않는 정부(情夫)의 서열에 집착한다. 그녀들의 남편들은 부르주아를 방문하는 반면, 그들보다 더 자존심 강하고 오만한 그녀들은 주택을 지닌 계급의 사람들만을 만나려고 한다. 그녀들은 '매우 정숙한 여인들'로 불린다. 왜냐하면 부를 축적한 그들의 손이 겉으로 드러나지 않기 때문이다.

갈바[100]는 자신의 물건을 훔친 노예에게 "이 사람아, 내가 모든 사람을 위해 잠이 든 것은 아니라네"라고 말했다. "조스 나리, 당신은 금은 세공사이군요"라고 한 몰리에르의 말과 마찬가지로 갈바의 말도 파리에 적용될 만하다. 위풍당당한 총신 마에케나스가 자신의 아내를 포옹하고 있는 동안 갈바는 눈을 감았다. 그러나 한 노예가 자신의 값비싼 술병을 훔칠 기회를 엿보는 순간, 그는 아내의 부정을 묵인해 주기 위해 감았던 눈을 떴던 것이다.

100 Galba: 로마의 집행관으로 명성을 얻은 다음 황제가 되었으나, 8개월 만에 암살되었다.

155 게으른 사람

한 사람이 아침부터 밤까지 일하며 피곤에 지친 반면, 다른 사람은 완전히 무기력하게 산다. 아무런 사업도 봉사도 하지 않고, 직업도 없고 독서도 하지 않는다. 시간은 그를 비껴가고 그는 자신이 무엇을 했는지도 모른다. 오후 내내 무엇을 했을까? 아무것도 하지 않았다. 그는 늦게 일어나 천천히 옷을 입고 주위를 여러 바퀴 돌고 점심 식사를 기다린다. 점심이 지나고 오후 시간도 오전처럼 지나갈 것이다. 일평생 이와 비슷하게 하루하루를 보낼 것이다.

사람 대접을 받을 가치가 없이 사는 이런 사람을 어떻게 불러야 좋을까? 하지만 과연 그럴까! 그에게는 상당히 중요한 직책과 아름다운 아내, 20명의 제복 입은 하인들이 있다. 그렇다면 텅 빈 머리와 가슴을 갖고 사는 것은 그의 자유이다.

156 한량들

이제는 염복(艶福)이 많은 사람들을 찾아보기 어렵다. 다시 말해, 아버지를 긴장시키고 가족을 혼란에 빠지게 하며 추문을 일으켜 집안 전체를 망신스럽게 하고 항상 여자들의 소문에 휩싸여 사는 것으로 유명한 인물들 말이다. 그런 우스꽝스런 일은 과거지사가 되어 버리고 잘난 체하는 사람들은 더 이상 없지만, 한량들은 여전히 존재한다.

한량은 겉으로 드러나지 않는다. 그는 어느 한순간도 우리가 모르는 태도를 보이지 않는다. 숨이 차도록 찬사를 내뱉어 정신을 낭비하지도 않는다. 그는 우쭐거리지만 점잖고 조용하며 용의주도하다. 그는 대답 대신 미소를 짓는다. 거울을 보며 자신에 대해 깊이 생각해 보는 법도 없다. 그의 눈은 마치 자신의 나무랄 데 없는 옷차림과 몸의 비율에 감탄이라도 하듯이 언제나 자신에게 고정되어 있다.

그의 방문 시간은 단지 15분에 불과하다. 더 이상 '공작의 친구, 공작부인의 정부, 연회 모임의 일원'임을 자처하지도 않는다. 그는 자신이 처박혀 지내는 이야기와 화학 공부, 자신이 빠져나온 사교계의 지루함을 언급한다. 그는 다른 사람들의 이야기를 건성으로 듣는다. 언뜻 보면 드러나지 않지만, 그의 입술에는 빈정거림이 남아 있다. 그는 꿈을 꾸는 듯한 태도를 보이며 당신의 말에 귀를 기울인다. 그는 갑작스럽게 나가지 않고 슬그머니 자리를 뜬다. 당신을 떠나고 난 뒤, 그는 15분 후 아무 생각 없는 사람처럼 당신에게 편지를 보낸다.

그들 옆에 있는 여자들은 더 이상 최상급 형용사를 남발하지 않고 '감미로운', '놀라운', '도저히 납득할 수 없는' 등의 단어를 사용하지 않는다. 그녀들은 일부러 간단하게 말하며 어떤 일에도 감탄하거나 열정적인 표현을 하지 않는다. 비극적인 사건도 단지 가벼운 감탄사로 표현할 뿐이다. 대화의 주제는 깊이 없는 자질구레한 잡담과 미묘한 감정의 변화들이다.

남자들의 복장은 더 간단해졌다. 그들은 더 이상 높게 쌓아올린 가발을 쓰지 않는다. 높이 솟은 우스꽝스런 가발은 사라졌다.

여자들은 아무리 부르주아층일지라도 더 이상 자신들의 외모가 끔찍할 정도로 추하다거나 어떤 옷을 입을지 고민하는 것처럼 민망한 일이 없다는 식의 말을 하지 않는다. 이제 이러한 대화는 유행이 아니다. 아직도 그런 방식에 젖어 있는 시골 아낙들에게 이를 알리는 바이다.

카드놀이를 할 때 반드시 향내 나는 카드만을 사용하고 하녀들에게 오렌지 향을 강요하는 귀부인은 이상망측한 상상을 불러일으킬 뿐이다.

인간의 정신은 항상 누구에게나 공통된다. 그러나 훌륭한 인식은 훨씬 더 귀하다. 사람들은 그럴듯해 보이는 지식들을 한껏 받아들이고 끝없이 따져본다. 그러나 더 깊이 파고들려고 하지는 않는다.

오늘날 문인들이 직면한 가장 어려운 문제는 학자들과 학문을 논하고 군인들과 전쟁 이야기를 하고 귀족들과 개, 고양이에 관한 대화를 나누는 것이 아니다. 한량들처럼 더 이상 말하고 싶지 않은 여러 여인들과 쓸데없는 이야기를 하는 것이야말로 그들에게 가장 어려운 일이다.

157 정말 경박한 남자

이는 거드름을 피우고 자기 과시를 하는 사람을 가리키는 말이다. 그의 어조는 매우 훌륭하다. 왜냐하면 그는 보통 우리가 아주 쓸모없다고 하는 것조차 중요하게 다루기 때문이다.

다른 모든 예술 분야보다도 희가극과 정가극은 그러한 인물에 관심을 가질 만하다. 런던 사람들이 공공질서와 유럽의 이익, 교역에 관한 이야기를 하는 것과 마찬가지로, 파리인들은 오직 배우와 어릿광대, 유행하는 짧은 시들에 관한 대화만을 일삼는다. 그럼에도 불구하고 아무 말도 하지 않은 채 말하며 지내야 하는 일부 가정에서는 이러한 일이 필요하다.

이렇듯 파리에는 '정말 경박하고' 일부러 한심하고 우스꽝스러운 사람인 척하는 사람들이 '믿을 수 없을 만큼' 많이 산다. 그는 가정에서 그리고 무대 분장실에서 무슨 일이 일어나는지 잘 안다. 모든 여배우들의 연애 사건들도 꿰고 있다. 밤참을 먹으며 비밀스럽게 주고받는 이야기도 안다. 그는 세 극장[101]에 모습을 드러낸다.

그가 산책길에 나서면 모두가 그에게 인사를 한다. 그는 한 사람에게 말을 걸고, 다른 사람에게 미소를 지으며, 또 다른 사람에게 다가가서 큰소리로 그날의 출연진을 알려준다. 그러면서 그렇게 유익한 일을 미리 알려주는 양식 있는 사람으로서 자신이 택한 한가로움

101 여기서 세 극장은 코메디 프랑세즈, 코메디 이탈리엔, 그리고 왕립 음악 아카데미를 가리킨다.

에 관해 진지하게 말한다. 그는 유행을 과장한다. 그의 열정에는 열의가 없고, 열광에는 근거가 없다. 변덕스러움에서 그는 국민을 능가한다. 그러나 그는 이따금 꾸민 듯한 태도로 불타는 야심을 향한 미묘한 감정의 움직임을 감추기도 한다. 그는 경쟁자들을 속이며 갑자기 화려한 결혼을 하고, 중요한 직책으로 자신을 포장한다.

158 독립심이 강한 사람들, 경멸하는 사람들

독립심이 강한 사람들은 기존의 규범을 정면으로 공격하는 체하는 젊은이들이다. 그들은 절대로 정장을 하지 않는다. 그들은 겨울에 농촌으로 가고 성벽을 부수고 오페라와 다른 극장들에 얼씬도 하지 않는다. 그들은 장터의 간이무대로 몰려가서 지체 높은 여자들을 그곳에 내버려둔다. 다른 사람들과 반대로 행동하고 모든 것을 비웃으며, 결국은 자신의 역할에 싫증을 내고는 다시 사회로 되돌아온다.

그 다음에 '인류를 경멸하는 사람들'이 있다. 그러나 파리에서 그들의 수는 소수에 불과하다. 왜냐하면 파리에 사는 사람들은 자유롭고 유쾌한 파리 생활을 너무나 좋아해서 오랫동안 그들의 말에 귀를 기울이지 않기 때문이다.

이처럼 경멸하는 사람들은 참으로 호기심이 많은 사람들이며, 항상 젊은이들이다. 그들은 기존의 모든 면에서 자신들이 우월하며, 오직 자신들만이 그처럼 모두가 간과한 것을 꿰뚫어 보는 탁월하고 비정상적인 통찰력을 지녔다고 결론짓는다. 당신에게 말을 할 때 그들은 자신이 당신에게 친절을 베풀고 있다고 믿는다. 그들은 상대방이 말하는 것의 절반 정도밖에는 듣지 않는다. 그들은 신문에 쓰여진 모든 것을 경멸한다. 그들의 직감은 매우 날카롭고 취향은 섬세하고 정신은 예리하기 때문에, 다른 어떤 사람이나 책도 그들을 만족시키지 못한다. 다른 사람들에게 '경탄할 만한' 것이 그들에게는 '혐오스럽게' 여겨진다. 하지만 그들은 천재가 되고자 하는 극도의 갈망에 방해가 되지 않도록 무척 세심하게 신경을 쓴다. 부알로가 언급했듯이, "고(故) 콩라르[102]처럼 신중하게 침묵을 지키며" 말이다.

이러한 오만함은 종종 거만한 행동과 횡설수설로 인해 강한 인상을 남긴다. 그들은 사람들과 친숙하지 않았기 때문에 자신들이 완전히 노출되는 것을 두려워한다. 이 젊은이들이 원하는 것은 단지 상급자 역할을 하는 데 있다. 또한 아무리 좋게 봐주어도 그들이 지닌 것은 총기와 전략에 불과하다.

102 Conrart(1603~1675): 리슐리외의 총애를 받아 아카데미 프랑세즈를 창립한 프랑스 문인.

159 신문기자들

무리를 지어 유럽의 정치적 이해관계에 대해 이야기하는 신문기자들은 뤽상부르 궁의 그림자 아래서 흥미로운 풍경을 이루고 있다. 그들은 왕국들을 배열하고, 군주들의 재무를 결산하며, 북부의 군대를 남쪽으로 날려 보낸다.

기자들은 저마다 발설하고 싶어 안달이 난 뉴스를 내놓는다. 그러면 마지막에 온 자가 사람들이 퍼뜨린 모든 것을 일거에 부인하고 아침의 승자는 저녁 7시에 시궁창에 처박힌다. 그러나 이튿날 기자들이 잠에서 깨면 전날의 이야기꾼은 자신의 주인공에게 완전한 승리를 회복시켜 준다. 전쟁의 온갖 참극이 이 한가하고 어리석은 늙은이들에게는 오락거리가 되고 생계수단이 된다.

분별 있는 사람들을 놀라게 만드는 것은 뉴스를 지어내는 이 자들이 영국 국민의 힘과 정치 상황뿐 아니라 특징에 대해 보여주는 수치스러운 무지이다.

화려한 살롱에 모인 사람들의 사고도 그보다 낮지 않다는 것을 고백해야 할 것이다. 프랑스인들은 일반적으로 영국인이 자리에 없으면 오만불손하게 그를 얕잡아보고 경멸하는데, 그런 태도는 이 비방꾼들의 무분별함을 한탄하게 만든다. 이는 파리인이 국민적 편견에 쉽게 순응하는 사람들이라는 것을 잘 보여준다. 파리인은 『가제트 드 프랑스』가 그에게 말하는 모든 것을 금과옥조처럼 믿는다. 그리고 이 신문이 수많은 것을 빠트려 유럽에 대고 뻔뻔스럽게 거짓말을 한다 해도 파리의 부르주아는 다른 어떤 신문도 믿지 않는다. 그리고 영국을 굴복시키기는 것은 오로지 프랑스에 달려 있다고 언제나 주장할 것이다. 그는 우리가 런던을 침입하지 않는 것은 우리가 그것을 원치 않기 때문이며, 우리는 이 국민이 템스 강에서조차 항해할 수 없도록 만들 수 있다고 장담할 것이다. 전혀 그런 말을 할 법하지 않은 사람들의 입에서 이 모든 어리석은 말이 흘러나오는 것을 들어야 한다. 다른 문제에 대해서는 매우 논리적으로 사고하는 사람들이, 영국 얘기만 나오면 판단력도 지식도 교양도 없는 것처럼 보인다. 그들은 이 국가의 정치체제(constitution)에 대해 전혀 이해하지 못한다. 그들이 그것에 대해 말하는 것은 영어를 한 마디도 못하는 신문쟁이(feuilliste)가 셰익스피어에 대해 말하는 것과 거의 같다. 이들의 근거 없는 주장은 학식 있는 사람들의 비웃음을 받아 마땅하다. 그러나 국민 중 일류라 할 수 있는 사람들인 문필가들조차 이 점에서는 민중과 다를 바 없다.

코르들리에 길[103]의 한 부르주아는 영국인을 극도로 증오하는 한 신부에게 열심히 귀 기울이고 있었다. 신부는 열변으로 그를 매료시켰다. 신부는 다음과 같은 말을 입에 달고 살았다.

> 3만 명의 병사를 징집해야 한다. 3만 명의 병사를 배에 태워야 한다. 3만 명의 병사를 상륙시켜야 한다. 런던을 함락하려면 아마도 3만 명의 병사를 희생시켜야 할 것이다. 이는 헐값에 불과하다!

부르주아는 병석에 누워 친애하는 신부를 생각했다. 카르멜 산책

103 코르들리에 수도원 인근, 즉 현재의 의학부 옆이자 현재는 의학부 길(rue de l'École de médicine)(제5구)로, 1672~1790년까지 코르들리에 길로 불렸다.

로[104]에서 더 이상 신부의 목소리를 들을 수 없지만, 신부는 그에게 '3만 명의 병사'를 이용해 곧 영국을 파괴할 수 있다고 확고하게 예언했었다. 부르주아는 신부에게 애정 어린 감사를 표하기 위해(이 선량한 부르주아는 이유도 알지 못한 채 영국인들을 증오했으므로) 그에게 유산을 남기고 유언장에 이렇게 썼다.

> 나는 3만 명의 병사 신부에게 1,200리브르의 연금을 남긴다. 나는 그의 다른 이름을 알지 못한다. 그러나 그는 뤽상부르에서 영국인들, 그 군주들을 폐위시킨 이 흉포한 국민이 곧 멸망하리라고 내게 보증해 주었다.

그것이 그 신부의 별명이고, 이 신부가 아주 오래 전부터 뤽상부르에 드나들었으며, 이 오만한 공화주의자들의 변함없는 반대자였음을 보증한 여러 증인들의 증언에 따라 유산은 그에게 전달되었다.

현재 일어나고 있는 일들에 대해 단 하루 동안 파리에서 이야기되는 것을 다 인쇄할 수 있다면 참으로 기묘한 수집품이 되리라는 것을 인정해야 할 것이다. 얼마나 큰 모순 덩어리일 것인가! 생각만 해도 기괴하다.

104 카르멜 수도원은 생트주느비에브 길과 카르멜 길 사이, 모베르 광장 근처에 있었다. 그러나 메르시에의 일화 속 카르멜 산책로(allée des Carmes)는 신문기자들과 그 손님들의 장소인 팔레루아얄을 의미하는 듯하다.

160 한 부르주아의 운명

5만 리브르의 연금을 받는 이런 부류의 어리석은 부르주아는 자기가 자신을 위해 밤낮으로 움직이고 일하는 30만 명의 중심에 있다고 생각할지도 모른다.

서로 연관된 온갖 수완에 의해 이 개인의 지위는 왕들의 지위와 거의 동등해진다. 그리고 실제로 그는 군주들이 누릴 수 있는 모든 실제적이고 향락적인 편의품을 소유하고 있다.

따라서 사치가 덜 해로운 것이 되기 위해서, 그리고 이 사치가 마치 아킬레우스의 창처럼[105] 한쪽에서 저지른 해악을 다른 쪽에서 치유하기 위해서, 사치는 중단되어서는 안 된다. 어떤 분야가 쇠락하거나 중단되자마자 대번에 일거리 없는 자들과 가난한 자들이 늘어난다. 부자들이 한 해 동안 광적인 지출을 중단시킨다면 틀림없이 수도의 절반은 곧 살아남을 수 없게 될 것이다.

부자는 다른 어떤 거주지보다 더 수도를 좋아한다. 그것은 모든 것이 왕국 구석구석에서 수도로 모여들기 때문이다. 수도는 스스로 생산한 적 없는 물품을 그것을 생산한 지역보다 더 풍요롭게 향유한다.

그러나 부자들의 끝없는 향락에 대한 추구와 경박함과 쾌락의 기술은 무모하고 잔인한 사치를 위해 모든 세대의 사람들을 희생시킨다.

105 그리스 신화에 따르면, 헤라클레스의 아들 텔레포스는 트로이 전쟁에서 아킬레우스의 창에 맞아 다쳤으나, 아킬레우스의 창에서 녹을 긁어내 바르자 상처가 나았다고 한다.

161 추파 던지는 사람

파리에는 강렬한 추파꾼들이 가득하다. 그들은 당신 앞에 버티고 서서 흔들림 없고 단호한 시선으로 당신을 바라본다. 이러한 풍습은 일반화되어 더 이상 무례한 것으로 여겨지지 않는다. 그런 일이 극장이나 산책로에서 일어난다면 여성들은 거기에 대해 화내지 않는다. 그러나 어떤 모임에서 여성들을 그렇게 바라본다면 그 추파꾼은 무례하다고 비난받고 교양 없는 사람 취급을 받을 것이다.

이 추파꾼을 '관상가'와 혼동해서는 안 된다. 관상가는 수많은 군중 한가운데서 통찰력을 발휘할 수 있어 결국 상당한 재간을 갖게 된 사람이다. 그는 얼굴 모습보다는 신체적 습관 전체를 관찰한다.

화가와 시인은 타고난 관상가이다. 바로 그런 이유로 그들은 군중이 있는 곳을 좋아한다. 살롱에 걸린 수많은 초상화를 보라. 초상화는 인물에 따라 특성을 부여한다. 얼굴이 그 사람에 대해 말해준다는 것을 부인해서는 안 된다. 얼굴은 거의 속임수를 쓰지 않는다. 정직한 사람은 솔직한 표정을 갖게 된다. 바보의 얼굴은 수많은 사람들 속에서도 알아볼 수 있다. 비열하거나 심술궂은 표정을 가진 사람은 거의 언제나 그의 성품이 얼굴에 드러난 것임을 입증해 준다. 영혼이 얼어붙은 노인에게는 더 이상 표정이 없고 감정도 사라졌다. 영혼의 흔적 역시 사라졌다. 놀랄 만큼 생생한 초상화들을 그렸던 유명한 화가 라투르(La Tour)는 이렇게 말했다.

그들은 내가 그들의 얼굴 특징만을 포착할 뿐이라고 생각한다. 그러나 나는 그들도 모르게 그들 마음속 깊숙한 곳으로 내려간다. 그리고 나는 그들의 모든 것을 알아낸다.

어떤 남자가 초상화를 의뢰하려 한다는 말을 들은 한 재기발랄한 여성이 이렇게 말했다. "참 대담한 사람이로군. 붓을 든 사람을 감히 정면으로 바라보려 하다니!" 내가 이 인물의 이름을 말할 수 있다면 이 말이 얼마나 정확한 말인지 알 수 있을 것이다. 그러나 나는 빈정거리는 것을 너무도 혐오한다. 나는 단지 전체적인 그림을 그리고 싶을 뿐이다.

162 팔레루아얄

인상학(人相學)에 대해 수많은 글을 쓴 스위스의 박사 라바테르는 사람들이 마음속 깊이 숨기고 있는 모든 것을 얼굴에서 읽기 위해 금요일마다 팔레루아얄[106]에 간다!

내 생각에 그는 파리 주민은 잔인하지도 거칠지도 반항적이지도 않다는 것을 알게 될 것이다. 그러나 간사함, 교활함, 자만, 자기도취, 오만이 뒤섞여 있는 것을 발견하지 않을까? 그는 극단적 감정은 결코 보지 못할 것이다. 그리고 그가 극심한 풍기문란을 동경해 봐야 아무 소용없다. 그는 그 근처도 가지 못할 것이다.

그곳에는 소녀, 고급 매춘부, 공작부인, 그리고 정숙한 여인들이 있다. 그리고 누구도 겉모습만 보고 속지 않는다. 아마도 이 위대한 박사 자신은 자신의 모든 학식을 동원해도 결국 속을 것이다. 왜냐하면 이러한 관념은 알아차리기 쉬운 미묘한 차이에 달려 있지만, 현장에서 그 차이를 관찰해야 하기 때문이다. 라바테르는 틀림없이 지체 높은 부인과 첩을 구분하기도 어려울 것이다. 사무실을 빠져나온 가장 하급의 대소인 서기라도 이 문제에 대해 깊이 생각해 보지

106 팔레루아얄의 정원과 회랑은 보르도 극장과 코메디 프랑세즈의 건축가인 빅토르 루이의 설계에 따라 오를레앙 공작 필리프에 의해 1781~1784년 건축되었다. 1784년부터 임시 건조물이 정원 남쪽 끝까지 가로질러 조성되었는데, 이 '나무 회랑(galerie de bois)'에는 유리 지붕으로 내부를 밝히는 3줄의 상점이 들어섰다. 그것이 강철과 유리로 된 상설 회랑의 원형이라고 할 수 있다. '타타르족의 진지'라고 불린 이 건조물은 곧 도박, 매춘, 민중극의 장소가 되었다.

않고도 라바테르보다는 더 잘 알아낼 수 있다.

계속해보자. 그곳에서 사람들은 서로 대담하게 바라보는데, 그것은 전 세계에서 오직 파리에서만, 그리고 파리에서도 오직 팔레루아얄에서만 통용된다. 사람들은 큰소리로 이야기하고, 서로 부딪치고, 지나가는 여인, 그 여인의 남편, 그 여인의 연인의 이름을 부른다. 사람들은 한 단어로 그들의 특징을 잡아낸다. 사람들은 서로 거의 맞대놓고 비웃는다. 그리고 이 모든 일이 누구의 감정도 상하게 하지 않으면서, 누구도 모욕할 의도 없이 이루어진다. 사람들은 정신없이 뛰어다니고 서로 마음 놓고 눈길을 주고받지만, 언제나 여인들 중에는 결코 그렇게 하지 않는 여인이 있다. 화가라면 어떤 인물을 포착해 목탄으로 그 인물을 표현할 겨를이 있을 것이다.

나는 관상가로 자처하지 않는다. 나는 여러 차례 그곳에 가보았다. 난시 그곳을 왕래하는 미인들을 볼 작정이었다. 나는 관찰 능력이 부족하다. 그러나 얼굴 생김에 대한 나의 생각은 이러하다.

훌륭한 품성은 언제나 얼굴 표정에 감동적인 특징을 남긴다. 뛰어난 인간은 결코 불쾌감을 주는 안색으로 나타난 적이 없다. 인간미는 얼굴 표정에 일종의 평온함과 온화함을 새겨 놓는다.

젊은이의 얼굴에서 순진함과 겸허함이 그 자신도 모르게 그리고 아름다움과는 별개로 빛을 발한다면, 감수성, 명예, 일상의 연민, 관대한 친절은 사람의 표정을 기품 있고 특별한 것으로 만드는 위엄을 부여한다.

이 모든 표정을 불쾌하고 쩨쩨하게 만드는 것은 저속하고 사악한 기질이다. 아름다움은 자연의 선물이라기보다, 영혼과 그 영혼의 일상의 태도를 은밀히 드러내 주는 것이다. 감수성이 예민한 사람은 그의 태도와 시선, 그리고 목소리로 식별된다. 그의 얼굴을 흉터로 뒤덮고 그의 한 팔을 잘라내도 그의 눈과 악센트는 활기를 잃지 않을 것이다.

시기, 악의, 잔인함, 탐욕, 분노를 숨기는 것은 거의 불가능하다. 그리고 고결한 열정이나 비천한 열정은 주의 깊은 시선 앞에서 그 차이가 드러난다.

공정하고 솔직하고 통찰력 있는 영혼을 가진 사람의 얼굴은 언제나 아름답다. 바로 이것이 내가 믿기로는 라바테르의 글을 읽지 않고도 말할 수 있는 것이다. 순수하고 자유롭고 편안한 기쁨이 모두 표정에 드러나고 그 표정을 매력적인 것으로 만들어 주는 만큼, 사람의 아름다움은 결국 감정의 고결함과 순수함에 달린 것이 아니겠는가?

어떤 여성이 거울 앞에서 자신에게 말했다. "꾸며보아야 소용없다. 나는 결코 수줍은 척하지 않을 것이다." 얼마나 양심적인 소리인가! 당신에게 말하면서 눈을 내리깔고 감히 당신과 시선을 마주치지 않는 사기꾼을 보라. 당신에게 아첨하고 당신이 속아 넘어갔는지 당신의 눈을 살피는 사기꾼을 보라. 내 주제와 무관한 이런 이야기는 그만 두겠다. 단지 말하고 싶은 것은 라바테르가 수많은 경험을 한 곳은 바로 파리와 팔레루아얄이라는 것이다. 내가 단지 불완전하게 얼핏 볼 수밖에 없었던 것을 그는 보았을 것이다.

163 빈정거림

빈정거림은 칭찬이라는 거짓 외피를 쓴 지속적인 익살이다. 사람들은 함정을 파놓고 그곳으로 희생자를 끌고 가기 위해 빈정거림을 이용한다. 그리고 사람들은 예의를 갖춘 평범한 겉모습에 속아 넘어가 자신이 조롱당하고 있다는 것을 알지 못하는 사람을 희생시킴으로써 모임 전체를 즐겁게 한다.

그것은 결코 훌륭한 농담이 아니다. 라브뤼에르는 이렇게 말했다. "적절한 익살은 곧 창조이다." 그러나 알지도 못한 채 공격에 몸을 내밀기고 함정에 깊이 빠질수록 더욱 그것을 의심하지 않는 인물의 순박함과 신뢰를 이용하는 사람이란 어떤 사람일까?

빈정대는 사람은 결국 매정하고 피곤한 사람이다. 따라서 이런 식의 익살은 가련한 것이다. 왜냐하면 동등함이 없기 때문이다. 모든 사회는 나름의 익살과 익살의 어조가 있다. 그러나 유쾌하고 재치있으며 경쾌하고 합리적인 농담만큼 드문 것은 없다.

164 바보로 만들다, 바보 만들기

우리들 사이에서 사용되는 새로운 말들 중에는 오직 예를 들어야만 설명할 수 있는 것들이 있다. 이 말들은 파리에서 희가극을 쓰고 사고로 과달키비르 강[107]에서 익사한 아들[少] 푸앵시네의 개성으로 인해 창조되었다. 작시가(作詩家)이고 재기 있는 인물이며 상상할 수 없을 만큼 고지식한 사람이었던 그의 재능에는 가장 일반적인 것조차 알지 못하는 독특한 무지가 결합되어 있었다. 그런 대비로 인해 눈에 띄는 인물이었던 그는 탁월하고 세련되고 신랄한 재치를 지니고 있었고, 한없이 솔직한 성격이었다.

동정심이 별로 없는 조롱꾼들로 이루어진 한 모임은 그의 전폭적인 신뢰를 이용했는데, 그 신뢰는 또한 그의 대단한 허영과 뒤섞여 있었다. 그는 몇몇 여배우들의 총애를 받고 있었고, 모든 여인들이 그를 사랑했다. 사람들은 그것을 이용해 그에게 거짓으로 만날 장소를 정해주고, 그에게 그곳에서는 그가 사람들의 '눈에 보이지 않으며' 대야로 변신한다고 믿게 했다. 사람들이 그를 학대할수록 그는 단지 '자신이 눈에 보이지 않기' 때문에 사람들이 그를 그토록 모욕할 수 있는 것이라고 생각했다. 소문에 따르면 사람들은 그에게 왕에게서 '벽난로의 열 완충용 가리개'라는 직무를 사라고 제안했고, 그는 2주 동안 자신의 다리가 화로의 열기를 견딜 수 있도록

107 Guadalquivir: 지브롤터 해협 서쪽에서 대서양으로 흘러 들어가는 에스파냐의 강.

습관을 들였다. 그리고 사람들은 그에게 '프로이센 왕의 아들'의 교사 자리를 제안했고, 어떤 종교도 받아들이지 않겠다고 서명하게 만들었다.

사람들은 어느 날 그에게 상트페테르부르크 아카데미 회원으로 받아들여져 여황제의 은총에 참여하게 되었다고 알렸다. 또한 그들은 궁정에서 분명히 그를 부를 것이므로 러시아어를 배워야 할 것이라고 알렸다. 그는 러시아어를 공부하고 있다고 믿었지만, 6개월 만에 자신이 배운 것이 저속한 브르타뉴어라는 것을 알게 되었다.

사람들은 그가 결투 중에 칼을 뽑자마자 사람을 죽였고 교수형을 선고받았다고 믿게 만들었다. 그리고 인쇄된 선고문을 그에게 읽어주게 했다. 가짜 관원이 그의 집 창문 아래서 선고문을 큰소리로 외쳤다. 푸앵시네는 머리를 자르고 수사로 변장하고는 비통하게 울며 은신했다. 그리고 왕은 국민이 소중히 여기는 위대한 시인에게 하는 것처럼 그를 사면했다.

결국 사람들은 잔인하게도 치과의사를 그에게 보내 전날 푸앵시네 자신이 치과의사를 불러 그가 저항해도 무시하라고 명령했다고 주장하면서 억지로 그의 이를 뽑기까지 했다.

그는 잉어와 곤돌메기가 위대한 여행자로 소개된 손님의 귀에 대고 말을 했다고 믿었다. 그는 첫 번째 속임수를 알아챘을 때조차 완전히 깨닫지 못했다. 그는 이렇게 말했다. "사람들은 나를 잘도 속였지. 그렇지만 나는 곤돌메기가 접시에서 뛰어올라 여행객의 귀에 대고 말하는 것을 보았어." 가장 뻔뻔하고 태연하게 자기의 역할을 다한 것은 바로 그였다.

야식 시간에 파리인들은 별로 노련하지는 않지만 폭소를 터뜨리게 하는 이 '바보 만들기'에 대해 자주 이야기한다. 사람들은 이 바보 만들기가 터무니없다고 생각하겠지만, 어쨌든 이것들은 사실이다. 어떻게 한 사람 안에 그토록 어울리지 않는 것이 결합되어 있을 수 있는지, 즉 「동인」[108]과 같은 재치 있는 희극을 쓰고 여러 뛰어난 노래를 지은 사람이, 어떻게 동시에 자신보다 지성이 떨어지는 사람들에게 늘 속아 넘어갔는지 이해할 수가 없다.

이 시시한 익살꾼들은 농담을 과도하게 밀어붙여 가엾은 작가의 순진한 어리석음으로부터 손쉽게 거둔 승리를 폭로하는 것을 영광으로 여겼다. 그들은 이 거짓말들이 자신들을 매우 명예롭게 만들고 자신들의 명성을 확인해 준다고 믿고, 그러한 사실들을 자랑하고 뽐내며 이야기함으로써 그들 자신이 매우 우스운 일종의 '바보 만들기'에 빠지지 않았는가?

그들은 우스꽝스러울 만큼 우쭐대며 자신들의 동료인 이 불행한 시인을 누가 가장 잘 속였는가를 두고 서로 다투었다. 마치 그것이 우월함의 실질적 증거라는 듯이.

나는 이 '바보 만드는 사람들' 중 하나를 '바보 만드는' 것을 보았는데, 그는 자신의 글에서 가장 큰 허풍을 떨고 있었다. 나는 그것을 보고 즐거워졌다.

가장 세련되고 유쾌한 익살꾼은 독특한 음모를 꾸며낸다. 그렇지만 그 음모는 과도하지도 잔인하지도 않았다. 예를 들어, 그것은 아들 크레비용(Crébillon fils)[109]에게 그를 돋보이게 하고, 모임 속에서 사랑스러운 존재로 만들어 주던 세련되고 유쾌하며 섬세하고 솔직할 만큼의 신랄한(즉 적당한 정도의) 재치를 그가 잃어버렸다고 믿게

108 le Cercle, ou la Soirée à la mode: 푸앵시네의 희극으로 테아트르 프랑스에서 장기 공연되었다.

109 Claude-Prosper Jolyot de Crébillon(1707~1777): 비극시인의 아들이자 국왕 검열관으로 소설가로 더 잘 알려져 있다. 메르시에의 친구였다.

만드는 것이었다. 그가 재치 있을수록 사람들은 그 재치 있는 말을 더욱 믿지 않았다. 크레비용은 식사 중에 그의 친구들이 모두 그가 말을 할 때마다 어깨를 으쓱해 보이는 것을 보고는 자신이 어리석은 말을 했다고 생각했다. 사실은 그 어느 때보다 더 재치가 넘쳤는데도 말이다. 그는 의자에 몸을 던지고는 고통스럽게 외쳤다.

> 벗들이여, 내가 재기를 잃었다는 것은 사실이다! 아아! 얼마 전에야 나는 그것을 깨달았다. 그러나 왜 당신들은 내가 말하도록 내버려 두었는가? 있는 그대로의 나를 인정하라. 내가 여러분의 대화에 참여할 자격이 없다 해도 나는 여러분과 헤어질 수 없으니.

이 매력적인 순박함은 천진하고 오만하지 않은 영혼을 드러내 주었다. 그는 친구들에게 더욱 소중한 존재가 되었고, 친구들은 그가 여전히 참으로 재기발랄하다고 그를 확신시키며 그를 포옹했다.

그렇다면 이 순진한 사람은 누구였는가? 그 작가는 여인들의 성격과 마음을 가장 능숙하게 읽어내고, 그 여인들에게 스스로 자기 자신을 알 수 있도록 가르쳐 준 사람이었다.

165 건축

전문가들에게 질문을 하나 하겠다. 왜 건축에는 항상 기둥들이 있는가? 왜 늘 기둥 위를 건너지른 똑같은 수평부가 있는가? 왜 같은 구성이 끝없이 되풀이되는가?[110] 이 기둥들은 나뭇가지를 연상시킨다. 놀랍도록. 이 기둥 위의 수평부는 들보를, 이 장식들은 식물로 둘러싸인 꽃병들을 연상시킨다. 훌륭하게도. 그러나 그것은 수도 없이 나의 눈을 괴롭힌다. 다른 비율을 상상할 수는 없을까? 예술 또는 건축가의 재능은 여기까지인가? 모든 궁전은 다른 궁전과 어느 정도나 닮아야 하는가? 따라서 나는 건축의 이러한 단조로움을 비난하는 바이다. 그리고 나는 기둥, 또 기둥, 도처에서 기둥을 보는 데 진력이 난다.

외관이 다양하고 형태가 독특한 멋진 집들이 얼마 전부터 성벽지대에 세워져 포부르를 장식하고 있다. 이 다양성은 예술이 때때로 눈을 즐겁게 하고 놀라게 하기 위해 오래된 관습적인 규범을 포기할 수 있음을 알려준다.

그러나 파리에서 건축의 경이로움은 가옥 내부에 있다. 능숙하고 창의적인 구획은 토지를 절약하고 가용 면적을 늘리며 새롭고 소

110 1780년대 초 다수의 기둥을 이용하는 것은 당시 형성 중이던 신고전주의 '규범'의 필수적인 부분으로 여겨졌다. 주랑을 형성하는 도리아식 또는 토스카나식의 이 기둥들은 흔히 자크 공두앵 외과학교에서처럼 2줄로 배치되었고, 그 위에 수평부를 얹었다.

중한 편의시설을 제공해 준다. 그러한 구획은 우리의 조상들을 매우 놀라게 했을 것이다. 그들은 길고 네모난 방들을 건축하고 전부 나무로 된 거대한 들보들을 교차시키는 것밖에 몰랐으니 말이다. 오늘날의 작은 아파트들은 둥글고 반들반들한 조개껍데기처럼 다듬어지고 구획되었으며, 사람들은 예전에는 쓸모없던 공간, 그리고 기술이 부족해 어두컴컴했던 공간에서 환하고 즐겁게 살고 있다.

200년 전이라면 별개의 방 두 칸을 데우는 회전 난로, 숨겨져 보이지 않는 계단, 사람들이 알아채지 못하는 작은 방들, 진짜 출구를 은폐하는 가짜 현관, 높낮이가 조절되는 바닥, 그리고 하인들의 호기심 많은 눈을 피해 자신의 취미에 몰두하기 위해 몸을 숨길 수 있는 이 미로들을 상상할 수 있었을까?

작은 비밀 버튼을 이용해 민첩한 축을 중심으로 다리 4개짜리 키 큰 거울, 커다란 책상, 또는 넓은 서랍장을 재빨리 회전시킬 만큼 기술이 발전하리라고 상상할 수 있었을까? 그 거울, 책상, 또는 서랍장은 벽과 같은 것에 붙어 있다가 열리면서 이웃집 옷장 속으로 출구를 내준다. 이 출구는 관계자들을 제외하곤 누구의 눈에도 띄지 않는다. 그러나 사랑의 비법, 그리고 때로는 정치의 비법에 유리하게 이용될 수 있는 출구가 아닐까? 전혀 만나본 적 없는 듯한 사람들이 정해진 시간에 서로 소통한다. 꿰뚫어 볼 수 없는 짙은 어둠이 그들 주위로 퍼져 나간다. 격렬한 질투와 가장 교묘한 정탐으로도 그들의 흔적조차 발견하지 못하고 놓치고 만다.

아라베스크 그림[111]은 오랫동안 잊혀졌다가 다시 인기를 얻었다. 그것은 일종의 매력적인 장식이지만, 값이 비싸다. 그러면 사람들

111 아라베스크 그림은 새로운 '그리스 양식'과 결합된 장르였다. 욕실은 자기 인형, 조개껍데기, 동굴로 장식되어 있다.

은 어떻게 했을까? 사람들은 종이에 유사하게 그리는 비법을 발견했다.[112] 힐끗 보고 마는 것은 재산이 변변찮은 사람이나 부자나 마찬가지일 것이기 때문이다. 우리 시대의 발명품들은 특히 사치품의 색깔을 완벽하게 모방하는 경향이 있다. 즉 사치품의 겉모습에 만족하는 것이다. 사람들은 그 외형을 갖고 난 후 부(富)를 얻게 되었다고 믿는다. 그것은 그 외형의 가장 큰 장점이 화려함에 있다는 증거이다. 또한 대리석이 없는 곳에 대리석을 그리고, 종이가 벨벳과 비단을 대신하며, 석고에 청동을 입히고, 장작 받침쇠에 금박을 입히고, 식탁에서까지 빼어난 과일 그림이 디저트에 과일이 없는 것을 보상하는 것을 보라. 심지어 부조(浮彫)로 된 요리까지 있는데,[113] 그것은 만지지 않기로 합의가 되어 있다. 이 가공의 요리는 완전히 변색되어도 제 역할을 한다. 그리고 서재는 곧 채색된 화포에 불과한 것이 될 것이다. 그리고 우리는 이미 그런 식으로 조각, 세공품, 자기, 반암(班岩) 꽃병에서 위인의 흉상까지 가지고 있지 않은가?

112 벽지는 파리에서는 레베이용에 의해 1785년부터, 알자스의 도시 뮐루즈에서는 쥐버(Züber)에 의해 1792년부터 생산되기 시작했다. 따라서 프랑스 혁명 전부터 아파트에서 벽지 사용이 확산되었다. 중간 및 상층 부르주아의 집에서는 대리석, 견, 사틴, 청동, 석고 같은 다양한 재료들과 정물화나 풍경화 같은 그림에서 따온 장면 또는 1790년 이후에는 폼페이 벽화에서 따온 주제들을 재현한 벽지를 흔히 볼 수 있었다.

113 나무로 된 토끼 고기 이야기도 있다. 안주인의 애처로운 배려에도 불구하고, 한 근시의 외국인은 한사코 그것을 잘게 자르려 했다.

166 방물장수 아낙들

방물장수 아낙들은 어디든 들어간다. 그녀들은 노름빚을 갚기 위해 현금이 필요한 사람의 옷감, 레이스, 보석 등을 당신에게 가져간다. 그녀들은 상류층 여인들과 절친하여 상류층 여인들은 그녀들과 상담하고 그녀들의 견해에 따라 여러 가지 문제를 해결한다. 이 여자 방물장수들은 여러 가지 흥미로운 비밀들을 알게 되는데, 보통 매우 충실하게 그 비밀을 지킨다.

어떤 이의 말에 따르면, 방물장수 아낙들은 끝없이 수다를 떨어야 하지만, 그럼에도 불구하고 극히 신중하고, 언제나 명민하며, 대상을 혼동하지 않는 기억력과 무엇에도 지치지 않는 인내심, 그리고 그 무엇도 견뎌내는 건강을 지니고 있어야 한다.

이런 여인들은 파리에만 있다. 이 여인들은 매우 단기간에 재산을 모으지만, 전적으로 상품을 팔아 재산을 모으는 것은 아니다. 가장 혐오감을 주는 얼굴이 때로는 가장 인기 있는 얼굴이다. 그런데 왜인지 생각해보라.

167 머리장식

사방에 「머리장식의 다양한 기술」이란 선전문을 붙인 뒤팽을 누가 알까? 누가 그 책을 읽었을까? 아마 나밖에 없을 것이다. 그는 머리를 꾸미고 사람의 얼굴에 잘 어울리는 이 우아한 장식을 열렬히 찬양한다. 그리고 그는 자신의 재능을 더 진보시키기 위해서는 그 재능을 열렬히 사랑해야 하는 것과 마찬가지로, 세련된 남성이나 예쁜 여성의 유순하거나 다루기 어려운 머리털을 200~300가지 다른 방식으로 자르고 종이로 말고 꼬고 부풀리고 가공하고 정돈하고 포마드를 바르고 곱슬곱슬하게 하고 분을 뿌리는 기술 앞에서 황홀경에 빠진다. 그는 이 기술을 매우 넓고 깊게 파고든다. 오늘날조차 어떤 기술이 그토록 완전하게 조사되었는가?

머리장식 기술은 이론의 여지없이 가장 완벽에 도달한 기술이다. 가발에는 그 자신의 코르네유, 그 자신의 라신, 그 자신의 볼테르가 있다. 그리고 여기서 이례적인 것은, 이 가발업자들은 서로 모방하지 않았다는 것이다. 본래 지나치게 크고 기이했던 가발은 결국 자연스러운 모발을 모방하게 되었다. 여기서 처음에는 과장되게, 그리고 우스꽝스럽게 인위적이었다가, 성찰을 통해 자연과 진리의 경계 안으로 복귀한 '극예술'의 변화와 상징을 발견할 수 있지 않을까? 크고 과도한 가발은 '과장된 비극'을 상징할 것이다. 모발의 색깔과 심지어 뿌리까지 완벽하게 재현하고, 이를테면 그것을 착용한 머리 위에 자리를 잡아 전혀 이상하게 보이지 않는 가벼운 가발은 '사실극'을 상징할 것이다. 예전의 커다란 가발은 이 사실극에 대해 격분할 것이다. 그러나 결국 이 가발은 자신의 현대적인 경쟁자에게 양보해야 한다.

어쨌든(그리고 이 진지한 문제에 대한 논의는 뒤팽에게 남겨두자) 그의 기술 덕에 오늘날 여성을 인간의 모습으로 만들 수 있게 되었다. 사람들은 상호 접근의 마술에 의해 여성들에게 얼굴과 표정을 창조해 주었다. 여배우들은 오직 깊은 존경심을 품고 미용사들을 바라보아야 할 것이다. 왜냐하면 이 미용사들의 고백을 들은 작가들에 따르면, 여배우를 존재하게 하는 것은 바로 가발 제조업자들이기 때문이다. 그러나 배은망덕한 여배우들은 모든 것이 이 탁월한 창조자들 덕이라는 것을 짐작조차 하지 못한다.

미용사는 자신의 직업활동 자체에서 보상을 얻는다. 그의 눈은 다른 사람에게는 보이지 않는 가장 진귀한 보물과도 같은 아름다움을 단정에 파악한다. 그는 사랑과 교태의 모든 동작, 모든 아양, 모든 애교의 증인이다. 그는 모든 여성들이 그토록 숙달되어 있고 보이지 않는 끈으로 '시대의 유명한 꼭두각시들'을 조종하는 이 게임의 근원적 동인을 알고 있다. 그는 신중해야 하고, 모든 것을 알고, 어떤 것도 말해서는 안 된다. 그렇지 않으면 그는 자신이 가입한 비교(秘敎)의 비열한 모독자가 될 것이다. 그리고 사람들은 일반적으로 여성의 비밀을 잘 지키는 여성만을 선택하게 될 것이다.

미용사들은 문에 커다란 글자로 '미용 아카데미'라고 써붙여 놓았다. 당쥐빌레는 그것이 '아카데미'라는 말에 대한 신성모독이라고 생각했고, 미용사들이 이 존경스럽고 신성한 말을 사용하는 것을 금지했다. 실제로 파리에서는 이상한 금지가 끝도 없이 많다는 것을 말해야 한다. 언제나 금지가 문제이지, 허가가 문제는 아니다.

168 장신구

다이아몬드는 그 자체로 아름답다. 예술가는 그것을 자르고 다듬고 세공한다. 다이아몬드는 그때 더 선명한 빛을 발한다. 여성이 이와 같다. 몸치장보다 여성을 더 깊이 감동시키는 것도 없다. 세월로 인한 손상을 회복하는 것은 여성에게 더없이 소중한 것이다. 요컨대, 싱그러움과 아름다운 낯빛의 부족함을 보충해 줄 수 있는 것보다 여성을 더 기쁘게 하는 것은 없다.

우리는 폼페아 황후의 우유 목욕과 화장에 필요한 것을 충분히 공급하기 위해 500마리의 나귀가 어디든 황후를 따라다녔다는 이야기를 알고 있다. 클레오파트라 여왕은 가장 공들인 치장으로 강렬한 매력을 돋보이게 하고, 이런 방법으로 가장 위대한 두 사람, 카이사르와 안토니우스를 매료시켰다고 한다. 베레니케 왕비는 매우 아름다운 머리카락을 가지고 있었고, 그녀의 머리카락은 유명한 별자리의 이름이 되었다고도 한다.[114] 또한 우리는 세미라미스 왕비가 갑자기 치장을 중단하고 가슴을 드러내고 반쯤 옷을 벗은 단정치 못한 여인의 모습으로 발코니에 모습을 드러냄으로써 난폭한 폭동을 진

114 베레니케는 남편이 시리아 원정에서 무사히 돌아오도록 하기 위한 서약을 이행하기 위해 자신의 머리칼을 비너스 여신에게 바쳤다. 이 머리칼이 놓여 있던 신전에서 사라지자 천문학자인 사모스의 코논은 머리칼이 별이 되었다고 주장하며 아부했고, 새로 발견된 별자리에 '베로니카의 머리칼'이라는 이름을 붙였다. 기원전 3세기 그리스 시인 칼리마코스는 머리칼이 별로 변화한 것을 시로 노래했고, 이후 로마 시인 카툴루스가 이 시를 모방했다.

정시켰다는 것을 읽은 적이 있다.

우리는 그토록 사랑의 불길을 타오르게 했고 3천 년이 지난 후에도 여전히 전 세계에 알려져 있는 유명한 전쟁의 원인이 된 미녀 헬레네에 대해 물론 알고 있다. 우리는 그 시신을 개들이 뜯어먹은 이세벨 왕비가 화장(化粧)을 한 상태였다고 배웠다. 그러나 고대의 시인들이 아무리 훌륭한 묘사가라 해도 이 먼 시대의 유행을 우리가 정확히 알 수 있도록 충분히 사실적으로 표현하지는 않았다.

나는 머리를 산발하고 손에는 바커스 신의 지팡이를 들고 머리에는 송악관을 쓴 바커스 신의 여사제가 작은 막대로 머리장식을 한 후작부인만큼 아름다워 보일 수 있다는 것을 알고 있다. 또한 로마 부인들의 튜닉이 현대 유럽 여인들의 대범한 드레스만큼 우아할 수 있다는 것을 알고 있다. 나는 그들의 샌들이 굽이 높고 예쁜 우리 구두만큼 세련될 수 있다는 것도 알고 있다. 그러나 결국 그들의 머리장식, 그 장식용 액세서리들, 장식의 변화, 장식의 뛰어난 조화를 우리에게 묘사하는 것은 얼마나 고통스러운 일인가? 왜 작가들은 머리 손질에 대해 말하지 않았는가? 왜 그들은 머리 손질의 시작이자 끝인 머리 스타일의 기초에 대해 우리에게 알려주는 것을 소홀히 했는가? 황옥과 진주는 어디에 꽂았는가? 꽃들은 어떤 식으로 꽂았는가? 등등. 그렇다면 작가들이 끊임없이 바뀌는 유행을 묘사하지 못하도록 막은 것은 누구인가? … 아! 여기서 (치장의 기술을) 묘사하고자 하면서 나 자신이 그것을 감지한다. 그것은 가장 광대하고 가장 무궁구진하고 공동의 규율로부터 가장 독립된 이 기술을 묘사하는 것은 불가능하기 때문이다. 미인이 최종적으로 자신의 거울을 만족스럽게 들여다보는 것을 보고 찬탄하고 입을 다물어야 한다.

실제로 내가 '경이로운 두 번의 시선이 따르는 토크 모자(챙 없는 모자)', '제르트뤼드풍 헝겊 모자[115]', '앙리 4세풍 헝겊 모자', '무장식 헝겊 모자', '체리 장식 헝겊 모자', '팡팡 헝겊 모자(bonnet à la fanfan)'를 표현하려고 한다면, 그리고 '예술적인 헝겊 모자', '포기한 사랑(sentiments repliés)', '파괴된 속박(esclavage brisé)'에 대해 말하려고 한다면, 다이아몬드가 박힌 '연장', 보석으로 장식한 '빗'을 묘사하고, '얼굴'을 숙이게 하고 '취향을 알 수 없는 성 프란체스코 수도회의 수녀들'을 제시해 봐야 소용없을 것이다. 그것은 단지 단어들을 적는 데 불과할 것이다. 그리고 그 뛰어난 재능을 지닌 호메로스 자신도 헬레네의 머리 모양보다 아킬레우스의 방패를 먼저 묘사했다.

그러니 우리의 화려한 유행 변천사를 알고 싶어 하는 이방인이 있다면 입을 다물고 그를 오페라 극장으로 보내자. 그는 생기 없고 난해한 묘사에서가 아니라, 우리 여인네들의 머리 위에서 그것을 볼 것이다.

18세기 초에 여인들은 한쪽 가슴을 드러내고 그 위에 다이아몬드 십자가와 작은 성령 상을 달았다. 한 설교자는 연단에서 이렇게 외쳤다. "아, 이럴 수가! 고행을 상징하는 십자가와 모든 선한 생각의 주인이신 성령을 이보다 더 잘못된 곳에 둘 수 있을까!"

내가 글을 쓰고 있는 지금, 지배적인 색은 '벼룩의 등과 배'이다.[116] 사람들은 특히 '영국 정원' 머리장식에 열광했다. 여인들의 머

115 처음에는 면과 레이스로 만들어졌던 헝겊 모자(bonnet)는 18세기 동안 점점 더 사치스러운 장신구가 되었다. 정치적이거나 예술적이거나 과학적인 모든 사건이 새로운 머리장식의 이름을 통해 기념되었다. 열광과 망각의 힘에 따라 허약하고 불안정한 이름이 연이은 유행의 조급한 리듬의 특징을 드러냈다.

116 검붉은색. 『바쇼몽(*Bachaumont*)』 1755년 11월 13일자에는 다음과 같이 쓰여 있다. 올 여름 왕비께서 갈색 타프타 드레스를 고르시자 국왕께서는 웃으며 말씀하셨다. "그것은 벼룩의 색이군." 그리고 당장에 궁전의 모든 여인들은 벼룩색 타프타를 원하게 되었다.

리 위에 '풍차', '작은 숲', '시냇물', '양떼', '남녀 목동', '잡목림 속의 사냥꾼'이 놓였다. 그러나 이 머리 장식으로는 마주보고 앉는 2인용 마차(un vis-à-vis)에 탈 수 없었으므로 사람들은 그 머리장식을 높이고 내리는 용수철을 발명했다. 이것은 발명과 취향의 최신 걸작품이다.

푸프, 페탕레르, 코크, 틀어올린 머리(chignons), 부이용, 쉬퐁[117]의 역사는 로마의 여인들이 착용했던 목걸이와 장신구를 깊이 연구하는 문학 아카데미에 맡겨야 할 것이다. 그리고 현재! 왜 그것에 대해 말하지 않는가? '그레나다풍 헝겊 모자', '티스베풍 헝겊 모자', '술탄풍 헝겊 모자', '코르시카풍 헝겊 모자'는 '보스턴'풍 모자, '필라델피아풍' 모자, '술래잡기(Colin-Maillard)풍' 모자와 마찬가지로 흘러갔다.[118] '나선형' 머리장식은 쇠퇴하는 중이다. 그러나 나의 의무에

117 poufs: 섭정기에 발명된 머리장식으로 여러 가지 변화가 가능하다. 1774년에 푸프가 크게 유행하게 된 것은 로즈 베르탱의 혁신에 의해서였다.
pet-en-l'air: 무릎 위 길이로 재단되는 짧은 드레스.
coques: 주름진 리본을 매듭 형태로 끝과 끝을 맞대어 이어 장식으로 이용하는 것.
bouillon: 자수 용어로 매우 반짝이는 금실과 은실. 작은 조각으로 잘라 진주처럼 이어 거품 모양으로 의복에 부착한다. 지금도 작은 고리들로 엮어 만든 특정한 금이나 은줄을 '부이용'이라고 부른다.
chiffons: 레오나르는 머리숱을 풍성하게 보이도록 머리칼 안에 쉬퐁, 즉 박사(薄紗)를 넣는 재능으로 유명했다. 그는 한 사람의 머리장식에 16m의 박사를 쓸 수 있었다.

118 그레나다(Grenade)풍 헝겊 모자는 석류(grenade)나무 꽃으로 장식한 레이스 모자이다. 그레나다라는 이름은 미국 독립전쟁에서 프랑스군의 그레나다 섬 함락을 상기시킨다. 술탄풍 헝겊 모자는 흰색 망사로 크게 부풀린 모자를 20개의 커다란 흰색 깃털로 만든 일종의 왕관이 둘러싸고 있는 형태로서, 장식 없는 망사 베일이 이 모자 뒤에 연결되어 여성의 어깨까지 내려온다. 코르시카풍 헝겊 모자는 1768년 코르시카의 프랑스 병합을 기념하는 것이다. 보스턴풍 모자는 미국 독립전쟁의 극적 사건인 1775년 6월 17일 충격전과 관련되어 있다. 필라델피아풍 모자는 1776년 7월 4일 13개 주의 통합을 선포하고 미합중국의 독립선언을 가결한 필라델피아 의회의 영향을 받은 것이다.

따라 나는 엉덩이를 커보이게 하고 가죽만 있는 여인에게 살을 붙여주는 부풀고 과장된 치마에 대해 이야기해야 할 것이다. 그러므로 나는 '깃털'과 '치마'에 관한 신문을 발행할 것을 약속한다. 그 신문은 『주르날 데 사방』이나 『뇌샤텔』 신문보다 더 환영받을 것이다.

'튈(tulle)', '가즈(gaze)', '마를리(marli)'[119]는 수십만 명에게 일거리를 주었다. 그리고 건강한 병사와 불구가 된 병사는 마를리를 만들어 들고나가 내놓고 직접 판다. 병사들이 마를리를 만들다니!… 나는 이 통탄할 만한 생각을 쫓아 없애기 위해 오시안[120]의 시 수십 편을 읽을 것이다.

119 모두 얇은 천을 지칭한다.

120 Ossian: 3세기경 고대 켈트족의 전설적인 시인이자 용사.

169 절약

헛된 욕망에 따라 돈을 쓰고 나면 무엇에 절약을 할까? 어디에도 절약할 수 없다. 오만함이 이와 같이 명령하므로 오직 탐욕이나 낭비만이 있을 뿐이다. 우리 선조들은 옷을 뒤집어 다시 짓게 하고 구두창을 갈게 했다. 높은 지위에 있는 이들은 이러한 절약을 멸시하지 않았다. 오늘날 어떤 사람이 구두창을 간다고 말하면 보잘것없는 점원의 아내라 해도 모두 기절해 버릴 것이다.

재정가의 집 중에는 벨벳, 레이스, 장식 줄이 없으면 끔찍하게도 벌거벗은 성대의 집들이 있다.

뷔퐁 자신은 사치스러운 몸치장에 대해 "그것이 우리 자신의 일부를 이룬다"[121]고 말하며 그것을 옹호했다. 그리고 이 자연사가는 화려한 의복을 낮게 평가하지는 않는 것으로 보였다. 그렇다면 레이스 복장을 걸치지 않은 사람에게 문을 열어주지 않았던 여인이 얼마나 어리석게 보일까?

동시에 누렇고 더러운 레이스는 용인된다. 레이스가 낡은 것임을 숨기기 위해 흰 가루를 뿌려보라. 사기행위로 보일지 모르지만, 상관없다. 당신에게는 레이스가 있다. 깨끗하지 않아도 되지만, 사치품이

121 "우리의 판단에 영향을 미치는 것은 바로 옷과 헤어 스타일이다. 분별 있는 사람은 그의 옷을 그 자신의 일부를 이루는 것으로 보아야 한다. 왜냐하면 옷은 다른 사람들의 눈에 실제로 그의 일부이고, 사람들이 그 옷을 입고 있는 사람에 대해 갖게 되는 전체적인 생각에 뭔가 영향을 미치기 때문이다."(Buffon, *De l'homme*, IV: "De l'âge viril," "Description de l'homme")

없어서는 안 된다.

다른 한편 잘 차려 입은 남자가 주머니에서 '색깔 있는 손수건'을 꺼낸다면, 여러분은 갑자기 여인들의 눈에 이 상스러운 무지함에 대해 놀라움이 나타나는 것을 보게 될 것이다.

그러나 여러분 역시 '마줄리파탄 손수건'이나 '팔리아카트 머리 수건'을 펼치는 척한다면, 여러분은 스스로 인도회사의 사원이라고 공고하는 것이다.[122]

한쪽 소맷부리만 레이스로 된 옷을 입고 그 레이스 소맷부리가 확실한 통행증이라도 되는 양 한 저택의 문지기에게 내보인 신사의 이야기를 아는가? 그는 안타깝게도 모슬린 천에 불과한 다른 한쪽 소맷부리를 애써 윗옷 자락에 숨기고 있었다. 그러나 대화의 열기에 휩싸인 그는, 사람이 모든 것에 유념할 수는 없으므로, 그때까지 감춰온 소매를 살롱 한가운데서 자연스럽게 드러내는 경솔한 짓을 저지르고 말았다. 이 모습은 이 집의 안주인을 매우 불쾌하게 만들었고, 그녀는 당장 문지기를 불러다 나무랐다. 문지기는 왜 심한 꾸지람을 듣는지 전혀 이해하지 못했다. 왜냐하면 그러는 동안 문제의 그 신사는 보잘것없는 모슬린 천을 다시 숨기고 레이스 달린 소매로만 손짓을 하며 이야기하고 있었기 때문이다. 다음날 몹시 화가 난 문지기는 매우 완강해져서는 군대에서 한쪽 팔을 잃은 장교가 들어가려 하자 두 소매를 모두 보여줄 것을 요구하고, 그러지 않으면 팔과 소매를 잃은 것이 신문에 나서 전 유럽에 알려졌다 해도 결코 마담을 만날 수 없을 것이라고 주장하며 그를 들여보내지 않으려 했다.

122 마줄리파탄(mazulipatan)이나 팔리아카트(paliacate)는 둘 다 인도의 지명을 딴 직물의 이름이다.

170 거리 표지판

거리 표지판이 나타난 것은 불과 1728년의 일이다. 그 전에는 전통에 따라 거리 이름을 지칭했다. 양철판에 거리 이름을 새기기 시작했는데, 시간이 흐르고 비를 맞으면 글자가 지워져 오늘날에는 돌에 글자를 새긴다.

새로운 코메디 프랑세즈 극장의 광장에서는 코르네유 길, 라신 길, 몰리에르 길, 볼테르 길, 크레비용 길, 레냐르 길을 보게 될 것이다. 이것은 우선 시 관리들을 분노케 할 것인데(이 점을 예상해야 한다), 그들만이 거리에 자신들의 유명한 이름을 부여하는 영광스럽고도 오래된 특권을 소유했기 때문이다. 그러나 그들은 점차 이러한 혁신에 익숙해지고 코르네유, 몰리에르, 볼테르를 그들의 영광을 함께 나눌 동료로 보는 데 익숙해질 것이다. 결국 라신 길은 바빌 길과 나란히 존재할 것이고, 구역장, 십인위병(dizeniers), 그리고 시청의 다른 관리들은 그에 대해 그리 놀라지 않게 될 것이다.

『문학연감(*Année Littéraire*)』은 최근에 새로운 극장 뒤에 라아르프 막다른 골목(le cul-de-sac La Harpe)이 있을 것이라는 매우 재미있는 농담을 했다. 그것은 재미있는 일이다. 참담한 비극 「바르메시드(Barmécides)」[123]의 작가 자신이 그것을 듣고 웃을 것이다. 이른바 비

123 5막으로 된 라아르프의 이 '동양풍' 비극은 1778년 프랑스 극장에서 초연되었다. 공연은 대실패여서 그림은 작가의 친구들을 재난의 고독한 증인들, 곧 '사막의 신부들'이라고 불렀다.

극적인 각운을 위해 막다른 골목(cul-de-sac이나 impasse)에 이름을 남기는 것은 이 세상을 살아가면서 여전히 좀 심한 일이기 때문이다.

볼테르는 앵파스(impasse)라는 단어를 쓰라고 설교했지만, 아무 소용이 없었다. 사람들은 이 단어를 전혀 사용하지 않는다. 사람들은 계속해서 퀼드삭(cul-de-sac)을 사용하여 포르토담 골목(cul-de-sac du Fort-aux-Dames), 퀘이양틴 골목, 예루살렘 골목, 아기 예수 골목, 캬트르방 골목이라고 말한다.

사람들은 거리의 집들에 번지수를 매기기 시작했다. 그런데 웬일인지 이 유용한 활동은 중단되었다. 무엇이 문제였을까? 이러저러한 거리 다음 왼쪽 또는 오른쪽으로 열다섯 번째 대문, '코르동블루(Cordon bleu)'나 '은 수염(Barbe d'argent)' 간판을 단 아무개 씨를 찾는 것보다, 곧장 87번지 아무개 씨에게 가는 것이 더 편리하고 쉬울 것이다. 그러나 대문들은 기록자가 번지수를 매기는 것을 허락하지 않으려 했다고 한다. 사실 판사, 징세청부업자, 주교의 저택에 어떻게 비천한 번호를 부과할 수 있겠는가? 그러면 그 저택의 위풍당당한 대리석은 무슨 소용이 있겠는가? 모두들 카이사르를 닮았다. 누구도 로마에서 2인자가 되고 싶지 않은 것이다. 그리고 귀족의 대문이 평민의 상점 다음 번호가 될 수도 있다. 그렇다면 그것은 퍼지지 않도록 주의해야 하는 평등의 분위기를 느끼게 할 것이다. 곧 광고지에서 사망한 자물쇠업자의 장례행렬은 묘지의 이웃인 후작의 장례행렬과 나란히 실리지 못하게 될 것이다. 둘을 구분하기 위해 빗장을 칠 것이고, 또 그런 제안이 나타났다.

171 기숙학교

사람들은 아이들에게 라틴어 이외에 다른 것을 가르쳐야 할 필요를 느꼈다. 완벽한 교육이 이루어지는 여러 기숙학교들이 새로운 지식의 지원을 받아 설립되었다. 이곳의 교육에서는 이 현학적인 불순물(라틴어)이 제거되었는데, 다른 학교에서는 이 불순물이 교육을 손상시킨다. 군인, 판사, 상인, 의사를 똑같이 교육하고, 가장 필요한 교육인 현재 쓰는 말의 교육을 멀리 하는 것은 너무도 터무니없는 일이다.

따라서 파리에는 심사숙고한 계획에 따라 새로운 기숙학교들이 설립되었는데, 그곳에서는 모든 자유학예(arts)가 허용되고 모든 학생은 그의 미래의 직업에서 가장 중요할 학문을 선택한다. 이 학교들이 설립된 것은 지식의 진보에 따른 것이자, 작가들이 우리 대학의 통탄스러운 판에 박힌 관례에 대해 자주 불만을 제기한 덕이다.

우리의 대학은 여전히 이 쓸모없고 유해한 관례를 맹목적으로 추종한다. 그러나 대학은 곧 사회 최하층의 자제들만을 맞이하고, 이들은 빈곤으로 인해 늘 그랬듯이 분별없는 상태에 빠질 수밖에 없을 것이다.

대학의 작은 기숙학교들은 우스꽝스럽고 끔찍한 모습을 보여준다. 그곳에서는 여전히 정신의 양식이 육신의 양식보다 아래에 있다. 그곳에는 이른바 가슈[124]라는 가련한 교사들이 있는데, 그들의 극도

124 gascheux: 이 단어는 "더러운 장소 또는 진흙탕으로 가득한 장소를 의미한다."(『트레부 사전』) 가정교사들에게 쓰이면 그들의 비참한 처지를 지칭한다.

의 궁핍함은 비용이 별로 들지 않는 수사의 외관에도 미치지 못한다. 그들의 의복은 뒤죽박죽이고 머리털은 둥글게 깎여 기름때에 찌들어 있으며, 양말은 시커멓고 바지는 찢어져 있고, 색깔 있는 복장에 분을 바르지 않아 안색은 창백하고 허기져 있다.

라틴어 전문가들은 집안의 시종보다 더 낮은 값에 고용된다. 기숙학교 여선생들은 그들의 빵과 고기를 삭감한다. 하녀는 그들을 매정하게 대하고, 아이들은 그들을 우습게 보고 놀리고 괴롭힌다.

한가할 틈이 없다. 그들에게는 휴가도 방학도 없다. 휴가는 그들에게 피곤한 날이다. 그들은 아이들을 산책시키고 돌보고 세 학급의 숙제를 채점하며, 기숙학교 교사, 콜레주의 교사, 부모들에게 해야 할 일이 있다. 그들은 단지 두려움에 떨면서 악동 무리에게 모호한 권위를 행사할 뿐이며, 밤낮으로 악동 무리를 감시하고, 그들보다 먼저 일어나 늦게 잠자리에 들고, 관대하다는 이유로 그리고 엄격하다는 이유로 똑같이 비난받고, 매일 라틴어와 함께 문밖으로 쫓겨날 위기에 처한다. 학교의 사환과 부엌의 요리사 조수가 그들보다 100배는 더 행복하다.

강(江)에 투신하는 것과 이 슬픈 직업 사이에서 한동안 주저한 후에야 이 직업을 선택할 용기를 낼 수 있을 것이다. 오늘날 문필공화국에서 이름이 알려진 재능 있는 사람들은 그럼에도 불구하고 거기서부터 시작했다. 절대적인 곤경은 때때로 천재의 탄생을 얼마나 억압하는가!

172 하인, 시종

오직 과시를 위해서 만들어진 이 쓸모없는 하인 집단은 도시에 들어올 수 있는 가장 위험한 부패 덩어리이다. 도시에서는 그들로부터 발생한 수많은 방탕한 행위가 계속 증가하여 조만간 거의 피할 수 없는 여러 재난을 초래할 것이다.

강변, 거리, 교차로에 가득한 이 수많은 사람들을 보면 나라가 매우 부강해진 것 같은 느낌이 든다. 그러나 얼마나 많은 사람이 비천해진 것인가! 대기실에서 이들의 무리를 보면 지방에 빈 곳이 생겼고, 파리에서 번성하는 이 인구가 왕국의 나머지 지역에 광활한 사막을 만든다는 것을 생각해야 한다.

당신은 어느 징세청부업자의 집에서 요리사의 조수를 빼고도 24명의 제복 입은 하인과 안주인의 하녀 6명을 보게 될 것이다. 또한 이 하인들 중에서 종복의 영혼을 갖고 아침부터 저녁까지 안주인에게 아부하는 사기꾼 같은 인물, 그리고 오직 안주인의 고귀한 품성에 의해서만 생계를 유지할 수 있는 자기 만족에 빠진 5~6명의 아랫사람을 분류할 수 있다. 30마리의 말이 마구간에서 발길질을 한다. 그러니 웅장한 저택에 살면서 거만함을 위엄으로 여기는 주인집 내외라면 어떻게 50만 리브르의 이자 소득을 갖지 못한 모든 사람을 '천민'이라고 부르지 않겠는가? 그들 주위에는 오직 그들의 부유함에 아부하는 비천한 사람들, 다양한 이름으로 불리는 하인들이 있을 뿐이므로, 그들은 세상의 나머지도 그런 사람들로 이루어져 있다고 생각한다. 징세청부업자의 이러한 생각과 말에 놀라서는 안 된다. 멸시당할 만한 사람들은 언제나 멸시의 말투에 익숙하다.

부패를 퍼뜨리고 가장 쓸모없고 가장 막대한 사치에 이용되는, 농촌에서 데려온 이 수많은 하인들에게 아직도 높은 세금을 부과하지 않았다는 것은 참으로 믿을 수 없는 일이다.

오늘날 재정가들은 귀족들과 인척관계를 맺고 있고, 그것이 그들의 실질적 힘의 토대이다. 영주의 배우자 거의 전부의 지참금이 징세청부회사의 금고에서 나온다. 좋은 이름밖에는 가진 것 없는 백작이나 자작은 재정가의 부유한 딸을 물색하고, 재산이 풍부한 재정가는 가난하지만 유명한 가문에 속하는 귀족의 딸을 구하는 것을 보면 재미있다.

차이는 귀족 신분의 여성(여생을 수도원에서 보낼 뻔했던)은 50만 리브르의 이자 소득을 가진 남성과 결혼하면서 탄식하고, 결혼을 허락함으로써 특별한 친절을 베풀고 있다고 그에게 믿게 하며, 조상들의 초상화에 대고 이 신분이 낮은 사람과의 결혼에 대해 눈을 감으라고 소리친다는 것이다. 어리석은 신랑은 아내의 친척과 협잡꾼들에게 돈을 빌려주는 특권에 매우 우쭐하여, 자신의 오만한 신부에게 한 재산 안겨준 것이 매우 큰 영광이라고 생각한다. 그리고 그는 자신이 아내보다 훨씬 지위가 낮다고 생각할 만큼 관대해진다. 허영의 논리라기보다 얼마나 애처롭고 어리석은 논리인가! 희극 「조르주 당댕」을 읽은 분별 있는 사람들이 어떻게 이 기묘한 어리석음에서 벗어나지 못했단 말인가? 긴 이름을 갖는 가문[125]을 부자가 되게 해줌으로써 그 가문의 지배를 받고 멸시당하는 것에 어떻게 동의할 수 있단 말인가?

125 귀족 가문을 의미한다.

보통 품행 바른 시종은 다른 시종들과 있을 때 주인의 이름을 쓰며, 또 주인의 생활 태도, 몸짓, 품행을 따른다. 그는 금시계를 지니고 레이스 달린 옷을 입으며, 건방지고 잘난 체한다. 젊은 사람들의 경우 '주인님'이 돈이 없을 때 하인은 주인이 속내를 털어놓을 수 있는 친구가 된다. 주인이 욕망을 품으면 하인은 그의 뚜쟁이가 된다. 채권자를 쫓아내고 주인을 곤경에서 구해내야 할 때 하인은 가장 뻔뻔스러운 거짓말쟁이가 된다.

가장 잘난 체하고 가장 불손한 하인이 가장 훌륭한 하인이라는 것은 누구나 인정하는 사실이다.

마지막으로 품행이 가장 나쁜 하인은 그의 주인처럼 2개의 회중시계를 갖고 다닌다. 그리고 이제는 염세주의자만이 이런 터무니없는 어리석음에 분노한다.

173 부인용 모자 상인

'푸프 모자'들을 배합하고 망사와 꽃에 100배의 가치를 부여하는 부인용 모자 상인의 중요한 역할에 필적할 만한 것은 아무것도 없다. 매주 새로운 형태의 헝겊 모자가 세상에 나온다. 이 분야에서의 발명은 그 발명가에게 명성을 안겨준다. 여성들은 자신의 미모와 얼굴의 장점을 다양하게 드러내 주는 그들의 탁월한 재능에 대해 진심에서 우러나오는 깊은 존경심을 갖는다.

부인용 모자에 대한 지출은 오늘날 음식과 의복에 대한 지출을 능가한다. 가엾은 남편은 이 변덕스러운 욕망의 값이 얼마까지 올라갈지 계산할 수가 없다. 그리고 그는 이 예기치 못한 변덕에 대응하기 위해 신속한 재원이 필요하다. 만일 이 하찮은 것들에 대해 정육점 주인이나 빵집 주인에게 하는 것처럼 정확하게 지불하지 않는다면 그는 손가락질 당하게 될 것이다. 이 분야의 통찰력 있는 여성 발명가들은 다름 아닌 파리에서부터 세계를 지배한다. 유명한 인형, 최신 모자로 치장한 값비싼 마네킹, 요컨대 '영감을 불어넣는 원형(原型)'이 매달 파리에서 런던으로 건너가고, 그곳에서 자신의 매력을 전 유럽에 발산한다. 그 원형은 북쪽으로도 가고 남쪽으로도 간다. 그것은 콘스탄티노플과 상트페테르부르크로 침투한다. 그리고 프랑스인이 만든 주름이 생토노레 길의 취향을 공손하게 따르는 모든 국민들에게서 되풀이된다!

이 모든 것은 참으로 어처구니없는 것이다! 그러나 관습은 손에 쥔 견고한 왕홀처럼 모든 것을 결정하고 모든 것을 명령한다. 다음

말에 대해서는 해결책이 없다.

말한다, 만든다, 생각한다, 그렇게 입는다.

부인용 모자는 가장 넓은 교역 분야이다. 가장 진부한 것을 새로운 방식으로 젊게 만들기 위해서는 프랑스인의 풍부한 재능만 있으면 된다. 이웃 국민들은 우리를 모방하고 싶어하지만 소용없다. 이 경박한 취향의 영광은 우리 고유의 것으로 남을 것이다. 사람들은 이 이론의 여지 없는 우위를 두고 우리와 다툴 생각조차 하지 않을 것이다.

이 호사의 즐거움은 수많은 여성 노동자를 부유하게 만들어 준다. 그러나 유감스러운 일은 프티 부르주아 여인이 후작부인과 공작부인을 따라하려 한다는 것이다. 불쌍한 남편은 아내의 변덕을 만족시키기 위해 피땀을 흘려야 한다. 그의 아내는 산책에서 돌아올 때마다 새로운 욕망을 갖게 된다. 공증인의 아내는 그에 따라 차려 입는다. 만일 같은 모자를 자랑할 수 없다면 다음날 야식을 먹으러 시내에 나가지 않을 것이다. 아이들 몫에서도 모자 값만큼 빼앗는 셈이다. 그리고 이 몸치장 싸움으로 우리의 여인들은 정말이지 머리가 어지럽다. 내가 아는 외국인 중 '생토노레 길의 모형'이 정기적으로 북유럽으로 보내져 그곳에서 최신 머리장식을 써보고, 다른 한편 그와 똑같은 모형은 이탈리아 끝까지 가서 그곳에서 하렘 내부까지 들어간다는 것을 믿지 못하는 사람이 있었다. 나는 이 의심 많은 사람을 유명한 상점으로 데려갔다. 그리고 그는 자신의 눈으로 직접 보고 만져보았다. 그것을 만져보면서도 그는 여전히 의심하는 것 같았다. 그만큼 그것은 그에게 정말로 믿을 수 없는 것으로 보였던 것이다!

몽테스키외가 『페르시아인의 편지』에서 한 말을 덧붙여 보자.

어떤 여인이 모임에 나갈 때는 꼭 어떤 장신구를 해야 한다고 믿었다. 이 순간부터 50여 명의 장인은 더는 잠을 자서도 안 되고, 마시고 먹을 여유를 누려서도 안 된다. 그녀가 명령하면 페르시아 왕에게 하는 것보다 더 빨리 순종해야 한다. 왜냐하면 관심은 세상에서 가장 위대한 군주이기 때문이다.

나는 여기서 부인용 모자와 그 독특함에 관한 소사전을 제시해보려 했다. 그러나 내가 글을 쓰는 동안 상점의 용어는 바뀌었다. 1개월 후면 더 이상 그것을 들을 수 없을 것이고, 내가 말하고자 했던 것을 이해시키기 위해 주석을 달아야 할 것이다. 거듭 말하지만, 인쇄되기도 전에 내 책의 절반은 특색을 잃어버릴 것이다. 서둘러 쓰자. 그리고 가능하다면 순간의 특징을 포착하자. 아! 부알로는 적절하게도 이렇게 말했다.

내가 말하고 있는 순간은 벌써 내게서 멀어졌다.

174 멋내기 선생들

그렇다, 외국인이여, 당신은 눈을 크게 뜨고 내게 놀라움을 표해 봐야 소용없다. 우리에게는 예법 선생들이 있는데, 그들은 환심을 사는 중요한 기술에 관심이 있는 젊은이들을 교육한다. 이 기술은 나름의 원리가 있고, 네바 강변에서 그런 것처럼 무턱대고 작동하는 것이 아니다. 사람들은 사소한 것은 중요하게 다루고, 반면 중요한 문제는 사소한 것처럼 다룬다.

이 선생들은 젊은이들에게 거울 앞에서 세련되게 웃고, 우아하게 담배를 피우며, 능란하게 눈길을 주고, 극히 경쾌하게 전하는 법을 가르친다. 선생들은 우리나라 배우들이 하는 것처럼 느끼하게 발음하고,[126] 그들과 똑같이 하지 않으면서 그들을 모방하고, 찡그리지 않으면서 이를 드러내고 웃는 법을 가르친다. 그리고 어떤 사람은 이 중요한 것들을 익히기 위해 2~3시간 동안 그의 선생과 함께 틀어박혀 있다.

한 우아한 젊은이가 들어오는 것을 보라. 먼저 그의 장신구가 예쁘게 흔들리는 소리를 내며 그가 도착했음을 알려야 한다.

헤어 스타일은 여전히 가장 중요한 것이다. 사람들은 솜씨 좋기로 유명한 남녀 미용사의 이름과 주소를 알고 있다. 그리고 머리 손질이 잘된 여성은 틀림없이 그렇지 않은 모든 사람을 거만하게 바라

126 "혀에 살이 쪄 r와 ch 같은 몇몇 문자를 발음하지 못하는 사람에 대해 사람들은 '혀가 기름지다', '느끼하게' 말한다(parler 'gras')라고 한다."(『트레부 사전』)

본다.

저 남자는 누구지? 어떤 여성이 그의 시대, 그의 나라를 가장 잘 계몽할 수 있는 인물에 대해 말한다. 그런데 왜 경멸적인 말투일까? 왜냐하면 그의 곱슬머리가 잘못 손질되어 있기 때문이다.

잘 교육받은 이 젊은이들은 아무것도 아닌 일에만 화를 낸다. 그들은 말[馬]이 몇 분 늦을 때에만 발길질을 하고 욕설을 하며 화를 낸다. 그럴 때 그들은 화가 나 말문이 막힌다.

그들은 그리고 나서 유충 모양의 장식끈 다는 법, 다양한 짧은 바지, 넥타이, 긴 바지 입는 법을 배운다. 그렇게 해서 그들은 오전 나절을 뛰어다니고, 정오에는 여인들을 방문하여 "당신의 반지, 당신의 담뱃갑, 당신의 팔찌를 누가 그렸는지" 무사태평한 태도로 묻는다. 그들은 토라지면 저녁에 옷을 갈아입지 않고 모든 사람들에게 자신이 시내에서 야식을 먹지 않을 것이라고 알린다.

이 아름다운 것들을 가르치는 선생들의 수업에 상상 환자를 치료하는 의사들을 포함시킬 수 있다. 다정하고 우아하고 매력적인 이야기꾼이고 반쯤 독설가인 의사라면, 그 의사는 정확히 왕진을 다니기만 하면 치료에 필요한 지식을 갖출 필요가 없다.

새로운 것이라면 아주 사소한 것이라도 열렬히 좋아하는 모습을 보이지 않으면 사람들은 이 글을 모두 저버릴 것이다. 요리, 의복, 읽을거리는 새로움이라는 재능을 지녀야 한다. 새로운 오페라, 새로운 여배우, 코무스[127]의 새로운 연회, 그리고 새로운 머리 손질법, 이러한 것들이 모든 사람의 마음을 흔드는 것들이다. 열광은 순식간에 확산되고 전염된다. 마치 사람들에게 전기가 통하는 것 같다. 어떤

127 쾌락, 연회, 야간 무도의 신.

사람은 6개월 전에는 영혼도 감정도 없었는데, 그런 사람이 갑자기 화제의 중심이 되었다가, 며칠 후에는 사람들로부터 조롱당한다.

도를 넘어선 농담이 탁월한 재능이고 신이 주신 숭고한 재능이라고 선생과 제자들이 동시에 결론을 내렸다. 우리 주위의 아첨꾼 중 하나가 여인들에게는 자연이 기뻐하며 창조한 가장 놀라운 존재로 보인다. 그러나 그는 이 사회에 남아야 한다. 그가 꾸밈없고 분별있는 사람이 되면 그를 볼 때마다 웃을 수밖에 없고, 그가 논리적으로 말하는 것을 들을 때마다 고개를 갸웃거릴 수밖에 없다. 그리고 그럼에도 불구하고 사람들은 이 모든 것을 배운다.

175 보석

러시아인들이여, 코담뱃갑은 이제는 단지 상자로 불린다는 것 역시 알아야 한다. 그리고 당신은 아주 오래전에 그것을 알았을 것이다! 사람들은 계절별로 상자를 가지고 있다. 겨울 상자는 무겁고, 여름 상자는 가볍다. 사람들은 매일 상자를 바꿀 수 있게 될 때까지 이 수집을 계속한다. 그리고 바로 이 특징을 통해 취미가 고상한 사람을 식별한다. 300개의 상자와 그만큼의 반지가 있는 사람은 서재나 자연사 전시관, 그림 진열실이 없어도 된다.

막대한 양의 보석이 매매된다. 부유한 사람들 사이에서 보석 매매는 영구적인 골동품 장사이다. 몇몇 개인의 집에는 보석 보관실이 있는데, 그것은 보석상의 상점과 겨룰 만하다. 그들은 이런 명예로운 명성을 열망하고 자랑스러워한다. 이에 따라 바로 그런 곳에 부가 이용된다. 오, 수치스러운 일이다!

176 유행

'원숭이 엉덩이'만으로도 파리 전체에 유행이 된다. 그것은 글자 그대로 사실이다. 치세가 하루를 넘지 않는 수많은 대신들, 매일 아침 마음이 바뀌어 국민 전체의 의복, 관습, 기질, 풍속, 심지어 특징까지 자신에게 보고하게 하는 대신들을 상상해보라. 검소하고 침울하고 근엄한 여인들이 이튿날 일어나서는 교태를 부리고 다정하며 유순해지는 것을 상상해보라. 전날의 원칙들은 완전히 잊혀진다. 상반된 견해들이 계속 이어진다. 철학자가 보기에 유행의 광경이 이와 같은 것이다.

그에게 있어 100년은 하루에 불과하다. 그리고 그는 인류가 한 세기에 두 번 견해를 바꾸는 것이, 한 개인이 어떤 주장을 하고나서 1시간 후에 그것을 부인하는 것을 보는 것만큼이나 기이한 일이라고 생각한다.

사건들이 끊임없이 돌아가는 것을 보면서, 그는 인간의 사고는 불안정하다는 막연한 인상을 갖게 된다. 그리고 그는 종(種)의 무한한 변화를 고려하여 현재의 지배적인 어리석음을 용서한다. 왜냐하면 그것은 곧 상반되는 어리석음에 의해 대체될 것이기 때문이다.

여론이 유행에 끌려가면 광기의 새로운 출현 이외에는 어떤 것도 그것을 뿌리 뽑을 수 없다. 권위와 지혜는 정신착란의 확산에 맞서 무기력하다. 어리석은 자들은 유행의 사제들이다. 그들은 유행을 존중하고 유행의 작용을 절대적인 법으로 생각한다.

지혜로운 사람은 새로운 유행을 따르지 않아도 된다. 그러나 의

도적으로 유행에 반대해서는 안 된다. 근엄한 태도를 갖는 것은 허용되지만, 조롱하는 태도는 안 된다. 어쨌든 가식적 태도는 잘못이다. 앙리 2세 치세에 대형 가짜 엉덩이가 도입되었을 때, 철학의 영향을 받았다고 자부하는 사람들은 단지 보통 크기만 착용할 수 있었다.

퐁트넬에 따르면 무관심은 결코 유행하지 않을 것이다.

'오뚜기', '드라제(당과의 일종)', '새긴 문구', '칼로트 모자(정수리를 덮는 작은 모자)', '꼭두각시', '도자기 인형'이 한때 유행했고, '화려한 장식 문체', '수수께끼', '익살극'도 유행했다. 그리고 생선장수 어투의 문체를 구사하는 바데(Jean-Joseph Vadé)가 등장하면서, 우리는 중앙시장의 언어로 말했다. '말 맞히기 놀이', '문자 수수께끼'가 뒤를 이었다. 마지막으로 우리의 벽난로 위에 '자노'가 '프레빌'과 함께 나타났다. 누가 이 위대한 이름의 뒤를 이을 것인가? 아무리 영민한 천재라도 그것은 알아맞힐 수 없을 것이다. 아아! '경제이론가들'은 더 이상 존재하지 않는다. 나는 그들이 태어나 궤변을 늘어놓고 각광받고 우리를 굶주리게 하고 사라지는 것을 보았다.

사람들은 해결할 수 없는 문제에 매달려 보려는 욕망을 가지고 있다. 그들은 화학에 대해 많은 이야기를 한다. 오늘날의 유행은 '증류솥'을 연구하고, '지도(指導)정신'에 대해 말하며, '탄산가스'와 '불소'가 무엇인지 아는 것이다. 뷔퐁이 모세보다 훌륭한 박물학자이지만, 사람들은 그의 『자연의 시대』를 기발한 소설로 취급했다. 백과전서파는 문학적 평판에 대해 지나치게 강압적으로 판정을 내리려 했기 때문에, 그리고 인도의 수탉[128]들이 독수리 사이에 뒤섞였기 때문에 신용을 잃었다.

128 다시 말하면, 칠면조.

파리에서는 공공의 찬사를 불러일으키는 것보다 그것을 유지하는 것이 더 어렵다. 사람들은 전날 찬양했던 우상을 가차없이 파괴한다. 그리고 어떤 사람이나 어떤 당파가 독단적이 되는 순간, 곧 그 또는 그 당파를 비웃는다. 그에 따라 갑자기 그 사람은 곤두박질하고 그 당파는 해체된다.

177 관찰

대저택에서는 옆구리에 칼을 차고 식사하는 것이 유행이다. 식사가 끝나면 인사도 하지 않고 사라진다. 그러나 안주인의 의무는 당신이 사라진 것을 알아채고 당신에게 모호한 말로 소리치는 것이다. 그러면 단음절어로 대답하면 그만이다. 사람들은 결례를 무릅쓰고 일주일이나 열흘 후 그 집에 다시 나타난다.

당신을 맞아들였던 집에 1년간 방문하지 않았다면, 당신의 사과를 전할 어떤 사람을 통해 다시 자신을 소개해야 한다. 당신은 시골에 있었다든지 여행 중이었다고 말한다. 그러면 1년 내내 극장에서 당신을 보았던 안주인은 당신을 믿는 체한다.

사람들은 유년기 아이들을 예전보다 훨씬 잘 키운다. 사람들은 아이들을 흔히 찬물로 목욕시키고, 옷을 가볍게 입히고 끈으로 묶지 않는 적절한 습관을 지켜왔다.

그것은 잘 하는 일이다. 왜냐하면 파리의 남자, 여자가 되기 위해서는 온화한 표정과 둥그스름한 형태만 있으면 되기 때문이다. 수많은 여성의 영혼이 남성 안에 살고 있다. 그 남성들에게 그가 가질 수 없는 에너지를 요구해서는 안 된다.

귀부인의 방은 아침이 되어야만 연인과 애견이 자유롭게 들어갈 수 있다. 덧문은 반쯤만 열려 있다. 아침은 정각 11시에 시작된다.

파리의 몇몇 여인들은 저녁이 되어야 일어나고, 여명이 비추면 잠자리에 든다. 재기 넘치는 여인은 일반적으로 이런 습관을 갖는데, 사람들은 이 여인을 '램프'[129]라고 부른다.

안주인은 식탁에 오르는 요리에 대해 전혀 이야기하지 않는다. 그녀는 단지 렌의 영계, 르망의 자고, 페리괴의 파테,[130] 강주의 양고기, 에스파냐의 올리브와 같은 요리를 예고할 수 있을 뿐이다.[131]

화제의 인물이 되기 위해서는 세심한 성격, 재기발랄함, 예민한 감정을 지녀야 한다.

명성을 얻는 데에는 파리에서 발간되는 신문들보다 더 거짓말 잘 하는 나팔도 없다. 그리고 그 신문들은 오직 지방에서만 읽는다.

파리에서 가장 희귀한 것은 연대(聯隊)를 보유하는 것, 그리고 여성들 앞에서 그것에 대해 자랑하지 않는 것이다. 정직하지는 않더라도 겸손한 장교보다 더 희귀한 것은 없다.

어떤 연대장은 군인을 양성한다고 말하지 않고 '부하를 양성하러' 파리에 왔다고 말한다. 그러한 용법이 매우 지배적이어서 사람들은 여성들 앞에서 다른 용어를 사용하지 않는다.

구두의 고리는 언제나 마구(馬具)의 고리를 닮았다. 고리는 일에 따라 다양하다.

기분 좋은 말은 사람을 성공시킨다. 어떤 백작은 1,000에퀴의 이자 소득밖에는 없었다. 그는 3,000리브르(1,000에퀴)를 그의 마부에게 주고는 "나는 1년치 수입을 늘 눈앞에 둘 수 있는 기술을 발견했다"라고 말했다. 이 기분 좋은 말은 모든 여성을 매혹시켰고 그의 진급에 한몫을 했다.

사람들은 끊임없이 '재무'에 대해 이야기한다. 그러나 프랑스인들은 오래 전에 수입과 지출 장부를 잃어버렸다. 사람들은 여전히

129 고드프루아(Godefroy)의 『사전』에 따르면, 이 단어의 옛 의미는 방탕한 여인이다.

130 patés: 구운 고기와 생선을 파이 껍질로 싸서 구운 것.

131 파리인들이 좋아하는 각 지방의 특별요리 메뉴가 여기에 이미 작성되어 있다.

'해군'에 대해 이야기한다. 그러나 '몽테스키외'는 인용하지 않는다. "그것은 돈만으로는 만들 수 없는 유일한 것이다"라고 그는 말한다.

부자들은 더 이상 맛있게 먹지 않는다. 그들은 너무 이른 시간부터 먹기 시작했고, 입맛이 없기 때문이다. 흔히 가장은 기분 좋게 차려진 식탁 한가운데서 슬프게 우유를 마신다. 주스와 젤리, 이것이 새로운 요리이다.

몇 년 전부터 남자들은 아름다운 외모를 원하게 되었고, 추해 보이지 않도록 모든 것을 다했다. 그들은 15년 전보다 더 간단하게, 더 잘 머리를 손질한다.

파리에는 점심을 주고[132] 저녁을 줄 만큼 부유한 집이 없다. 법관은 점심을 먹고, 재정가는 저녁을 먹는다. 영주들은 3시 반에야 점심을 먹는다.

우리의 식사는 조금 침울하다. 이제 더 이상 술을 마시지 않기 때문이다. 사람들은 더럽히지도 않은 접시를 교환한다. 왼쪽에 있는 사람은 오른쪽에 있는 사람에 대해 은밀히 생각한다. 예전에는 포도주로 인해 고취되었던 쾌활함이 일종의 차가운 위엄으로 대체되었다.

훌륭한 식탁을 차리는 사람은 적어도 사람들이 그의 품성에 대해 침묵하지 않는다는 기쁨을 누린다. 그리고 그가 재능 있는 사람이라면 그 재능을 칭송하는 사람이 있기 마련이다.

부자들은 사치품을 살 돈이 있다. 그러나 은혜를 베풀 돈은 없다.

침대에 누운 채 급히 움직이기 위해 침대마차를 발명한 것은 군

132 16세기 이래 점심시간(dîner)은 하루 중 계속 달라졌다. 17세기에는 14시경이었고, 혁명기에 저녁식사가 되었다. 메르시에는 사회적 범주에 따라, 일찍 일어나거나 늦게 잠자리에 드는 것에 따라 시간이 달라진다는 사실에 주목했다.

인이라고 한다.

사람들은 귀족 여성들에게 도박에 대한 보조금을 지급하고, 노파들이 도박장을 운영한다.

우리나라 젊은 영주들의 서재에는 '몽테뉴'와 '몽테스키외'가 꽂혀 있다. 그러나 그들은 그 책들에 아직 손도 대지 않았다.

말하는 기술이 웅변술을 대신했는데, 그 둘은 전혀 다르다.

모든 것이 음모에 의해 이루어진다. 가장 작은 자리도 우회적인 수단을 통해 주어진다. 사람들은 오직 자신과 자신의 비호를 받는 사람에게만 관심을 갖는다. 사람들은 실패의 고배를 들지 않기 위해, 또는 돈 대신 보호를 제공하는 것으로 의무를 이행하기 위해 정직한 적을 파멸시킨다.

'나의 오렌지 정원'이라고 말할 수 있는 사람은 그토록 숭고한 말에 더 이상 덧붙일 것이 아무것도 없다고 생각한다.

어떤 여인은 지방에 사느니 생쉴피스 교회에 묻히는 것이 낫다고 말한다.

'신,' '가증스러운'과 같은 단어는 이 단호한 어조에 퍼부어지는 조롱에도 불구하고 비평가들에게는 여전히 통상적인 단어들이다. 그럼에도 불구하고 사람들은 일반적으로 순수한 감성의 예술을 분석하는 것보다 더 무익하고 쓸데없는 일도 없다는 것을 인정한다.

사교계 인사들은 언어 속에 새로운 언어를 만들었다. 그 언어가 우아하지만, '표현력이 부족하고' 개성이 없다고 말해도 틀린 말이 아니다.

순수주의자들의 종파가 2~3년간 세력을 떨쳤다. 그러나 이제 그들은 사라졌다. 이 언어 조탁자들은 문법에 정통했기 때문에 스스로를 비범한 사람들이라고 생각했다.

유모, 여자 가정교사, 가정교사, 중등학교, 수도원이 있으므로 어떤 여인들은 자신이 어머니라는 것을 거의 깨닫지 못한다.

사람들은 언제나 재정가들을 맹렬히 비난하는데, 내가 그 첫 번째이다. 어떤 이들에 따르면, 그들은 매우 많은 악행을 저질러서 오늘날 악행을 덜 저지르는 재정가들이 선배들의 죄값을 치른다.

부르주아들은 아직 요리사를 고용하지 않았다. 그러나 곧 그렇게 될 것이다.

귀를 속이는 사기꾼들은 얼마나 많은가, 그리고 매일 속아 넘어가는 귀는 얼마나 많은가! 다가오는 사람을 머리에서 발끝까지 훑어보는 것은 귀족의 강박관념이다. 그것을 투아제(toiser)라고 한다. 그런 행동에 충격을 받은 사람은 이번에는 그 자신이 쉽게 위아래로 훑어본다.

끝을 올린 머리와 그 머리를 만드는 것은 선멋쟁이[133]에게 하나의 수련으로서, 그는 거울을 볼 때마다 이마가 멋지게 보이기를 바란다. 그가 원하는 방식대로 끝을 올린 머리를 둥글게 만들 수 있는 가발업자는 소중한 인물이다.

그러나 할 일도 없으면서 모든 노동을 천한 것으로 여기고 경멸하는 태도로 그 노동을 평민들에게 넘겨주는 수십만 명의 사람들이 있다. 그들이 이 중요한 일들을 맡아야 한다.

한 젊은이가 거울로 된 천장 아래서 호화롭게 자고 있다. 그것은 마음껏, 그리고 눈을 뜨자마자 자신의 여성적인 모습을 바라보기 위해서이다.

시중꾼은 결코 제복을 입지 않는다. 그들은 주인의 비위를 맞출

133 les élégants: 16세기 말 등장한 표현으로, 여자 같고 이국적인 태도를 지닌 콩데 공측근의 젊은이들의 특징을 가리키는 말로 유행했다. 선멋쟁이는 라브뤼예르에서 마리보에 이르기까지 수많은 작품에서 하나의 문학적 전형이 되었다.

뿐이고, 옷장을 관리하고 식탁에서 주인의 시중을 든다.

파리에서는 번거로운 일들이 다른 곳들에서만큼 빈번히 일어나지 않는다.

귀족과 부자들의 호화로운 연회에서 여인들이 오직 물만 마시고 20가지 맛있는 요리에 손도 대지 않은 채 하품하고 자신들의 위(胃)에 대해 불평하는 것, 그리고 남자들은 포도주[134]를 거들떠보지도 않는 척하면서 기품 있는 태도를 과시하기 위해 이 여인들을 모방하는 것을 드물지 않게 볼 수 있다.

60대의 여인이 여전히 20대처럼 치장하고 얼굴에 분을 바르며 점을 찍고 머리에 리본 장식을 하는 곳은 오직 파리뿐이다.

누구도 더 이상 배우기 위해 글을 읽지 않는다. 오로지 비평하기 위해 글을 읽는다.

사람들은 다시 '봉도'에 대해 말하기 시작했다. '순종 말'로 말하자면 그 표현은 낡아빠진 것이 되었다.

도덕론을 설파해야 소용없다. 다소간 세련된 고급 직물, 다소간 넓은 장식줄, 여행 수행원 또는 삯마차, 12명의 시종 또는 단순한 하인 한 명, 한 치에 15프랑 하는 두꺼비 돌[135] 또는 금화로 500루이짜리 브릴리언트 다이아몬드는 언제나 사람들 사이에 큰 차이를 가져온다. 그것은 참으로 터무니없는 일이다. 그러나 불쌍한 사람들은 그렇게 생각한다.

134 17세기의 귀족은 술이 셌고, 혁명기의 사람들도 마찬가지였다. 두 시기 사이에는 오히려 부르주아적 절제가 유행이었다.

135 옛 전설에 따르면 두꺼비 머리에서 나왔다고 하며, 그런 이유로 독에도 변색되지 않는다고 하는 회색-적색의 보석을 말한다.

178 산책합시다

우리 조상들이 지은 시설들을 일별해 보자. 그럼으로써 앞서 지나간 세기의 역사를 배우게 된다. 모든 교회와 기념물, 교차로가 역사적이고 희귀한 특징을 제공해 줄 것이다. 광신으로 인해 행해진 모든 것이 내 기억 속에서 재현된다. 왜냐하면 과거의 어리석은 행위들은, 마치 그 수치스런 평판에서 벗어나지 못할까 두려워하기라도 한 듯이 그 어리석음을 영원하게 하기에 적절한 기념물들을 반드시 얻어냈기 때문이다. 그렇지만 약간의 지식만 있어도 우리는 그것들을 알아차린다.

사람들은 테세우스가 미노스 왕에게 조공으로 바쳐질 아테네인들을 구출했을 때 그가 탔던 배를 팔레레우스의 데메트리오스 시대까지,[136] 다시 말해서 900년 동안 보관했다. 배가 노후해 감에 따라 사람들은 썩은 판자들을 새 판자로 대체했다. 그리하여 사람들은 그 후에 그것이 동일한 배인지 전혀 다른 배인지를 두고 논쟁을 벌였

136 플루타르코스, 『영웅전』, 「테세우스전」, 23, 1. "테세우스가 젊은이들과 함께 타고 바다를 건넜다가 아무 탈 없이 돌아왔던 선박은 30개의 노가 있는 선박이었으며, 아테네인들은 그 배를 팔레레우스의 데메트리오스 시대까지 보존했다. 아테네인들은 그 선박에서 너무 낡은 판자들은 뜯어내고 견고한 판자들로 대체하여 다른 판자들과 짜맞추어 조립했다. 철학자들은 그들이 '증가의 논증'이라 부르는 것에 관해 논쟁하면서 이 배를 논쟁의 여지가 있는 예로 인용하는데, 어떤 철학자들은 그 배가 동일한 것이라고 주장했고, 다른 철학자들은 그것을 부인했다." 철학자인 팔레레우스의 데메트리오스는 기원전 37년에서 307년까지 아테네를 통치했다. 테세우스의 배는 그러므로 거의 1천 년을 견뎌냈을 것이다.

다. 파리 시는 이 배와 다소 유사하다. 수많은 판자 조각을 대서 최초 건조 당시의 것은 아무것도 남아 있지 않은 것이다.

내가 귀족이라면 나는 내 족보를 마르코미르와 파라몽[137] 시대까지 거슬러 올라가게 할 것이다. 다른 사람이라면 그것을 아주 자랑스럽게 여길 테지만, 나는 한순간도 그것을 뽐내지 않을 것이다. 왜냐하면 나는 시캄브리족에서 내 혈통의 기원을 찾아내는 것 말고는 다른 것은 입증하지 못하는데, 그들은 미개인이자 반야만인이기 때문이다.

나는 클로비스 왕의 군대가 지켜보는 앞에서 클로비스의 머리에 세례수를 뿌릴 준비를 마친 성 레미가 한 말이 기억난다. "목을 내밀라, 용감한 시캄브리인이여."[138]

만일 하느님이 우리 시선에서 갑자기 인간 혈통의 진정한 계보를 발견하게 된다면, 얼마나 새롭고 희귀한 광경이겠는가! 선조들 중에 노예가 한 명도 없는 왕은 없다. 마찬가지로 왕이 한 명도 없는 노예도 없다.

진정한 지위가 '자자손손 600년 이상 동안 평민 계급'이었음을 입증할 수 있음을 자랑하는 부르주아가 있다면, 진짜 귀족은 바로 그런 부르주아가 아닐까?

가장 야만적인 인간들이 어느 날 황제의 자리에 앉아서 그 자리가 자기 것이라고 거만하게 이야기하리라고 콘스탄티누스 황제 시

137 트로이 최고 가문의 후손 신화에 속하는 전설상의 프랑크족 왕들로, 이들의 이름은 8세기 이전의 연대기들에는 나타나지 않는다. 파라몽은 트로이 프리암 왕의 손자 마르코미르의 아들이자 클로디온의 아버지로, 실존 여부가 확실하지 않은 초기 프랑크족 우두머리의 한 사람이다.

138 시캄브리족(Sicambres, Sicambri 또는 Sugambri)은 기원전 12년에 로마인에게 굴복한 게르만 부족이었다. 서기 3세기에 그들은 프랑크족과 섞이게 되었다.

대에 어느 누가 생각했겠는가? 야만인들에 의해 강력한 군주국들이 세워졌다. 지금은 야만적인 짐승 가죽옷을 입고 있는 어떤 칼미크인[139]의 후손이 혹시 어느 날 화려한 프랑스 왕관을 쓰게 될지도 모른다. 세월이 무엇인들 만들어내지 못할 것인가! 그리고 또 지상에 어떤 괴이한 변화를 초래하지 못할 것인가!

적어도 우리의 최초 혈통은 로마의 혈통보다는 더 고귀하다. 우리의 시조는 자신의 작은 도시를 채우기 위해 이탈리아와 토스카나의 모든 도둑, 강도, 살인자들에게 자기 도시에 와서 추잡한 보호를 누리라고 했던 로물루스 같은 목동이 아니었다.

나는 산책을 하면서 고대를 여행하고 있다. 가장 흥미로운 시대가 기억난다. 나는 내가 머리를 짧게 자르던 피정복 민족의 후예가 아니라, 머리를 길게 기르던 프랑크족의 후예[140]라고 생각하는 것이 즐겁다. 자유를 향한 나의 사랑에서 나는 내가 머리를 한껏 길게 기르던 정복 민족이라는 것을 느낀다. 우리의 재판장, 판사, 젊은 변호사들의 물결치는 머리카락을 보면, 나는 '저들이 프랑크족이야'라는 생각이 든다.

나는 두 번째 왕조 말경에 진흙투성이 습지에서 태어나서, 당시까지 강의 두 지류 사이에 갇혀 있던 이 웅장한 도시를 상상하기를 좋아한다. 소들을 볼 때면, 나는 그것들이 다고베르트 왕[141]의 호화

139 몽골과 볼가 강 사이에 거주하던 아시아 유목 민족.

140 프랑크족 왕자들에게만 머리를 짧게 깎지 않고 어깨 위로 나부끼게 기르는 것이 허용되었다. 피정복 민족인 골족의 머리카락은 목을 넘어서는 안 되었다.

141 연속해서 프랑스의 왕권을 차지했던 세 왕조는 메로빙거 왕조(첫 번째 왕조. 클로비스 왕에서 힐데리히 3세까지, 511~751), 카롤링거 왕조(두 번째 왕조. 단신왕 피핀에서 루이 5세까지, 751~987), 그리고 카페 왕조(세 번째 왕조. 987년 위그 카페의 대관식 이후)이다. 프랑크족의 왕 다고베르트 1세(602~639)는 클로테르 2세의 아들로서 파리를 수도로 삼음으로써 프랑크 왕국의 통일을 재확립했다.

마차를 끌던 준마들이라고 상상한다.

> 수레를 맨 4마리 소가, 차분하고 느린 걸음으로
> 게으른 군주를 태우고 파리 시를 산책하곤 했다.[142]

이 수레에서 루이 16세의 대관식 날 랭스 시로 국왕을 태우고 갔던 마차까지는 많은 시간이 흘렀다. 하지만 다고베르트 왕은 아마도 더 크고 웅장한 수레가 있으리라고는 생각하지 못했던 것 같다.

페토디아블 길과 티르부댕 길에서는 뤽상부르 궁, 팔레루아얄, 튈르리 궁을 둘러싸고 있는 아름다운 거리들이 이어지는 것이 보인다. 작은 마을들이 거대한 제국의 발상지였다. 그리고 어선(漁船)들이 강력한 해상권의 기원이었다.

이노싱 공동묘지가 내 시선을 어지럽히게 되면서 또 한편으로 팔각형의 탑이 눈에 들어오는데, 그 탑에서는 시도 때도 없이 자주 침범하여 이 도시를 불안에 떨게 하는 노르만족에 대비해 보초를 서곤 했다. 아름다운 생탕투안 길에는 배추, 홍당무, 순무가 들어오곤 했다. 그곳에서 무예시합이 열려 앙리 2세가 다쳤다.[143] 이후 앙리 3세가 총애하는 젊은이들 중 모욕을 당한 이들이 서로 결투를 벌이고 복수전을 전개한 곳도 그곳이다.

위니베르시테 구역은 필리프 오귀스트 왕이 문학을 사랑하여 학교들을 설립했다는 것을 내게 상기시켜 준다. 이곳의 학생들이 도시

---

142 부알로, 『보면대』, 시편 2, 131~132행.

143 앙리 2세가 만들게 했고 그곳에서의 무예시합 중 부상을 입었던 경기장은 투르넬 궁에서 바스티유까지 걸쳐 있었다. 1559년 7월 10일 앙리 2세는 무예시합에서 스코틀랜드 근위대장 몽고메리와 겨루다가 입은 상처로 사망했다.

를 가득 채웠다. 미남왕 필리프 치하에서 고등법원이 정착하게 된 것도 이들 학생들 때문이었다. 이처럼 문학은 언제나 유익했다. … 나는 포도(鋪道) 위에서 살짝 미끄러진다. 그러자 1184년에야 비로소 도로가 포장되기 시작했다는 것, 이처럼 훌륭한 일을 한 사람이 징세청부업자였다는 것이 머리에 떠오른다. 그 징세청부업자는 계획을 세우고 나서 많은 경비를 부담했다.

빅투아르 광장을 지나노라면 이런 생각이 든다. '정복자가 되고 싶었던 한 왕의 조각상이 있는 이 장소에서 오늘날 백주대낮에 강도 행각이 벌어지곤 한다.' 이 구역은 비드구세 구역이라고 불렸다. 왕의 청동상이 있는 광장으로 가는 좁은 길에 그 이름이 남아 있다. 아주 오랫동안 유럽을 격분시켰던 이 빅투아르 광장[144]에서 나는 조신 한 명을 머리에 떠올리지 않을 수 없다. 슈아지 신부에 따르자면 그 신하는 프티페르 교회 내의 지하실 하나를 구입해서 땅 속으로 이 광장 한가운데까지 지하실을 연장시킬 계획을 세웠는데, 이는 그가 자신의 군주이자 '불사신'인 루이 14세의 조각상 아래 매장되어 경건하게 부패해 가기 위해서였다고 한다.

페로느리 길을 지날 때면 나는 폭군들에게나 어울릴 만한 죽음을 당할 이유가 없었던 고귀한 인물의 심장에서 라바야크[145]의 피 묻은 칼이 김을 내며 뽑혀 나오는 모습을 떠올린다.

그는 퐁뇌프를 완성시킨 앙리 4세이다. 내가 살아오는 동안 돈을 새김된 그의 초상은 거의 매일 내 눈을 즐겁게 해 주었다. 그런데 다

144 루이 14세 상의 받침대 네 귀퉁이에 있는, 사슬에 묶인 채 등불을 들고 있는 4명의 노예는 프랑스에 의해 억지로 네이메헨 평화조약을 체결한 국가들, 즉 독일, 피에몬테, 에스파냐, 홀란드를 상징하고 있었다.

145 1610년 5월 14일 페로느리 길에서 앙리 4세를 암살한 라바야크는 5월 27일에 파리 그레브 광장에서 처형되었다.

리 위의 집들이며 불결하고 좁고 접근로가 없는 시장, 구불구불하고 혼잡하며 더러운 길들은 언제까지 지속될 것인가?

바스티유가 눈에 들어온다. 샤를 5세는 훗날 어떤 용도로 쓰일지 예측하지 못하고 바스티유 건물을 짓게 했고, 법률에 관심 있는 사람이라면 누구나 그 건물을 바라볼 때마다 분개하고 신음한다.

아주 가까운 곳에서, 즉 셀레스탱 강둑길에서, 나는 현명왕 샤를 5세가 살던 생폴 저택을 머릿속에 그려본다. 당시 왕은 서민적인 풍모를 지니고 있었다. 왕의 거처 옆으로는 비둘기 집들이 있었고, 정원에는 채소들이 재배되고 있었으며, 엄청난 호사(豪奢)로 시민의 눈을 놀라게 하지도 않았다.

에크리뱅 길. 연금술의 대가들이 너무나도 소중하게 여기는 니콜라 플라멜의 이름이 기억난다. 그는 자비로운 사람이었고, 따라서 그에 대한 기억은 숭배되어야 한다. 그는 여러 개의 구빈원을 설립했고, 그의 적선은 자비의 진정한 친구라는 흔적을 남겨놓았다. 나는 니콜라 플라멜과 그의 아내 페르넬[146]을 존경한다. 그가 현자의 돌을 발견했든 못했든 간에 그의 연구와 업적, 그리고 그의 기금은 시대를 뛰어넘는 인간을 예고한다.

생랑드리 항구에서 배에 오르거나 내릴 때면 이자보 드 바비에르를 기억하지 않을 수 없다. 샤를 6세의 왕비로서 1435년에 사망한 아주 악독했던 그녀의 시신은 다른 의식을 치르지 말고 생드니 원장 신부에게 전달하라는 명령을 받은 뱃사공에게 넘겨졌다. 따라서 장례 비용은 그리 많이 드는 것이 아니었다.

약 200년의 시간이 지나서야 비로소 완공된, 매우 정교한 정면

146 Nicolas Flamel(1330경~1418): 파리 대학의 필경사로, 엄청난 재산을 갖고 있어 연금술사라는 소문이 떠돌았다.

현관에 우리 조상들의 천재성의 흔적이 남아 있는 노트르담 성당은 장엄하고 위풍당당한 기념비적 건물이다. 나는 그 안을 거닐며 언제나 기쁨을 느낀다. 다시 씻어내어 희게 만들었기 때문에, 이 성당은 종교적 경의를 불러일으키던 그 유서 깊은 색조와 당당한 어둠을 잃었다.

예전에 세 번째 왕조의 국왕들이 거주하던 궁은 3년 전에 불에 탔는데, 내가 이 글을 쓰고 있는 동안 재건되었다.[147] 당시에 사법관들은 그곳에 마차를 타고 들어가지 못했다. 노새 한 마리에 같이 올라탄 2명의 판사가 법복을 입고 가슴 장식을 단 채로 홀 계단에 다정하게 내렸다가 마찬가지로 되돌아가는 모습이 보였다.

나는 조그마한 생피에르오뵈프 교회로 들어간다. 이 교회는 1503년에 아베빌에서 온 청년에 의해 더럽혀졌다. 그 청년은 신부의 손에서 성체를 잡아 빼앗으며 외쳤다. "뭐야, 아직도 이런 미친 짓을 하고 있다니!" 이 청년은 교양이 있고 호메로스, 키케로, 베르길리우스에 아주 능통했다. 그는 사죄하는 대신에 산 채로 화형에 처해졌다.

앙페르 길에서는 더 이상 악마도 귀신도 볼 수 없다. 하지만 그 거리는 훨씬 더 위험한 채석장 위에 세워져 있다. 성왕 루이는 유령들을 쫓아내기 위해 그 거리를 샤르트르회 수사들에게 맡겼다. 그 이후로 유령들은 더 이상 보이지 않았다. 앞서 말한 집들은 사람들이 몹시 몰려들어서 상당한 돈을 거두어 들이고 있다.

캥즈뱅 구빈원[148] 역시 성왕 루이에 의해 설립되었다. 그 구빈원

---

147 1776년 1월 11일과 12일 사이의 밤에 화재로 생트샤펠에까지 이르는 메르시에르 회랑, 미남왕 필리프의 옛 거처 전체, 멋진 계단과 몽고메리 탑이 소실되었다.

148 hôpital des Quinze-Vingts: 사라센인들에게 포로가 되었다가 그들에 의해 장님이 된 십자군 병사들(캥즈뱅, 15 곱하기 20, 즉 300명)을 위해 성왕 루이가 설립한 병원으로, 현재의 테아트르 프랑세 자리에서 카루젤 광장 3분의 1 지점까지 차지하고 있었다.

이 얼마 전 철거되어 그 자리에는 아무것도 없다. 설교자들은 궁정에서 해야 할 설교들을 그곳에서 반복하곤 했다.

포트리 길에서 프랑스 연극이 시작되었다. 치안을 담당한 것은 왕의 검찰관이었지 침전 시랑들이 아니었다. 침전 시랑들은 국왕의 잠자리를 보살피는 일을 했지, 그 이상은 아무것도 하지 않았다.

파리 중앙시장에서는 아직까지 왕세자 신분이었던 샤를 5세가 있는 힘을 다해 나바르의 왕인 악인왕 카를로스[149] 규탄 연설을 하고 있었다. 하지만 그는 야유를 받았다. 그의 적수만큼 잘생긴 외모와 말주변이 없었기 때문이었다.

근자에 신성로마제국 황제가 다른 곳에서보다 더 자유롭게 지내기 위해 투르농 길에 있는 가구 딸린 아파트에 묵는 모습을 본 것과 마찬가지로, 포르투갈 국왕 아폰수 5세는 프루베르 길의 향신료 가게에서 호화롭게 유숙했다.[150]

오를레앙의 동정녀가 영국이 차지하고 있던 파리를 공격하면서 두각을 나타내고 부상을 입은 곳이 뷔트생로슈였다. 이 뷔트생로슈 꼭대기에는 100년 전만 해도 방앗간들이 있었다.

뿐만 아니라 위대한 카이사르도 파리에 묵었었고, 율리아누스 황제 역시 마찬가지였는데, 후자는 파리인들과 파리를 몹시 사랑했다. 나는 그 점에 대해 그에게 고맙게 생각한다.

위니베르시테 길. 나는 이곳 대학의 폐지된 특권들을 생각한다.

149 나바르의 악인왕 카를로스 2세(1322~1387)는 프랑스 왕위계승을 주장하면서 에티엔 마르셀의 반란을 지원해 주었고, 영국과 동맹을 맺었다. 그는 1364년 에브뢰 근처의 코슈렐에서 뒤 게스클랭에게 패배했다.

150 1476년에 포르투갈 국왕 아폰수 5세는 자신에게서 카스티야를 빼앗아간 아라공 국왕의 아들 페르디난트에 대항하기 위해 도움을 청하러 파리에 왔다. 역사가들에 따르면, 루이 11세는 그를 성대히 맞이하고서, 그에게 가능한 온갖 여흥을 마련해 주려 했다. 왕은 로랑 에르블로라는 이름의 향신료 장수의 집에 그를 묵게 했다.

약간의 침해를 받게 되면 대학은 학교 문을 닫곤 했다. 신학 강의, 스콜라 철학 강의가 더 많아졌고, 설교가 더 늘어났다. 불안해진 궁정은 물러설 수밖에 없었다. 그러자 샤를마뉴의 이름이 내 상상력을 가득 채운다. 모든 지식들이 집중되어 있었던 이 단체는 교황의 교서에 의해 통제되고 있었다. 예전의 이 믿을 수 없는 힘은 더 이상 대학에 남아 있지 않고 단지 약간의 외형만 남아 있을 뿐이다. 파리 대학 총장은 왕궁의 문을 활짝 열어젖히게 하고 정신의 군주로서 3개월에 한 번 파리 시내를 산책한다. 그는 대개 라틴어와 어리석음으로 머리가 꽉 찬 가련한 현학자이다. 총장이 재임 중에 사망하면 대학은 그를 국왕에 이어 생드니 교회에 안장시킬 권리가 있다.[151] 하지만 대학은 우체국이라는 아이디어를 낳았다.[152]

총장의 권리에 관련해서 웃음이 나게 하는 기억 가운데 하나는, 교황 율리오 2세가 왕국에 대해 성무집행 금지령을 내리고, 루이 12세와 프랑스의 성직자들, 파리 고등법원에 대해 교황 앞에 출두하라는 소환명령을 내리겠다고 위협했다는 것이다.

나는 생제르맹로세루아의 종에 대한 이야기를 들을 수가 없다.

151 3개월마다 선출되지만 대개 1년간 '유임'되며, 문학부 교단에서 선택되는 총장은 상당히 많은 특권을 누렸다. 방계왕족 곁에서 왕들의 결혼식에 참석할 권리, 국왕의 파리 입성 시 축하 연설을 할 권리, 고등법원에서 공작들 옆에 자리를 차지할 권리, 대학의 공식적인 표결과 결의 시 주교들이나 추기경들보다도 앞서 할 수 있는 권리 등이 그것이다.

152 초기 설립 당시 파리 대학은 파발꾼 제도를 제정했다. 파발꾼들은 파리에 와서 공부하고자 하는 지방 출신 사람들을 이 왕국의 수도로 인도하는 일을 맡았고, 학생과 학생 가족들 간의 규칙적인 교류를 유지하는 데 쓰였다. 이들 파발꾼들이 그들의 행위에 대해 총장과 지역 대리인에게 책임을 지기 때문에, 그들이 자신들의 일을 아주 충실하게 수행한다는 것을 알고 있는 대중들은 그들을 신뢰했고, 옷가지와 소포, 편지들을 전달하는 데 이 편리한 제도를 이용했다. 그리하여 대학의 파발꾼은 서서히 국가의 파발꾼이 되었다.

그것이 생바르텔르미 학살의 신호를 울렸기 때문이다.

내가 보기에 생트주느비에브 신축 교회는 어느 시대에서나 가뭄 속의 단비처럼, 고생 끝에 낙이 오는 것처럼, 이 성녀에게 왕자와 국왕의 치유를 부탁했다는 증거이다. 이 신축 건물은 또 그 오래된 풍습을 널리 퍼뜨리게 되고, 그 풍습은 오랫동안 남아 있게 될 것 같다.

구(舊) 교회 안에서 나는 1774년 5월 10일 루이 15세가 사망한 바로 그때에, 파리 전 주민들과 함께 성녀의 열린 유골함에 입을 맞췄다. 내 곁에서 누군가가 했던 재치 있는 말이 기억나는데, 그 말은 기록하지 않으련다. 모든 것을 기록으로 남길 필요는 없기 때문이다.[153]

루브르 궁의 정면을 쳐다보면서 나는 생각한다. 루이 14세는 건축에 대해 대단한 열정을 가졌다. 그는 자존심을 누르고 카발리에 베르니니를 왕처럼 대했다. 클로드 페로는 직업은 의사였지만, 다행히 그의 설계도가 선택되었다. 그런데 그러한 인물을 작시가(作詩家) 부알로는 건방지게 조롱하려 했다!

나는 때때로 이렇게 소리쳤다. "아! 루이 14세가 베르사유 궁전을 짓기 시작한 이후로 들인 돈의 4분의 1만 파리에 썼더라면, 파리는 세상에서 가장 놀라운 도시가 되었을 텐데."

트루스바슈 길에 접어들게 되면 트렌토 공의회에서 돌아오며 위풍당당하게 파리에 입성하고 싶어 하던 로렌 추기경이 몽모랑시에

153 사람들 말에 의하면, 생트주느비에브 교회의 신부가 사람들이 많이 모인 집에서 저녁식사를 하는 동안 젊은이들이 오늘날 그 존재가 별것 아닌 듯이 보이며 그 유골함이 쓸데없이 개방되고 낮춰진 성녀에 대해 그를 비난하며 괴롭혔다고 한다. 그 신부는 젊은이들이 이야기를 하게 내버려 두었고, 그들이 비난을 다 쏟아내고 나자 이렇게 답했다. "글쎄요! 여러분, 하느님께 퍼부을 비난거리가 아직도 있습니까? 그분은 돌아가시지 않았던가요?"

게 호되게 공격당했던 것이 기억난다. 당시 겁에 질린 추기경 예하는 한 상인의 가게 뒷방으로 도망쳐서 하녀의 침대 밑에 몸을 숨겼고, 마침내 하녀가 잠자리에 들려고 하자 비로소 거기서 나왔다.

트뤼앙드리 길에는 사랑의 우물이 있다! 나는 존경의 눈으로 그 우물을 바라본다. 그곳은 행복한 추억을 간직하고 있는 연인들이 변함없는 사랑을 맹세하고 간직하던 제단이었다.

생토마뒤루브르 길에는 재치의 산실로서 스퀴데리 양이 드나들던 랑부예 저택이 있었다.[154] 그곳에서는 정치나 형이상학 같은 심각한 문제들이 다루어지지는 않았다. 그곳의 대화는 세련되고 경쾌했으며, 섬세한 태도의 정수를 보여주었다. 하지만 그것은 냉정하고 과묵한 예절로 바뀌었다.

익살꾼 스카롱은 티세랑드리 길에 살았는데, 그는 근엄한 루이 14세를 상속인으로 삼았고, 루이 14세는 유례를 찾아볼 수 없는 위험한 새침데기인 스카롱의 미망인과 결혼했다.[155]

관대한 앙리 4세 이후로 볼 수 있게 된 광장에서 성당 기사단의 대장이 화형에 처해졌다. 그런데 그가 유일한 희생자는 아니었다. 잔인한 미남왕 필리프는 후대인들의 눈에 잔인하게 보이는 이러한 범죄를 저질렀다. 그들 기사단의 특권, 그들의 재산, 독립을 겨냥한 그들의 거동, 이러한 것들로 인해 미남왕 필리프가 그들에 대해 대비하게 되었던 것이다. 그리고 그들을 궤멸하기 위해 그들에게서 가공

154 한없이 길고 세련된 취향의 소설로 유명한 마들렌 드 스퀴데리(1607~1701)는 랑부예 후작부인의 사교모임의 일원이었다. 본명이 카트린 드 비본(1588~1660)인 랑부예 후작부인은 그녀 자신이 직접 설계한 저택으로 당대의 재능 있는 인사들을 초빙했다. 많은 사람들이 있지만, 그중에서도 말레르브, 라캉, 리슐리외, 콩데, 뷔시, 발자크, 부아튀르, 코르네유가 있다.

155 그의 미망인 맹트농 부인은 루이 14세의 정부로 국왕과 비밀 결혼을 했다.

의 범죄를 찾아내려 했다. 그들의 재산은 압수되어 프로방스 백작에게 주어졌다. 끔찍한 일이 아닐 수 없다!

탕플 길에서는 샤를 6세의 하나밖에 없는 동생 오를레앙 공작이 부르고뉴 공작에 의해 살해되었는데, 그는 제정신이 아닌 가운데서도 여전히 왕홀을 쥐고 있었다.

신축 외과학교[156]를 마주보고 지날 때면 프랑수아 1세 통치 초기에만 해도 인체해부가 여전히 신성모독으로 간주되었다는 생각을 하지 않을 수 없다. 그때 이후로 얼마나 많은 해부학적 발견이 이루어졌는가! 또 이렇게 뒤늦게 시작된 이 학문이 오늘날 얼마나 빠르게 성장했고 완전해졌는가!

이 길은 '을씨년스러우니' 빨리 벗어나자. 바로 이곳의 작은 지하실에 법원이 점유한 시신들을 놓아두었는데, 전부 그 시신들을 확인하기 위해서였다. 시민들은 이 끔찍한 광경을 보고 싶어 한다. 그것은 우리가 상상할 수 있는 가장 불쾌한 모습이다.

생자크드라부슈리 교회가 예전에는 살인자들의 피신처였다는 것을 오늘날의 사람들 중 누가 믿을 것인가? 하지만 그것은 엄연한 사실이다.

그레브 광장이 나온다. … 이 광장을 지날 때면, 나도 모르게 우리의 형법에 대해 생각하지 않을 수 없는데, 부끄럽게도 그 형법은 불완전성에 있어서 우리 시대의 지식과 대조를 이룬다.

강변을 따라 말라케 강둑길이나 카트르나시옹[157]을 지날 때면 누

156 이곳은 현재의 의과대학으로 건축가 공두앵이 지었고, 그 머릿돌은 1774년 12월 24일에 루이 16세가 놓았다.

157 Collège des Quatre-Nations: 마자랭의 유언에 따라 그의 재산으로 설립된 학교이다. 베스트팔렌 조약과 피레네 조약을 통해 프랑스에 속하게 된 아르투아, 알자스, 피뉴롤, 카탈루냐의 4개 지역의 귀족 자제 60명을 무료로 교육시켰다.

군지도 모르고 앙리 4세를 자기 배에 태웠던 뱃사공의 말이 기억난다. 그는 베르뱅 평화조약[158]의 결실을 그다지 느끼지 못한다고 말했다. "모든 것에 세금이 붙는다오. 심지어 내가 간신히 벌어먹고 사는 이 보잘것없는 배에까지 말이오." 앙리 4세가 말을 이었다. "왕이 이 모든 세금을 정리할 생각을 하지 않을까요?" 뱃사공이 대답했다. "왕은 아주 훌륭한 분이지요. 하지만 그분에게는 수많은 아름다운 옷과 장신구들을 필요로 하는 애인이 있잖아요! 그 모든 것들의 값을 우리가 치르고 있답니다. 그 애인이 그분의 것이기만 하면 괜찮아요. 하지만 그녀는 다른 많은 사람들로부터도 애무를 받는다고들 합니다." 나는 생푸아의 『파리 역사 에세이』 3권, 278쪽을 참고했다.

눈앞에 루브르 궁의 모습이 활짝 펼쳐진다. 앙리 3세는 기즈 공과 싸우다 그곳으로 몸을 피했고, 기즈 공은 앙리 3세를 붙잡지 못했기 때문에 그날 왕관을 쓰고 그 자신이 네 번째 왕조를 시작할 수 있는 기회를 놓쳤다. 그가 새로운 왕조를 시작했더라면 아마 프랑스는 전혀 다른 모습, 다른 구성을 갖게 되었을 것이다. 프랑스 역사가들과 사료 편찬관들은 틀림없이…. 하지만 지금 문제는 그것이 아니다. 새로운 장으로 넘어가자.

158 베르뱅(현재의 엔(Aisne) 소재) 조약은 1598년 5월 2일, 앙리 4세와 에스파냐의 펠리페 2세 사이에 맺어진 조약이다. 에스파냐는 베르망 주민 전체와 피카르디 지방 일부, 브르타뉴 지방의 블라베 요새(이후로 포르루이로 불렸다)를 반환했다.

179 생트샤펠

뚱보왕 루이의 기도실을 대체하기 위해 성왕 루이가 세운 생트샤펠을 살펴보자.

우리 위인들의 자리에 오르기에는 그다지 적절치 않은 니콜라 부알로 데프레오는 그 자신이 노래한 보면대 바로 아래에 매장되어 있다.

600년이 넘은, 미남 추기경의 애인이었던 블랑슈 왕비[159]가 쳐다보던, 대형 스테인드글라스들이 멋진 효과를 자아내며 십자군 시대를 상기시키고 있다. 당시에 널리 퍼졌던 특이한 생각들이 무더기로 기억에 떠오른다.

바로 그 시기에 돈이 필요했던 보두앵 황제[160]는 자신의 예배당에 있던 성유골을 저당잡히면서 한없이 아쉬워했다. 프랑스 국왕인 '독신자' 루이는 내심 기뻐하며 진짜 십자가의 일부, 예수 그리스도의 옆구리를 찔렀던 창날, 예수에게 각성제를 주는 데 쓰였던 스펀지 조각, 예수 무덤의 돌조각 등의 값으로 '우리 돈 280만 리브르'를 지불하면서 훌륭한 거래를 했다고 생각했다. 그러고 나서 그는 베네

159 부르봉 공작 피에르의 딸인 블랑슈 드 부르봉은 1353년 15세의 나이로 카스티야의 잔인왕 페드로와 결혼했다. 그녀의 부정(不貞) 의혹과 관련된 인물은 왕의 사생아 동생인 동 프레데릭이었는데, 그는 산티아고 기사단의 총대장이었지 추기경이 아니었다.

160 보두앵 2세(1212~1273)는 콘스탄티노플의 라틴제국 마지막 황제로, 십자가의 성유골을 1238년에 성왕 루이에게 양도했다.

치아인들에게 담보로 잡혀 있던 가시 면류관을 거의 비슷한 값으로 되찾았다. 이들 값을 따질 수 없는 획득물들을 성골함 속에 모아놓을 수 있게 되었을 때, 그의 황홀한 도취감은 그 어느 것과도 비교할 수 없었다.

1575년 5월 10일 밤에 어떤 신성모독자가 진짜 십자가 조각을 훔쳐갔다. 참으로 침통한 일이다! 사람들은 문에 경비병을 두었고 모든 사람들의 몸을 수색했다. 성유물의 반환을 하늘에 빌기 위해 대대적인 행렬을 벌였다. 그러나 도둑들은 발견되지 않았고, 도둑맞은 물품도 발견되지 않았다. 돈이 필요했던 모후(母后)가 당시 유럽 전체의 어떤 나라보다도 한 수 위였던 이탈리아인에게 그 성유물을 팔았다는 이야기가 널리 퍼졌다.

국민의 아픔을 달래기 위해 함에서 진짜 십자가의 두 번째 조각을 꺼냈다. 하지만, 아! 그것은 길이나 폭, 두께에 있어 첫 번째 조각보다 훨씬 못했다. 사람들은 그 조각을 도난당한 것과 모든 면에서 유사한 십자가 속에 끼워 넣었다. 이 십자가가 오늘날 신자들의 경배를 위해 전시하고 있는 바로 그 십자가이다.

성왕 루이의 머리 유골이 이 교회 안에 있다. 그의 머리 유골은 생드니 성당의 수장고에 있었다. 그런데 미남왕 필리프가 성왕 루이의 머리와 갈비뼈를 파리의 생트샤펠로 옮겨도 좋다는 허가를 교황으로부터 얻어냈다. 그렇지만 이러한 손실을 비통해 하는 베네딕트 수사들을 지나친 비탄에 빠뜨리지 않기 위해 유골의 아래턱뼈는 그들의 수장고에 남겨졌다. 성가대장은 몇 가지 유사한 특징 때문에 성왕 루이의 얼굴로 바꾸어 놓은 고대 티투스 황제의 얼굴을 자신의 지팡이 상단에 새겨넣는다.

이렇게 해서 티투스 황제는 한 손에는 작은 십자가를 들고 다른 한 손에는 가시 면류관을 든 채 매일 생트샤펠의 성무일과에 참석하는 셈이다. 단언컨대 티투스 황제는 이를 전혀 예상하지 못했을 것이다!

목요일과 성 금요일 사이의 밤이면 생트샤펠에서는 진짜 십자가의 나뭇조각이 공개 전시된다. 악령 들린 사람들이라 불리는 간질 환자들이 떼지어 몰려와서 성유물 앞을 지나며 수없이 몸을 비튼다. 그들은 4명씩 짝을 짓는다. 그리고 얼굴을 찡그리고 고함을 지르며, 그렇게 해서 시주 받는 돈을 챙긴다.

이처럼 치료가 불가능하다고 알려진 병이 기적적으로 나을 수 있다는 희망을 서민들에게 심어주기 위해, 혹은 서민들에게 남아 있는 신앙을 유지시키기 위해 이 우스꽝스러운 광경이 용인된다.

소위 말하는 악령 들린 사람들 중 몇몇은 정확히 자정에만, 즉 구원자 예수의 형벌 도구를 함에서 꺼내는 순간에만 소리를 지르는데, 이들에게는 이날 아주 심하게 공개적으로 저주를 퍼부을 특권이 있다. 그들의 그 저주는 악마의 완벽한 계시로 간주된다.

나는 1777년에 가장 대담하고 가장 터무니없는 신성모독자의 말을 들었다. 예수 그리스도와 성모(聖母)의 모든 적대자들을 상상해 보라. 신을 믿지 않는 모든 불경스런 자들이 함께 뒤섞여 오직 한 목소리를 내는 모습을 상상해 보라. 정말이지, 그 불경스런 자들조차 그러한 신성모독적이고 무례하며 조소 가득한 방약무인에 근접한 적이 결코 없었다. 한 사람이 공공연하게 우레와 같은 목소리로 하느님께 대항하고, 하느님 숭배를 모독하며, 하느님의 분노를 도발하고, 가장 끔찍스런 욕설을 토해내는 것을 듣는 것이 나에게는, 그리고 모여든 모든 사람들에게도 아주 새롭고 기이한 광경이었다. 하지만 이렇게 도를 넘은 신성모독의 말들은 모두가 악마의 탓으로 돌려졌다.

서민들은 몸을 떨며 성호를 그었고, 머리를 땅에 조아리며 말했다. "저것은 악마가 말하고 있는 거야." 그에게 강제로 십자가 앞을 세 번 지나가게 하고(8명이 간신히 그를 붙잡고 있었다) 난 뒤에도 이 신성모독의 말들이 너무 도를 지나치고 너무 무시무시해지자 사람들은 그를 교회에서 쫓아냈다. 그는 마치 십자가의 기적에 의해 치료받을 가치가 없기에 영원히·사탄의 제국으로 추방된 것 같았다. 그날 밤 있을 수 없는 그 익살극을 지켜보던 대중의 감시의 눈을 상상해보라, 다른 시대도 아닌 우리 시대에 그런 일이 있다니!

미치광이든 편집증 환자든, 아니면 단순히 고용된 배우든 간에 나는 그 인물의 역할을 전혀 이해할 수 없었다. 그 자리에 있었던 사람들, 그리고 훗날 그의 지나친 말들을 기억하게 될 사람들은 그 인물이 그 역할을 너무 과장했다고, 또 그 다음날 그들이 잠에서 깨어났을 때 그들이 밤중에 보고 들었던 것들보다 더 기이해 보이는 것은 아무것도 없었을 것이라고 고백하게 될 것이다. 이듬해에는 목격자들의 충실한 이야기에 의해 유명해진 이 괴이한 희극의 두 번째 상연을 보기 위해 무척이나 많은 사람들이 떼지어 몰려갔다. 사람들은 '그 위대한 배우'를 기다렸다. 하지만 그는 나타나지 않았다. 경찰이 그의 입을 막아놓았던 것이다. 평범하게 발작을 일으키는 사람들밖에 없었고, 그들은 눈여겨보거나 말을 들어볼 만한 가치가 없었다. 그들은 겨우 '가벼운 신성모독의 말'을 토해낼 뿐이었다. 악마는 지난해에 자신의 모든 수사(修辭)를 다 써버렸다. 하지만 그 수사가 다채로웠다는 것은 인정해야 한다. 다시 말하건대, 그러한 일이 18세기에 파리에서 일어나고 있다는 것을 사람들이 믿어줄까? 왜? 어떻게? 무슨 목적으로? 그에 대해 나는 아무것도 모른다. 그리고 또한 많은 사람들이 대답에 곤란을 느낄 것이다.

180 생트주느비에브 교회

수도의 오래된 수호성녀 주느비에브를 비웃으려는 것이 결코 아니다! 서민들은 성녀의 성골함에 수건과 셔츠를 문지르고, 성녀에게 모든 열병을 치료해 달라고 요청하며, 기적을 일으키는 것으로 평판이 자자한 샘에서 솟아나는 불결한 물을 마시러 온다. 하지만 시 행정관들, 고등법원과 기타 최고법원들은 이 성녀에게 가뭄 때 비를 청하고 군주들의 치유를 부탁한다! 그들이 죽어갈 때면 위험 정도에 따라 다소간의 효능이 흘러나오게 하기라도 하듯이 조금씩 성골함이 드러난다. 위험이 극에 달하면 성골함은 완전히 노출된다.

미사성제에 등을 돌리고 성스러운 양치기 소녀 앞에 엎드리는 이 순박한 대중을 비웃으려는 것이 결단코 아니다! 나도 모르게 먼저 입가에 웃음을 머금게 된다. 그렇지만 독신자들의 얼굴에서 그들의 가슴을 끓어오르게 하고 불타오르게 하는 부드러운 희망의 열기를 보게 될 때, 거기서 그들의 마음을 파고든 애정, 그들을 애타게 하는 기다림, 그들에게 활력을 불어넣는 확신을 보게 될 때, 나는 이러한 위로를 주는 감정들을 함께 하지 못하는 것에 대해 나 자신을 질책한다. 이성과 철학은 그 무엇으로도 이처럼 행복하고 오묘한 환상을 대신할 수 없다.

정말이지 어떤 구두수선공은 성녀 주느비에브를 죽도록 사랑하고, 슬픔에 처해 있을 때 그녀와 상담하고, 고통스러울 때는 그녀에게 기도하며, 환난에 빠져 있을 때 그녀를 부르고, 그 누구도 따라올 수 없는 열렬한 연정을 품고 있다. 그 사람처럼 나도 성골함 앞에서 그와 같은 황홀한 기쁨을 누릴 수 있었으면 좋겠다.

그들의 애정의 대상 앞에서 환희에 빛나는 모습을 다른 곳에서는 찾아보지 못한다는 것을 나는 알고 있다. 나는 눈물을 흘리는 모습을 보았다. 또한 오열하는 소리를, 내 마음속 깊은 곳까지 감동시킨 탄식 소리를 들었다. 나는 요즘 들어 서민의 이해 수준에 맞춘, 또 그들의 빈곤에 맞춘 이 숭배를 존중해 왔다. 그들은 열정적으로 그리고 온 힘을 다해 기도한다. 그들의 마음은 누그러지고 부드러워지며 널리 퍼진다. 철학자의 정신은 보다 더 고귀하고 더 순수한 숭배 쪽으로 향상되고자 할 때조차 종종 건조하고 메마른 상태로 남아 있다. … 나는 성녀 주느비에브의 성골함 아래로 다시 갈 것이다. 그리고 신자들 틈에 섞여 무릎을 꿇을 것이고, 그들의 신앙과 신뢰를 존중할 것이다.

나는 길고 무거운 장대를 이용해서 높은 곳에 설치된 성녀의 성골함에 손이 닿는 아일랜드 남자에게 한 여인이 세 벌의 셔츠를 건네는 것을 보았다. 성골함 벽면을 충분히 문지른 셔츠들이 다시 내려졌다. 하지만 여인은 가운데 셔츠가 성골함에 닿지 않았기 때문에 기적의 효능을 받을 수 없었다고 주장했다. 그녀는 아일랜드 남자에게 가운데 셔츠를 따로 장대 끝에 다시 걸치게 했다. 이번에는 마찰이 제대로 이루어졌고 여인은 만족해했다. 그녀는 자신의 돈을 옆에 있는 헌금함에 넣으려 했다. 아일랜드 남자는 그 돈을 헌금함이 아니라 자신의 쟁반에 놓아야 한다고 주장했다. 그는 자신이 행한 두 차례의 수고를 후회하는 듯했다. 여인은 그의 말에 신경 쓰지 않고 자신의 셔츠들을 가져갔다. 그녀는 가면서 이렇게 말했다. "이것들은 성골함에 닿았어, 자랑해야지!"

이어서 글을 적어 가까운 기둥에 붙여 놓은 쪽지들을 읽는데, 흥미를 느낀 나는 다가가서 그것들을 읽어보았다.

당신의 기도에 대해 유혹자들로 둘러싸여 있고 몸을 맡길 준비가 되어 있는 젊은 여성을 추천합니다.

당신의 기도에 대해 고약한 모임을 상상하며 외박하는 젊은 남성을 추천합니다.

당신의 기도에 대해 영벌(永罰)의 위험에 처해 있고 철학 서적을 읽는 남성을 추천합니다.

화려한 둥근 천장 아래 이 성골함을 두기 위해 웅장한 교회를 건축하고 있다. 그 교회의 건축비는 1,200만~1,500만 이상이 들 것이다. 쓸데없이 얼마나 막대한 지출을 하고 있는가? 대중의 빈곤을 줄이는 데 그것을 쓸 수도 있었을 텐데! '하늘을 외투로 삼고 땅을 디딤돌 삼는 사람에게 어떤 사원을 지어줄 수 있느냐?' 성경에는 이렇게 쓰여 있다. 호기심 많은 사람들은 건물을 방문할 것이고, 서민은 성녀를 찾을 것이다. 건축이 시작된 지도 30년이 되었다. 데카르트의 유해가 묘비명과 함께 구 사원에 안장되어 있다. 기적을 일으키는 성골함에서 멀지 않은 곳으로 그의 유해를 옮겨놓을 것인가? 얼마나 이상한 조합인가? 성녀 주느비에브와 데카르트가 나란히 있다니! 그들은 저 세상에서 서로 대화를 나누겠지. 그들은 저세상에 대해 무슨 말을 할까? 그런데 겸손한 데카르트에게는 성골함이 없다.

181 예수회 수련소

오, 변화여! 오, 인간사의 불안정함이여! 누가 예상했겠는가, 포드페르 길에, 예수회 수련소에, 그들이 신학 논쟁을 벌이던 바로 그 방에 프리메이슨 지부들이 세워지리라는 것을. '그랑 오리앙'[161]이 '예수회'를 계승하리라는 것을. '아홉 뮤즈'[162]의 철학 '지부'가 로욜라 후예들의 명상실을 차지하게 되리라는 것을. 볼테르가 1778년에 그곳에서 프리메이슨 단원으로 받아들여지고, 라디므리가 그에게 다음과 같은 탁월한 시를 헌정하리라는 것을.

> 저명한 형제의 이름만으로도
> 모든 프리메이슨 단원은 오늘날 승리를 구가한다.
> 그는 우리에게서 깨달음을 얻고
> 사람들은 그에게서 깨달음을 얻는다.

성 프란치스코 하비에르에게 기도하던 바로 그 장소에서 볼테르에 대한 추도와 찬양이 가장 화려하게 거행되리라고 누가 예상했겠는가?

161 그랑 오리앙(Grand Orient) 드 프랑스: 절대적 양심의 자유를 원칙으로 하며 회원에게 종교적 신념을 강요하지 않았던 프리메이슨단의 지부.

162 구 예수회 수련소 건물에 위치한 프리메이슨 지부. 메르시에는 1779년부터 이 지부의 회원이었다.

오, 급작스런 변화로다! 프리메이슨단 지부장이 그리페 신부의 자리에 앉고, 프리메이슨단의 종교의식이 대신 들어서다니! … 나는 감히 문장을 마무리할 수가 없다. 내가 프리메이슨 단원이 되어 과도한 태양빛이 들어올 수 없는 이 궁륭(穹窿) 아래 설 때면, 분노와 절망의 시선을 던지는 예수회 유령들이 떠도는 모습이 보이는 것 같다. 거기서 나는 볼테르 자신이 신학적 관점에서 수도 없이 저주를 받았던 바로 그 홀 안으로 음악에 맞춰 들어오는 모습을 보았다. 그것은 '위대한 우주의 창조자'가 원하던 모습이었다. 볼테르는 60년 동안 광신과 미신에 대항해 투쟁했다는 찬양을 받았다. 왜냐하면 다른 이들에 의해 상처 입었던 괴물을 죽음으로 몰아넣은 사람이 바로 그이기 때문이었다. 괴물은 옆구리에 화살을 맞았다. 그것은 당분간 제자리를 맴돌며 무기력한 분노로 가득찬 최후의 노력을 발산할 수 있을 것이다. 하지만 괴물은 결국 쓰러져야 하고 세상에 부응해야 한다.

오, 예수회 수사들이여! 당신네 예수회의 라셰즈 신부[163]가 가장 위험한 거짓말 속에 그의 존엄한 고해자를 숨겼을 때, 다른 신부들이 왕에게 무정한 불관용과 자신의 저급하고 편협하며 인간의 자유와 존엄을 침해하는 사상을 불어넣었을 때, 당신들은 이러한 모든 일을 예상이나 했었는가? 당신들은 철학의 유용한 지식을 혐오하는 사람들이었다. 그래서 철학자들은 당신들의 본거지에서 당신들의 급속한 몰락을 기뻐했던 것이다! 자비와 관용, 보편적 선의에 토대를 둔 프리메이슨 단원들은 계속 존속할 것이다! 반면에 당신들의 이름은 오직 박해자의 이기주의라는 생각만을 불러일으킬 것이다.

163 François d'Aix de la Chaise(1624~1709): 1675년부터 34년간 루이 14세의 고해신부였다.

❦ 1762년 8월 11일 예수회 콜레주의 이사 장면(에칭)

182 파리 중앙시장의 기둥

파리 중앙시장의 기둥 아래에는 우리가 자랑스럽게 여기는 시인 몰리에르가 태어난 집이 아직도 남아 있다.[164] 그곳에는 침침한 조명 때문에 얼룩과 색깔이 감춰지는 가게에서 낡은 옷가지들을 판매하는 고물상 대열이 길게 늘어서 있다.

당신이 한낮에 검은색 옷을 샀다고 생각할 때에도, 그 옷은 초록색이거나 보라색이고 표범 가죽처럼 얼룩 반점이 있다.

할 일이 없는 가게 점원들은 아주 무례하게 당신을 부른다. 그래서 그들 중 한 명이 당신을 불러들이게 되면, 당신이 가는 곳마다 모든 상점 주인들이 귀찮게 당신을 다시 부른다. 아줌마, 아가씨, 하녀, 개, 모두가 당신의 귀에 대고 짖어댄다. 당신이 기둥 밖으로 나올 때까지 시끄럽게 떠드는 그 소리 때문에 당신의 귀는 멍해진다.

가끔가다 이들 중 무례한 자들이 신사의 팔이나 어깨를 붙잡고 신사의 의사와 관계없이 억지로 상점으로 끌어들인다. 그들은 이처럼 무례한 장난으로 시간을 보내곤 하는 것이다. 이러한 무례를 응징하기 위해서는 지팡이로 그들을 몇 대 때림으로써 그들을 벌하지 않을 수 없다. 하지만 그들의 버릇은 고쳐지지 않는다.

또한 당신은 지하실에서 다락방까지 집안을 채울 수 있는 가구들, 즉 침대, 찬장, 의자, 탁자, 책상 등을 그곳에서 찾을 수 있다. 5만

164 몰리에르의 생가는 생토노레 길 96번지에 있었다.

명이 파리에 갑자기 몰려온다고 해도 그 다음날이면 그들에게 5만 개의 침대가 공급될 것이다.

이들 고물상들의 아내나 누이들, 아주머니들, 사촌여동생들은 매주 월요일마다 '생테스프리'라는 이름으로 그레브 광장에 열리는 일종의 시장에 간다. 그날은 처형이 없기 때문에 그 여자들은 그곳에서 여성과 아이들의 의복과 관련된 모든 것들을 진열한다. 가난한 부르주아 여자들, 소송대리인 부인들 혹은 검소한 여성들이 그곳에 가서 모자, 옷, 카자캥,[165] 침대보, 그리고 기성화(旣成靴)까지 구입한다. 밀고자들은 여성용 목수건이나 수건, 기타 훔친 옷가지들을 팔러 그곳에 오는 사기꾼들을 기다린다. 그곳에서 그 사기꾼들은 소매치기를 획책하는 사람들과 함께 체포된다. 그 장소가 그들에게 찬찬히 생각할 여유를 주지 않는 것처럼 보인다.

이 시장은 마치 한 지방 전체의 여성복 시장 혹은 아마조네스 부족의 의복 시장인 것 같다. 스커트, 부팡트,[166] 실내복들이 산재하고 무더기를 이루고 있어서 사람들은 거기서 선택할 수 있다. 이곳에서는 고인이 된 재판장 부인의 드레스를 소송대리인 부인이 구입한다. 가난한 처녀는 후작의 시녀가 쓰던 모자로 머리를 치장한다. 사람들은 탁 트인 곳에서 옷을 입어보고 순식간에 셔츠를 갈아입는다.

구매인은 자신이 흥정하고 있는 코르셋이 어디에서 왔는지 알지 못하고, 그에 대해 신경 쓰지도 않는다. 어머니의 감시의 눈초리를 받으며 순진하고 가난한 처녀는 전날 오페라 극장의 음탕한 여배우

165 casaquin: 외투의 변형으로 이제 막 나타나기 시작한 옷이다. 옷자락이 길게 늘어진 여성용 상의를 나타내는 단어로는 18세기에 카자캥, 페탕레르(pet-en-l'air), 카라코(caraco)라는 말들이 차례차례 사용되었다.

166 bouffante: 통을 부풀린 스커트.

가 입고 춤추었던 코르셋을 입어본다. 매매에 의해 또는 사후 재산 목록 작성에 의해 모든 것이 정화된 듯하다.

사고 파는 사람들이 모두 여성들이기 때문에 양측의 술책이 거의 똑같다. 아주 멀리서 날카롭고 꾸며낸 듯한 귀에 거슬리는 목소리가 들리면, 그것은 서로 다툼을 벌이는 소리이다. 가까이 가서 보면 그 장면은 더욱 더 흥미롭다. (여성이 아니라) 남성들이 여성의 의상을 응시할 때, 그들은 특이한 얼굴 표정을 짓는다.

저녁이면 산더미 같이 쌓였던 그 모든 옷들이 마치 마법이라도 부린 것처럼 흔적도 없이 사라진다. 케이프 하나도 남아 있지 않다. 풍요롭기 그지 없는 이 상점은 다음 월요일이면 틀림없이 다시 나타나게 될 것이다.

183 티르샤프 길

파리 중앙시장의 기둥에서 나오면 티르샤프 길에 들어서는데,[167] 그곳은 구두쇠들에게 소중한 곳이다. 왜 그럴까? 그 이유는 그들이 현대의 비극 작가가 프랑스 비극을 만들어 내는 것과 거의 똑같이, 그 거리에서 천 조각과 헝겊 조각들을 덧대어 의복을 짓기 때문이다.

구두쇠는 가능한 온갖 색깔과 크기, 온갖 모양의 천 조각들 수천 개가 걸려 있는 이 좁은 골목으로 들어선다. 이 가게에서 저 가게로 발품을 판 덕에 그는 자신이 찾고 있는 천을 발견한다. 그 과학적 회계관리인은 그 천을 한눈에 알아본다. 그의 눈썰미는 확실하다. 그는 자기 옷을 만드는 데 얼마큼의 천이 필요한지 알고 있고, 그의 머릿속에는 옷 재단 그림이 완벽하게 새겨져 있다. 그는 깜짝 놀라 불평하는 재단사에게 훈계를 하며 옷감과 안감을 건넨다. 꼭 필요한 만큼이고 남는 것은 아무것도 없다. 얼마나 정확한가! 얼마나 정밀한가! 재단사는 입을 다물고 감탄한다. 스승을 만난 것과 마찬가지이기 때문에 재단사는 품삯을 받는 것으로 만족한다.

이 거리는 유태인들로 가득 차 있는 것처럼 보인다. 그만큼 그들은 지저분하고 분주하다. 눈길에도 마찬가지로 탐욕이 넘치고, 언행

167 베티지 길과 생토노레 길을 연결하던 이 길은 1854년에 퐁뇌프 길이 개통되면서 사라졌다. 티르샤프 길은 13세기에 이미 존재했는데, 일레레는 이 길의 이름에 대해 다음과 같은 어원을 제시한다. "아마도 그 이름은 이 거리의 상인들이 행인들을 자신들의 가게 앞에 멈춰 세우기 위해 그들의 '샤프(chape, 옷)'를 잡아 끌었던 습관에서 유래했을 것이다."(『파리 길의 역사 사전』)

도 번지르르하다. 상점들은 손님들로 붐빈다. 고용인들이 모두 어디서 잠을 자는지 모르겠다. 천장까지 닿는 상품들로 칸막이 벽이 형성되어 있다. 늘어진 옷감들이 커튼 구실을 하며, 모두가 그 넝마더미 아래 파묻혀 잠을 잔다. 한낮에도 식사를 하려면 촛불이 필요하다. 옷가지의 색깔을 알아보고 싶을 때는 그것을 창문으로 가져가는데, 그 창문의 유리엔 돈벌이에 관한 더러운 탐욕이 덕지덕지 붙어 있다.

이들 유태인들은 부유하다. 그들은 비단 옷감과 면직 옷감 조각들을 아침부터 저녁까지 풀어헤친다. 그들은 다른 사람들의 눈에는 단지 넝마장수의 채롱(綵籠)을 채워야 할 것처럼 보이는 것들로 돈을 만들어낸다.

184 넝마장수

내가 이 추잡한 단어를 말했다는 것인가? 사람들이 용서해 줄까? 당신은 진흙창에서 찾아낸 것을 갈고리로 주워 채롱 속에 던져 넣는 저 사람이 보이는가? 외면하지 말라. 자랑거리도 아니지만 예민한 척할 필요도 없다. 이 싸구려 넝마는 우리 서재의 장식물이 되고 인간 정신의 소중한 보고가 될 원료이다. 몽테스키외, 뷔퐁, 루소에 앞서 이 넝마장수가 있었다.

그의 갈고리가 없었다면 독자인 당신에게 내 작품은 존재하지 않을 것이다. 그렇다고 해서 커다란 불행은 아닐 것이다. 맞다. 하지만 당신에겐 책이 한 권도 없을 것이다. 그 근원을 따지면, 아무런 가치가 없어 보이지만 장차 종이가 될 원료를 당신은 그에게 빚지고 있는 것이다. 그 모든 넝마들이 반죽이 되어 불꽃 같은 웅변, 숭고한 사상, 덕성의 고귀한 특성, 애국심에서 우러나온 가장 기념비적인 행동들을 보존하는 데 쓰이는 것이 나온다.

덧없이 사라지는 모든 생각들이 머리에 떠오르자마자 빠르게 정착될 것이다. 머릿속에서 그려지는 모든 상(像)들이 결합되고 새겨지고 고정될 것이다. 자연은 천재를 죽게 만들 테지만, 그 후로도 그의 작품들은 전 세계인의 것이 될 것이고, 오로지 넝마장수가 죽어야 비로소 소멸될 것이다. 넝마장수에게 경의를.

185 위셰트 길

사람들이 꽉 들어차 살고 있는 5층짜리 집이 1767년 2월 7일에 이 거리에서 무너졌다. 잔해 속에서 6세 아이가 발견되었는데, 다행히도 2개의 기둥이 아이의 머리 위에서 서로 교차하는 바람에 아이는 죽음으로부터 목숨을 건졌다. 아이는 아주 가벼운 타박상조차 입지 않았다.

오토만 제국의 마지막 대사를 따라 들어왔던 터키인들은 파리 전 지역에서 위셰트 길[168]보다 더 살기 좋은 곳을 발견하지 못했다. 고기구이 집들[169]과 거기서 새어 나오는 맛있는 고기 냄새 때문이었다. 리무쟁 사람들은 그곳에 와서 그들의 구운 고기 냄새가 나는 맨빵을 먹는다고 한다.

하루 중 그 어느 때라도 가금 구이를 볼 수 있다. 언제나 활활 타오르는 화덕에는 쇠꼬챙이가 꽂혀 있다. 한없이 돌아가는 익시온의 수레바퀴[170]를 닮은 꼬치 회전기로 계속해서 고기가 구워진다. 벽난

168 이 이름은 '위셰트 도르 상점(A la Huchette d'Or)'이라는 간판에서 유래한다. 1300년과 1600년 사이에 이 길은 좌안에서 가장 아름다운 길 중 하나였다.

169 원래 우아한 저택들로 이루어졌던 위셰트 길은 17세기 말에 고기구이 집과 음식점들의 길이 되었다. 메르시에는 그처럼 좁고 사람이 많이 다니는 길 노천에서 고기를 구울 때 발생하게 될 화재의 위험성에 대해 다시 한 번 경종을 울리고 있다.

170 익시온은 그리스 신화에 나오는 라피타이족의 왕으로, 에이오네우스의 딸 디아를 아내로 맞았으나 납폐금(納幣金)이 아까워 에이오네우스를 죽였다. 제우스는 익시온을 불쌍히 여겨 올림포스 산으로 데리고 가서 친족살인죄를 씻어 주었는데, 익시온은 배은망덕하게도 제우스의 아내 헤라를 범하려 하였다. 제우스가 구름으로 만든 헤라의 환영(幻影)인 네포스와 익시온 사이에서 반인반수(半人半獸)의 괴물 켄타

로의 화덕은 사순절 기간에만 불이 꺼진다. 이 위험한 길에 불이 난다면, 그 길의 오래된 집들이 전부 나무로 지어졌기 때문에 화재를 진화할 수 없을 것이다.

우로스가 태어났다. 제우스는 익시온을 타르타로스로 추방했고, 거기서 에르메스는 영원히 돌아가는 불타오르는 수레바퀴에 익시온을 묶어놓았다. 익시온은 영겁(永劫)의 죄로 신음하는 자의 상징이 되었다.

186 그로카유

술집들이 가득 들어찬 이곳은 앵발리드 아래쪽 강가에 있다. 이곳에서 파리인들은 그들이 좋아하는 내기 대상인 '마틀로트'[171]를 먹는다. 마틀로트의 가격은 금화 1루이이다. 하지만 마틀로트는 완전무결해야만 맛있는 음식이다. 가장 유명한 요리사조차도 잉어와 뱀장어, 모래무지를 섞어서 조리할 줄 아는 뱃사람에게는 손을 든다. 그런 날엔 요리사들은 노를 다루는 뱃사람의 거친 손에 일을 맡긴다. 요리사들이 시기해봐야 소용이 없다. 그들은 마틀로트를 제외한 다른 음식들을 요리한다. 입맛이 까다롭거나 음식 맛에 정통한 모든 주인은 그렇게 할 것을 명령한다.

전쟁이 시작되었을 때[172] 사람들은 해상 작전에 대한 생각을 파리인들에게 심어주기 위해 그로카유[173]에 군함을 건조하려 했다. 이 새로운 광경에 감탄한 주민들이 와서 놀라 입을 벌렸고, 벌써부터 센 강이 템스 강과 겨루어서 합쳐질 것을 상상했다. 함대가 이 평화

171 matelote: 18세기 말에 유행한 생선 요리.

172 미국 독립전쟁으로, 이때 영국과 프랑스 함대는 1781년까지 대립했다.

173 생도미니크 길과 클레르 길이 만나는 곳에 서 있던 '그로카유(Gros-Caillou)'라는 이름의 바위산은 생제르맹데프레 수도원 땅과 생트주느비에브 수도원 땅 사이의 경계 역할을 하던 것으로 1738년에 채굴되었다. 그 이름은 한 갈보집이 차지했다가, 이어서 그 집이 있는 거리에 붙여졌다. 마지막으로 그 이름은 앵발리드와 군사학교 건축에 맞추기 위해 17세기와 18세기에 세워진 전 구역으로 넘어갔다. 그 구역에는 많은 술집들이 있는데(라쿠르티유에서나 라라페 항구에서와 마찬가지로), 이 술집들에는 강에서 나오는 생선들을 맛보러 오는 일반대중들이 자주 드나들었다.

로운 강변에서 대서양을 향해 진격할 것이고, 민물에서 거친 바다까지 나아갈 것이라 생각했다.

모든 것이 웃음거리가 되었다. 우직한 파리인은 벌써 영국인들이 패배하고 모멸을 받는 것으로 생각했다. 사람들은 널빤지들을 이어 붙여서 어마어마한 크기의 조선소를 만들었다. 그들은 구경꾼들에게 2수를 요구했다. 그들은 프랑스 깃발을 존중하게 해줄 대포들을 모래사장에서 보여주었다. … 하지만 어느 날 밤중에 불어난 강물이 군함과 더불어 의장(艤裝)하던 사람들의 오만한 희망도 휩쓸어 갔다.

이것이 우리의 쓸데없는 대규모 해상작전의 참모습의 축소판 아닐까? 우리는 나중에 이 문제를 살펴보게 될 것이다.

187 시테 구역

이곳은 파리 최초이자 가장 오래된 구역으로, 길이가 겨우 500투아즈에 불과한 섬이다. 이 오래된 파리인들의 발상지에는 대성당, 대주교관, 오텔디외 병원, 유기아 보호소, 왕궁, 그리고 20개 남짓의 교회들이 있다. 이곳에는 금은 세공상점과 보석상의 수가 압도적으로 많다. 페루에서 건너오는 모든 금은 도핀 광장에 도달하게 된다. 왜냐하면 세계 어느 곳의 사람들도 파리인만큼 세련되게 이 금속을 세공하지 못하기 때문이다. '조각술'과 '대칭되게 꼬아 만든 장식' 때문에 유럽의 모든 보석들은 파리인의 손을 거치게 된다. 파리인은 '조각술'로 세력을 떨친다.

오르페브르 강둑길에는 화려한 은 세공품 상점들이 길게 늘어서 있다. 한 번 쳐다보는 것만으로도 모든 외국인들은 경탄한다.

'파리는 하루 아침에 이루어지지 않았다'는 속담이 있다. 그 사실을 시테에서 볼 수 있다. 이 도시가 무작위로, 수많은 집들이 예기치 않게 집중적으로 형성되었다는 것을 사람들은 자신의 눈으로 직접 보고 납득한다.

각자는 먼저 공공건물과 사원, 그리고 광장을 따라서 자신의 터를 선택했다. 사람들은 줄지어 선 거리를, 다시 말해서 향후 도시가 확장될 것을 전혀 생각하지 않았다. 그래서 좁은 광장, 모퉁이, 구부러진 길, 협소한 출구가 생긴다. 이 때문에 오래된 구역은 작고 납작한 집들로 쾌적하지 못한 모습을 보인다. 마차들은 길에서 방향을 돌리기가 힘들다. 숙련된 마부가 되어야 난관을 벗어날 수 있다. 높이 솟아 있는 몇 개의 건물들이 다른 건물들을 더욱 초라하게 만든다.

새로운 구역에서는 그 반대로 모든 것이 정렬되어 있다. 좁은 광장도 없고 협소한 교차로도 없다. 그 구역들은 넓고 반듯하다. 마치 수세기에 걸쳐 왕권 소재지였다가 왕국의 중심이자 심장부가 된, 즉 군주제를 뒤흔든 모든 움직임이 시작되고, 이어 파급된 주요 지역인 전 세계인의 도시를 위해서 그러기라도 한 듯이 그곳에서 사람들은 대국적으로 작업한다.

188 생루이 섬

예전에 이 섬은 작은 지류에 의해 둘로 나뉘어 있었다. 사람들은 그 2개의 섬을 연결시켰다. 이곳은 도시의 대규모 타락을 모면한 것처럼 보이는 구역이다. 타락이 아직까지 이곳에는 침투하지 않았기 때문이다. 매춘부는 누구도 이곳에서 집을 구하지 못한다. 그녀가 누구인지 알게 되는 즉시 사람들은 그녀를 밀어내어 더 먼 곳으로 보낸다. 부르주아들은 서로를 감시한다. 그곳에서는 개개인의 습관들이 알려져 있다. 잘못을 저지르는 모든 처녀는 비난의 대상이 되며 결코 그 구역에서 결혼하지 못한다. 제3신분이 지배하는 지방도시의 모습을 생루이 섬 구역보다 더 잘 보여주는 곳은 없다. 다음과 같은 말은 아주 적절한 말이다.

> 마레 주민은 생루이 섬에서는 외국인이다.

이 섬에는 3개의 다리를 통해 들어간다. 그곳으로 통하는 마리 다리에는 바닥의 길이가 4투아즈인 똑같은 모양의 집 50채가 있었다. 센 강의 범람(나는 들은 것을 전하는 것이다)으로 인해 1658년 3월 1일에 2개의 아치와 22채의 집들이 떠내려갔다. 다리 위에 있으면서 아직까지 홍수로 피해를 입지 않은 집들에 통보(通報)가 되풀이된다.

189 수도 일부의 바닥

파리 인근 지역에서 일어난 몇 곳의 붕괴 사건, 특히 7년 전에 있었던 앙페르 방책 근처의 붕괴는 정부로 하여금 채석장에 관심을 쏟지 않을 수 없게 만들었다. 초기의 수리 임무는 그 지역 치안을 담당하고 있던 재무국에 맡겨졌다.

1777년 6월에 이 작업은 조영관 관리들에게 주어졌다. 작업이 아직 실행에 들어가지 않았을 때, 바로 그달에 뤽상부르 근처에서 앙페르 길의 어떤 가옥 창고들이 갑자기 무너졌다.

그 집의 수리가 계속되고 아주 보잘것없는 금액으로 조사가 시작되었을 때인 1778년 7월 27일, 7명의 인부가 몽마르트르 근처의 석고 채석장 잔해 속에 매몰되었다.

이 사고가 정부의 관심을 다시 일깨웠다. 사람들이 이들 채석장을 방문했는데, 높이가 50피트에 달하는 빈 공간, 오래 지속될 수 있을 것 같지 않은 약 80피트 두께의 산더미를 지탱하는 돌기둥들은 붕괴가 임박했다는 것을 알려주고 있었다. 또한 벨빌 인근 지역에서 매일 무시무시한 동굴들을 조사했는데, 그 속엔 불행한 일꾼들이 매몰되어 있었다. 이들 채석장의 빈 공간은 메닐몽탕의 것보다 훨씬 더 높아 그 높이가 70피트에까지 달해 있었다.

계속되는 재난을 막기 위해 이러한 종류의 채석장들이 법령에 의해 금지되고, 현존하는 채석장들은 폐쇄하기로 결정되었다.

위험이 임박해 있었다. 구급 조치에 대한 관심을 불러일으켰고, 더 큰 재난을 피하게 한 그 최초의 사고에 아마도 감사를 드려야 할 것이다.

사람들은 이들 채석장[174]의 어마어마하게 큰 빈 공간을 채워 넣었고, 폭약으로 돌기둥들을 깨뜨림으로써 채석장 위의 흙과 암석층들을 무너뜨렸다. 이는 방데르마르크가 손에 넣은 광산 기술이 가져다준 흥미롭고 새로운 광경이었다. 사람들은 엄청난 크기의 산이 무너지는 것, 속된 표현에 따르면 '절을 하는 것'을 보았다. 단 한 번의 발파로 기둥들이 40개까지 부서졌다.

파리는 채석장들로 둘러싸여 있다. 땅 속에서 돌을 꺼내지 않고는 그렇게 많은 건물을 지을 수 없다. 파리의 길들과 교외, 샤이요 쪽, 파시 쪽, 그리고 오를레앙으로 가는 옛 길의 지하에는 상당히 많은 굴들이 있다.

이들 버려진 채석장을 찾아보는 데 흥미를 느낀 나는 천문대의 지하실을 통해 그곳에 내려갔다.

예전에는 허풍이 심한 관리인이 2시간 동안 오직 천문대 담장 안쪽에 있는 일종의 미로 속을 여행시켜 주면서, 당신이 어느어느 길 아래에 있다고 사실과 다르게 믿게 만들곤 했다. 종유석들이 형성되어 있는 장소에 오면 그 관리인은 쉽게 속아 넘어가는 파리인들에게 이렇게 외치곤 했다. "당신들은 지금 센 강 밑에 있습니다." 그는 이처럼 파렴치한 사기로 돈을 벌곤 했다. 그런 외부인들은 강 밑을 지나갔다고 믿었지만, 사실 그들은 천문대 지하실을 결코 떠나지 않았다.

174 현재의 13구와 14구에 있던 지하 채석장들이 대형 사고의 원인이었다. 메르시에는 1774~1777년의 유명한 사건들을 전거로 하고 있다. 1774년 12월 17일, 300m에 달하는 당페르로슈로 대로(당시에는 오를레앙 행(行) 도로라고 불렀다)가 당페르로슈로 광장과 앙팡아시스테 구빈원 사이에서 무너졌다.

사람들은 이곳 깊은 지하실에 채석장들과의 통로를 개설했다. 사람들이 그 길고 널찍한 지하로 들어가는 것은 바로 이렇게 새로 만들어진 통로를 통해서였다. 나는 거의 3시간 동안을 그곳에서 걸어 다녔다고 분명히 말할 수 있다.

그곳은 길과 교차로, 모양이 반듯하지 않은 광장들이 있는 지하 도시이다. 사람들은 때로는 낮고 때로는 더 높은 울퉁불퉁한 바닥에 신경을 쓴다. 하지만 갈라진 틈들이 보이고 이 웅장한 도시 일부의 토지를 떠받치고 있는 것이 무엇인가라는 생각이 들면, 당신은 은밀한 전율에 사로잡히고 중력(重力)의 작용에 대해 두려움을 느끼게 된다.

비어 있는 공간, 반파(半破)된 천장, 아직까지 알려지지 않은 동굴들, 함몰된 지하 갱도, 무게에 짓눌려 부스러지고 곧 무너질 것 같이 보이는 기둥들, 첫 번째 기둥에 의해 떠받쳐진 이중의 채석장. 얼마나 아슬아슬한 광경인가! 그런데 사람들은 이처럼 불안정한 지반 위에 세워진 건물 속에서 마시고 먹고 잠자고 있으니!

위험이 나날이 감소한다는 것은 사실이다. 왜냐하면 불행을 방지하기 위해 정부가 가장 현명한 대책들을 강구했기 때문이다. 드넓은 포부르를 즉시 기둥으로 떠받치는 것은 불가능했다. 사람들은 다급했다. 공공도로의 안전을 확보한 다음 개개인들의 집에 이르게 될 것이다.

처음에 사람들은 무계획적으로 일을 진행했다. 들판이든 공원이든 그 아래서 빈 구멍이 발견되는 곳이면 어디든지 구분 없이 기둥을 세웠다. 길 아래라 할지라도 무너져 내린 곳에는 아무 조치도 하지 않았다. 그것들을 보수할 수단이 없었기 때문에 등을 돌렸던 것이다. 길과 발견물 추적을 방해하는 대량의 유골이 발견되면 사람들은 되돌아서곤 했다. 그런 식으로 많은 돈을 낭비하면서도 위험에 대처하지 못했다.

그 작업이 왕립 조영관에 위임되고 난 이후에도 상황은 마찬가지였다. 제일 먼저 공공도로 보수체계가 채택되었다. 공공도로가 위험하면 위험할수록 사람들은 그것에 더욱 관심을 둔다. 사람들은 길을 따라가면서 동굴들을 바로 통과해 간다. 피해의 중심을 알기 위한 것일 뿐만 아니라, 확실한 보수를 위해 길의 길이를 알아보기 위한 것이다. 이러한 방법으로 이들 동굴들에 막혀 있던 막대한 양의 발견물들이 얻어졌다.

남아 있는 암석층들에 대해서도 마찬가지이다. 사람들은 길에서 벗어나지 않고 통과한다. 이러한 접근방법은 이중의 장점이 있다. 하나는 암석층 주변을 우회해서 뒤로 돌아서 길의 방향에 다시 접근하는 데 들여야 했을 비용 관리를 하지 않아도 된다는 점이고, 다른 하나는 이러한 접근방법에서 나오는 석재가 그것을 필요로 하는 장소에 기둥을 세우는 데 사용된다는 점이다. 어떤 사고가 나고서야 비로소 표면화되었을 재난이 이러한 방법을 통해 얼마나 많이 드러났는지 사람들은 믿지 못할 것이다.

과거엔 200명의 개개인들이 땅을 개발했다. 그들은 각자 자기 채석장의 입구를 만들었다. 그 가운데 어떤 채석장들은 봉합되었고, 어떤 것들은 돌덩어리들로 둘러싸인 채로 남아 있었다. 작업 첫 해에는 이 돌덩어리들이 채굴된 것이라 생각하지 못했다. 하지만 경험에 의해 이러한 악습이 알려지게 되었다. 그래서 사람들은 길 양편에 하나씩, 암반과 동굴을 통해 나 있는 2개의 지하통로 체계를 채택했다. 이 지하통로는 가옥들을 따라서 나 있고, 사방팔방으로 세워진 기둥들로 보강된다. 기둥들 중 하나는 길 위에 있는 정면의 벽 아래에 위치했다. 이러한 작업을 통해 사람들은 모든 길을 통하게 하고, 개개인들로 하여금 자신들 소유지의 하부(下部)를 알게 할 수 있을 것이다. 정부의 계획은 위험이 생길 경우 각 개인에게 자신의 지하를 수리하게 하려는 것이다.

사실 이처럼 중요한 작업은 생자크 포부르에서만 진행되고 있고, 다른 구역들에서는 피해가 어느 정도인지 모른다. 하지만 사람들은 조사하고 깊이 연구하며 진전을 보고 있다. 사람들은 일직선으로 곧장 나아가면서 사태를 확인하고 있다.

강에 인접한 모든 구역들은 이러한 두려움에서 벗어나 있는 것처럼 보인다. 몽마르트르 포부르와 생토노레 포부르는 불안해할 것이 아무것도 없다. 하지만 파시, 샤이오, 그리고 생트주느비에브 인근 지역에는 채석장들이 많이 있다.

여기서 우리는 부당하게 두려움을 불러일으키려는 것이 아니라 충실한 역사가로서 우리가 본 것을 표현하려는 것이다. 앙페르 길의 헛간 일부를 제외하고는 무너진 집은 하나도 없다. 재난을 예고함으로써 치유책을 언급하려는 것이다. 세심한 정부는 놀란 사람들을 진정시킬 수 있는 모든 방법을 사용했다.

모든 사람들이 알고 있는 것을 말하지 못하게 하는 것은 쓸데없는 일일 것이다. 그렇지만 몇몇 외국 책자들에서 과장되게 표현된 것처럼, 파리 시가 주민 모두와 함께 바닥 모를 심연으로 곧 가라앉는 일은 전혀 일어날 가능성이 없다.

이러한 모습들 중 하나가 서경시(敍景詩)의 대상이 되고 있다. 그래도 역시 이러한 모습은 거짓이고 과장되었으며, 실제 상황과 맞지 않는다. 우리는 위험도를 확인하는 데 태만한 적이 없고, 그 위험도가 별것 아니라고 생각하지는 않지만, 적어도 현재의 세대에서는 미미한 것이라고 생각한다.

190 내가 본 적이 있는 것들과 본 적이 없는 것들

어떤 사람들 얘기로는 기적을 일으켰다고 하고, 또 어떤 사람들에 따르면 최종적으로 지옥에 떨어졌다고 하는, 1720년에 성인품에 오른 부제(副祭)[175]를 나는 전혀 본 적이 없다. 하지만 나는 얀센주의 지지자들과 몰리나의 제자들이 '유효한 은총' 혹은 '충족한 은총'에 대해 논쟁하는 것을 본 적이 있다. 그 논쟁은 너무나 치열해서 아리스토파네스, 뤼시앵, 스위프트의 손에 든 웃음이라는 무기로도 결코 완화시킬 수 없었을 것이다.

하지만 위대한 신학자들로서 '궤변을 늘어 놓던' 이들 신부들은 곧 잘난 체하는 멋쟁이 청년들이 되었다. 그들은 성직록을 얻기 위해 삭발례를 하고, 사교계를 전전하면서 즐겁게 시간을 보내며, 세상에서 가장 평온한 방식으로 교회 재산들을 소비하고, 성직록 서류를 쥐고 있는 주교를 찬양하며, 그를 그들의 유일하고 진정한 지도자로 간주한다.

만일 그들을 보고 누군가가 "노래를 짓고, 기타를 뜯고, 후두음을 섞어 노래를 부르는 이들 성직자의 옷을 입은 신사들 모두가 '성직매매범'[176]이다"라고 말한다면 귀부인들은 아마 이 소름끼치는 단어가 무슨 의미인지 설명해 달라고 할 것이다. 그리고 그녀들은 이렇게 외칠 것이다. "뭐라고요! 우리가 혈색 좋은 젊은 수도원장에게

175 유명한 파리스 부제.
176 성직매매란 성사 혹은 영적 은혜를 물질적인 재산으로 값을 치르게 하는 것이다.

유리하게 그 성직록의 예전 소지자인 모 신부와 계약했다면 우리가 '성직매매'에 가담한 것이라고요? … 아, 그것 참 이상하군요!"

나는 '경련을 일으킨 얀센주의 광신도들'을 보았다. 그것이 언제였던가! 퐁트넬, 몽테스키외, 볼테르, 장자크 루소, 레날 신부, 달랑베르가 살아 있던 시대였다. 광신도들은 마귀에 들린 사람처럼 몸을 떨었고, 한편 이들 현인들은 펜을 들고 있었다.

나는 루이 14세가 사망하기 불과 얼마 전에도 3,200만 장의 어음 또는 지불명령서를 양도하고 800만 장을 협상하는 모습, 다시 말해서 현금으로 100을 갖기 위해 채권으로 400을 주는 모습을 보지 못했다. 하지만 나는 정부가 개개인들에게 그들의 식기류를 조폐국으로 가져오라고 권유하는 것은 보았다. 그것은 우리의 궁핍을 유럽에 드러내는 것이었다. 『메르퀴르 드 프랑스』의 인쇄목록과 첨부자료에는 고귀한 시민인 어떤 구두수선공이 12수짜리 주화로 만들어 국가부채를 줄이는 데 쓰도록 하기 위해 자신의 은 찻잔을 가져왔다는 내용이 나온다.

나는 교황의 교서에 대해 플뢰리 추기경이 '6만 장의 봉인장'에 서명하는 것을 보지 못했다.[177] 하지만 나는 이 예수회라는 나무가 뿌리가 잘리고 세상으로부터 조금씩 잊히는 모습은 보았다. 예전엔 그 나무가 탄력적이고 비스듬히 뻗은 가지들로 세상을 뒤덮었었다. 오늘날에는 증오조차도 약해져서 로욜라의 후예들을 용서하고 있다. 그 후예들은 백러시아에 다시 뿌리를 내리고 있다. 프로이센 왕과 러시아 여제는 그들의 정책과 정신을 아주 잘 알고 있음에도 그

177 교황 클레멘스 11세의 '우니게니투스' 교서는 1713년 얀센주의를 비난했고, 정부는 이를 강요하는 국왕 봉인장을 발송했다.

들을 받아들이고 있다.[178]

나는 로의 경험주의가 왕국 전체에 탐욕으로 인한 혼란을 일으키는 것을 보지 못했다. 하지만 케네[179]의 학설이 기근을 불러오는 것은 보았다. 한편 당시 무역을 하던 탐욕스런 사람들은 수많은 날품팔이 농민들과 일꾼들이 죽어가는 모습을 무덤덤한 눈으로 지켜보았다.

나는 퐁트누아 전투[180] 직후부터 프랑스가 힘과 활력이 넘치는 상태에 있는 것을 본 적이 없다. 하지만 궁정과 사법관 사이에 있었던 일종의 내면적이고 유치한 전쟁은 보았다. 나는 고등법원 판사가 두 차례나 추방되는 것을 보았다. 이처럼 사소하고 우스꽝스런 싸움으로 왕권은 다른 어떤 재앙에 의한 것보다도 더 민심으로부터 멀어졌다.

나는 황제의 계승을 위한 유혈 논쟁을 본 적이 없다. 하지만 부적절하게 시도되고 계획이 잘못 된 두 차례의 전쟁[181]은 보았는데, 그 전쟁들은 우리에게 진정한 정치적 관심사에 대한 이해가 부족하고 또 오랫동안 부족할 것임을 증명하고 있다.

나는 시청 건물에 가본 적이 없다. 그리고 연금 지급이 중단되는 것을 본 적이 없다. 하지만 나는 어떤 대신이 왕의 금고에 보관되어 있지 않은 돈을 훔치는 것, 이웃들의 금고를 부수고 정말이지 '카르

178 예수회 수사들은 1764년 프랑스에서, 1759년에는 포르투갈에서, 1767년에는 에스파냐와 시실리, 나폴리에서 추방되었다. 그러나 프로이센의 프리드리히 2세와 러시아의 예카테리나 2세는 그들을 환영했다.

179 Quesnay(1694~1774): 중농주의 학파의 우두머리로, 그의 정책은 무역에서의 국가 개입을 모두 거부하고 시장의 '자연 법칙'이 지배하게 내버려두는 데 있었다.

180 la bataille de Fontenoy: 오스트리아 계승전쟁 중에 프랑스가 승리를 거둔 1745년 5월 11일의 전투.

181 7년 전쟁과 미국 전쟁을 가리킨다.

투슈와 같은'[182] 짓을 하는 것은 보았다. 누가 그것을 믿겠는가? 그는 능력가로 통했는데, 오히려 그보다 더 무능하고 더 뻔뻔스러운 사람은 없었다. 왜냐하면 그는 그나마 전제군주제에 남아 있는 신용을 영원히 소멸시키게 될 것이기 때문이다.

나는 경제이론가들, 즉 무언가를 발견했다고 거만을 떠는 일부 중농주의자들이 정치적 규범의 토대는 생각하지 않은 채 학자인 척하는 교만한 태도로 전반적인 쇄신을 발표하는 것을 보았다. 그들의 우스꽝스런 허풍, 그들의 생경하고 장황한 문체는 '스승'[183]의 명예를 높이는 데 전혀 기여하지 못했다. 그 스승은 자신이 대신에게 채택하게 만들었던 부정확하고 조급하고 때이른 이론에 의해 곡물가격의 폭등을 일으킨 주범이었다. 그리고 이 대신은 자신이 곧 버리고 떠나면서 조롱거리로 만들게 될 진영에 전반적인 재난의 책임을 돌리는 데 만족하고, 오로지 자신이 거두어 들이게 될 막대한 금액만을 생각했다.

나는 백과전서파가 자기 진영에 속하는 사람들에게만 공적과 재능, 심지어 재치를 인정하고, 그들의 지식과는 전혀 상관없다고까지 할 수 있는 모든 예술을 성급하게 판단하려 하는 모습을 보았다. 그들은 이 과도한 어리석음에 의해 비난의 빌미를 제공했다. 모든 지성을 지배하고자 하면서 정작 자신들에게는 지성이 부족했기 때문에 그들은 야유를 받았다. 그들은 웃음거리가 되었는데, 정말 잘된 일이었다.

나는 내전(內戰)을 본 적이 없다. 내전은 강건한 기질을 가진 국

182 유명한 강도 카르투슈에게 어울릴 만하다는 말이다. 이에 관련된 인물은 1769년에서 1774년까지 재무총감을 지낸 테레 신부이다.

183 케네를 가리킨다.

가에서만 일어나기 때문이다. 하지만 나는 두 번의 학생 폭동은 보았다. 하나는 아이들을 납치했느냐 아니냐의 문제 때문에 일어났고,[184] 소문에 의하면 다른 하나는 왕을 압박해서 점잖은 사람이었던 대신을 해임시키기 위해 일어났다고 한다.[185] 첫 번째 폭동에서는 경찰관 한 명이 살해되었고, 두 번째 폭동에서는 빵집의 빵이 약탈되었는데, 모든 것이 평온하고 조용해지자 두 사람(처음 도착한 사람들)이 아무 까닭 없이 교수형에 처해졌다. 냉혹하고 아무 짝에도 쓸모없는 잔인함이었다! 그 '이유'에 대한 이야기는 역사에 속하는 일이다.

마침내 나는 과거에 숭배했던 왕이 죽었을 때 국민들이 그를 위해 눈물을 흘리지 않는 것을 보았다. 이들이 자신의 군주에 대해 열광했던 그 국민, 군주가 병이 나서 메스에 있는 동안 그의 쾌유를 빌기 위해 오열하고 신음소리로 사원의 천장을 울리게 했던 그 국민이 있던가? 그 군주는 초기에 무슨 일을 했기에 열광을 누렸던가? 무슨 일을 했기에 전혀 상반되는 감정을 유발했던 것인가? 처음엔 숭배를 받다가 나중엔 무덤덤하게 바라보는 대상이 되었던 이 인물은 어떤 사람이었던가? 어떤 사람이었느냐고? 그 답은 다음과 같다.

우리는 국민, 민족, 단체, 군중을 묘사할 수 있다. 우리는 왕국을 움직이는 다양한 관심사들을 묘사할 수 있다. 우리는 유럽 정치의 원동력들을 짐작할 수 있다. 이처럼 자유분방하고 고상하며 당당하고 장중한 필치는 우리 재량에 달려 있으며, 우리의 예상은 용케 맞을 수도 있다. 하지만 한 인간의 마음을 깊이 파고들고 그것을 분석

184 떠돌이 아이들과 구걸하는 아이들을 잡아들이는 임무가 경찰관들에게 주어졌다. 그들은 하층 부르주아의 아이들 몇 명을 '사설 감옥'에 넣었는데, 이는 그 부모로 하여금 세금을 내게 하기 위해서였다.

185 1774~1775년의 밀가루 전쟁을 암시한다. 튀르고가 곡물거래를 자유화시키자 민중 폭동이 일어났다.

하여 정의할 수 있을 만큼 충분히 섬세한 방법을, 즉 통찰력 있는 안목을 가진 사람이 누구인가?

지금 내가 이야기하고 있는 왕의 성격은 30년이 넘는 동안 분석되고 검토되어 왔는데, 나는 아직도 그 성격이 파악되지 않고 있는 것을 보았다. 그렇지만 어떤 사람의 삶이 그보다 더 공개적이었던가?

나는 내가 본 모든 것을 말하지는 않을 것이다. 역사가 몇 차례의 정권의 혼란에 대해 이야기할 때, 나는 대개는 역사의 진실을 의심한다. 이들 믿을 수 없는 사건들이 과장되었거나 꾸며낸 것이라 간주하는 것이다. 역사가가 과거에 일어났던 일을 묘사하기 위해서는 몇몇 권위자들이 와서 그를 뒷받침해 주기를 기다려야 한다. 그러니까 나는 공상(空想)이라 여겨질지도 모를 묘사를 여기서 감행하지 않을 것이다. 나는 도미티아누스 황제가 거대한 가자미에 어떤 소스를 칠지 알아보기 위해 원로원 의원들을 소집하는 것을 보지 못했다. 하지만 우리가 상상하는 것만큼 그가 원로원을 놀라게 하지는 않았을 것이다.[186] 우리는 또한 그 외에도 많은 기괴한 일들을 보아왔지만, 그것에 큰 관심을 기울이지 않았다.

그러나 한편으로 나는 프랑스가 국가의 모든 사업을 수행할 만큼의 충분한 통화(通貨)를 갖고 있다는 것을 주장하고 싶다. 그리고 다른 한편으로는 프랑스가 재정을 영국의 수준으로 올려놓기에는 통화가 부족하다고 주장하고 싶다. 프랑스는 다른 국가들보다 재정이 취약하다. 홀란드인은 프랑스인보다 5배 더 부유하다. 우리에게 '공공 유통어음'이 없는 한 우리는 우리가 누려야 할 특혜를 누리지

186 다키아인들의 공격으로 혹독하게 시련을 겪고 있는 자신의 군대와 합류하러 떠나기 전에 도미티아누스는 자신의 고문관들을 소집했다. 그는 아드리아 해에서 막 잡아온 거대한 가자미에 어떤 소스를 뿌려 먹을 것인지 알고 싶어 했다.

못할 것이다.

마지막으로 나는 명목화폐와 실물화폐를 결합시킨 국가들의 정책을 찬양하고 싶다. 자금의 이동이 늘어날 것이고, 은행을 통해 국가에 존재하는 현금 기금이 얼마나 되는지 알게 될 것이라고 한다. 그 지식은 우리에겐 소용없지만 정부에는 유용할 것이다. 정부는 자신의 경제력과 재력을 알게 될 것이기 때문이다.

내가 글을 쓰고 있는 순간에도 활발하게 토의되고 있는 문제들은 이러한 것들이다. 여론이 일면 법률이 만들어지는데, 과연 그로부터 어떤 결과가 나올 것인가? 모르겠다. 영국에서처럼 이 모든 부채의 결과로, 그리고 바로 그 부채 때문에 왕립은행이 설립될 것인가? 하지만 영국의 정부는 결속되어 있다. 프랑스 국민들 모두 역시 서로 굳게 결속될 것인가, 아니 결속될 수 있을 것인가? 내가 아는 것이라고는, 이러한 중요한 논쟁과 100년 전에 소네드 두 편의 가치를 두고 도시를 분열시켰던 논쟁은 큰 차이가 있다는 것이다.

191 신기한 것에 대한 애착

런던의 한 남자가 모일 모시에 공개석상에서 자신이 병 속에 갇히는 모습을 보여주겠다고 공표했다. 그 터무니없는 포스터로 모든 사람들을 몰려들게 하고 비싼 자릿값을 지불하게 한 사람은 누구인가? 영국인들의 순진한 무지몽매를 비난할 수는 없다. 하지만 과거에 파리, 마드리드, 비엔나에서 그랬던 것처럼 신기한 것에 대한 애착은 영국민들에게 영향을 미쳤다. 사람들은 각기 이렇게 생각했다. '이 사람이 당당하게 대중 모두를 초대하는데, 그리고 성벽에 붙인 포스터에 이처럼 불가사의한 묘기가 예고되어 있는데, 그가 모든 사람들을 속인다는 것은 불가능하다.' 감히 맞서다가는 탈이 날 수밖에 없는 많은 군중 앞에 실행자가 설 때는 거기에 무언가 특별한 것이 있을 것이고, 그것은 아무도 예측하지 못한다. 그 사기꾼이 각자에게 개인적으로 "놀러 오세요, 나는 내 몸을 1파인트짜리 병에 넣을 것입니다"라고 말했다면 아마 모두가 코웃음을 쳤을 것이다. 하지만 인쇄되어 게시된 포스터, 예고자의 거침없는 장담, 그리고 쇄도하는 사람들, 입장권 값, 몰려든 군중과 선전을 보고 사람들은 각자 마음속으로 이렇게 생각했다. '이렇게 많은 사람들을 농락할 수는 없겠지.'

대중이란 그런 것이다. 대중은 자신들이 모두 함께 속을 수 있다는 것을 믿지 않는다. 호기심 많은 사람들의 돈을 갖고서 무대 위에 빈 병만을 남겨 둔 채 그 사람이 도망칠 수 있다는 생각을 아무도 하지 않았다. 특히 자금 문제에 있어서 대담무쌍한 약속은 언제나 대중을 끌어모으게 될 것이다. 프랑스에서 100년 전부터 대중들이 내놓지 않은 것이 무엇이던가?

그 후로 어떤 사람이 기적적인 일을 행하면, 그는 그런 의도가 없고 원하지 않아도 파리 전체를 사로잡았다. 그리고 경찰 기능이 없으면 그는 갑자기 신격화되곤 했다. 그 후로 한 아이가 '땅 속을 봤다'고 하면, 아카데미 회원들과 신문발행인들은 그것을 믿고 공표했다. 그 후로 에탕프의 한 참사회원은 어떤 기계를 장착하고 공중을 여행하겠다며 10만 리브르를 요구했다. 그리고 그 10만 리브르는 공증인에게 위탁되었다.

신기한 것에 대한 애착은 언제나 우리를 유혹한다. 우리는 자연의 힘에 대해 모르는 것이 얼마나 많은지를 막연히 느끼고 있기 때문에, 그에 대한 어떤 발견으로 우리를 이끄는 것이면 무엇이든 열정적으로 받아들인다.

우리는 마음속을 스쳐 지나가는 '혹시' 하는 생각 때문에 무언가 새로운 것을 기대하게 된다. 광신자가 인간의 머릿속 깊은 곳에 강한 인상을 수월하게 남기는 것은 바로 그 때문이다. 그의 어조, 그의 확신, 그의 타오르는 눈빛, 그의 예언자적 태도는 그를 알고 있는 사람까지도 덫에 빠지게 만든다.

경련을 일으킨 얀센주의 광신도들은 묘기를 선보였다고 할 수 있다. 그러한 종류의 힘쓰는 묘기로서 장터에서 볼 수 있는 가장 놀라운 것까지도 능가하는 것이었다. 그 비결을 알고 있는 사람은 거의 없다. 또한 그들의 경련은 가장 대담한 눈길과 신기한 것에 대해 가장 경계하는 사람들을 놀라게 하고, 심지어 오싹하게 만들 자격이 있다. 우리는 광신의 열기와 그것을 전파하려는 욕망이 무슨 일을 할 수 있는지 알고 있다 하더라도, 이러한 묘기에는 진정으로 특별한 무언가가 있다고 단언할 수 있다. 누군가가 거기에서 초자연적인 무언가를 찾아냈다고 생각했다면, 그것은 충분히 그럴 수 있는 일이다.

「토리드의 이피제니」라는 비극을 쓴 기몽 드 라투슈[187]라는 이름의 시인이 파리에서 사망했는데, 이유는 얀센주의 광신도들을 보았기 때문이었다. 그는 두려움과 공포에 충격을 받아 그로 인해 열병에 걸렸다. 정신착란 속에서 그의 눈앞에는 그 무시무시한 영상들이 어른거렸다. 왜 그런 영상들이 떠오르는지 알지 못한 채, 그의 여린 정신이 감당하기에 그 흥분이 너무 강했기 때문에 그는 숨을 거두었다.

특히 젊은이들로 구성된 새로운 종파가 『오류와 진실』이라는 제목의 책 속에 널리 퍼져 있는 견해를 채택한 것처럼 보이는데, 그것은 흥분하기 쉬운 기질을 가진 신비주의자의 작품, 그럼에도 불구하고 어느 정도는 천재성이 번득이는 작품이었다.[188]

이 종파는 우울증으로 시달리고 있다. 그 병은 이상하게도 반세기 전부터 프랑스에 널리 퍼져 있는 질병이고, 상상력의 일탈을 조장하면서 그것에 초자연적이고 환상적인 경향을 부여하는 질병이다. 이 종파에 따르면, 인간은 타락한 존재이다. 정신의 질병은 인간 자신이 초래한 산물이다. 인간은 '진리의 중심'에서 벗어나 있다. 신은 인간으로부터 무한히 멀리 떨어질 수 있었을 텐데도 너그럽게 인간을 '주변'에 붙잡아 두고 있다. '원'은 '중심'의 파열일 뿐이다. '접선'을 통해 '중심'에 접근하는 것은 인간의 몫이다.

이처럼 비현실적인 사상을 가진 이 종파의 신도들은 그 '접선'에 들어설 수 있기 위해 가장 엄격한 금욕생활을 하고, 영양실조에 걸릴 정도로 단식일을 지키고, 그럼으로써 황홀한 꿈을 얻으며, 영혼이

187 Guimond de la Touche(1723~1760)의 「토리드의 이피제니」는 1757년 6월 4일에 공연되어 큰 성공을 거두었다.

188 Louis-Claude de Saint-Martin(1743~1803)은 1775년에 『오류와 진실, 혹은 미지의 철학자에 의해 지식의 보편 원리를 찾은 사람들』을 출판했다.

보다 더 완전한 자유를 갖고 '진리의 중심'과 보다 더 원활한 소통을 할 수 있도록 세속의 모든 감정들을 멀리한다.

자신의 무지에 분노하는 인간 정신의 활력, 자신의 이성의 힘으로 사물을 알고 통찰하고자 하는 그 열망, 인간의 마음속에 들어 있고 인간으로 하여금 자신이 가장 고귀한 지식의 씨앗을 갖고 있다고 믿게 만드는 그 막연한 느낌, 이러한 것들이 관조적 상상력을 보이지 않는 것들에 대한 탐구로 이끄는 것들이다. 그것들이 베일에 가려져 있으면 있을수록 연약하고 호기심 많은 인간은 더욱더 초자연적인 것들을 기원하고 신비에 몸을 맡긴다. 그런 사람에게는 상상의 세계가 곧 현실 세계이다.

192 두엄

수도 안에서 키우는 엄청난 수의 말들 때문에 수도에 두엄이 넘쳐난다. 두엄은 부근 지역의 늪지대를 비옥하게 만드는 데 쓰이는데, 거기에서는 양상추, 양배추, 기타 채소류들이 자라고 있다. 그렇지만 속성으로 재배된 이들 채소들은 거의 대부분 맛이 좋지 않다. 빠른 성장을 위해 사용되는 이 인위적인 방법이 그것들에 좋지 않은 맛을 주기 때문이다. 이렇게 말해도 될까? 정신도 마찬가지라고. 어떤 의미에서는 사람들은 정신에도 거름을 준다. 다시 말하면, 정신의 성장을 촉진하고 너무 많은 부담을 지운다. 사람들은 비상한 아이들이 15세의 나이에 화려한 지식을 전개하는 것을 보고 싶어 한다. 사람들은 기억력을 가득 채워놓고서 판단력을 육성했다고 믿는다. 몇몇 무분별한 아버지들은 이처럼 치명적인 실수에 빠진다. 그들은 자기 아이들이 재능을 보이면, 아이들을 박식한 사람으로 만들기 위해 그 아이들의 건강을 망쳐 놓는다. 대학의 보잘것없는 상(賞)들이 마침내 이들 아버지들을 취하게 만들며, 그들은 그것이 최고의 영광이며 파리 고등법원 수석 재판장의 포옹을 받는 학생에게 세상의 모든 시선이 쏠린다고 생각한다. 그런데 일반적으로 18세에 재능이 넘치는 파리인은 25~30세가 되면 평범한 사람이 된다. 그가 갖고 있던 공부에 대한 여력을 모두 소진시켰기 때문이다. 콜레주를 졸업하면 그는 머리에 너무나 많은 말들이 들어차서 더 이상 사유가 깃들 여지가 없는 것이다.

193 원예

파리 인근 지역에서는 무해하고 유용한 기술에 전력을 기울이는 몇몇 애호가들에 의해서 비료를 쓰지 않고 놀라울 정도로 세심하게 원예가 이루어진다. 그들은 그들의 부를 적정하고 적법하게 이용하여 노동과 꾸준한 관찰을 통해 자연으로부터 얻는다.

이러한 방식을 이용한 식용식물들은 뛰어난 맛을 보여준다. 씨 있는 과일과 핵과(核果)는 정말 완벽해진다. 즉 복숭아, 살구, 배는 아름다운 모양만이 아니라 그 맛에 의해서도 새로워진다. 아주 능숙하고 성공적으로 반복된 실험으로 이들 맛 좋고 탁월한 품종들이 개발되었는데, 이러한 품종 개발은 최근에 이루어진 것이다. 꽃과 채소도 이와 같은 재배 방법을 이용하고 있다. 관례에 의해서가 아닌 지혜에 의해 재배가 관리될 때 그것이 얼마나 유용한지를 우리는 알게 된다.

수도의 더럽고 악취 나는 진흙탕에 지친 눈은 이들 정원에서 기쁨과 휴식을 얻는다. 그곳에서는 식물들이 화려하게 빛나고, 비옥한 토지는 가장 아름다운 색깔들로 뒤덮인다. '징세청부업자'가 과도한 호사를 누리더라도, 그가 그로써 땅을 비옥하게 하고 가장 아름다운 장식물들로 땅을 치장할 때는 용서를 받는다. 눈을 즐겁게 하고 후각을 사로잡는 이 과수 울타리를 따라 그에게 정당성이 부여되는 것 같다. 이들 건강식의 보물들, 맛있는 식물과 과실수들은 풍요로운 번식이라는 결코 중단되지 않는 매력을 약속한다. 순수한 풍경을 제시하며 그 풍경과 닮지 않은 것은 모두 잊게 만드는 이러한 풍요를 고려하여, 이때만큼은 징세청부업자가 용서되는 것이다. 수도에서 그가 차지하고 있는 금빛 찬란한 저택에 있을 때 외에는 그를 저주할 수 없다.

나는 에브뢰 근처의 나바르에 있는 부이용 공작의 집에서 파인애플 항아리 4,000개를 보았다. 그것은 곧 6,000개가 될 것이다. 영국에 정착한 이 맛좋은 과일은 재배에 노력을 기울인다면 프랑스에서 훨씬 더 잘 자랄 것이다. 그 공작은 매일 8~10개의 파인애플을 식탁에 올린다. 하지만 다른 곳에서는 이 과일의 재배가 무시되었다. 파인애플 재배는 따뜻한 온실이 관건인데, 그것은 그다지 비용이 들지 않으며 초기 투자금을 넉넉히 보상할 것이다. 나는 애호가들에게 나바르에 가서 이 맛있고 놀라운 품종과, 그에 못지않게 유용한 몇 가지 다른 품종들을 관리하는 영국인 원예사의 간단하고 숙련된 재배기술을 주의 깊게 살펴볼 것을 권한다. 새로움을 선호하는 애호가들이여, 새로운 과일을 무시하지 말자.

이 외에 아름다운 채소밭 중 하나는 아네에 있는 팡티에브르 공작[189]의 채소밭이다. 그 모습은 아파트를 치장하는 황금빛 가구들의 모습이나 성과 궁전과 별장을 치장하고 있는 거울, 청동상 및 조각상의 모습보다 훨씬 더 호감이 간다.

파리에서는 샤르트르 공작,[190] 비롱 공작, 그리고 부탱[191]의 정원들이 가장 뛰어나다.

그렇지만 사람들은 파리 성곽 안쪽에 또는 방책에서 지나치게 가까운 곳에 정원을 조성하려는 것은 터무니없는 일이라고들 한다.

189 Penthièvre(1725~1793): 루이 14세의 서출인 툴루즈 백작의 아들.

190 샤르트르 공작이자 오를레앙 공작인 Louis-Philippe d'Orléans(1747~1793)은 프랑스에서 가장 부유한 토지 소유자이자 영국식 개혁주의와 자유주의 사상을 대표하는 인물이었다.

191 수납총관인 부탱(Boutin)은 파손된 건물과 바위로 치장한 경치 좋은 정원, 오늘날로 치면 생라자르 길, 클리시 길, 암스테르담 길, 아텐느 길로 경계를 두르는 전 지역을 포괄하는 정원 내에 몇 채의 별채를 짓게 했다.

194 왕립 도서관

천재성과 어리석음의 기념물인 이곳은 장서가 많다고 해서 인간의 정신이 풍요로워지는 것이 아니라는 것을 입증한다. 인간 정신의 풍요와 진정한 영광이 존재하는 것은 100여 권 남짓의 책 속에서이다. 이 건물을 답사해 보라. 이 넓은 도서관 통로에서 당신이 발견하게 되는 것은 길이 '200피트', 높이 '20피트'에 달하는 신비주의 신학책들, '150피트' 길이의 가장 예리한 스콜라 철학책들, '40투아즈'의 민법책들, 마치 석재처럼 정렬되어 있고 무겁기도 한 두꺼운 역사책들이 있는 '길나란 벽면', 약 '4,000명'의 시사시인, 극작가, 서정시인 등, 그 외에 '6,000명'에 달하는 소설가들, 거의 같은 수의 여행가들이다. 많은 자리를 차지하고 있고 사서의 기억력을 혼란시킬 뿐인 이 무수히 많은 '무의미한' 책들 속에 서면 정신이 멍해진다. 사서는 그것들을 결코 정리하지 못할 것이다. 또 그것들을 정리하지도 않는다. 35년 전부터 만들고 있는 이 책들의 목록은 어두운 무질서의 혼란을 가중시킬 뿐이다.

퐁트넬이 말한 것처럼, 상상할 수 있는 모든 어리석음을 통과해야만 합리적인 상황에 도달한다면, 우리는 진실의 순간에 도달해 있다고 할 수 있다. 우리 선조들은 가능한 모든 어리석은 행동을 다 했음이 분명하다. 이 모든 두꺼운 신학서, 법률서, 의학서, 역사서 등이 바로 그 증거이다. 이 풍부한 수집품 속에서 인간의 정신은 아주 비참해 보인다. 이곳이야말로 인간 이성의 허약함을 슬퍼하고, 이성의 믿을 수 없는 산물을 한탄해야 할 진정한 장소이다.

광기와 어리석음에 의해 이들 '2절판 책'들이 쌓여 왔다. 자신의 바위에 평온하게 붙어 있는 껍데기에 싸인 석화(石花)가 6,000페이지에 달하는 헛소리를 지껄이며 '보편적 지식'에 통달했다고 자랑하는 '박사'보다 더 뛰어나 보인다. 가장 오만하고 가장 심오한 헛소리가 담긴 이들 두꺼운 고문서들을 묵묵히 바라보는 것보다 더 슬픈 일은 없다. 치료책으로 '몽테뉴'를 집어 들다가도 꽁무니가 빠지게 달아나고 싶어진다.

하지만 인간 사상의 찌꺼기는 그것을 일으키고 그 속에 빠져드는 사람들이 있음에도 불구하고 서서히 침전된다. 우리가 향유하게 될 음료는 순수하고 위생적일 것이라고 추정된다.

그런데 자기 자신의 힘을 알지 못하고 타인에게 의지하는 천재가 인생의 초기에 참고하게 될 이 쓸데없이 쌓여 있는 낡고 어리석은 견해들, 그 천재로 하여금 귀중한 시간을 허비하게 만드는 견해들을 없애버리기 위해 누가 횃불을 들 것인가? 아니, 그게 아니라 이처럼 즉각적인 반응은 억제하자. 아무것도 불태우지 말자. 아둔한 석학들, 기묘한 장서광들, 쓸데없는 사건의 지긋지긋한 편찬자들이여, 그만 두려워하라. 자, 한심한 지식을 마음껏 취하라. 오래된 잘못들을 베껴서 그것들로 새로운 보관소를 차려라. 세누스레트[192] 시대를 위해 당신의 시대를 잊어버려라. 당신의 현학이 나를 즐겁게 만든다. 이제 경멸은 그만…. 오! 우리 자신을 유익한 자성(自省)으로 인도하기 위해 가끔 이렇게 생각하자. 인간은 전쟁을 일으켰고, 이처럼 두꺼운 책들을 썼다고. 또 인간은 이 막대한 책들의 몇몇 대목에 대해서 다시 전쟁을 일으킬 것이라고.

192 Sésostris: 계몽군주의 전형으로 일컬어지는 전설상의 왕으로, 람세스 2세의 별칭 중 하나이다.

하지만 책을 믿는 어리석은 사람이 그로 인해 더욱 바보가 되는 것처럼, 책을 믿지 않는 천재는 바로 그 책들로부터 단 하나의 위대한 진리를 솟아나게 할 수 있을 것이다. 그러니 천재를 위해, 천재가 그 책들의 무용성을 우리에게 증명해 줄 때까지, 그것들을 간직하자. 파괴의 불을 밝히지 말자. 어리석음은 책 속에 있는 것이 아니라 독자 마음속에 있으니까…. 원하는 사람은 내 말을 이해할 것이다. 나는 여기서 더 이상 명확히 말하고 싶지 않다.

이 거대한 보관소는 일주일에 겨우 두 번, 2시간 반 동안만 개방된다. 사서는 툭하면 휴가를 간다. 일반인은 그곳에서 푸대접을 받는다. 극도로 게으른 하급 직원들의 규정 앞에서 국왕의 너그러움은 무용지물이 된다. 읽혀지기 위해서라기보다 참조되기 위해 쓰인 이 두꺼운 책들은 매일매일 찾아볼 수 있어야 하지 않을까? '사무원들'이 문을 열고 싶은 생각이 들 때까지 꼬박 몇 달을 기다려야 한다. 그들은 책이라면 지긋지긋하다. 그래서 그들은 항상 '얼굴을 찌푸리며' 당신에게 책을 건넨다.

195 공연장의 소총수들

주머니에 화약과 실탄을 가지고 있는 30명의 소총수들 없이는 누구도 연극을 상연할 수 없을 것이다.

야유의 소리가 많지만 우리에겐 근위대가 있다.[193]

이 시구는 속담이 되었다. 내부 근위대는 소극적인 입장에 있는 1층 객석 관객들을 담당한다. 1층 객석의 관객들은 지루하거나 상처를 입거나 피로하더라도 자신의 답답함이나 불만을 표시할 자유가 없다.

그렇지만 이 불쌍한 관객들은 자신들이 원하는 것이 아니라, 주어지는 것을 갖기 위해 돈을 지불한다. 그들은 총에 에워싸여 있다. 또한 그들에게는 희극을 보며 지나치게 큰소리로 웃는 것이 금지되어 있고, 비극을 보면서 지나치게 크게 울부짖는 것도 금지되어 있다.

1층 객석 관객들은 몇 번 일시적으로 흥분이 될 때를 제외하고는 놀랄 만큼 조용하다. 그들이 자신의 존재를 표현하고 싶다 해도 군인들이 그들의 덜미를 잡는다.

그들은 당신을 경찰서로 데려간다. 하지만 보초의 불확실한 보고에 의거해 당신을 실제로 '재판'하는 것은 '근위대 장교'이다. 경

193 1759년에 떠돌았던 『시나』 패러디에서 르캥이 쓴 시구.

찰관은 단지 체면을 차리기 위해 그곳에 있을 뿐이다. 당신은 '군대식으로' 유죄 판결을 받고, 장교가 당신을 감옥으로 데려간다. 왜냐하면 경찰관은 파란색 옷을 입은 사람의 보고에 따라 무작정 서명을 해주기 때문이다.

이러한 억압적 악습은 꽤 알려져 있다. 그러나 시민을 경찰서로 끌고 가는 것은 단지 형식적인 것일 뿐이고, 또 당신이 경찰 법정에 소환되더라도 구금형이냐 아니냐의 결정은 경찰관에게 달려 있지 않다는 것은 아마 알려지지 않았을 것이다.

우리의 공연은 그 공연을 감시할 작가, 다시 말해서 무지에 의해서든 배우들의 태만이나 무기력에 의해서든, 관객에게 가해지는 모욕을 면밀히 기록할 작가가 필요할 것이다.

모든 예술은 유익한 비평을 받게 마련인데, 그 비평은 그 예술들이 숨돌릴 겨를을 주지 않는다. 어째서 낭독법은 자신의 완전힘에 기여할 수도 있는 매일매일 이어지는 지적으로부터 벗어나 있는 것일까? 이 멋진 예술이 가져다주는 즐거움에 관해서는 세심할 필요가 있다. 환상이 완전하지 않으면, 그것은 아무것도 아니기 때문이다.

걸작들의 아름다움을 파괴하면서 공중의 감수성을 유린하는 이들을 비평이 왜 배척하지 않는 것일까? 그런 배우는 야유의 휘파람 소리에 익숙해진다. 그리고 모든 사람들의 야유의 합성도 그의 귀에는 단지 가볍고 일시적인 불평으로만 들릴 뿐이다. 그는 무대 뒤로 돌아가서 얼굴을 씻는다. 그리고 그 무뢰한이 다시 우리를 유린하기 시작하는 다음날까지 모든 것이 잊혀진다.

세심한 비평가라면 관객의 즐거움을 방해하는 그 치명적인 적을 관객의 이름으로 기소할 것이고, 그를 무대에서 쫓아낼 것이다. 그게 아니라면, 비평을 통해 자신을 견딜 수 없게 만드는 잘못들을 그 배우가 극복하게 만들 것이다.

그러한 비평가라면 게으른 배우를 겁먹게 할 것이고, 연중 반을 극장에서 멀어져 있으면서도 받아서는 안 될 돈을 받는 탐욕스런 배우를 극단(돈을 지불하는)에 상기시켜 줄 것이다. 동시에 그러한 비평가는 열의를 갖고 열심히 하는 배우, 그리고 무엇보다도 연극의 혁신에 가장 열심히 참여하는 배우에게 정당한 칭찬을 해줄 것이다. 한편 그러한 비평가는, 그러한 배우가 거부당하는 것은 가장 비난받아 마땅한 자신의 예술에 대한 무관심 못지않게, 자신이 연기하지 않았던 역할을 이해할 수 없기 때문이라는 것을 느끼게 해줄 것이다. 그런 배우가 르캥[194]이었다. 오직 볼테르의 작품에만 헌신한 그는 페르네[195]의 영지에서 올라온 작품이 아니면 모두 억압하기로 은밀하게 맹세했던 것이다.

나는 그가 겨울 동안 7~8회 연기를 했으면서도 뻔뻔스럽게 아프다고 말하는 것을 본 적이 있다. 그는 수도의 극장을 떠나 역마차의 좌석에 올랐고, 하루 2회 연기를 하며 지방에서도 잘 버틸 수 있는지를 시험하려 했다. 당시에 그는 한여름의 가장 뜨거운 열기와 맞서 싸웠다. 그가 여전히 파리에서의 연기를 감행했던 것은, 그의 전성기가 찾아온 이후로 그가 계속 이리저리 갖고 다니던 거의 비슷비슷한 8~10개의 역할들에 대한 기억을 잃지 않기 위해서였을 뿐이다. 그는 파리에서 돈을 받으면서 브뤼셀에서 공연했다.

이 배우는 3벌의 옷과 터번 하나로 프랑스 비극 전체를 수중에 넣었다. 그가 자신의 멜포메네[196]에게 옷을 입히는 데도 그 이상이 필요치 않았다. 그에게 중요한 것은 단지 얼굴, 그리고 태도밖에 없

194 Lekain(1729~1788): 볼테르에게 발탁되어 활동했던 비극 배우.
195 Ferney: 볼테르가 영지를 구입한 프랑스와 스위스의 경계 지역.
196 Melpoméne: 비극의 뮤즈.

었다. 그래서 그의 연기는 제한적이었다. 왜냐하면 그는 자신의 상자 속에 담겨 있는 옷들 이상의 것은 아무것도 알지 못했기 때문이다.

과도하게 칭찬받고 있는 이 배우는 새로운 작품에서는 제대로 연기한 적이 없었다. 그에겐 중요한 폭발적 감정이 부족했기 때문이다. 그는 뛰어난 효과를 얻기 위해 길고 끈질긴 작업을 필요로 했다. 또 성찰의 산물인 그의 연기는 극히 일부의 역할만을 소화할 수 있을 뿐이었고, 그 역할들이 주는 독특한 맛들도 전혀 다양하지 못했다. 오, 탁월한 배우 개릭[197]이여, 훨씬 더 폭넓은 당신의 재능은 전혀 다른 본질의 것이었구려!

197 Garrick(1716~1779): 비극과 희극에서 아주 유명한 영국 배우로, 1751~1763년까지 파리에 여러 차례 와서 체류했다.

196 소규모 칸막이 좌석

이는 현대의 풍기문란의 산물이다. 그것은 아무런 할 일이 없는 여성들, 유익한 오락거리를 찾는 모든 성실한 시민들의 입장을 막는 여성들, 이 음란한 편의시설을 갖기에는 재산이 부족한 여성들 200~300명의 우아한 오만을 위해 공연과 관객을 희생시키는 부당한 관습이다.

'소규모 칸막이 좌석'을 배치함으로써 연초부터 벼락부자가 된 배우들은[198] 더 이상 새로운 역할들을 연구하려 하지 않는다. 그 배우들의 게으름은 경멸받아 마땅하다. 무지와 혼미로 인해 예술은 품위가 떨어지는 퇴폐로 치닫고 있는데, 배우는 1년 중 6개월간을 모습을 보이지 않음에도 불구하고 17,000~18,000프랑의 수입을 거두어들인다. 이 금액은 수도의 관객이 그에게 지불하는 것이고, 따라서 관객은 그의 출석을 요구할 권리를 가진다고 할 수 있을 것이다.

상연 단위로 각각의 배우를 고용하는 아주 간단한 방식이 추천되었다. 일을 분담하게 되면 배우는 자신의 재능을 펼칠 것이고, 불가피하게 경쟁이 생겨날 것이다. 이것이 파리의 배우들에게는 가장 설득력 있고 가장 결정적인 의견이다.

198 1757년부터 코메디 프랑세즈 배우들은 소규모 칸막이 좌석(4~6개의 좌석)을 만들어 1년 단위로 세를 놓았는데, 연 1회 징수되기 때문에 수입에 비례하게 되어 있는 인세 계산에서 고려되지 않았다. 이들 예약 금액이 연간 수입의 3분의 1 이상을 차지했다.

'소규모 칸막이 좌석'에 반대하는 또 하나의 이유는, 배우들이 자신들이 얻는 수입에 대해 새 작품을 쓴 작가들에게 빚진 것이 없다고 주장하기 때문인데, 이는 법과 이성에 완전히 어긋나는 것이다. 또한 그들은 1층 객석을 소규모 칸막이 좌석으로 만들기 시작했지만, 정작 해야 할 말은 아무도 하지 않았다.

배우들이 그런 식으로 극장 객석을 마음대로 하는 것을 보고 관객들은 투덜대는 반면에, 잘난 체하는 어떤 아가씨는 이렇게 소리친다.

> 뭐라고요! 연극을 처음부터 끝까지 다 봐야 한다고요? 나는 한 장면만 보고 나가도 될 만큼 부자인데? 오, 이건 횡포예요! 프랑스엔 더 이상 경찰이 없는 것이로군요. 극단을 우리 집으로 오게 할 수는 없으니, 적어도 나는 7시에 극장에 도착하고, 잠에서 막 깨어났을 때처럼 간단히 실내복 차림으로 그곳에 나타날 자유를 갖고 싶어요. 나는 극장에 개를 데려가고 휴대용 촛대와 요강을 가져가고 싶어요. 나는 커다란 안락의자나 잠을 잘 수 있는 긴 의자를 갖고 싶고, 나를 추종하는 모든 사람들로부터 찬양받고 싶고, 권태가 찾아오기 전에 떠나고 싶어요. 그러한 많은 혜택들을 내게서 빼앗는다는 것은 세련된 취향과 부유함이 가져다준 자유를 침해하는 것이에요.

그러므로 여성의 경우에는 소형 칸막이 좌석 안에 자신의 스패니얼 개와 쿠션, 발 보온기, 그리고 무엇보다도 오페라 글라스를 들고 드나드는 모든 사람이 누구인지를 당신에게 알려주고, 배우들의 이름을 알려주는 잘난 체하는 사람이 있어야 한다. 그런데 그런 여자의 부채에는 유리가 끼워진 작은 구멍이 나 있어서, 그녀는 자신의 모습을 드러내지 않고도 앞을 살필 수가 있다.

관객들은 손에 돈을 들고 극장 문 앞을 떠나지 못하고 있다. 1년 단위로 임대되지만 종종 빈 채로 있는 '소규모 칸막이 좌석' 때문이다. 애꿎게 애호가들이 손해를 보는데, 그들은 더 이상 국립극장에 드나들 수 없다는 데 절망한 채 길로 밀려난다.

예술과 관객, 작가, 그리고 심지어 배우들에게 득이 되도록 제2의 극단이 필요할 것이다. 파리의 명사들은 제2극단을 바라고, 요구하며, 그것의 필요성을 감지한다. 그런데 관객의 견해는 무슨 소용이 있는가? 침전 시랑들은 예술을 향해 이렇게 말했다. "너는 결코 발전하지 못할 것이다." 관객에게는 이렇게 말했다. "당신들은 우리가 당신들에게 주는 것을 받게 될 것이다." 작가들에겐 이렇게 말했다. "우리는 당신들을 우리가 적절하다고 생각하는 존재로 만들 것이다." 그리고 예술과 관객과 작가들은 침전 시랑들의 기이한 지배하에 놓였다.

이들 귀족들은 어떻게, 그리고 왜 이러한 이상한 특권을 갖고 있는 것일까? 그들은 천재의 작품들에 대한 권리 주장을 어떻게 정당화하는가? 그들은 국민의 품위와 즐거움에 동시에 관련된 예술의 진보를 어떻게 방해하는가? 그들의 임무와 극작품의 창조 사이에는 무슨 관계가 있는 것인가? 무슨 권리로 그들은 작가를 그들의 법정에 세우는 것인가? 그것은 아무도 모른다. 그들 자신도 모르는 것이다. 그런데 이러한 기이한 횡포를 즐기는 그들은 합법적인 자격도 없이 횡포를 부린다. 감정이 개입되는 순간부터 사소한 것이란 없는 것처럼, 무대 뒤쪽에 대한, 그리고 연극과 관련된 모든 것에 대한 왕자와 왕녀들의 지배는 그들에게 있어서는 마치 자신들의 지위 상실이 걸린 것만큼이나 뜨거운 이권의 문제이다.

오늘날까지 연극을 낳고 배우들을 키워온 작가들의 권리[199]는 너무나 불확실하고 유동적이며, 모든 면에서 변덕과 탐욕에 종속되어 있기에 하찮은 것으로 간주할 수 있다.

작가들은 자신들의 권리를 표명하고 가치를 더 높이기 위해 3년 전부터 무리를 지어 단체를 결성했다. 그 대표자는 카롱 드 보마르셰였다. 그는 자신의 매력적인 『회상록』에서 소송보고 책임자인 고에즈만과 고등법원을 한칼에 찔렀다. 이 생소한 단체의 파멸을 부른 타격이었다. 재능이 있으며 그들 자신의 소송에서 용기와 기개를 보여준 몇몇 작가들의 동맹이 무슨 일을 야기하게 되는지를 우리는 보게 될 것이다. 이는 흥미로운 일인데, 말없이 관망해 왔던 수많은 작가들이 스스로에게 제기한 사소한 도덕적인 문제를 해결하는 데 도움을 줄 것이다.

199 코메디 프랑세즈는 코메디 이탈리엔과 달리 작가들에 대한 보수가 박하다. 작가들의 몫은 초연에 의해 정해진다. 작품들은 "규정에 종속되어" 있어서, 일정 회수(回數)를 넘어서면서부터는 작가들은 권리를 요구하지 못한다. 이를 이용해 배우들은 프로그램 편성을 조작하여 작품들이 실패하게 만들기도 하는데, 이는 그 실패한 작품을 다시 공연하여 수입을 챙기기 위해서이다.

197 검술 사범들

'정정당당하게 자신의 적수를 쓰러뜨리는 기술'. 그것이 공동체 내에서, 아니 그게 아니라 '아카데미' 내에서 탁월한 기량으로 여겨지고 있다.[200] 날카로운 검으로 찌르는 기술이 왕의 윤허에 의해 허용되는 것이다! 도나디외[201]는 달랑베르와 마찬가지로 아카데미 회원이다. 루이 14세는 결투하는 사람들을 사형에 처하는 판결에 서명하면서, 같은 해에 검술 사범들에게 유리한 공개증서에도 서명을 했다. 그만큼 그는 속을 알 수 없는 입법자였던 것이다! 거기서 낭트 칙령을 신중하게 폐지한 장본인의 모습이 보인다.

솜씨 좋은 검술가는 '제3 자세', '제4 자세', '날카롭고 은밀한 찌르기'를 가르치는데, 그러한 그가 그 난해한 검술에 능하지 못하다고 판단되는 사람을 결투장으로 불러내지 않기를 바란다면, 그것은 이들 검술 도장에서 얻어지는 '사소한 일에 칼을 뽑아드는 기질'을 알지 못하는 것이다.

그 기질은 우선 '승부 기질'에서 파생된다. 이어서 그것은 우리의 오만한 귀족을 동요시켰고, 그 다음으로 부르주아에게로 내려왔다. 이제 그것은 경비병들 속으로 밀려났다. 아직도 사람들은 그것을 주둔군들 사이에 보존해야 한다고 생각한다. 오만한 우리 국민을 혼란

200 아카데미는 귀족 청년들이 마술(馬術)과 전술(戰術)을 배우던 교육기관이었다. 청년들은 그곳에서 또한 일반교양과 궁정예술 교육을 받았다.

201 아마도 당시에 유명했던 검술 사범인 듯하다.

시켰던 이러한 광란이 한 세기가 채 지나지 않아 그 마지막 안식처에 집결한 것처럼 보인다.

이성은 이들 검술 사범들을 거의 예전의 검투사들로 간주한다. 나는 각각의 개인에게 무력과 폭력이 금지되어 있고, 개인이 직접 복수할 권리가 없는 문명화된 국가에서 이들 칼 '다루는 사람들'이 무슨 소용이 있는지 모르겠다. 칼 연구에 몸을 맡기고 있는 사람에게조차 그것은 위험한 학교이며, 모든 것을 무력에 호소했던 그 야만적 편견의 불순한 잔재로 간주될 뿐이다.

오늘날엔 결투의 이유가 절대적으로 '심각한' 것이 아닌 경우 그 결투를 거부할 수 있다. 당신에게 결투를 청하는 사람에게 당신은 이렇게 말하라. "그런 이유로 싸우지는 않겠소." 그런데 당신의 상대가 '죽는 것을 두려워하는 것은 비겁한 일'이라고 하며 당신을 압박한다면, 당신은 고대의 철학자처럼 "모든 사람은 각자 자신의 생명이 가치 있는 것이라 생각한다"라고 그에게 대답하라.

말하자면 전 시대에 난무하던 잔인성은 사라졌다. 하지만 나는 그 잔인성이 보다 더 드물긴 하지만 훨씬 더 끔찍한 형태로 되살아나지 않을까 두렵다.

'니베'[202]와 '카르투슈' 같은 사람들이 좋아하는 무기, 살인자의 냉정함과 살인 수완의 비정한 대담성만을 인정하는 무기인 총을 들고 서로 싸우는 것을 사람들은 부끄러워하지 않는다. 그것은 진정한 용기와 상반되는 미친 짓이며, 여기서 보편적인 입장을 위해 행동하는 더욱 고귀한 용기에 대해 언급할 필요는 없을 것이다. 왜냐하면 사람들이 신의 법칙과 인간의 법칙에 역행하여 어떠한 특별한 이유

202 Phillippe Nivet: 유명한 강도이자 살인자인 허풍쟁이로, 1729년에 그레브 광장에서 팔·다리 뼈를 부러뜨리는 형을 받았다.

를 내세우더라도 그것은 가혹하고 터무니없는 오만에 토대를 둘 수 밖에 없기 때문이다.

이 폭력적이고 위험한 무기는 전쟁이라는 가증스런 행위에 넘겨주자! 우리의 조국과 가정에서 그것을 사용하는 사람에겐 다 같이 수치를 안겨주자!

숲에서 농작물을 유린하는 멧돼지나 가축을 잡아먹는 늑대를 죽이는 데 쓰는 총을 사람들은 결투장에서 서로에게 겨누었다고 한다.(끔찍한 일 아닌가!) 인간의 탈을 쓰고 이 허상, 추잡스런 이 명예에 관한 일에 너무나 충실했던 사람들은 늑대나 멧돼지보다 훨씬 못한 사람들이다.

이 지긋지긋한 광란을 진정시키거나, 아니면 최소한 그 끔찍한 광란을 신사들과 이성적인 사람들에게 혐오스러운 것으로 만듦으로써 그 힘을 약화시키는 철학이 있다면, 그것에 무엇인들 지불하지 못하겠는가!

198 도박

중국의 황제가 이렇게 말했다.

> 도박을 금하노라. 내 명을 어기는 사람은 우연을 인정하지 않는 하늘의 뜻을 어기는 것이다. 그런 사람은, '희망을 갖되 일을 하라'고 우리에게 외치는 자연의 권고를 무시하게 된다. 가장 부지런한 사람들이 가장 훌륭하게 대접받을 것이다.

도박은 인간에게 실질적인 피해를 입힌다. 도박은 노동, 절약, 예술에 대한 사랑을 대신함으로써 가상의 존재, 운명, 우연, 숙명 앞에 인간을 무릎 꿇게 한다. 부의 불평등을 해소하기는커녕, 도박은 이미 금전을 소유하고 있고 가장 금전욕이 강한 사람에게 부를 건네준다. 도박은 인간에게서 적법한 방법으로 부유해지겠다는 생각을 빼앗는다. 도박은 인간의 탐욕을 키우고 끓어오르게 하며, 잠시 달래주다가 마침내 절망에 내맡긴다.

잘 속아 넘어가는 사람들이 사기꾼들과 실랑이를 벌이는 바로 이러한 모임에서는 온갖 수치스런 열정, 즉 분노, 후회, 격렬한 기쁨 따위로 흉해진 모습을 보아야 한다. 도박이 이루어지는 방을 '지옥'이라 부르는 것은 맞는 말이다. 이 악습은 자체의 판단에 따라 응징된다. 하지만 도박에 유린당하는 사람들의 마음속에서 도박은 불멸의 것과 마찬가지이다.

대사들의 집에서 도박이 행해지곤 했는데, 그곳은 특권을 가진 집이었다. 지금은 더 이상 그곳에서 도박을 하지 않는다. 얼마 전부터 새로운 명령에 의해 이러한 광란이 다소 억제되었다. 그러나 다른 한편으로 이미 이 광란은 그 흐름을 되찾았다. 도박은 정치적인 악습과 매우 밀접하게 결합되어 있어서 그것을 근절시킨다고 자신할 수 없다. 왜냐하면 그것은 다른 악습들을 키우기 때문이다.

어쨌거나 이처럼 빠르게 소유주가 바뀌면서 돌아가는 가운데 금이나 은이 가난한 사람의 수중에 떨어질 수 있다면 좋으련만! 그러나 그런 일은 절대 없다. 금이든 은이든 언제나 전문적인 물주, 즉 '파라오 카드 딜러'[203]에게로 거슬러 올라간다. 단독으로 '돈을 거는 사람들'은 항상 잃는다. 왜냐하면 부유한 몇몇 사람들이 패거리를 이루어 짜고 하기 때문이다.

완벽하게 균등한 도박이 만들어진다고 해도 그것은 언제나 비난을 받을 테지만, 공공연한 사기는 중단될 것이다.

잃은 재산을 복구시켜 주기 위해 귀족 부인에게 도박장이 허가되고 후원이 따른다. 모든 경비를 제하고 그녀는 판마다 400리브르를 거둬들이며, 하인들과 함께 돈을 세서 후원자들과 나눠 갖는다. 사람들은 10루이를 내고 카드를 사용하는데, 그 '임대료'는 괜찮은 것으로 받아들여진다. 그러면서 사람들은 너그러이 봐줘야 할 것들이 있다고 말한다. 타산적인 사람들은 그러한 논법이 모순적이고 아주 터무니없다고 생각할 것이다. 얼마 안 가서 사람들은 맨드빌[204]과

203 파라오는 루이 15세와 16세 시절에 궁정에서 유행하던 카드놀이의 일종이다. 한 사람이 물주이고 여러 명이 돈을 거는 방식으로 진행된다.

204 Mandeville(1670?~1733): 프랑스 출신의 영국 작가로, 『꿀벌의 우화』에서 전반적 번영의 최고 요인으로 간주되는 절대적 개인주의를 옹호했다. 그는 어떤 사람들이 보기에는 성장의 요소이고, 다른 사람들이 보기에는 풍속 해체의 요인인 사치를 두고 벌어진 대논쟁은 부분적으로는 이 텍스트가 교양을 갖춘 대중 사이에 불러일으킨 논쟁에 토대를 두었다.

더불어 "만일 여성들이 정숙해지기로 마음먹고 가장들이 검소해지기로 작정한다면 거래는 침체될 것이고 국가는 가난해질 것"이라고 말할 것이다.

도박장은 위험하다. 하지만 그와 동시에 프랑스를 여행하거나 사교계에 첫발을 내딛는 청년, '5만 리브르의 연금'을 누리는 청년이라면 1년에 어느 정도의 금액을 지나치지 않은 도박의 행운에 맡기기를 두려워해서는 안 된다고 생각하자. 그것은 도박장의 선택에 달린 문제이다. 그가 그러한 손해를 받아들이지 않는다면, 그는 제대로 여행하지 못할 것이고, 그가 보아야 할 세상을 보지 못할 것이며, 천하게 굴 것이고, 아마도 시시한 친구들과 어울리게 되어 거기서 좋은 친구들과 어울려 쓰는 것보다 더 많은 지출을 할 것이라 단언할 수 있다. 속아 넘어갈지도 모른다는 걱정 때문에 그는 훨씬 더 현실적인 위험에 이끌리게 될 것이다. 부유한 청년으로서 도박을 하지 않는다는 것은, 광적으로 혹은 아무하고나 도박을 하는 것만큼이나 참을 수 없는 일이다.

이상은 사교계에서 흔히 통용되는 말이다. 나는 여기서 그것을 반복하고 있을 뿐이다. "나쁜 것들 중에서 가장 덜 나쁜 것을 선택해야 한다."

원예가가 토지에서 나는 유용한 선물을 풍요롭게 하기 위해 땅 위로 끌고 다니는 갈퀴와 도박꾼들이 딴 루이 금화를 끌어 모으기 위해 도박대에서 사용하는 갈퀴 사이에 무슨 차이가 있는가? 명칭이 유사하다 보니 본의 아니게 전자의 투박한 노동과 후자의 게으르고 탐욕스런 일에 대해 아주 별난 생각들을 하게 된다.

199 사치 단속법

이러한 종류의 법은 어떤 것도 알려진 것이 없다. 이 방면에서 여성들은 허가를 받은 것이다. 여성들은 자기 마음에 드는 대로 장신구들을 고른다. 서기의 아내나 길모퉁이 식료품상의 아내가 공작부인처럼 차려 입더라도 정부는 이를 참견하지 않을 것이다. 누군가가 아무리 무절제한 사치를 과시하더라도, 국왕이 부과한 세금과 인두세를 납부했다면 그는 많은 돈을 쓸 수 있는 것이다.

'오피아 법'[205]의 보존을 강력하게 설파한 대 카토만큼 스토아 학파의 금욕적 기질을 가진 사람은 없다. 이 법은 로마의 여성들에게 2분의 1 온스 이상의 금 사용, 형형색색의 옷 착용, 로마에서의 마차 탑승 따위를 금지시켰다.

베른[206]의 원로원은 리본, 속이 비치는 비단 천, '통을 부풀린 스커트', 고래 수염으로 만든 코르셋 받침살을 금지하였다. 하지만 파리에서는 모든 사람들이 여성들을 위해 오피아 법에 대해 소송을 제기했던 호민관 발레리우스를 닮았다. 여성들은 드레스를 입어서도 안 되고, 제단 앞이나 군대에 몸을 드러낼 수도 없다. 여성들은 남성

205 고대 로마의 오피아 법은 제2차 포에니 전쟁 중에 만들어진 것으로, 여성들에게 장신구나 색깔 있는 옷 착용을 금하고 로마 내에서 호화 마차 사용을 금하는 내용이다. 사치를 억제하고 국가의 부를 전쟁에 집중시키기 위해 만든 법이지만, 여성들의 강력한 반대에 부딪쳤다. 기원전 195년에 여성들은 이 법의 철폐를 외치며 가두시위를 벌였다. 집행관이었던 대 카토는 법률 폐지에 반대했지만, 결국 법률은 폐지되었다.

206 Berne: 스위스의 도시로, 한때 알프스 이북에서 가장 강력한 도시국가였다.

들의 모습을 부각시키는 리본, 십자가, 외부 장식들을 착용하지 못한다. 군복무에 대한 보상으로 주어져서 자존심을 충족시켜 주는 이 명예 표장들을 여성들은 시민들 앞에서 과시할 수 없다. 그렇다면 여성들에게 남는 것이 무엇인가? 치장, 장신구들이다. 그것들은 여성들에게 기쁨과 긍지를 주는 것들이다. 왜 그들의 이 화사함과 행복의 순간, 가정에서의 자잘한 군림을 시기하는가?

모두 옳은 말이라고 생각된다. 그렇지만 결국 이 헛된 사치들도 아이들의 생계를 토대로 해서 얻어진다. 황금빛 살롱, 양초, 레이스, 수놓은 의복, 보석, 공들여 만든 장작 받침쇠 때문에 식탁에서 함께 회식하는 사람들과 하인들을 빼앗기고 그들을 굶게 만드는 사치는 고약한 사치이다. 이러한 유치한 사치는 일자리나 공직으로 거만해진 부르주아들의 것이 되었다.

여성들의 낭비는 계속되고 있다. 얼마 되지 않는 재산이 회복 불가능한 상태로 떨어진다. 아이들의 유산은 성년이 되면 변해 있다.

토스카나 대공은 자신의 권유에 대한 위반을 '불쾌감'으로 위협함으로써 과도한 사치를 추방하고자 했다. 그 권유가 강제성 있는 법률보다 더 효력이 있었다.

피렌체 귀족들은 오직 검은색 옷을 입은 모습만 눈에 띈다. 우리의 경우 설교자들과 경제학자들이 목청껏 외쳐댔지만, 사람들은 그들의 말에 귀기울이지 않았다. 피렌체에서처럼 경찰관들이 깃털을 달고 다니는 여성들을 공개적으로 꾸짖는 모습도, 또 유행 장신구 판매상이 좋아하고 구매자들이 훨씬 더 좋아하는 머리장식을 여성에게서 빼앗으려 하는 모습도 우리는 볼 수 없다.

200 외국인

외국인은 종종 잘못된 생각을 갖고 파리에 온다. 그가 몇 장의 추천서로써 주요 인사들의 집에 드나들 수 있으리라 생각했다면 그는 착각을 한 것이다. 파리인들은 지나치게 가까운 관계, 그래서 성가시게 될지도 모르는 관계를 꺼린다. 대귀족의 집은 접근이 더 어렵다. 부유한 부르주아의 집이 쉽게 개방되는 일은 거의 없다. 그럴듯한 외모로 고지식한 사람을 수없이 속여온 유들유들하고 뻔뻔한 협잡꾼 무리가 전반적인 불신을 확산시켰던 것이다.

게다가 자신의 지인(知人)과 친구들과 친밀한 관계를 유지하려 노력하는 것이 쉽지 않다. 그것은 단지 몇 달 동안만 봐야 할 사람에게 자신의 시간을 내주는 것이 아니다. 파리인은 시간을 아껴 쓰며 쉽사리 자신을 맡기지 않는다. 파리인은 예의가 바르지만 스스럼없이 행동하지는 않다.

그러니까 전국 각지의 사기꾼들이 경험을 쌓기 위해 여행하는 신사들에게 많은 피해를 입혔던 것이다. 모든 장벽을 무너뜨리고 어디든 들어가는 사람은 이름이 알려진 유명한 사람들밖에 없다. 다른 사람들은 몇 번의 점심을 제공받고 몇 차례 의례적인 방문을 받는다. 하지만 그들은 사랑스런 기질과 독특한 개성이 자유로이 펼쳐지는 특별 모임에는 받아들여지지 않는다.

자신이 의례적으로 취급된다고 생각하는 외국인은 일종의 거북함을 느끼고, 다음날이면 도박장이나 음식점, 유곽(遊廓)으로 피신하게 된다. 바로 그러한 곳에서 그는 즐거운 시간을 보내고 쾌락을 느끼게 된다. 하지만 자기 조국으로 되돌아갈 때 그는 최상층 계급에 퍼져 있는 품위를 알지 못하게 된다. 그는 방탕의 태도를 보편적인 품위로 생각할 것이다.

그가 느끼게 될 일종의 구속에 대해서는 대중적인 오락이 보상을 해줄 것이다. 그러한 오락들은 많기 때문이다. 그래서 그는 공연의 역사, 여배우들에 얽힌 뒷이야기, 새로운 유행, 그날그날의 새 소식들을 알게 될 것이다. 그렇지만 그는 성격과 운명을 움직이게 하고 공공연한 결말에 그처럼 경이적인 변화를 주는 모든 비밀의 끈은 모를 것이다. 그 점에 대해서는 그가 베를린이나 드레스덴 또는 페테르부르크에 거주했다면 알았을 것보다 더 많은 것을 알지는 못할 것이다.

친구가 없고 따라서 규율을 갖춘 모임이 없는 외국인은 자신들의 일과 사신들의 쾌락에만 정신이 팔려 있는 60만 명의 사람들 속으로 무작정 나아간다. 그는 당일에 그럭저럭 보아줄 만한 사람들, 나쁜 사람들, 가증스러운 사람들과 동석할 수도 있다. 그들을 분간하는 법을 그에게 알려주는 것은 아무것도 없을 것이기 때문이다. 가구 딸린 호텔 방안에서 그는 얼핏 보기에 착각을 일으키지만, 자연스런 관점에서 그것들을 알기 위해서는 주의 깊게 관찰해야 할 수많은 것들을 분간할 수 없을 것이다. 그가 사흘간 외출하지 않고 있으면 사람들은 그가 떠났다고 생각할 것이다. 그를 생각해 주는 사람이 아무도 없고 권태가 그를 사로잡으면 그는 파리에 저주를 퍼부을 것이다.

그러므로 그는 모든 계급에 지인들을 마련해 두어야 한다. 왜냐하면 그 혼란 속에서 아침에 붙잡아둔 사람은 저녁이면 당신에게서 벗어나기 때문이다. 사람들은 분주히 다니지만 서로 만나지는 못한다. 충직한 친구들로 둘러싸여 있지 않다면 고독할 우려가 있다. 모두가 당신에게 손을 내밀며 당신의 눈앞에서 사라지고, 자신의 쾌락의 상대를 찾아 달려간다. 그러고 나면 그들은 당신과 우연히 마주치게 될 때까지 눈에 띄지 않는다.

그래서 외국인들은 공연, 산책, 대중의 풍속, 활기에 넘치는 모든 것, 누구나 볼 수 있는 모든 것을 아주 잘 묘사할 수 있다. 하지만 그들이 집안 내부, 부자들의 사생활, 유력인사의 성격, 특별히 눈에 띄지 않는 미묘한 차이에 대해 말하려 할 때면, 그들은 동향인들을 속이게 될 것이다.

유명인사의 이름은 우리가 가질 수 있는 가장 좋은 추천장이다. 그래서 상류 계급 사람들은 그 이름을 들고 오는 사람을 구경하고 관찰하고 싶어 한다. 그는 당당하게 가족적이고 지속적이며 모든 거북함이 해소된 관계를 맺을 수 있다. 사람들이 그에게 하는 모든 말 속에서 그는 자신에게 말하지 않는 것을 짐작할 수 있을 것이다. 왜냐하면 생각할 줄 아는 사람은 특히 사람들이 그에게 숨기는 것을 통해 배우기 때문이다.

포부르의 끝에는 진흙과 목재 골조로 지어진 보잘것없는 초가집들이 수도의 대로를 이루고 있다. "저곳이 바로 파리오"라고 말하면, 외국인은 사람들이 자신을 속이고 있다고 믿고 되돌아가고 싶어 한다.

201 특효약 광고

이 전염병은 쾌락의 한가운데서 얻어지며, 미세하고 보이지 않는 독성에 의해 인류를 타락시킨다. 그것은 너무나 널리 퍼져 있어서, 그 병에 걸려도 그다지 수치스럽게 느끼지 않게 되었다. 그 병은 그 자체로 이미 상당한 고통이었던 것이다.

이 재앙이 신대륙 발견에서 유래하지는 않은 것 같다. 그것은 이전에 이미 존재했으며, 외적인 존재 방식과 성격을 바꾸어 가고 있었던 것 같다.

그것은 히브리인과 아랍인들의 나병(癩病)이다. 그것이 상세하게 관찰됨에 따라 이 고약한 병이 줄어들고 있고, 흔히 말하듯이 그것이 '주화 자루'라 해도 파리에는 그것이 놀라울 정도로 퍼져 있기 때문에 반드시 없어져야만 한다.

거리에 창백하고 초췌한 얼굴이 얼마나 많은지, 가슴이 찢어지는 사람이 얼마나 많은지, 몸이 크게 손상되어 일그러진 사람들이 얼마나 많은지 보라!

병보다도 더 무서운 무언가가 있기 때문이다. 소위 말하는 수많은 성병 치료약이 그것인데, 건강을 해치고, 우열을 가릴 수 없이 유해한, 그 모두가 왕의 윤허에 의해 허가받은 독극물들이다.

절대적 권위를 갖는 협잡의 토대에는 무엇보다 성병이 있다. 어디에서나 유혹적인 광고가 우리 손을 가득 채우고 있다. 화려한 수식어들로 꾸며진 특효약 이야기밖에 들리지 않는다. 수은(水銀) 복용에 대한 이야기는 들리지 않는다. 당의정, 시럽, 묘약, 정제(錠劑), 초콜릿이라는 매력적인 이름으로 사람들은 당신에게 수은을 삼키게 하고 있다. 속아 넘어가는 희생자들이 얼마나 많은가! 매일같이 관찰해 보면 이들 자칭 특효약들이 금세 망각되고 무시된다는 것을 확인할 수 있는데도, 사람들은 그것들을 복용한다. 신속하고 고통 없고 근본적인 방식으로 치료해 주는 '달콤하고, 모양이 예쁘고, 효과가 확실한' 방법이 당신에게 공공연하게 제시되고 있는 것이다. 그래서 경솔한 청년들은 치료 효과에 비해 확실히 위험이 덜하다고 믿게 된다. 전부 무력하고 효과가 없는 이들 정체불명의 모호한 약들이 얼마나 의심스러운지 청년들은 고통을 겪고 나서야 비로소 알게 될 것이다.

이들 특효약들이 의학부 교수단의 인가와 왕의 게시문을 보증인으로 내세운다면 어떻게 진짜와 가짜를 식별하겠는가?

202 작은 배

생클루로 향해 가는 작은 배들[207]은 제대로 물살을 가르지 못한다. 뱃사공들은 대개 무지한 사람들이다. 파리인들이 지나치게 많은 짐을 실어서 배가 종종 '뒤집히는' 일이 일어나곤 한다. 배 한 척에 16명 이상 타지 말라고 파리인에게 알리기 위해서는 보초와 당직자를 세워야 했다. 가장 용감한 뱃사람도 신대륙으로 가는 배에 승선하는 것보다 2시간 동안 이 작은 배에 몸을 맡기는 것을 더 두려워한다.

나리와 다리 사이에 강을 건너는 다른 작은 배들이 있는데, 이들은 생클루로 가는 배들을 보완하기 위한 것들이다. 그것은 '카론의 배'이다. 그것은 시도 때도 없이 운행된다. 손에 노를 쥔 뱃사공은 하인이건 주인이건, 구두수선공이건, 하급 세리이건, 군인이건 신부이건 똑같이 맞이한다. 남녀노소에 상관없이 모든 인간이 배에 타고, 같은 요금을 지불하고, 차별 없이 반대편 강가에 닿는다. 똑같은 여행이 하루 200번씩 이루어진다. 어떤 사람은 들어오고 어떤 사람은 나간다. 물살을 헤쳐 나가며 도덕적 성찰을 하려는 사람에게 그 모습은 영원히 이어지는 삶과 죽음의 재현과도 같다.

사람들은 6드니에를 지불한다. 이 배삯으로 내는 통행료는 전부 해서 상당히 많은 금액을 가져다준다. 개개인의 통행량을 생각해보라.

207 작은 배들은 '루브르의 회랑 아래 쪽 마리니 문 맞은편'에 선착장이 있었다. 그 배들은 최대 16명을 태울 수 있었다.

203 도기(陶器)

우리가 부엌에서 사용하는 모든 토기에는 유약이 칠해져 있다. 그 유약은 용해되기도 하는데, 그것은 황화칼륨 화합물에 부식되기 때문이다. 그래서 흙과 금속으로 만든 도구들은 매일 먹는 음식들을 데울 때 드러나지 않는 독을 내뿜을 수 있다.

당틱[208]이 가장 높은 온도를 견뎌내고 모든 위험을 막아주는 자기(磁器) 제품에 비길 만한 새로운 도기를 만들어냈다. 이는 흥미롭고, 건강상 혁신을 야기할 수 있으며, 식품 저장에 유용한 발견이다. 값비싼 기술인 자기 제조술이 거의 무한정의 보호를 받아 왔는데, 뚜렷한 장점들을 보이는 이 도기 제조법이 과연 무시될까? 이 새로운 발명품은 널리 이용되고 있다. 가격이 저렴하므로 시민들은 누구나 구입할 수 있다. 이 발명품은 시민들의 생명을 보호해 주는 것을 목표로 하고 있고, 정부의 보호와 특별 배려만을 기다리고 있다.

208 Dantic(1726~1784): 의학박사로 루이 15세의 의사였고, 과학 아카데미의 통신회원이었다. 그는 물리학·박물학에 관심이 있었고, 특히 거울과 유리 제조법을 완성시키는 데 크게 기여했다.

204 보건참사회

이것은 아직 존재하지 않지만 설립되어야 하는 것 아닐까? 그것은 타성에 젖어 있어 너무 위험하고 학위논문을 썼는데도 불구하고 너무 무식한 의사들이 아니라, 멋지고 새로운 발견을 이룩하여 마침내 자연의 참된 비밀을 우리에게 약속하는 화학자들로 구성되어야 할 것이다.

이 참사회는 파리에서 물, 포도주, 브랜디, 맥주, 식용유, 밀, 채소, 생선 등 인간이 양식으로 쓰는 모든 것을 검토하며 해로운 혼합물을 가려낸다. 생선이 상하고 굴이 부패하는 일이 흔하고, 채소에는 벌레들이 숨어 있다. 그러한 데서 원인 불명의 병들이 생긴다.

먹을 것과 마실 것을 검사하는 사람들이 의사로 임명된다면, 그들은 원천에서부터 전염병을 막을 것이다. 그런데 사람들은 위험이 명백해지고 나서야 비로소 의사들을 부른다. 위험을 예방하지 못할 이유가 어디 있는가? 그런데 의사들은 인간의 건강을 유지하려 하지 않는다. 그들은 병에서 이익을 기대하고 있는 것이다.

최상품 생선을 먹는 샤르트르회, 베네딕트회, 카르멜회 수사들에게는 생선에 대해 잘 아는 감시 수사가 한 명 있다. 하지만 다음날 일을 할 수 있으려면 저녁식사를 해야 하기에, 부자들의 찌꺼기를 구입하러 오는 굶주린 민중들에게 파는 것은 왜 엄격한 검열을 하지 않는 것일까? 그들이 굶주림과 가난 때문에 상품의 좋고 나쁨에 관심을 두지 않기 때문일까? 1파운드의 알자스산 담배와 마찬가지로 썩은 생선은 매매금지 품목에 속하는 것 아닌가?

205 보수공사

서둘러 공표해야겠다. 이노상 공동묘지가 마침내 폐쇄되었다. 미남왕 필리프 시절부터 죽은 사람들을 묻어 왔던 묘지인데!

당시에 시내에서 멀리 떨어져 있었던 그곳이 오늘날엔 중심지가 되었다. 고등법원은 묘지 주변 주민들의 이의신청을 받아들였다. 고등법원은 화학자와 물리학자들의 의견을 물었다. 유독한 공기에 대해 새로운 지식이 유용하게 쓰였다. 이노상 공동묘지의 공기는 파리에서 가장 비위생적이라고 인정되고 있었다.[209] 인접 지역의 지하 저장고들은 문에 벽을 쌓아 막아야 할 정도로 악취가 풍겼다. 위험이 코앞에 닥쳤다. 공동묘지는 1780년 12월 1일자로 폐쇄되었다.

진정한 애국적 열정으로 이 훌륭한 작업을 계속 수행해온 사법관의 열의에 감사를 보내자. 어쩌면 그가 전염병을 근본적으로 사라지게 만든 것일지도 모르니 말이다.

건강을 해치는 치명적인 전염병의 온상을 파괴하기 위해 사용되는 수단들을 알기 위해 화학을 검토하는 일은 경찰의 몫이다. 적극적이고 감시의 눈길을 늦추지 않는 감독기관이 있다면 많은 인구 때문에 나타나는 결점이 교정될 것이다.

마찬가지로 '그레브 강둑길'은 노트르담 다리와 샹주 다리를 잇

209 이노상 공동묘지는 18세기 초부터 변함없는 수치의 대상이었다. 이 시기에 공동묘혈에서 나오는 유독가스가 랭주리 길의 지하 저장고 속으로 침투해서 그곳 주민들 몇몇을 병들게 했다.

는 아치 아래로 이어진다. 이 아치는 몹시 역겨운 시궁창을 이루고 있었다. 4개의 하수구가 그곳에 진창을 쏟아냈고, 도살장의 피가 그곳에 흘러들었으며, 모든 변소들이 그곳에 오물을 토해냈다. 강을 따라 뻗은 이 다리의 냄새 고약한 아치들에는 1년 중 8개월 동안 강물이 들어오지 않았다. 이들 부패의 온상에서 뿜어 나오는 황화수소 가스가 고기를 썩게 하고, 금제품과 은제품들을 부식시켰다. 참기 힘든 냄새는 '펠르티에 강둑길'과 '메지스리 강둑길'에도 퍼져 나갔고, 사람들은 그 냄새를 견딜 수 없었다. 우리는 『2440년』 속에서 그에 대해 항의한 바 있다. 마침내 피해가 절정으로 치닫고, 지난 계절의 더위로 악취가 더 심해지자, 파리 시 당국은 대기(大氣)위생 및 주민 보건과 관련된 공사에 전념하고자 했다.

우리는 이 해로운 냄새에서 해방될 것이다. 그렇게 여러 차례 이의신정이 있은 후로 두 가시 새앙이 줄어들었다. 따라시 악습에 대해서는 영향력을 발휘하여 그것들의 진면목이 드러나게 하는 것이 좋다. 왜냐하면 대개 귀를 막고 있거나 주의를 기울이지 않던 고위관리들이 그 아우성에 힘입어 사람들의 목소리를 듣게 되기 때문이다.

없애야 할 다른 악습들이 많이 남아 있다. 그것은 시간과 애국적 설득으로 해결될 일이다. 하지만 책과 지식, 선량한 시민들 전체의 청원에도 불구하고, 왜 가장 견디기 힘든 악습들이 존속하는 것일까? 단 하나의 악습만 있어도 많은 사람들이 그것에서 큰 이득을 얻기 때문이다. 또한 몇몇 사람들이 글을 읽을 줄도 모르는 데다 읽을 시간도 없기 때문이고, 그런 사람들이 불분명하고 일시적인 자신들의 권한을 오로지 시시하고 편협한 야심을 위해서만 사용하기 때문이다.

관찰자가 어떤 민족이나 도시의 악습에서 더 직접적으로 충격을 받는 것은 그가 어느 정도 떨어져 있을 때, 즉 외국에 있을 때이다.

❦ 1788년 샹주 다리 위의 주택 철거 장면, 위베르 로베르

혼란스런 문제에 가까이 가보라. 헤아릴 수 없이 많은 기만적인 구실들이 당신에게 진실을 감출 것이다. 무상 강제노역의 철폐는 끔찍스런 비명이 터져 나오게 만들었다., 사법기관과 건전한 정책이 연합하여 이처럼 위험한 체제에 대항했지만, 소용이 없었다. 갑자기 부담을 줄여준 왕국에 감사하는 목소리가 일부 관련된 사람들의 아우성을 당할 수 없었기 때문이다.

그러니, 선행이 너무나 느리게 이루어진다고 해서 놀라지 말라.

참고문헌

1. 사전류

Dictionnaire de L'Académie, 1694.

Encyclopédie, 1751-1772.

Dictionnaire de Trévoux, 1771.

Bely, Lucien, *Dictionnaire de l'Ancien Régime*, PUF, 1996.

Bluche, François, *Dictionnaire du Grand Siècle*, Fayard, 1990.

Bollème, Geneviève, *Dictionnaire d'un polygraphe, textes de L. S. Mercier établis et présentés par G. Bollème*, collection 10/18, Union Générale d'Éditions, 1978.

Chéruel, Adolphe, *Dictionnaire historique des Institutions, moeurs et coutumes de la France*, Hachette, 1855.

Franklin, A., *Dictionnaire historique des arts, métiers et professions exercés dans Paris depuis le treizième siècle*, H. Welter, 1905-6.

Hillairet, Jaques, *Dictionnaire historique des rues de Paris*, 1957.

Lalanne, L., *Dictionnaire historique de la France contenant pour l'histoire civile, politique et littéraire... pour l'histoire militaire... pour l'histoire religieuse... pour la géographie historique*, Hachette, 1872.

2. 파리에 관한 연구

Bancquart, Marie-Claire, *Le Paris des surréalistes*, Seghers, 1972.

———, *Images littéraires du Paris, fin de siècle*, La Différence, 1979.

Benjamin, Walter, "Paris, capitale du XIX siècle" (1935), *Essais 1935-1940*, Denoël-Gonthier, 1983.

———, "Paysages urbains", *Sens unique*, Letters nouvelles-Maurice Nadeau, 1972.

Bourguinat, Elisabeth, *Les Rues de Paris, au XVIIIe siècle*, Paris-Musées, 1999.

Caillois, Roger, "Paris, mythe moderne", *Le Mythe et l'Homme*, Gallimard, 1938.

Caramaschi, Enzo, "Ville et individu", *Corps écrit*, n° 29: *La Ville*, PUF, 1989.

Citron, Pierre, *La Poésie de Paris dans la littérature française de Rousseau à Baudelaire*, Ed.

de Minuit, 1961.

Corbin, Alain, *Le Miasme et la Jonquille. L'Odorat et l'Imaginaire social. XVIIIe-XIXe siècles*, Aubier, 1982.

Davies, Simon, "Paris and the Provinces in 18th Century Prose Fiction", *Studies on Voltaire*, n° 214, 1982.

Ehrard, Jean, "L'Ami des hommes, Paris et la Capitale du Royaume", *Les Mirabeau et leur temps*, Société des études robespierristes, 1968.

Guichardet, Jeannine (éd.), *Errances et parcours parisiens de Ruteboeuf à Crevel*, Sorbonne Nouvelle, 1986.

Hillaire, Norbert, "L'Ange et le Flâneur", *Lumières de la ville*, n° 1, 1989.

Joly, Robert, *La Ville et la civilisation urbaine*, Messidor, 1985.

Jüttner, Siegfried, "Grossstadtmythen. Paris-Bilder des 18 Jahrhudert. Eine Skizze", *Deutshe Vierteljahsschrift für Literaturwissenschft und Geitesgeschichte*, 1981.

Kahn, Gustave, *L'Esthétique de la rue*, Charpentier, 1901.

Macchia, Giovanni, *Paris en ruines*, Flammarion, 1988.

Oster, Daniel et Jean Goulemot, *La Vie parisienne. Anthologie des mœurs du XIX siècle*, Sand/Conti, 1989.

Plumyène, Jean, *Trakets parisiens*, Julliard, 1984.

Rieger, Dietmar, *Diogenes als Lumpensammler. Materialien zu einer Gestalt der französischen Literatur des 19* Jahrhunderts, München, Fink, 1982.

Roncayolo, Marcel, *La Ville et ses territoires*, Gallimard, 1990.

Sansot, Pierre, *Poétique de la ville*, Klincksieck, 1971.

Simmel Georg, "Les grandes villes et la vie de l'esprit"(1903), *Philosophie de la modernité. La Femme, la ville, l'individualisme*, Payot, 1989.

La Ville au XVIIIe siècle. colloque d'Aix-en-Provence, Édisud, 1975.

La Ville. Histoire et mythe, éd. par M.-C. Bancquart, université de Nanterre, 1984.

Paris au XIXe siècle. Aspects d'un mythe littéraire, colloque de Francfort, Presses universitaire de Lyon, 1984.

Paris et le phénomène des capitales littéraires, carrefour ou dialogue des cultures, Paris-Sorbonne, 1986.

3. 파리의 역사와 건축사

Babeau, Albert, *Paris en 1789*, Firmin-Didot, 1889.

Benevolo, Leonardo, *Aux sources de l'urbanisme moderne*, Horizons de France, 1972.

Bertaud, Jean-Paul, *La Vie quotidienne des Français au temps de la Révolution 1789-1795*, Hachette, 1983.

Braham, Allan, *L'Architecture des Lumières de Soufflot* à *Ledoux*, Berger-Levrault, 1982.

Chagniot, Jean, *Paris au XVIIIe siècle*, Hachette, 1988.

Couperis, Pierre, *Paris au fil du temps. Atlas historique d'urbanisme et d'architecture*, Joël Cuénot, 1968.

Farge, Arlette, *Le Vol d'aliments* à *Paris*, Plon, 1974.

———, *Vivre dans la rue* à *Paris au XVIIIe siècle*, Gallimard, 1979.

———, *La Vie fragile. Viloence, pouvoirs et solidarités* à *Paris au XVIIIe siècle*, Hachette, 1986.

Fournel, Victor, *Le Vieux Paris. Fêtes, jeux et spectacles*, Tours, Mame, 1887.

Gallet, Michel, "Ledoux et Paris", *Cahiers de la Rotonde*, n° 3, 1979.

Gaxotte, Pierre, *Paris au XVIIIe siècle*, Arthaud, 1968: rééd. 1982.

Godechot, Jacques, *La Vie quotidienne en France sous le Directoire*, Hachette, 1977.

Histoire de la France urbaine, t 3: *La Ville classique*, éd. du Seuil, 1981.

Kaplan, Steven L., *Les Ventres de Paris, Pouvoir et Approvisionnement dans la France d'Ancien Régime*, Fayard, 1988.

Kapufmann, Emil, *L'Architecture au siècle des Lumières*, Julliard, 1963.

Lacombe, Paul, *Bibliographie parisienne. Tableaux de mœurs (1600-1880)*, Paris, 1887.

Lavedan, Pierre, *Histoire de Paris*, *3e* éd., PUF, 1977.

L'Uranisme à *l'époque moderne*, Arts et métiers graphiques, 1982.

Le Parisien chez lui au XIXe siècle. 1814-1914, Archives nationales, 1976.

Lepetit, Bernard, *Les Villes dans la France moderne (1740-1840)*, Albin Michel, 1988.

Le Roy Ladurie, Emmanuel, *La Ville classique, Histoire de la France urbaine*, t. III, sous la direction de Georges Duby, Seuil, 1981.

Le Sain et le Malsain, numéro spécial de la revue *Dix-huitième siècle*, n° 9, 1977.

Les Architectes de la liberté. 1789-1799, École nationale supérieure des beaux-arts, 1989.

Loyer, François, *Paris XIXe siècle. L'immeuble et la rue*, Hazan, 1987.

Moser, Monique et Daniel Rabreau, *Charels de Wailly, peintre architecte (1730-1798)*, Caisse nationale des monuments historiques, 1979.

Paris et la Révolution, colloque de Paris, éd. M. Vovelle, Publications de la Sorbonne, 1989.

Paris, genèse d'un paysage, sous la direction de Louis Bergeron, Picard, 1989.

Quétel, Claude, *La Bastille. Histoire vraie d'une prison légendaire*, Robert Laffont, 1989.

Rabreau, Daniel et Moser, Monique, "Paris en 1779: l'architecture en question", *Dix-huitième siècle*, n° 11, 1979.

Radicchio, Giuseppe et Michèle Sajous d'Oria, "Parigi: i teatrinegli anni della Rivoluzione", *Atoria della citta*, n° 47, 1989.

Roche, Daniel, *Le Peuple de Paris. Essai sur la culture populaire au XVIIIe siècle*, Aubier-Montagne, 1981.

———, *La France des Lumières*, Paris, 1993.

———, *La Ville promise: Mobilité et accueil à Paris fin XVIIe-début XIXe siècle*, Paris, 2000.

Soufflot et son temps. 1790-1980, Caisse nationale des monuments historiques, 1980.

Soufflot et l'architecture des Lumières, Paris, 1980.

Tulard, Jean, *Paris pendant la Révolution*, Hachette, 1989.

4. 루이세바스티앵 메르시에 연구

Aggéri, Robert, *Louis-Sébastien Mercier, la Brouette du vinaigrier*, Nouveaux classiques Larousse, 1972.

Béclard, Léon, *Mercier. Sa vie, son œuvre, son temps d'après des documents inédits. Avant la Révolution (1740-1789)*, Champion, 1903.

Bonnet, Jean-Claude, *Louis-Sébastien Mercier: un hérétique*, Paris, 1995.

Bruneteau, Claude et Bernard Cottret, *Louis-Sébastien Mercier, Parallèle de Paris et de Londres*, Didier érudition, 1982.

Cousin d'Avallon, Charles-Yves, *Merciériana, ou Recueil d'anecdotes sur Mercier; ses paradoxes, ses bizarreries, ses sarcasmes, ses plaisanteries*, P. H. Krabbe, 1834.

Darton, Darnton, *The Forbidden Best-Sellers of Pre-Revolutionary France*, New York, W. W. Norton, 1996.

Delisle de Sales, "Funérailles de L. S. Mercier le 27 avril 1814", suivi de "De Mercier considéré comme homme d'Etat" et d'une "Notice raisonnée des ouvrages de Mercier", Imprimerie de L. P. Sebier fils, 1814.

Frantz, Pierre, "Appropriation bourgeoise et populaire de l'Histoire nationale dans le drame historique de Sébastien Mercier", *Cahiers d'Histoire des littératures romanes*, Heft 3-4, Carl Winter. Universitätsverlag, Heidelberg, 1979.

Girard, Gilles, *Louis-Sébastien Mercier, dramaturge*, thèse pour le doctorat de troisième cycle, université d'Aix-Marseille, 1970.

———, "Inventaire des manuscrits de L. S. Mercier à la Bibliothèque de l'Arsenal", *Dix-huitième siècle*, n° 5, 1973.

Guyot, Charly, "Mercier à Neuchâtel", *De Rousseau* à *Mirabeau, pèlerins de Môtiers et prophètes de 89*, Victor Attinger, 1936.

Hofer, Hermann éd., *L. S. Mercier précurseur et sa fortune*, München, Fink, 1977.

Majewski, Henry F., *The Preromantic Imagination of L. S. Mercier*, New York, Humanities Press. 1971.

Monselet, Charles, "*Mercier*", *Les Oubliés et les Dédaignés Poulet-Malassis*, 1857, repris dans *Le Plaisir et l'Amour*, anthologie choisie et présentée par Sylvain Goudemare, Ed. du Griot, 1988.

Mormile, M., *La Néologie révolutionnaire de L. S. Mercier*, Rome, 1973.

Patterson, Helen, "*Poetic Genesis: Sébastien Mercier into Victor Hugo*", *Studies on Voltaire and the 18th century*, XI, 1960.

Pons, Alain, Edition de *L'An deux mille quatre cent quarante*, F. Adel, 1977.

Pusey, William, *Louis-Sébastien Mercier in Germany. His Vogue and influence in the eighteenth century*, Columbia University Press, 1939.

Rufi, Enrico, *Les Conceptions esthétiques de Louis-Sébastien Mercier, aperçu d'une poétique laïque*, thèse pour le doctorat, université de la Sorbonne nouvelle, 1992.

———, *Le Rève laïque de Louis-Sébastien Mercier entre littérature et politique*, Oxford, 1995.

Senancour, Étienne Pivert De, "Remarques sur deux notices relatives à L. S. Mercier, mort le 24 avril à l'âge de 73 ans dix mois et demi", *Mercure de France*, mai 1814; "Sur L. S. Mercier", *Le Mercure du XIXe siècle*, vol. 6, 1824, pp. 461-470.

Trousson, Raymond, *L'An deux mille quatre cent quarante, édition, introduction et notes*, Ducros, 1971.

Varrot d'Amiens, "Tribut de mon dernier hommage aux mânes de M. L. S. Mercier, Mathiot, 1814; "Mémoires sur la vie et les ouvrages de L.-S. Mercier", 1825, B. N., dép des ms. nouv. acq. fr. 10260.

Vecchi, Paola, "La balance et la mort; progrès et compensation chez Louis-Sébastien Mercier", Actes du Septième Congrès international des Lumières, *Studies on Voltaire*, n° 264, Oxford, 1989.

Wilkie, Everett C., jr., "Mercier's *L'An 2440*: Its Publishing History during the Author's Lifetime", *Harvard Library Bulletin* vol. l XXXII, 1984.

5. 「파리의 풍경」에 관한 연구

Bouard, Alain de, *Table analytique de Tableau de Paris*, Imprimerie nationale, 1908.

Hayer, Horst Dieter, "Paris dans *Les Caractères* de La Bruyère et dans le *Tableau de Paris* de Mercier", *Paris au XIXe siècle. Aspects d'un mythe littéraire*, colloque de Francfort, Presses universitaires de Lyon, 1984.

Julien, Jean-Rémy, "Paris: cris, sons, bruits. L'environnement sonore des années pré-révolutionnaires d'après le *Tableau de Paris* de S. Mercier", *Orphée phrygien. Les Musiques de la Révolution*, Ed. du May, 1989.

Küpper, Joachim, "Merciers Dramentheorie und die faktographische Gattung des Tableau de Paris", *Ästhetik des Wirklichkeitsdarstellung und Evolution des Romans von der französischen Spätaufklärung bis zu Robbe-Grillet*, Stuttagart-Wiesbaden, 1987.

Lough, John, "Women in Mercier's *Tableau de Paris*", *Woman and Society in Eighteenth-Century France. Essays in honor of John Stephenson Spink*, London, The Athlone Press, 1979.

Patterson, Helen "L. S. Mercier's *Tableau de Paris* (1781-1788)", *The Modern Language Review*, Cambridge, Oct. 1948.

Vissière, Jean-Louis, "La culture populaire à la veille de la Révolution d'aprés le *Tableau de Paris* de Mercier", *Image du peuple au XVIIIe siècle*, Colin, 1973.

단턴, 로버트, 『책과 혁명』, 주명철 옮김, 길, 2003.

뒤비, 조르주 · 로베르 망드루, 『프랑스 문명사』, 김현일 옮김, 까치, 1995.

샤르티에, 로제, 『프랑스 혁명의 문화적 기원』, 백인호 옮김, 일조각, 1999.

주명철, 『서양금서의 문화사』, 길, 1996.

주명철, 「루이 세바스티앵 메르시에의 앙시앵 레짐 문화비평」, 『서양사』, 책세상, 2007.

최갑수 외, 『프랑스 구체제의 권력구조와 사회』, 한성대학교출판부, 2009.

6. 『파리의 풍경』 선집

• 프랑스어본

Desnoireterres, Gustave, *Mercier: Tableau de Paris* (choix de textes) avec en préface "une étude sur la vie et les ouvrages de Mercier", Pagnerre, 1853.

Tableau de Paris. Collection des meilleurs écrivains. Librairie de la Bibliothèque nationale, 1884.

Tableau de Paris. Nouvelle édition avec notice. Dentu, 1889.

Tableau de Paris, édition abrégée, préface et notes par Lucien Roy, Louis-Michaud, 1908.

Tableau de Paris. Avant-propos de Louis Chaumeil, Horizons de France, 1947.

Tableau de Paris, anthologie choisie et présentée par Jeffry Kaplow, collection "La découverte", Maspero, 1979.

Paris le jour, Paris la nuit, par Michel Delon et Daniel Baruch (anthologie de textes de Mercier et de Rétif de la Bretonne, à partir du *Tableau de Paris*, du *Nouveau Paris* et des *Nuits de Paris*), collection Bouquins, Laffont, 1990.

Tableau de Paris. Édition établie sous la direction de Jean-Claude Bonnet, Mercure de France, 1994.

7. 『파리의 풍경』 번역본

• 독일어 번역본

Schilderung von Paris, aus dem französischen. Auszugsweise übersetzt [von Samuel Gottlieb Bürde], Breslau, Löwe, 1783-1784, in-8°.

Paris, ein Gemählde von Mercier, verdeutscht von Bernhard Georg. Walch. Leipzig, Schwickert, 1783-1784. In-8°.

Kleines Tableau von Paris, übersetzt und mit anmerkungen begleitet, von Bernhard Georg

Walch, Halle, 1784.

Historisch-kritische enzyclopädie über verschiedene Gegenstände, Begebenheiten und charaktere berühmter Menschen, herausgegeben von H. G. Hoff. Pressburg, Mahler, 1787.

Merciers neuestes Gemälde von Paris, für Reisende und Nichtreisende. Leipzig, Jacobäer, 1789.

Pariser Nahaufnahmen, Frankfurt am Main, Limitierte und numerierte, 2000.

• 네덜란드어 번역본

Nogle stykker af Tableau de Paris fremstillede med anmaerkninger til dem, hvis Indflydelse paa en Stats Regering er betydelig, af Professor Olivarius, Kiel, 1786.

Ansichten der Hauptstadt des französischen Kayserreichs, vom jahre 1806 an, von Pinkerton, Mercier und C. F. Cramer, Amsterdam, im Kunst und Industrie-Comptoir, 1807-1808, in-16.

Niemand ontbijt meer met een glas wijn: ableau van Parijs, 1781-1788, Amsterdam, De Arbeiderspers, 1999.

• 영어 번역본

Paris in Miniature: taken from the French picture at full length, entituled *Tableau de Paris*, together with a preface and a postface. By the english Limner [J. P. Macmahon]. London, G. Kearsley, 1782, in-8°

Paris delineated, from the French of Mercier, including a description of the principal edifices and curiosities of that metropolis, London, H. D. symonds, 1802.

Paris: including a description of the principal edifices and curiosities of that metropolis... [translated and adapted from the French] London, 1817. In-8°.

The Picture of Paris, before and after the Revolution, by Louis-Sébastien Mercier (The Broadway Library of Eighteenth Century French literature). Translated with and introduction by Wilfrid and Emilie Jackson. London, G. Routledge and Sons, 1929.

The Waiting City: Paris, 1782-1788. Being an abridgment of Louis-Sébastien Mercier's *Tableau de Paris*. Translated and edited with a preface and notes by Helen Simpson. London, Harrap, 1933.

Panorama of Paris, Selected from Le Tableau de Paris, J. D. Popkin(ed.), Pennsylvania State University Press, 1999.

• 일본어 번역본

十八世紀パリ生活誌: タブロー・ド・パリ, Jūhasseiki pari seikatsushi, taburō do pari, 原宏, 1929.

Louis-Sébastien Mercier; Hiroshi Hara, 東京: 岩波書店, 1989.

찾아보기

[사항]

[인명]

ㄹ

ㅁ

ㅂ

집필진 소개

지은이

루이세바스티앵 메르시에(Louis-Sébastien Mercier, 1740~1814)
파리의 전형적인 노동자 계층 출신이지만, 정규교육을 받고 교사·신문기자 생활을 하며 문학작품을 발표했다. 1771년 익명으로 발표한 『2440년, 한 번 꾸어봄직한 꿈』으로 큰 성공을 거둔 뒤, 파리의 살롱, 문학클럽, 카페에 드나들며 당대 최고의 철학자들과 교류했다. 1781년부터 출판하기 시작한 『파리의 풍경』이 18세기 최대의 베스트셀러가 되어 인기작가가 되었다. 1789년 혁명이 일어나자 일간지 『프랑스의 애국 문학 연보』를 창간하고 1791년 국민공회 의원에 선출되었으나, 루이 16세 처형 반대를 계기로 감옥에 갇혔다. 테르미도르 반동 이후 감옥에서 나온 뒤, 1797년 에콜 상트랄의 역사 교수가 되었으며, 1798년 『파리의 풍경』의 후편 격으로 혁명 당시의 파리를 묘사한 『새로운 파리』 6권을 출판했다.

옮긴이

송기형(건국대학교 영화예술학과)
『프랑스 문화와 예술』(공저, 한국방송통신대학교출판부, 2011)
『프랑스의 열정, 공화국과 공화주의』(공저, 아카넷, 2011)

양희영(서울여자대학교 사학과)
자크 고드쇼, 『반혁명』(역서, 아카넷, 2012)
『프랑스의 열정, 공화국과 공화주의』(공저, 아카넷, 2011)

이규현(서울대학교 불어불문학과)
미셸 푸코, 『말과 사물』(역서, 민음사, 2012)
『한국근현대문학의 프랑스문학수용』(공저, 서울대학교출판문화원, 2009)

이영림(수원대학교 사학과)
미셸 페로, 『방들의 역사』(공역, 글항아리, 2013)
『루이 14세는 없다』(푸른 역사, 2009)

장진영(서울대학교 불어불문학과)
장 도르메송, 『세계창조』(역서, 솔, 2008)
레미 코페르, 『앙드레 말로, 소설로 쓴 평전』(역서, 이룸, 2001)

주명철(한국교원대학교 역사교육과)
『오늘 만나는 프랑스 혁명』(소나무, 2013)
『서양 금서의 문화사』(길, 2006)

최갑수(서울대학교 서양사학과)
『근대 유럽의 형성 16-18세기』(공저, 까치, 2011)
『프랑스 구체제의 권력구조와 사회』(공저, 한성대학교출판부, 2009)